U0899122

现代中国与伊朗关系

——Modern relations between China and Iran——

杨兴礼 冀开运 陈俊华 杨珊珊 ◎ 著

时 事 出 版 社

图书在版编目（CIP）数据

现代中国与伊朗关系/杨兴礼等著．—北京：时事出版社，2012.12
ISBN 978-7-80232-575-3

Ⅰ.①现… Ⅱ.①杨… Ⅲ.①中外关系—研究—伊朗 Ⅳ.①D822.337.3

中国版本图书馆 CIP 数据核字（2012）第 297220 号

出 版 发 行：时事出版社
地　　址：北京市海淀区巨山村 375 号
邮　　编：100093
发 行 热 线：（010）82546061　82546062
读者服务部：（010）61157595
传　　真：（010）82546050
电 子 邮 箱：shishichubanshe@sina.com
网　　址：www.shishishe.com
印　　刷：北京昌平百善印刷厂

开本：787×1092　1/16　印张：29.5　字数：410 千字
2013 年 2 月第 1 版　2013 年 2 月第 1 次印刷
定价：85.00 元
（如有印装质量问题，请与本社发行部联系调换）

目 录

前 言

《现代中国与伊朗关系》（以下称为“本书”）中的“现代”指的是21世纪初期。21世纪初期对于中国的发展至关重要，但是中国面临着日益严峻的能源、资源等问题的挑战。[①] 世界石油价格的剧烈变化是世界金融危机—经济危机爆发的前兆和结果，也反映出世界资源、能源日渐短缺而需求却日益旺盛的现实，对中国经济持续健康发展、人民生活质量稳定提高造成了严重的威胁。2003年以来，愈演愈烈的伊朗核问题对世界政治格局、中东格局的冲击一波高过一波，新世纪初期国际经济政治形势的这种重大变化考验着具有传统友好往来的中国和伊朗关系，也影响和改变着两个文明古国的内外战略。

中国是世界大国，正在向着世界强国的目标前进；伊朗是中东大国，其对中东和世界的影响力都在前所未有地提高。当今伊朗是世界第四大石油生产国、欧佩克第二大石油生产国和出口国、世界

---

① 2008年6月26日纽约轻质原油期货价格一度达到140.39美元/桶，收于139.64美元/桶，2008年10月更达到147美元/桶以上，欧佩克、俄罗斯能源巨头等曾预言2008年夏季油价还将上涨至150—250美元/桶之间。但是受金融危机—经济危机的影响，2008年11月以后油价迅速跌落，到2008年12月，已经降到不足40美元/桶，直到2009年3月，油价仍然在45美元/桶左右徘徊。以后油价回升，纽约轻质低硫原油期货价格，2010年5月一直在86美元/桶左右波动，到2011年6月17日，纽约7月交货的轻质油大跌1.94美元/桶，也仍然收于93.01美元/桶，当天伦敦市场8月交货的布伦特原油期货油价虽然下跌81美分/桶，却高达113.21美元/桶。参见路透社纽约2008年6月26日电，埃菲社巴黎2008年6月26日电，新华网，2011年6月18日。

石油和天然气资源第二大储藏国，也是目前中国进口石油的主要来源国之一。关注、研究现代中国与伊朗关系，具有重要的现实意义和明显的学术意义。

中伊关系研究在国内外学术界已经有一定的基础。在中国的中东学术界内，1911—2007年之间关于伊朗的研究成果包括学术论文、著述、译著等共有1599部（篇）之多，其中关于中国—伊朗关系的专著有20本、论文151篇、译著6部，其中20世纪90年代以来发表的专著占到总量的70%、论文占84%、译著占83%（其中2000年以来发表的专著8部、论文81篇、译著2部），[①] 说明中国的中伊关系研究主要是在20世纪90年代获得迅速发展的，21世纪初以来学术界对中—伊关系的研究更加重视，取得的研究成果也更多。但是，迄今为止，站在全球和历史的角度，采用定性方法与定量方法相结合，系统、全面地研究新中国建立以来的中伊关系的著述未曾见到，更没有发现关于21世纪初期中伊关系的评估、定位、演变的系统研究成果。

国外学术界关于中伊关系的研究成果并不多见，但是有着自己的特色，值得一提的是美国得克萨斯州的得克萨斯基督教大学的政治学教授曼诺切尔·多拉吉（Manochehr Dorraj）和加里·库里尔（Carrie L. Currier）两位博士2008年发表的论文《以石油为润滑剂：变化世界中的伊朗—中国关系》。[②] 该文介绍了中伊交往的古今历史，重点叙述了中伊的商品贸易和能源（石油、天然气）贸易与开发合作、伊朗—中国—美国—俄罗斯四方关系问题，探讨伊朗—中国关系的历史根源、演变和发展，特别是1979年伊斯兰革命以来的中伊关系特征；考察军火贸易、技术转让等各种因素在中伊关系中的作用，认为在目前的经济和政治形势下，追求能源安全和供给越来越

① 杨兴礼："中国的伊朗研究六十年"，《西亚非洲》2010年第4期，第64页。

② 曼诺切尔·多拉吉、加里·库里尔："以石油为润滑剂：变化世界中的伊朗—中国关系"，《中东政策》2008年夏季刊，第66—80页。

成为中伊关系中的头等大事。两位博士希望解答三个问题：一是促成中伊这两个意识形态对立的国家发展真诚友好的国际关系的动因和收获是什么？二是中伊贸易，尤其是能源贸易带来的经济利益对中伊关系有多大的影响，什么是两国关系中的石油政治动力？三是中伊各自与美国的双边关系（美国与中国是日益扩大的贸易和政治关系，美国与伊朗则是尖锐的敌对关系）对中伊关系的局限性。面对不同的环境，中国可能把发展与伊朗的关系视为政治责任和义务；伊朗也可能被迫放弃自己的“东方战略”，从中国抽身离开。伊朗和中国的地区和全球目标对它们的双边关系构成了挑战——不同环境下，双方利益会冲突，合作的战略目标也会互相对立。但是文章并没有能够对以上问题给出明确的、客观的答案。例如：中伊各自的利益与战略目标的异同点在哪里？什么情况下，中国将坚定不移地发展中伊友好合作关系？什么情况下，伊朗将疏远中国“抽身离去”？

伊朗克尔曼沙希德巴霍纳尔大学政治学助理教授迈哈迈迪·贾福里（Mahmoud Ghafouri）博士2009年发表了《中国的波斯湾政策》的文章，[①] 也涉及到中伊关系问题，但是中伊关系只是文章的众多内容之一，因此只是简略地谈到20世纪70年代至2006年期间中国与伊朗的军售、石油贸易和开展非石油领域的交往状况以及伊朗核问题。

本书借鉴、吸取了上述国内外的研究成果的相关内容，全面深入地分析21世纪初期的中国与伊朗关系，得到的结论是：当代中伊关系是古老历史文明国家之间的新关系、是一种非对称性友好依存关系，其主要特征是在“中、美、伊飞地型三角战略”地缘政治关系框架之中形成的，当代中伊关系积极稳健发展的势头不会改变。特别指出：中、美、伊文明“大三角”中，冲突多于融合、竞争胜

① 哈迈迪·贾福里：“中国的波斯湾政策”，《中东政策》2009年夏季刊，第80—92页。

过合作，依然呈现出不对称、不稳定、高关联的状态。从现实和未来的国家核心利益出发，定位伊朗在中国的对外战略格局中处于第三至第四层级、中国在伊朗对外战略格局中处于第三层级的结论是合适的；今后的目标可以定位为建立和发展全方位的中伊友好国家战略合作关系，努力将两国关系提升到各自国家的全球战略中的第二层级。尽力维护和保持中、美、伊战略大三角的稳定性格局，是目前中国对伊朗战略的合理选择。

因此，本书的特色主要体现在：第一，将20世纪50—90年代中伊关系的发展划分为五个时期：冷淡时期（20世纪50年代）、转折时期（20世纪60年代）、正常化和偶然性失误时期（20世纪70年代）、调整和发展时期（20世纪80年代）、持续发展时期（20世纪90年代）。21世纪初期则进入了风险发展时期。这个分期结论有别于“中伊关系一直友好发展”的传统观点。第二，关于中伊关系的结论有所突破：一是古老历史文明国家之间的新关系、非对称性友好依存关系、“中、美、伊飞地型三角战略”地缘政治框架之中的互动性关系，明确提出维系中国与伊朗关系最根本的目标是追求国家利益的双赢；二是找出了当前和未来时期中伊关系的主要影响因素是经济因素（能源、贸易和投资）和外交因素（当前是伊朗核危机）；三是初步获得了中国与伊朗现实关系的评价结果——目前中伊关系处于中国对外关系中的第三至四层级、伊朗对外关系中的第三层级状态，认为拖延伊朗核危机的解决时间对中国实质性损害较小，预测了未来（后核危机时期）中伊关系将会总体发展，但是可能出现曲折的趋势；四是分析了两国在发展双边关系中的相对优势和劣势因素，指出了中国在处理现实和未来中伊关系中应当注意的问题，提出了“中国对伊朗战略”框架的八点内容、中伊关系中的十点问题及对策，以及在伊朗的中资企业的八个注意事项。第三，探索研究方法的创新：提出了衡量国家关系的“友好度”概念，尝试性地采用定量、定性研究相结合的方法（采用问卷调查法，见附录一），从横向（主要影响因子）和纵向（时间）的尺度来研究中国与伊朗关系，并且在全面对比分析两国国情的基础上初步研究了影响两国关系的机制，这在中伊关系研究中是第一次。第四，全书贯穿了历史唯物主义和辩证唯物主义的观点——注重分析在不同时空尺度范围内，影响因素、机制的双重性作用，以及中伊关系的双向性及多向性演变、核危机的不确定性影响与结局；采用宏观与微观相结合的案例式研究，将对在伊朗的中资企业的实地调研成果，与对中伊关系的全局性研究结合起来分析、论述，提出意见和建议，使研究结论具有现实的参考价值，并将伊朗国情简洁地反映在专题地图上，以便不太熟悉伊朗的读者增加对伊朗的直观了解；在资料的采用上力求系统、新颖——2011 年 7 月之前能够收集到的资料都纳入本书作为分析之用。第五，突出了重点——加强第三章、第四章、第五章和第七章，并且重点分析了中伊能源贸易、投资和伊朗核问题对中伊关系的影响，笔者还提出了针对性的应对措施。

本书的主要内容由七章组成：

第一章简要论述中国与伊朗关系发展的历程。在归纳了 20 世纪 50 年代以前的中伊关系特征之后，把 20 世纪 50－90 年代的中伊关系发展划分为五个阶段。

第二章从历史的角度论述了伊朗与中国伊斯兰教的关系及中伊文化的共性，是对分析现代中伊关系的新的重点领域打下的理论铺垫。

第三章以因素归类分析为主，归纳并分析了九大类影响因素在特定空间和时间内，可能对 21 世纪初期中伊关系产生的影响；在对比中国、伊朗国情的基础上，对两国的优势和劣势进行比较，客观地论述它们的现实影响和潜在意义，分析这些因素具有的双重作用，认为影响当前中国—伊朗关系的主要因素是经济因素（能源、贸易和投资因素）和国际政治因素（伊朗核危机），维护双方的国家利益是中伊关系构建机制和调整机制的核心目标，并指出：石油—天然气（能源）和资源依然是未来中伊关系中核心的影响因素；伊斯兰因素可能对中国西部地区（例如新疆等地）的社会稳定具有潜在的破坏作用。

第四章论述21世纪初中伊关系的现状。是21世纪初期中伊关系的风险发展时期和本书的重点论述时期，对于21世纪初期中伊关系在各个领域中的发展状况和特征，本章从贸易、投资、服务、政治、外交、防务、文化等诸领域予以了全面的分析；指出目前中伊关系发展良好的表现是：中国已经是伊朗最大的贸易伙伴之一、伊朗成为了中国在中东的战略性贸易对象国，伊朗的能源基础设施领域是现在和将来中国的主要投资领域（将来还可以向加工业、农业、旅游业等领域纵深拓展），在伊朗的中资企业对中伊关系的发展起着不可替代的作用，未来的作用将更加重要。

第五章分析21世纪初期中伊的外交环境及决策机制。从比较两国各自的国际环境和地位、优势与劣势入手，为分析两国对对方的战略打下基础；对中伊关系的现状特征进行了划分层级研究。相互尊重各自的政治—社会制度，伊朗不附和“中国威胁论”，中国支持采取外交谈判、政治磋商等和平手段来解决伊朗核问题等是中伊关系的政治共识。

第六章主要是分析21世纪初期中伊各自的外交战略布局。本章分别论述了中国的对外战略布局和伊朗的对外战略布局，为审视中伊关系提供更加广阔而深刻的世界背景。

第七章有两个重点：一是尝试对中伊关系进行定位，将中伊关系纳入世界、地区的局势和中伊两国各自的对外总战略，结合第六章的评估结论，初步确定21世纪初期中伊关系在两国的战略地位。二是讨论在伊朗核危机影响下21世纪初期中伊关系的发展趋势，指出：核危机是影响当前中伊关系的关键性因素，未来中伊关系将保持总体向上的发展趋势，但是隐藏着风险，可能出现曲折，中国应当未雨绸缪，做好因应准备。

全书最后进行了简短精炼的总结。

书末用附录的形式列出了收集到的与本研究有关的研究方法、事件、协议，中国对伊朗投资项目、图件资料等，作为本书的辅助内容，供读者参考。

21世纪初期的中伊关系将出现新特点、新领域、新思路，也会产生新现象、新问题、新矛盾，需要提出新理论和新方法，来充实和发展中伊关系研究的实践与理论。笔者希望通过本书捋出一个尽量完整、清晰的中伊关系演变脉络，并留下思考的余地。但是限于获取资料的有限性，更限于笔者自身的学识、理论水平和研究手段，本书难免存在各种不足，有些结论和观点仅是笔者一家之言，有待时间的验证，此处意在抛砖引玉，与学界交流，期待专家学者的批评指正。

中伊关系是一个有趣、重要、宏大、持久的研究领域，需要进行持续的跟踪观察和研究才能得到更加客观、有用的研究成果，笔者仍然在进行着这种努力。

Preface

The "new period" in *Study on the Sino-Iranian Relations in the New Period* refers to the beginning of the 21st century. This period was of vital importance to the development of China, but during this period China was facing the increasingly severe challenges of energy and resource problems①The acute fluctuation of the world's oil prices is a portent and the outcome of the outbreak of the world-wide financial and economic crisis, which reflects the fact that the shortage of resources and energy is expanding throughout the world while the demands for these vitals are increasing. It will greatly threaten the sustainable development of the

① On June 26, 2008, the forward price of light crude in New York once reached $140.39 a barrel, with the closing price $139.64 a barrel, and it was even inflated to $147 a barrel in October, 2008. The magnates in OPEC and Russia made a forecast that in the summer of 2008 the oil prices would soar to $ 150—250, but in fact they slumped after November, 2008 due to the financial and economic crisis in the world, and dropped to less than $40 in December of the same year. The oil prices had remained around $45 a barrel until March, 2009. Then they rose again and the forward price of light, sweet crude in New York fluctuated around $86 a barrel in May, 2010. In June 17, 2011, the light crude in New York with the delivery month in July had the closing price of $93.01, reducing $1.94 a barrel. On the same day, the forward price of Brent Crude in London was as high as $113.21, even after a shrinkage of 81c a barrel. Source: Reuters, New York, June 26, 2008; La Agencia EFE, S.A., Paris, June 26, 2008; Xinhua Net, June 18, 2011.

Chinese economy and the steady improvement of the Chinese People's life quality. Since 2003, the snowballing Iran nuclear crisis has been striking more and more fiercely the political patterns in the Middle East and the world, and these tremendous changes in the international economic-political situation is testing the traditionally cordial relationship between China and Iran, as well as influencing and altering the domestic and foreign strategies of the two countries with great ancient civilizations.

China is a big nation in the world, and is progressing to be one of the world's great powers. Iran is a big nation in the Middle East, whose impact on both the Middle East and the world has been enlarged unprecedentedly. At present, Iran is the world's fourth largest oil producer, OPEC's second largest oil producer and exporter, a country with the world's second largest storage of oil and natural gas resources, and one of the main sources of China's oil import. It bears great practical value and salient academic significance to be concerned with and make a close study of the Sino-Iranian relations in the new period.

The studies on the Sino-Iranian relations have already had some fruits in the academic world both home and abroad. In China, the sum of published research findings on Iran by scholars who study the Middle-East issues between 1911 and 2007 has reached as many as 1599, in forms such as academic papers, monographs, translated books, and so on. Among these works there are 20 academic books, 151 papers and 6 translated books that study the Sino-Iranian relations, and 70% of the 20 academic books have been published since the 1990s. Similarly, the percentage is 84% for academic papers and 83% for translated books (in particular, 8 academic books, 81 papers and 2 translated books have been published since 2000)[①]. The statistics do show that researches on the Sino-Iranian relations were rapidly developed in China in the 1990s, and more attention has been attached to this area since the beginning of the 21st century, with more findings attained. However, there is hitherto no academic book that bears a global and historical view, integrates the qualitative methods with the quantitative ones, and studies the Sino-Iranian relations since the establishment of PRC in a systematic and comprehensive manner, and there are still no research findings that focus on the evaluation, positioning and evolution of the Sino-Iranian relations at the beginning of the 21st century.

Researches on the Sino-Iranian relationship are not commonly seen in the academic circles abroad, but they have their distinguishing features. It is worth mentioning that Dr. Manochehr Dorraj and Carrie L. Currier, professors of political science at Texas Christian University in Texas, the US, published a paper entitled "Lubricated with Oil: Iran-China Relations in a Changing World"[②] in 2008. The paper introduces the history of the Sino-Iranian communication, illustrates the commercial trade, energy trade (oil and natural gas), exploitation and cooperation between China and Iran, and the Iran-China-US-Russia relations, explores the historical roots, evolution and development of Iran-China relations with a particular emphasis on the period since the Islamic revolution in 1979, examines the role of factors such as arms trade and technology transfers in the Sino-Iranian relations, and asserts that in

① Yang, Xingli. 2010. "Sixty Years of China's Researches on Iran". West Asia and Africa, Issue 4 of 2010: 64.

② Dorraj, Manochehr and Carrie Liu Currier. 2008. "Lubricated with Oil: Iran-China Relations in a Changing World". Middle East Policy 15 (2): 66—80.

light of present economic and political trends, it is the pursuit of energy security and supply that becomes more and more critical in the bilateral relationship between Iran and China. The two PhDs intend to answer three questions. First, what are the incentives for these two otherwise ideologically opposed regimes to forge an increasingly expanding and cordial relationship and what does each side gain from this relationship? Second, how much weight can be given to economic interests brought about by Sino-Iranian trade, especially the energy trade, in facilitating closer relations between the two states? What are the dynamics of petropolitics in this relationship? Finally, in light of the different bilateral relationships the two countries have with the United States—China's expanding trade and political relations versus Iran's acrimonious relations—what are the limitations of their partnership? Faced with the different circumstances, China might perceive its relations with Iran as a political responsiblity and obligation; Iran, on the other hand, would be compelled to abandon its "Eastern strategy" and pull away from China. Both Iran and China's regional as well as global political ambitions pose a challenge to their bilateral relationship—under a variety of circumstances their interests may clash, and opposition may appear in the strategic goals motivating their cooperation. However, in this paper no definite or objective answers have been provided to issues such as what differences and similarities lie in the profits and strategic goals of China and Iran respectively, under what circumstances China will firmly develop cordial and cooperative relations with Iran, or Iran will alienate and "pull away from" China.

Dr. Mahmoud Ghafouri, assistant professor of political science at Shahid Bahonar University of Kerman, Iran, published his paper "China's Policy in the Persian Gulf"① in 2009, which also refers to the Sino-Iranian relationship. However, the relationship is only part of the massive contents of the paper, so it only briefly touches the Sino-Iranian arms trade, oil trade and exploitation, communication in areas other than oil trade and Iran nuclear issues between the 1970s and 2006.

This book uses all the research achievements mentioned above for reference in the hope of analyzing the Sino-Iranian relations at the beginning of the 21st century thoroughly and completely. The conclusion can be arrived at that the current Sino-Iranian relationship is of a new form between these two ancient civilized countries, that the relationship is asymmetric, friendly and interdependent, that its main features emerge within the geopolitical framework of "China-US-Iran enclave strategic triangle" and that the tendency will remain unchangeable that the relations between China and Iran will keep developing in an active and moderate manner in the contemporary era. It is highlighted that within the big "triangle" among the Chinese, the American and the Iranian cultures, conflicts overwhelm assimilation and competitions surpass cooperation, and the state relations remain to be asymmetric, unsteady and highly interdependent. Based on the realistic and potential core national interest, it is appropriate to conclude that Iran is in between the third and the fourth layer in China's foreign strategic structure and China is in the third layer of Iran's corresponding strategic pattern. The future goals can be identified as establishing and developing a comprehensive Sino-Iranian strategic cooper-

---

① Ghafouri, Mahmoud. 2009. "China's Policy in the Persian Gulf". Middle East Policy 16 (2): 80—92.

ative relationship for the friendly states and attempting to improve the bilateral relations to the second layer in their global strategic structures respectively. A reasonable choice for China in its current strategy to Iran is to maintain the steady pattern in the big strategic triangle among China, the US and Iran.

Therefore, the unique features of this book are mainly embodied in the following aspects. First, it divides the development of the Sino-Iranian relations from the 1950s to the 1990s into five periods, i. e. the period of stagnation (1950s), the period of favorable turn (1960s), the period of normalization and accidental lapse (1970s), the period of adjustment and development (1980s), and the period of sustained development (1990s). The beginning of the 21st century is regarded as the period of risky development. This conclusion is different from the traditional view that "the Sino-Iranian relationship is always developing smoothly and amicably". Second, the research conclusion has made a breakthrough that goes as follows: (1) it illustrates the three key relations in the Sino-Iranian relationship, namely the new relation between two ancient civilized countries, the asymmetric, friendly and interdependent relation, and the interactive relation within the geopolitical framework of "China-US-Iran enclave strategic triangle", and proposes that the ultimate goal that holds China and Iran together is to pursue a win-win situation that maximize both nations' interests; (2) it finds out that the key influential factors of the current and the future Sino-Iranian relationship are the economic (energy, trade and investment) and the diplomatic (currently the Iran nuclear crisis) ones; (3) it primarily obtains the evaluation outcome of the practical Sino-Iranian relationship, i. e. the current Sino-Iranian relationship is situated between the third and the fourth layers of China's foreign relations and at the third layer of Iran's foreign relations, and it believes that the substantial harm to China is relatively small if the Iran nuclear crisis is still hanging to be solved; it also predicts that the future (the post-nuclear-crisis period) Sino-Iranian relationship tends to develop in general but with possible twists and turns; (4) it analyzes the relative advantages and disadvantages in developing the two country's bilateral relations, points out problems that call for attention when China deals with the current and the future Sino-Iranian relations, and puts forward eight ingredients of the framework of "China's strategy to Iran" and ten countermeasures in China's contacts with Iran. Third, the research method is innovative, i. e. it proposes the concept of "degree of friendliness" to measure the international relations, employs the method that combines quantitative research with qualitative research (using questionnaires, see Appendix I) tentatively, studies the Sino-Iranian relations in two directions (horizontally, the main influential factors; vertically, time), and primarily examines the mechanism that affects the relations between the two countries on the basis of a comprehensive analysis of their actual national conditions, which is an inaugural attempt in the studies on the relations between China and Iran. Fourth, the viewpoint of historical materialism and dialectical materialism runs through the whole book, i. e. it lays emphasis on analyzing the double influences of the influential factors and the mechanism in different time scopes, the bi-directional and multi-directional evolution of the Sino-Iranian relations, and the uncertain influence and outcome of the nuclear crisis; it applies case studies that integrate macroscopic and microscopic views to the combination of field study results of Chinese-capital enterprises in Iran and overall study of the Sino-Iranian relations and serve for such combination, provides comments and suggestions to make the research conclusion more valuable as reference in reality, uses thematic maps that concisely reflect Iran's national condition, so that the readers who are unfamiliar with Iran can strengthen their direct impression on this country; it also attempts to use the newest data and make them systematic—to employ and analyze all the available data collected before the July of 2011. Finally, it highlights the key points, i. e. it has amplified Chapters 3, 4, 5 and 7, and focuses on analyzing the effects of the Sino-Iranian energy trade, investment and the Iran neclear issue on the relations between China and Iran, as well as offering suggestions for solution.

This book consists of seven chapters.

Chapter 1 briefly discusses the course of development of the Sino-Iranian relations. After summarizing characteristics of the Sino-Iranian relations before the 1950s, it divides the development of the relations from the 1950s to the 1990s into five stages.

Chapter 2expounds from the historical perspective the relationship between Iran and Chinese Islam and the commonality between Iranian and Chinese cultures and theoretically foreshadows the analysis of the new key areas of the Sino-Iranian relationship.

Chapter 3summarizes and analyzes the nine factors that may influence at a specific time or place the Sino-Iranian relations at the beginning of the 21st century by employing the factor classification analysis. By comparing the national conditions of China and Iran, it makes a contrastive analysis of the advantages and disadvantages the two countries have, objectively illustrates their actual impacts and potential significances, and analyzes the double influences of the factors. The key factors that affect the current Sino-Iranian relations are the economic factors (the factors of energy, trade and investment) and international political factors (the Iran nuclear crisis), and the core objective of the formulation and the regulation mechanisms of the Sino-Iranian relations is to ensure the national interests of both countries. Oil-natural gas (energy) and resources will remain as the core influential factors in the future Sino-Iranian relations and that the Islamic factors are potentially damaging to the social stability in the Western China (e.g. Xinjiang).

WhatChapter 4 expounds is the beginning of the 21st century, which is the period of risky development and also the focus of discussion in this book. It analyzes comprehensively the development conditions and features of the Sino-Iranian relations at the beginning of the 21st century in areas such as trade, investment, service, politics, diplomacy, defence, and culture. It points out that the currently-well-developed Sino-Iranian relations can be displayed as follows: China has become one of Iran's greatest trade partners and Iran has also been China's strategic trade country in the Middle East; Iran's energy infrastructure is China's current and future major investment area (possibly extending to the processing industry, agriculture, tourism, etc. in the future); the Chinese-capital enterprises in Iran play an irreplaceable role in the development of the Sino-Iranian relations and the role will be more important in the future. Chapter 5 analyzes the diplomatic environment and decision mechanism of China and Iran at the beginning of the 21st century. By comparing the international environment and status, as well as the advantages and the disadvantages of each nation, it prepares for the further explanation of their mutual strategiesand assigns ranks to the current features of the Sino-Iranian relations. The political consensus of the relations is that Iran and China mutually respect each other's political-social institutions, that Iran does not echo the China Treat Theory, and that China supports the solution to the Iran nuclear issue by peaceful means such as diplomatic negotiation, political consultation, and so on.

Chapter 6 mainlyanalyzes the Sino-Iranian relations at the beginning of the 21st century.

This chapter elaborates the foreign strategic arrangements of China and Iran severally and provides a broader and more profound global background for examining the Sino-Iranian relations.

Chapter 7 has two key points. One is the attempt of positioning the Sino-Iranian relations by including them in the global and the regional situations as well as the overall foreign strategies of the two countries respectively and primarily deciding the strategic status of the Sino-Iranian relations in both countries at the beginning of the 21st century according to the evaluation conclusion in Chapter 6. The other is the discussion of the trend of development of the Sino-Iranian relations at the beginning of the 21st century under the impact of the Iran nuclear crisis. It is stated that the nuclear crisis is the determining factor that affects the current Sino-Iranian relations and the relations in the future will keep the overall upward trend, but they will also embody risks and possible twists and turns. Therefore, China should make countermeasures accordingly and prepare beforehand.

Finally this book comes to a brief and concise conclusion.

At the end of the book,, the appendices provide to the readers as a supplementary part the relevantresearch methods, events, agreements, China's investment projects in Iran, maps and drawings.

The Sino-Iranian relations at the beginning of the 21st century will produce new features, new areas and new thoughts, and will also bring forth new phenomena, new problems and new conflicts, so new theories and new methods are required to enrich and develop the research practice and theories of the Sino-Iranian relations. Hopefully this book can provide a relatively complete and clear depiction of the evolution of Sino-Iranian relations and leave room for further thinking. However, limited by the shortage of materials, and even more limited by the authors' knowledge, theoretical level and research methods, there are unavoidably some deficits in this book and some of the conclusions and viewpoints are the authors' own beliefs, waiting to be verified by the time. The author's intention is to throw away a brick in order to get a gem and to communicate with the academic circle, so the experts' comments and suggestions are sincerely welcome.

The Sino-Iranian relationship is an interesting, important, grand and enduring research area that requires continuous tracking observation and study, so that more objective and useful research findings can be obtained. The authors are making an effort now.

第一章

中国—伊朗关系的历史回顾

本章提示　中国—伊朗交往的历史久远。文明是早期交流的动力，距离构成了交流的屏障，时间刻录了中国—伊朗千百年来交往的事实，记载了两国人民源远流长的深情厚谊。现代以前，中国与伊朗之间的交流都遵循着同一个主旋律——平等友好、坦诚相见。虽然两国各在亚洲大陆的东西两端，远隔万水千山，但是文明传播了友谊，友谊拂去了时间的浮尘、消除了空间的阻隔。中国和伊朗是世界上两个重情重义、热爱和平的国家。历史也说明，第二次世界大战以前中国与伊朗的经济往来和文化交流的规模小、范围窄、对经济社会的影响有限、交往方式传统而且带有偶然性。

第一节　第二次世界大战以前的中伊关系

一、中伊关系历史悠久

中伊交往历史悠久、源远流长，既有锦上添花，也有雪中送炭。

历史上中国曾在伊朗最困难的时候，厚待伊朗、礼遇三代伊朗国王，留下扶危济困、情深谊长的千古佳话。第二次世界大战以来，中伊民间交往与政府交往相互推动，物质交往与文化交往相得益彰。

著名历史学家彭树智先生说：“仅仅从伊朗同中华文明之间的广泛、悠远和互动的交往而言，就是经久不衰、开发不尽的历史研究资源。”[①] 早在公元前11世纪，中国西周的丝绸经伊朗进入埃及，说明三千年前中国与伊朗已有经济交往。[②] 公元前7世纪，一条从中国经西伯利亚草原到黑海北岸的贸易线兴起，这就是所谓的斯基泰贸易之路。[③] 中国丝绸经该线路西段黑海东岸南下，进入伊朗，也经中亚草原进入伊朗。阿赫门尼王朝大流士一世时（公元前520—前485年），中国阿尔泰山的黄金进入伊朗，甘蔗与柑橘也传入伊朗。[④] 安息帝国时，中国的商品由蜀入印，然后转销中亚、伊朗。公元前119年，张骞第二次出使西域，派副使访问安息，中伊两国政府间关系正式建立。中伊交流由以前小规模的、间断性的、民间自发的性质转变为有组织的、官方的、大规模的经济文化交流。

公元7世纪30年代，萨珊波斯遭到阿拉伯人入侵。萨珊王朝出于对唐朝的信任，其亡国之君伊嗣侯在公元639年（贞观十三年）、公元647年（贞观二十一年）、公元648年（贞观二十二年）三度遣使来华求援。公元651年，伊嗣侯在木鹿附近被杀。唐朝在661年立其子卑路斯为波斯都督，公元662年春又立他为波斯王，以疾宁城

---

① 彭树智：《文明交往论》，陕西人民出版社2002年版，第287页。

② 何跃：“试论中伊关系的发展”，《云南师范大学学报》1996年第6期；“试论中伊关系的开端”，《云南师范大学学报》1997年第5期；“唐宋元明时期的中伊关系”，《云南师范大学学报》1997年第6期。

③ 斯基泰贸易之路又被称为北方草原之路。斯基泰人是古代亚欧大陆草原地带最富有代表性的一支游牧民族。又被称为西徐亚人，波斯称其为萨迦人，中国古代史籍称其为塞人或塞种。他们在公元前7世纪初，控制着南俄草原的大部分地区和伊朗的北部，基本的势力范围在多瑙河下游和顿河之间的黑海草原。参见王钺、李兰军、张稳刚：《亚欧大陆交流史》，兰州大学出版社2000年1月第1版，第52—53页。

④ 孙培良：《斯基泰贸易之路和古代中亚的传说》，《中外关系史论丛》（第一辑），世界知识出版社1985年版。

为都（波斯东境锡斯坦首府柴兰笈，今翻译为扎博勒 Zabol）。卑路斯在公元 661 年（龙朔元年）、667 年（乾封二年）、671 年（咸亨二年）三度遣使来华，公元 673 年（咸亨四年）、674 年（咸亨五年）两度亲自来华。公元 674 年来华后居住在长安，唐高宗授予他右武卫将军。卑路斯死后，唐朝于公元 678 年立其子泥涅师为波斯王，他在吐火罗二十年，三次遣使来华，公元 707 年亲自来长安，唐中宗授予他左威卫将军，后病死于中国。泥涅师死后，唐朝又封其子蒲桑为波斯王。公元 744—747 年的四年中，里海南岸泰伯里斯坦的国王五度遣使来华，唐朝先后封其国王阿鲁施多为恭化王，忽鲁汗为归信王。公元 755 年，忽鲁汗的儿子自会罗到唐朝，被封为右武卫外中郎将。在波斯亡国之后一百多年，唐朝对其中央和地方政权一视同仁，礼遇有加，可谓患难之际，诚信亲善。

唐朝时，大批波斯移民来华，有的入仕朝廷，荣升将军。如安附国官至维州刺史、右戍卫大将军，阿罗喊官至右屯卫将军、上柱国、金城郡开国公。据《新唐书》（卷一五六）记载，安息人后裔李元谅官至镇国军节度使。其他波斯人有的经商、行医，有的传教。有的波斯商人来华后在通商口岸设店经营。唐宋时，波斯商人多居住在广州和扬州。据《明一统志·哈列国记》记载，明朝时，以赫拉特为首都的哈烈国七次遣使来华，[①] 郑和七下西洋，分别于公元 1412 年、1417 年、1421 年三次到达伊朗的忽鲁谟斯（今日伊朗霍尔木兹甘省的霍尔木兹岛）。忽鲁谟斯也四次遣使来华。

二、中伊交往内容广泛

历史上，中伊两国人民以丝绸之路为纽带，克服千难万险，跋涉千山万水，顽强地进行着物质文化和精神文化的广泛交流，这种

① 张文德：《明与帖木尔王朝关系史研究》，中华书局 2006 年第 1 版，第 223 页。中亚帖木儿王朝（1370—1506 年）来中国使团不少于 78 次，明朝去对方不少于 20 次，当时伊朗属于帖木尔王朝版图。

平等的双向互动的交流丰富了两国人民的物质和文化生活，开阔了彼此的视野，架起了相互理解的桥梁，为当代中伊关系的发展打下了牢固的历史基础，也为华夏文明西传欧洲作出了独特的贡献。

文化具有三种属性：普遍性、特殊性和传播性。普遍性是指各民族的文化具有相同或相似的成分和可以沟通的属性。特殊性是各民族文化的个性特征。传播性指的是优秀的文化迅速或缓慢地向其他地区传递。法籍伊朗学者阿里·玛扎海里认为，伊朗文化和中国文化之间具有选择性和相似性。首先，两国文化都是迄今未中断文化传统的古老文化；其次，和中国文化一样，伊朗文化也是世界古老文化的重要组成部分；再次，和古代中国面对匈奴人和蒙古人一样，伊朗也面对入侵的阿拉伯人；最后，中国在16－20世纪面对“西方海盗”，伊朗也在同一时期面对“地中海海盗民族”。[①] 伊朗人同他们种族上的堂兄弟盎格鲁撒克逊人之间，有一条精神领域的鸿沟，但却在思想上与中国人相差不远。伊朗的重要地理位置、悠久的历史和古老文化传统的综合，使它在吸收、传播、影响中国文化方面具有连续性的特点。中伊两国人民交往的直接领域是物质文明，纯精神世界是在物质文明之后的缓慢渐进过程。[②] 在中伊民间交往和官方交往的推动下，伊朗的苜蓿、葡萄、胡麻、阿月浑子、波斯枣、茉莉传入中国，中国的桃、杏、桑树传入伊朗。伊朗的珠宝大量运销中国，中国的丝绸、瓷器、肉桂、黄连、大黄、土茯苓、木患子、硝石也销往伊朗。

在人员交流和物质交往的带动下，双方的文化交流日益频繁。公元751年，阿拉伯帝国的军队在恒逻斯打败唐朝军队，被阿方俘虏的中国人在撒马尔罕建立造纸作坊，以后造纸术慢慢传入伊朗，又经伊朗从阿拉伯再入欧洲。波斯人将袄教、景教和摩尼教传入长

---

① ［法］阿里·玛扎海里，耿升译：《丝绸之路—中国波斯文化交流史》，新疆人民出版社2006年10月第1版，第9页。

② 彭树智：《文明交往论》，陕西人民出版社2002年版，第258页。

安，中国人将孔孟之道和龙凤文化传入波斯。13 世纪末，中国的印刷术传入伊朗。法籍伊朗学者阿里·玛扎海里在著作《丝绸之路：中国—波斯文化交流史》（耿昇，中华书局，1993 年版）中论证，荷兰国花郁金香是从中国传入伊朗，后移植于伊斯坦布尔，再传到荷兰的。另外，中国的铸造钢铁技术、剪刀和裁剪术、熨斗、衣橱、火镰、小刀、钢针、水磨、钢刀、桌子、碾磨、泥浆术、小米、高粱、樟脑、麝香、麦黄、杆秤也是先传入伊朗，再传入欧洲的。萨珊文化曾对龟兹文化产生过重要的影响，这不仅表现在建筑风格、壁画内容上，而且还在龟兹文化主题思想的形成上留下了抹不掉的痕迹。①

元代中国与伊朗的关系十分友好。四川师范大学许晓光教授认为这种关系既有一般国家之间的正常外交往来，又呈现出一种特殊性，即保持着宗主与藩王的特殊关系，作为伊朗国王的伊儿汗将作为中国皇帝的蒙古大汗视为宗主，大汗对伊朗国王有册封的权力。伊朗国王的统治权往往要得到大汗或元朝皇帝的承认和册封，才被认为合法。元代中国皇帝还可对伊朗国内的官员加以任命。伊儿汗朝历代国王在中国分封的土地民户得到元朝的保护和管理，元朝还把伊朗国王应得财物运送回国。元朝皇帝忽必烈将阔阔真公主许配给伊朗国王合赞汗，中伊双方的朝贡与赏赐更加频繁，有力地促进了双方的文化经济交流。② 中国医生在伊儿汗朝廷任职，伊朗医生也在元朝廷任职。中国的脉学也在 11 世纪传入了波斯。波斯医学家阿维森纳在《医典》中就论述了切脉。

波斯史学家拉施特（公元 1247—1318 年）同时也是名医，在公元 1313 年编辑了一部《中国医学百科全书》。中国医学名著《苏沈良方》、《千金要方》、《千金翼金》、《外台秘要》以及《本草纲目》

---

① 朱英荣："萨珊文化与龟兹文化"，《新疆大学学报（哲社版）》1995 年第 4 期。

② 许晓光："元代中国与伊朗关系的特殊性"，《西南师范大学学报》1995 年第 4 期。

都收录了波斯药方，其中“悖散汤”在中国颇为流行。中国社会科学院世界历史研究所宋岘先生在《古代波斯医学与中国》（经济日报出版社，2001年版）中探讨了中古波斯医学产生和传入中国的历史过程。该书以《回回药方》为例，介绍了波斯医药文献传入中国的史实；以《本草纲目》和《普济方》为例，介绍了波斯医药融入传统中医的历史过程。伊儿汗朝时，中国天文学家到伊朗的天文研究中心——篾剌合访学，伊朗天文学家纳速剌丁、杜西编成的《伊儿汗天文表》介绍了中国的历法。公元1276年郭守敬编撰《授时历》时，就参考了波斯天文学家札马鲁丁的《万年历》。

据说旭烈兀曾把一千名中国工匠和技师及其家人移居伊朗。他们制成的瓷器在伊朗苏丹那巴达（Sultanabad）被发掘出来，这些盘、碟、壶、瓶、碗上的人物是蒙古人，纹饰以莲花、龙凤为主，深受中国影响。伊朗人比中国人先使用釉里加珐琅和用钴矿青料画青花的技术。15世纪中国就从伊朗进口部分钴矿青料。

西南师范大学孙培良先生认为早在公元七世纪中叶，中国画法就已经西逾帕米尔，传入粟特（塔吉克斯坦共和国喷治肯特），萨曼王朝的诗人费尔多西（约公元940－1020年）在《王书》中多次称赞中国绘画的优越，谓为“不可跻及的完善的标准”。萨珊王朝时，摩尼撰写的《阿尔章》，其中附有插图，这个插图上人物衣纹纤细，树、葡萄、桌帷着色晕染，受到中国佛教画的影响。伊本·布赫提亚庶所著的《动物的功用》和比鲁尼的《古代遗迹》中的插图（即细画）都有中国的意味。拉施特丁的《史集》中的细画取法于中国画，德摩特本的《王书》中的细画把中国画法跟伊朗画法融为一体。16世纪的伊朗艺术家已成功地掌握了中国绘画的精神和技巧。[①]

一部分中国字直接进入波斯文，并流传下来，劳费尔在《中国伊朗篇》曾列举出来，如“牌子”（Paizah）、“王”（Wan）、“大王”（taiwan）、“高王”（KaoWan）、“太后”（Taihu）、“夫人”（Fuzen）、

① 孙培良：“中国画法的西渐与伊朗细画”，《西南师范学院学报》1984年第3期。

"公主"（Kunchu）、"丞相"（Jinksank）、"筝"（chank）、"钞"（Chao）等。[①] 这再次印证了中国文化对伊朗的影响。同样的，在中国 10 个穆斯林少数民族中，他们的伊斯兰教用语保留了大量的波斯语。汉语里也有一些源于波斯语的词汇。[②]

沙法维王朝（公元 1502－1736 年）时，中国的丝绸、瓷器和茶叶继续运往伊朗，伊朗首都伊斯法罕也居住着中国陶工和商人。[③]

波斯的宗教传入中国较早。波斯在世界宗教史上地位显赫，它是袄教、摩尼教和巴哈伊教的摇篮，又向中国传播了景教和伊斯兰教。据史书记载，波斯在公元前 6 世纪创立的琐罗亚斯德教（中国称拜火教），大约在公元 6 世纪传入中国北魏，北魏皇族带头信奉。琐罗亚斯德教先后在北齐、北周、隋朝、唐朝时流传，中国古代东西两京都建有琐罗亚斯德教寺。后琐罗亚斯德教流传到中国东南地区，镇江等地也建有琐罗亚斯德教寺。创立于公元 3 世纪的波斯摩尼教也曾在中国传播。大约公元 694 年，波斯摩尼教徒携带教经《二宗教》来华传教，长安、洛阳、太原、镇江、泉州先后都兴建了波斯摩尼教寺，又称大云光明寺。在今泉州还有古代波斯摩尼教寺遗址。在佛教东传中国的历史进程中，伊朗安息王太子安世高功勋卓著。[④]

三、中伊近代遭遇了相似的磨难

伊朗和中国进入近代以后都变成了半殖民地半封建社会，英、俄帝国主义成为中伊人民的共同敌人。因为中伊两国人民历史命运相同，所以中伊两国都能理解对方的民族屈辱感及民族自豪感。事

① ［美］劳费尔，林筠因译：《中国伊朗篇》，商务印书馆 1964 年第 1 版，2001 年第 2 次印刷，第 399 页。

② 邢秉顺：《伊朗文化》，文化艺术出版社 2003 年版，第 346 页。

③ 朱杰勤：《中外关系史论文集》，河南人民出版社 1984 年版，第 95 页。

④ 张星良编：《中西交通史料汇编》，中华书局 1977 年版，第 70 页。

实上，伊朗的巴布教徒起义（公元 1848－1852 年）和中国的太平天国起义（公元 1851－1864 年）都打击了共同的敌人——封建统治阶级和殖民主义者。在客观效果上，中伊两国人民在反殖反帝的斗争中相互声援。

公元 1840 年的鸦片战争是中国近代史的开端，以后历经第二次鸦片战争、中法战争、中日甲午战争、八国联军侵华战争，腐败无能的清政府被迫签订了一系列不平等条约，中国一步步沦为半殖民地的深渊，中国仅仅维持了表面上的独立与统一，国家主权支离破碎，人民生活水深火热，几乎所有的帝国主义国家都在中国有势力范围，都在中国人民身上敲骨吸髓。一部中国近代史是一部中国人民的斗争史和屈辱史。

1813 年 10 月 25 日伊俄签订《古利斯坦条约》，标志着伊朗近代史的开端。欧洲列强通过与伊朗签订一系列丧权辱国的条约，使伊朗逐渐丧失了领土主权、司法主权、海关主权及经济主权。伊朗近代的恺加王朝腐朽不堪，不能维护国家主权和民族利益，伊朗国王在人民心目中已成为出国享乐、卖国求荣、专制残暴的独夫民贼。

1905－1911 年伊朗爆发立宪革命，旅居日本的中国革命者从日本报刊获得消息后传到国内，中国《外交报》在 1907 年 1 月－1908 年 3 月刊登了下列论文：《论波斯现情》、《论中波立宪将影响于印度》、《论波斯今日形势》、《论波斯其内情》。1907 年，英俄签订了共同瓜分伊朗的《英俄协定》，中国《外交报》又发表了下列论文予以揭露：《论波斯内乱已将成为英俄所干涉》、《俄国对于波斯内乱之意见》、《俄人干涉波斯内乱》、《英俄对波期之改革》、《波斯政争与英俄外交官之关系》。中国革命民主派的机关刊物《民报》的第 25 号上，以“民意”的笔名发表了题为《波斯革命》的文章。①

① 彭树智：“论 1905－1911 年伊朗资产阶级革命”，《西南亚研究》1987 年第 4 期。

1920年6月1日中国驻意大利公使王广圻和伊朗驻意大利公使伊萨刚在罗马签订了《中波友好条约》。《条约》全文共七条，其中：第一条强调："自缔约之日起，两国政府及臣民或人民至诚和好，历年不渝。"第二条，两国互派大使、公使、代办。第三条突出平等交往："缔约两国之臣民或人民在他一缔约国领土内游历或居留时，受所在国官吏及一国派驻官员之待遇保护。"第四条明确规定相互尊重主权，互不干涉内政："两缔约国之臣民或人民在他一缔约国游历或居留时，服从所在国之法律。倘遇有诉讼争执、犯所有法律上之一切轻重罪案，归所在国即中国或波斯国法庭审理。"第五条规定两国互派总领事、正领事、副领事、代理领事，除领事裁判权外，享受最惠国领事官之同等特权。《中波友好条约》是中国近代史上签订的第三个平等条约，是中国同西亚国家签订的第一个平等条约，是中伊友好的见证。[①]

综观近代史上的中伊关系，中伊两国人民在困难的环境中，反抗各自的敌人，彼此声援，相互同情。但是，显而易见的是，伊朗没有把对中国的关系置于重要位置，中国也没有重视发展对伊朗的关系，双方维持着低水平的交往，官方往来和民间往来都有些冷冷清清，断断续续。

截至近代，中伊的往来已经有2000多年历史，有据可查的两国官方的交往也有近2000年的历程。古老的历史文化和经济的融通虽然克服了万水千山的艰难险阻，但是地理障碍的确是削弱联系的主要因素，近代以前两国的交往还是非常原始的并带有自发性和偶然性，这种自发性源自于朝野、源自于文化宗教、源自于渴望印证对对方的传说；但是，实在由于高山大川、相距遥远的地理条件和传统交通通讯工具的限制，造成了相互之间的好奇感、陌生感，互通有无和传递文化信息实在是一件难以实现的偶然性事情；出于经济、

① 王铁崖：《中外旧约章汇编》第三册《中华民国外交资料选编》，北京大学出版社1985年版，第80—81页。

政治或者文化的目的，建立两国之间的常规性大规模交往还是没有出现。此外，相似的历史遭遇，也在客观上阻止了两国交往向深层次发展。即便如此，历朝历代官方的支持和赞助才使中伊之间的交往成为可能和现实，产品、医学、绘画、文字、文学等文化内涵的相互吸引和借鉴，成为了两国人民友谊的历史见证和纽带。

第二节　20世纪50—90年代末期的中伊关系

实际上，1942年至1971年8月以前的这段时期，伊朗都与中华民国政府保持着外交关系，中华民国先后有李铁铮等1位公使和李铁铮等6位、6任特命全权大使派驻伊朗。① 因此这段时间中华人民共和国不可能与伊朗建立和发展正常的国家关系。

20世纪40年代中后期、特别是中华人民共和国成立以来，世界经历了两种制度、两个阵营和两个超级大国对峙、美国独霸、向多极化世界演进等几个发展阶段。中国则经历了新中国建立初期的建设时期、大跃进时期、三年自然灾害时期和经济恢复时期、“文化大革命”时期、改革开放—现代化建设时期的变化。伊朗也经历了巴列维王朝、霍梅尼政权、拉夫桑贾尼政府、哈塔米政府、内贾德政府等几届政府的更迭。世界势力的分化组合从以社会制度意识形态划界回归到以实力地位和国家利益为核心的现实利益博弈的潮流之中。世界格局、中国和伊朗两国政治经济形势的变化，导致了中伊关系的相应变化：从关系冷淡到建立正常的国家关系，其间伊朗经历了伊斯兰革命和两伊战争的考验，中国经历了“文革”、进入到改革开放的时期。中伊关系依然未改持续发展的势头，但是留下了历史的痕迹。

根据新中国与伊朗在不同阶段的交往特征和内容，可以把中伊

---

① 中国驻伊朗大使列表，维基百科，2010年12月11日。

在这50余年时间中的关系划分为五个发展阶段，从中可以看到，中伊关系并不完全是一帆风顺的，中间出现过小波折。

一、20世纪50年代的中伊关系：冷漠状态

20世纪50年代的新中国在一定程度上属于苏联阵营，成为“冷战格局”的组成部分。1953年伊朗政变之后，伊朗成为美国的附庸和同盟，也不愿意与中国的共产党政府发展关系，中国—伊朗建交被搁浅。摩萨台（Mossadeq）政府和国王政府都对新中国心存疑虑。

因此，尽管中伊之间存在着非正式的贸易关系，但在20世纪50年代新中国没有直接与伊朗建立政府之间的关系。这是战后中伊关系的冷淡时期。

新生的中华人民共和国制定了崭新的国际战略，即联合世界上一切爱好和平、自由的国家和人民，首先是联合苏联、各人民民主国家和被压迫民族，站在国际和平民主阵营方面共同反对帝国主义侵略，以保障世界的持久和平。在美国和西方敌视的背景下，新中国只能从苏联那里寻求同情、支持与友谊。因此，在国际政治和国内政治的交互作用下，新中国只能执行“一边倒”的外交战略，同时，决不继承旧政府与外国建立的不平等的外交关系，不急于获取西方国家的外交承认，在彻底清除帝国主义在华特权和势力的前提下，在相互平等的全新基础上来重建新中国的对外关系。[①] 这个时期，有两个因素在伊朗反对与新中国建立友好关系中起了很大作用。这两个因素是：

第一，伊朗的立场根源于对中国的共产主义意识形态和它与苏联结盟的恐惧。苏联和中国对伊朗人民党的支持，使得伊朗政府对

① 曲星：《中国外交50年》，江苏人民出版社2000年版，第9页。

伊朗共产党煽动和颠覆政府忧心忡忡。[①]

第二，1953 年推翻摩萨台政府的政变之后，美国势力大举进入伊朗，成为伊朗最强大的外国势力，这一点导致了伊朗对新中国的敌视和敌对。[②]

政变之后，伊朗明确成为美国的附庸和同盟。[③] 这场政变不仅使亲西方的政府重新在伊朗掌权，而且让西方重新控制了伊朗的石油生产。就在政变成功的当年，一家新成立的西方石油财团就控制了伊朗石油。[④] 美国把伊朗看成遏制苏联和中国威胁的战略伙伴。1950 年 5 月，美国与伊朗签订了《共同防御互助协定》，规定直到 1956 年之前，美国平均每年都给予伊朗 2300 万美元的军事援助，协定还同意美国向伊朗政府提供数笔经济货款。在政变后的第一周里，美国就给予伊朗政府 7300 万美元的经济援助，在政变后的前十年内伊朗得到的美国军事和经济援助近 10 亿美元。

20 世纪 50 年代中伊两国冰冷的甚至是敌对的关系还表现为伊朗对中国采取的敌对政策。伊朗在 1950 年代坚持反对新中国进入联合国，并与台湾的国民党政府恢复了外交关系。[⑤] 伊朗支持美国进入朝鲜，并遣责中华人民共和国是战争中的“侵略者”。1955 年 11 月伊

---

① 伊朗人民党：1941 年 9 月 20 日成立。前身是 1920 年成立的伊朗共产党，1931 年被镇压。1941 年 9 月伊朗共产党人拉蒂马什等人在苏联的支持下重建党组织，定名为人民党。1944 年 8 月召开 1 大，通过五点纲领，规定该党是工人、农民和手工业者劳动阶级的政党，目标是建立君主立宪制，确保宪法规定的自由。1948 年召开 2 大时，党员发展到 20 万人，3 人进入内阁，8 人被选入议会。1949 年、1953 年遭巴列维国王的残酷镇压，领导人和党员大批流亡国外，党中央总部迁到民主德国的莱比锡。1959 年与阿塞拜疆民主党合并。1965 年分裂出“伊朗人民革命组织”。1978 年参加反对巴列维君主政权的活动。

② 张铁伟：《列国志·伊朗》，社会科学文献出版社 2005 年版，第 282 页。

③ 范鸿达：《美国与伊朗：曾经的亲密》，社会科学文献出版社 2006 年版，第 145 页。

④ 冀开运、蔺焕萍：《二十世纪伊朗史》，甘肃人民出版社 2002 年版，第 115 页。

⑤ 高发元：《首届赛典赤研究国际会议论文集》，云南大学出版社 2004 年版，第 369 页。

朗宣布参加英、美等国策划和支持的军事联盟——《巴格达条约组织》，1958年7月伊拉克发生革命，伊拉克退出《巴格达条约组织》，1959年8月改名为《中央条约组织》，伊朗军队进行了美式改造，美国军事代表团间接控制了伊朗的武装力量，表明伊朗与美国结盟，参与包围和遏制苏联。当时伊朗怀疑中国还在继续支持伊朗共产党，继续攻击《中央条约组织》，事实上，直到20世纪60年代前半期，新中国都同伊朗人民党（其前身是伊朗共产党）保持着比较密切的联系（参见“附录一”第6、7、8、13、15条）。可见在冷战格局下，中伊两国政府之间不仅基本断绝了关系，而且还互相仇视。伊朗国王参加《中央条约组织》，想以加入西方资本主义阵营来维持伊朗的君主制度。

其实，中国在20世纪50年代与伊朗发展非正式的贸易关系，是中国政府按照自己的外交战略，开拓自己的国际空间，打破西方国家的封锁、树立新中国在世界上的形象的努力的组成部分。1950年至1959年，中国对伊朗的进出口总额还是达到了近250万美元，中国也不愿意攻击伊朗政府与西方结盟的政策，这一点表明了中国的战略。周恩来在万隆会议的声明中谴责了美国建立反共产主义同盟的计划，对包括伊朗在内的亚洲国家采用一种理性而温和的态度，虽然有些国家跟随美国反对中华人民共和国。周恩来指出，第三世界国家之间的分歧能够通过和平谈判加以解决。周恩来要求，外国干涉第三世界国家内政的事必须停止，因为这是第三世界国家自己的事情。然而，参加万隆会议的伊朗政府不同意中国的论点，在1956年恢复了与台湾的“中华民国政府”的外交关系，继续与美国一道，反对中华人民共和国。因此，20世纪50年代的新中国不能与伊朗发展国家关系。

二、20世纪60年代的中伊关系：出现转机

20世纪60年代，中国和伊朗的外交政策都发生了巨大的变化。

中国外交政策的根本性变化是：中国认为美国和苏联都是中国和世界其他国家的主要敌人。中国新的外交战略要实现新的外交目标：在第三世界既反美又反苏。这使得中国与美苏的关系都很僵，在国际上也很孤立。伊朗的外交政策也开始转变，伊朗国王成为伊朗最高决策者，他执行新的独立的国家政策。这两点影响了伊朗外交政策的走向。国王发现随着美苏关系的缓和，伊朗对于美国的重要性在下降。此外，美国在 1964 年决定不再把武器转交给伊朗，而是向伊朗出售武器，这使国王确信他要采用独立的外交政策，以平衡伊朗与超级大国的关系。伊朗过去投票反对中国进入联合国，然而，从 1965 年起，伊朗开始在这个问题的投票中弃权，这是对从前投票赞成美国的决议草案的立场的背离。

中国政府把伊朗新的外交政策和建立地区发展合作组织的进展，解释成是该地区挑战西方的重大步骤，是加强第三世界团结的新的努力。[①] 中国的解释与伊朗对中国进入联合国的投票行为联系在一起。

1967 年 6 月阿拉伯国家在阿—以战争中失败，中东地区的力量均衡从阿拉伯国家转向了伊朗，伊朗政府开始关注与中华人民共和国的关系。1967 年 6 月，国王本人就伊—中关系首次直接发表了伊朗政府的声明，承认中华人民共和国的地位，并为中国进入联合国辩护。他说："我认为，如果我们希望拥有真正的联合国，如果我们想做出努力来监督普遍的裁军，那么，唯一的解决途径就是共产党中国加入联合国。我们应当同他们建立亲密关系，不要同他们疏远。我们也不应当是那种担惊受怕的人，拒人于千里之外。我认为，改变我们政策的时候到了。"[②] 1969 年 1 月，国王首次宣布伊朗将支持

---

① 1965 年成立的"区域发展合作组织"包括伊朗、巴基斯坦和土耳其。1985 年 1 月这三国成立新的"经济合作组织"，除伊朗、巴基斯坦和土耳其三国外，阿富汗、乌兹别克斯坦、阿塞拜疆、哈萨克斯坦、吉尔吉斯坦、塔吉克斯坦和土库曼斯坦目前也是它的成员国。

② 法新社德黑兰，1967 年 6 月 14 日电。

中国恢复在联合国的席位，并为中国进入联合国辩护。伊朗对中国的外交政策的这些变化表明，伊朗政府希望发展与中华人民共和国的关系，使伊朗能在两个超级大国之间更巧妙地周旋。这些变化也意味着伊朗依然怀疑中国，因为中国的意识形态和与苏联的政治联系对伊朗不利。一旦中国不再与苏联结盟，并且开动庞大的宣传机器反对苏联，伊朗政府就会感觉到与中国打交道是安全的。对伊朗政府而言，中国可以在苏联向亚洲和海湾及阿拉伯半岛地区的渗透过程中起制衡作用。也有人认为，伊朗在美国与中国建立友好关系之后只能亦步亦趋。

但是，此时的中国、伊朗对于发展双方关系仍然存在担忧，制约苏联成为了中伊接近的首要原因。1968 年 10 月，英国宣布将于 1971 年 11 月底之前从苏伊士运河以东的中东地区完全撤出。伊朗对此喜忧参半，欢喜的是伊朗称霸波斯湾的梦想终于有实现的可能，忧虑的是苏联在印度洋地区的影响会趁势增强，很可能前门驱虎，后门进狼。中国则担心，英国势力撤出之后，苏联填补海湾地区的“权力真空”的梦想会成真，尤其在《苏联—印度友好条约》签定之后，中国的担心变成了增强与伊朗发展关系的决心。然而伊朗仍然担心中国支持海湾地区的革命，一直期待中国减少并终止对那些反对海湾现政权的民族解放运动和其他势力的政治和军事支持。

总之，在 20 世纪 60 年代，中国和伊朗外交政策的变化，使得伊朗从 1949 年以来首次以积极的态度看待中国。尽管双方缺乏政治关系，但双方的贸易规模急剧增加，中国在 20 世纪 60 年代对伊朗的进出口总额是 20 世纪 50 年代的 20 多倍，[①] 两国关系向着正常化方向前进。

---

① Mohamed Bin Huwaidin: *China' Relations with Arabia and the Gulf* 1949—1999. Routledge Curzon 2002, p. 155.

三、20世纪70年代的中伊关系：正常化和遭遇小挫折

20世纪70年代，中国认为苏联是最危险的战争策源地，中国的外交战略是在全世界建立针对苏联的国际反霸统一战线。中国在第三世界中“以苏划线”，支持一切反对苏联霸权主义的政权。由于巴列维王朝强烈的反苏态度和霍梅尼革命的亲苏可能，中国对伊朗国王政权采取了友好的态度。实际上巴列维政权的反苏往往将反共、反社会主义和反对霸权主义混合在一起，与中国强调的为制止新的世界战争的爆发而联合反霸只有一定的共同之处。[①] 1969年底，中国领导层认识到苏联的现实威胁，感觉到国际形势日益严峻。同时，美国尼克松政府的对华政策出现松动的迹象。中国政府决定放弃同时反美反苏并放弃支持世界革命的外交战略，采取务实的外交转向，即联合美国、第二世界和第三世界国家，全力以赴对抗苏联的威胁，并在1971年开始停止支持“被占领的阿拉伯湾人民解放阵线”，伊朗政府发现自己处于一种空前有利的、可以考虑与中国政府建立政治关系的地位。1971年4月14日，伊朗公主阿什拉芙·巴列维（Ashraf Pahlavi）访问了中国，同年4月30日伊朗公主法蒂麦·巴列维（Fatameh Pahlavi）访问了中国。这两次重大出访，帮助伊朗迅速决定与中华人民共和国建立外交关系。[②] 值得一提的是，巴基斯坦的调解在两国建交中发挥了重大的作用。

两国正式建立外交关系的《联合公报》于1971年8月17日分别在北京和德黑兰同时发表。实际上，相互承认的文件却是前一天在伊斯兰堡签订的。陈辛仁成为新中国驻伊朗第一任大使（1972年3月—1974年11月在任）。

伊朗政府把与中国建立和发展外交关系看成是一个自然而然的

① 曲星：《中国外交50年》，江苏人民出版社2000年版，第451页。

② 肖宪：《1971年中国—伊朗建交的动因和影响》，高发元主编：《首届塞典赤研究国际会议论文集》，云南大学出版社2004年版。

进程。在1971年10月19日的新闻发布会上，伊朗国王特别强调："我们两国之间的关系，不管是在经济领域还是在文化领域都长期存在。这些已建立的关系不仅应该恢复到过去的最高水平，而且应该更进一步发展，这一切都是自然而然的。"①

从中国方面来看，中国政府把中伊关系的新发展看成是反对帝国主义的胜利。1971年10月28日，在伊朗驻北京大使馆举行的国王诞辰的招待会上，中国外交部代部长姬鹏飞指出：中伊两国之间的关系因为帝国主义的侵略曾被削弱，甚至一度中断，我们对中伊关系现在恢复并在新的基础上发展深感高兴。②

显而易见，中伊两国建交是为了服务于两国的国家利益。对中国而言，伊朗是一个重要的国家，其原因如下：

第一，伊朗的政治和军事实力能够牵制苏联南下波斯湾。

第二，伊朗和中国一样，担心苏联在印度及后来在伊拉克的存在和影响，中伊两国都认为苏联的举动在于遏制中国、伊朗和巴基斯坦。

第三，中伊两国对维护巴基斯坦的独立和完整都非常重视。中国和伊朗都指责苏联企图肢解巴基斯坦，在巴基斯坦北部建立一个独立国家——普什图尼斯坦（Pakshtoonistan），在南部建立一个独立国家——卑路支斯坦（Baluchistan）。③

第四，伊朗庞大的市场能够成为中国商品的潜在市场。

第五，中国可以在石油技术和化肥工业等领域与伊朗开展合作。

第六，与伊朗建交可以为中国树立一个积极的建设性的国家形象，有助于中国促进与海湾和阿拉伯半岛各国发展外交关系。

对伊朗而言，中国也是一个重要的国家，其原因如下：

第一，1964年中国成功地进行了核试验之后，具备了核大国的

---

① BBC，SWB，FE/3765，19 August 1971，p. A4/1.

② BBC，SWB，FE/3824，28 October 1971，p. A4/1-2.

③ Mohamed Bin Huwaidin: *China' Relations with Arabia and the Gulf* 1949-1999. Routledge Curzon 2002，p. 156.

地位。与中国建交可以增加伊朗在世界事务中讨价还价的地位，尤其是在与美国和苏联的关系方面。

第二，中国和伊朗一样，始终担心苏联进入波斯湾乃至亚洲。

第三，伊朗政府希望通过与中国建交并发展友好关系，伊朗将能阻止中国对海湾地区革命的共产主义和民族主义运动的支持。

第四，伊朗没有理由不与中国友好相处，尤其是在美国政府已改善与中国的关系之后。

第五，中国于 1970 年 10 月与加拿大建交，1970 年 10 月与赤道几内亚建交，1970 年 11 月与意大利建交，1970 年 12 月与埃塞俄比亚建交，1971 年 1 月与智利建交，1971 年 2 月与尼日利亚建交，1971 年 3 月与喀麦隆和科威特建交，伊朗领导人认为，这一切表明中国能够与不同社会、经济和政治制度的国家相处。

中伊两国建交之后，在 20 世纪 70 年代很多官方的、非官方的政治、经济和文化代表团纷纷互访，包括 1972 年 4 月中国外贸部副部长陈洁率领的中国政府贸易代表团访问伊朗。这是两国建交以来，中国政府代表团首次访问伊朗。在访问期间，双方签订了《中伊贸易协定》和《支付协定》。次年 4 月，由伊朗经济部部长胡尚·安萨里（Huahang Ansari）率领的伊朗政府经济代表团访问了中国。两国政府首次签订了长期贸易和支付协定。[①] 这些协定的主要特点是，伊朗里亚尔是唯一的账户资金结算货币。中国外交部长姬鹏飞于 1973 年 6 月访问了伊朗，[②] 中国副总理李先念于 1975 年 4 月访问了伊朗。据报道，中国于 1974 年开始购买伊朗的原油，这是 1974 年后期中国外贸部部长李强访问德黑兰期间所作的安排。1976 年中国从伊朗购买了 20 万吨原油，1977 年购买了 30 万吨。

1972 年 6 月，中国红十字会向伊朗南部的地震受害者捐献了价值 20 万元人民币的毛毯、罐头食品和药品。中国欢迎伊朗国王 1973 年 7

---

① 《北京周报》1973 年 6 月第 16 期，第 5 页。

② 《北京周报》1973 年 6 月第 25 期，1978 年 8 月 30 日第 12 版，第 3—5 页。

月31日的通告：伊朗国家石油公司和西方石油财团签订一个新的协定，伊朗据此从西方石油财团手中收回了与石油设施所有权、石油生产和管理等相关的权利。1973年8月《北京周报》上的一篇文章指出："伊朗人民捍卫本国石油权益长达72年之久的长期斗争，终于获得了震惊世界的胜利。它翻开了伊朗石油工业史上新的一页。"[①]

中国也欢迎1974年8月17日伊朗与苏联签订的双边协议：伊朗出口到苏联的天然气价格从每一千立方英尺30美分提高到了57美分。[②]

建交以来，中伊两国之间的贸易额迅速增加：1972年的数额比1971年增加了近6倍；1973年的贸易额比1971年增加了10倍多；1975年的贸易额比1971年增加14倍多；1978年的贸易额是1971年的20倍。从1970年年初到1973年年末，中伊贸易平衡有利于伊朗。然而，从1974年开始，中国在对伊朗的贸易中出现了一点盈余。[③]

20世纪70年代的中伊关系在1978年达到了高潮。1978年8月29日，中国共产党中央委员会主席、国务院总理华国锋结束访问罗马尼亚等国后，应伊朗国王穆罕默德·礼萨·巴列维的邀请顺道访问德黑兰，这是两国建交以来，中国最高级别的官员——国家主席首次访问伊朗。国王对此欣喜若狂，说："你这次不仅以一个伟大、友好国家的元首的身份来到伊朗，而且由于你的到来使人们想起了两个有着数千年联系的民族之间的十分古老的友谊，在世界历史上很少能找到这方面类似的情况。许多世纪以来，伊朗和中国作为两个伟大的地理、政治、文化实体，创造了纯正的、丰富的文明和文化，世界文明在很大程度上应归功于她们，这一点历史可以作证。同样，历史也一贯证明，这两个文明从一开始就互为联系，并深深地互为影响。"他表示："伊朗遵循与不同社会、政治制度和意识形

---

① 《北京周报》1973年8月17日第33期，第17页。

② 《北京周报》1974年8月第35期，第35—36页。

③ Mohamed Bin Huwaidin：*China' Relations with Arabia and the Gulf* 1949—1999. Routledge Curzon 2002，p. 159.

态的国家互相尊重，在文化、科学、技术和经济领域进行合作并同他们和平共处，保持友好关系的原则。”[①] 中国主张国家不分大小，不论强弱，应该一律平等，大国不应欺侮小国，强国不应压迫弱国；任何一个国家的事情应该由这个国家的人民来管，一个地区的事情应该由这个地区的国家来处理，全世界的事情应该由世界各国共同协商解决，这个主张深深打动了伊朗政府。8 月 31 日，中国外交部长黄华和伊朗外交大臣加塞姆卢分别代表本国政府签订文化合作协定，中伊双方将根据尊重主权和互不干涉内政的原则，照顾双方的利益，并在对等的基础上努力发展两国间的文化、科学和技术关系。穆罕默德·礼萨·巴列维国王后来满怀感激之情：“中国与伊朗有外交关系。中国不耍两面派。1978 年 8 月，中国领导人访问德黑兰时，伊朗危机已发展到顶峰。中国领导人的正直以及对国际政治的透彻见解给我留下了深刻印象。经过会谈，我认识到，中国是关心伊朗强大的仅有的几个国家之一。”[②]

遗憾的是，中国国家元首的这次访伊导致了伊朗新政权的误会，认为中国在表示坚决支持国王政权，访问成为中伊关系继续发展的一道门槛。其实，中国当时从自己的历史遭遇和艰难处境中理解和支持伊朗捍卫国家的独立和主权，维护民族资源，并不在乎伊朗是君主制或共和制，更不是支持伊朗的君主专制制度。事实上，从中国的意识形态出发，中国是反对君主专制的。新生的伊朗伊斯兰共和国政府误解了中国的良苦用心，因为中国的确不是来为巴列维王朝“雪中送炭”的。然而，中国主席是在伊朗非常敏感和关键的时期到访的，当时国王政权正面对着反对派的巨大政治压力。当然，中国当时还是缺乏对伊朗国情的深刻了解，否则是完全可以避免这场误解的。

---

① “在欢迎华国锋主席的宴会上巴列维国王陛下的讲话”，《人民日报》1978 年 8 月 30 日。

② 穆罕默德·礼萨·巴列维：《对历史的回答》，中国对外翻译出版公司 1986 年版，第 136 页。

四、20世纪80年代的中伊关系：调整和发展

在20世纪70年代的绝大部分时间里，中国与伊朗国王政权保持着充满希望的关系。正当两国的政治和经济关系不断扩大之时，伊朗发生的两件大事让中国始料未及：1979年的伊朗伊斯兰革命，接着是1980年爆发的两伊战争。伊斯兰革命推翻了国王政权，结束了伊朗的君主专制制度，阿亚图拉霍梅尼的政权出现在世界面前，中国不知道伊朗新政权会采取何种外交立场和政策，担心伊朗新政府会削弱发展中的中伊关系，因为中国在20世纪70年代支持过国王，特别是1978年华国锋访伊。中国也担心霍梅尼的反美立场会导致伊朗与苏联靠近，而这是中国不愿意看到的。因此，中国公开批评苏联企图利用伊朗的新变化，服务于苏联在中东和海湾地区的利益。[①]中国政府希望美国抵制苏联在伊朗的扩张主义行径，以保护美国在伊朗的利益。[②]

为了不陷于干涉内政之嫌，中国没有公开支持或者反对伊朗伊斯兰革命。中国媒体在提及伊斯兰革命时全部用伊朗的“骚乱”或者“动乱”的字眼，这种表达方式援引的是伊朗的新闻报道。[③]有人认为，为了置身于伊朗内政之外，中国媒体采用了这样的惯例：从伊朗的消息来源中报道伊朗的情况，其中有些是对革命领袖不利的报道。遗憾的是，当时中国没有对伊朗革命政权的反帝国主义和不结盟姿态予以重视，实际上这是中伊两国建立友好关系的基础。

不久，中国政府承认了伊朗新政府。华国锋主席向伊朗新政府发出了贺电，希望继续保持两国之间的传统友谊，这是中国政府对新生的伊朗伊斯兰革命政权的实际承认。1979年1月21日，中国驻伊朗大使焦若愚（中国驻伊朗第三任大使，1977年5月—1979年8

---

① 《北京周报》卷22，1979年4月第15期，第19—20页。

② 徐善楠：“动乱中的伊朗”，《世界知识》1979年第2期，第11—13页。

③ 周维伯：“伊朗局势浅谈”，《工人日报》1979年2月14日第3版。

月在任）拜见了伊朗总理迈赫迪·巴扎尔甘（Mahmdi Bazargan），双方表达了进一步发展两国关系的愿望。[①] 中国认为 1979 年 3 月 30—31 日伊朗举行的公民投票，宣告了“共和制的诞生和君主制的终结。这是伊朗人民政治生活中的一个历史性事件，是伊朗人民反对封建专制、要求民主改革的长期斗争的结果”。[②] 据报道，1979 年 7 月，华国锋主席通过巴基斯坦就他前一年出访伊朗之事向霍梅尼进行了解释。此后，中国开始庆祝伊朗革命和伊朗国庆节，利用各种场合积极改善中国—伊朗关系。1980 年 1 月 31 日叶剑英委员长电贺巴尼萨德尔就任伊朗第一任总统。1980 年 8 月 28 日华国锋电贺拉贾伊就任伊朗总理。

然而，当时伊朗对中国的热情未能积极回应，两国之间的政治交往降到了最低水平。在文化上，中国开始利用中国伊斯兰教协会成员促进与伊朗的关系。好几个伊斯兰教代表团前往伊朗，拜会了伊朗最高领导层。经济方面，尽管在 1979 年伊朗贸易部长访华期间中伊签订了备忘录，但是中国对伊朗的进口总额却降到 1975 年以来的最低点。贸易总额从 1978 年的 1.18 亿美元猛降到 1979 年的 6800 万美元。[③] 中国学者开始研究伊朗伊斯兰革命的进步性和保守性，并提醒伊朗人民“美国不甘心失去伊朗，苏联则处心积虑想插足伊朗”。[④]

对 1980 年 9 月爆发的两伊战争，中国政府采取了严格中立和积极劝和的立场。中国的出发点是认为第三世界国家之间没有根本的利益冲突，它们之间的分歧和争端应本着互谅互让、友好协商的精神，通过和平方法来解决，而不应诉诸武力。中国同伊朗和伊拉克两国都保持着友好关系，希望两国政府能从两国人民的根本利益出

---

① 新华社《新闻简报》，1979 年 4 月 23 日第 11056 期，第 1—2 页。

② 新华社记者综述：《伊朗共和制的诞生》，《人民日报》1979 年 4 月 3 日第 6 版。

③ Mohamed Bin Huwaidin：*China' Relations with Arabia and the Gulf* 1949—1999. Routledge Curzon 2002，p. 160.

④ 王克勤：“藿梅尼与伊朗”，《世界知识》1979 年第 13 期，第 7—9 页。

发，以维护海湾地区安全和世界和平的大局为重，尽早结束战争。[①] 对中国而言，伊朗和伊拉克都是制衡苏联南下波斯湾的重要国家。这场战争使两伊在抵制苏联渗透波斯湾的问题上变得更脆弱。伊朗发生了根本的革命性变化，它的革命战斗性及反对美国可能使伊朗倾向苏联。中国政府力图恢复自己在伊朗的形象，同时对两伊战争中的当事双方采取同样的政策，这个政策的特点如下：

第一，避免批评伊朗对伊拉克的军事和政治行为；

第二，强调需要和平解决伊朗与伊拉克之间的争执；[②]

第三，赞扬伊朗领导层反对霸权主义和外国势力干涉伊朗内政；

第四，认为苏联是两伊持续冲突中的最终受益者；[③]

第五，鼓励伊朗和美国之间恢复友好关系。

中国政府对与伊拉克冲突的伊朗的外交政策是企图阻止伊朗政府倒向苏联。在认识到美国影响伊朗的能力有局限性之后，中国政府拒绝支持在安理会 598 号决议下的对伊朗的武器禁运。中国对形势的解释是，在武器禁运之前，应该达成一个政治解决方案。中国政府不想让苏联成为安理会中伊朗的唯一支持者。此外，中国政府在 1980 年 1 月 13 日没有参加由美国提交给联合国安理会的经济制裁伊朗的决议草案的投票表决。中国代表陈楚解释中国对该草案弃权的原因如下：

目前对伊朗进行经济制裁，无助于缓解紧张局势和释放人质。从过去几天的形势发展来看，存在着通过耐心的协商和谈判解决问题的可能性，这种可能性值得进一步探索。

---

① 谢益显：《中国当代外交史》，中国青年出版社 2002 年版，第 407 页。

② 1980 年 10 月 22 日，中国国务院副总理姬鹏飞在欢迎伊拉克共和国总统特使、高等教育和科研部长贾西姆·穆罕穆德·哈比夫时说："最近，伊拉克同伊朗发生的武装冲突，引起了包括中国在内的世界各国的关切和忧虑。伊拉克和伊朗都是第三世界国家。我们衷心希望这场冲突能够迅速结束，双方能够本着互谅互让的精神通过谈判和平解决争端，以防止超级大国从中渔利，这不仅符合伊拉克人民的利益，而且也符合海湾地区和世界和平的利益。"《人民日报》1980 年 10 月 23 日第 4 版。

③ 《北京周报》1984 年 1 月第 4 期，第 14—15 页。

陈楚还指出了苏联决定对决议投否决票的背后原因：

苏联现在在该问题上深思熟虑的表现表明，它意欲利用美伊关系中的危机，把自己装扮成伊朗的“保护神”和伊斯兰国家的“天然盟友”，以从中捞取廉价的政治资本。我们相信伊朗及伊斯兰世界其他各国人民一定能看穿苏联的阴谋诡计，决不允许它的阴谋得逞，决不允许苏联挑拨离间、浑水摸鱼。[①]

“苏联要称霸世界，到处同美国争夺。现在美伊关系发生危机，苏联想趁火打劫，企图使伊朗和美国在他们的争端中两败俱伤，它好从中渔利，这一阴谋诡计是骗不了伊朗人民的。伊朗人民已经看出了苏联包藏的祸心，不会上它的当，不允许让它有鱼翁得利的机会。”[②]

中国决定不对美国的决议草案投反对票，这样既避免了危害中美关系，也表明了中国愿意与伊朗政府友好相处。中国政府对伊朗拒绝接受苏联的军事援助和军火销售持欢迎态度。《北京周报》一篇题为《伊朗人民做得对》的文章这样写道：伊朗提高警惕，采取有效措施防范苏联，这对伊朗捍卫自己的安全和独立，捍卫波斯湾地区的和平与稳定至关重要。[③]

苏联建议向伊朗提供一个雷达系统，以此作为交换，允许苏联研究美国飞机残骸上的电子设备。中国为此批评了莫斯科。中国认为，如果伊朗接受了这笔交易，莫斯科不仅获得了有关美国飞机和直升机的技术信息，而且获得了伊朗的通信秘密。相反，中国政府强调，如果苏联帮助伊朗的目的是真诚的，它应该从阿富汗撤军，这样的话，美国就没有借口在该地区保持军事存在。中国也批评了苏联对人质危机的立场。正如香港报纸《文汇报》在 1980 年 5 月的一篇社论中指出：“苏联正在利用美国营救人质的军事行动，以转移世界舆论的注意力，以便轻而易举地筹划镇压阿富汗游击队的活动。当苏联让

① 《北京周报》1980 年 1 月 21 日出版的第 3 期，第 11 页。

② 新华社记者综述：“警惕企图得利的‘鱼翁’”，《人民日报》1979 年 11 月 22 日第 6 版。

③ 《北京周报》第 36 期，1980 年 9 月 8 日，第 14—15 页。

自己深陷在阿富汗的泥沼中时，苏联南下扩张获取暖水港的战略惨遭失败。然而，现在苏联通过加深人质危机获得一个捕捉伊朗的机会。在整个人质危机的过程中，苏联是真正的受益者。"[1]

1981 年在伊朗国内政局动荡期间，在巴尼萨德尔（Beni sadir，伊朗第一任总统）总统被免职之后，穆罕默德·阿里·拉贾伊（Muhammad Ali Rajai，伊朗第二任总统，1981 年 9 月 3 日遇害）当选为新总统，中国试图置身于伊朗内政之外，坚持不干涉别国内政的原则。中国尊重伊朗人民的政治选择，理解伊朗的国情和民族心理，中国的媒体指出：

"伊朗选择什么道路，完全是由伊朗人民自己决定的事。然而，我们看到伊朗卷入了内部冲突，很痛心。伊朗人民长期遭受帝国主义和殖民主义的压迫和剥削，伊朗的独立来之不易。有着和伊朗人民同样遭遇的第三世界人民，自然希望看到伊朗人民在本国恢复和平，尽快走上幸福和繁荣的道路。"[2]

1981 年 2 月 14 日，中国人大常委会副委员长乌兰夫会见了到访的伊朗总理特别代表、议员阿亚图拉·赛义德·穆罕穆德·哈马内伊。乌兰夫向他转达了中国国家领导人对伊朗最高领袖及伊朗其他领导人的问候，并热烈祝贺伊朗伊斯兰革命胜利两周年。他说，中伊两国人民有着传统友谊，希望两国在原有的基础上增加来往，促进了解，加强友谊。他希望第三世界国家和人民团结起来，反对帝国主义、殖民主义和霸权主义，维护世界和平。哈马内伊介绍了伊朗政府的内外政策以及对两伊战争的立场。他说，伊朗把中国看作是自己亲密的朋友。在国际事务中两国有许多相同点和共同利益。希望两国在各个领域中的友好合作关系得到进一步发展。[3] 这次会见和谈话是中伊关系走出低谷、开始升温的标志。

---

① 《文汇报》1980 年 5 月 9 日第 21 版。

② 《北京周报》第 38 期，1981 年 9 月 21 日，第 10—11 页。

③ 《人民日报》1981 年 2 月 15 日第 4 版。

在伊朗恢复政治稳定之后，中伊关系开始迅速发展，在政治、经济领域，两国各个级别、各个层面的交往都得到了迅速的扩大和加深。1983年9月12日，伊朗外交部长阿里·阿克巴尔·韦拉亚提(Ali Akbar Velayati)博士访问了中国，他说伊朗对外政策的基本点是不谋求霸权，不接受霸权，支持不结盟运动，加强同第三世界国家的关系。国务委员兼外长吴学谦重申中国的外交政策。他说，中国不依附于任何大国，也不屈服于任何大国的压力。反对霸权主义，维护世界和平是中国对外政策的总方针。中国属于第三世界，加强同第三世界国家的关系是中国对外政策的立足点。中伊双方都支持巴勒斯坦人民反对以色列侵略扩张的斗争，主张加强南南合作。[1] 1983年9月14日中华人民共和国主席李先念和政府领导人分别会见伊朗外长韦拉亚提。李先念说，伊朗是处于重要战略地位的国家。我们欣赏伊朗所奉行的独立自主的外交政策。中国是发展中国家，我们主张大小国家一律平等，在和平共处五项原则基础上发展同各国的关系。我们衷心希望第三世界国家加强团结、和平解决争端。韦拉亚提说，我们非常重视和中国的关系，伊中两国合作的领域十分广阔。我们主张加强南南合作，积极发展同第三世界国家的关系。中国政府领导人对韦拉亚提的来访表示欢迎。他说，中伊两国都有进一步发展友好合作的愿望。我们两国没有利害冲突，面临共同的反霸和建设自己国家的任务。我们具备进一步发展友好合作的可能性。中国政府领导人对伊朗奉行的反对霸权主义、重视发展同第三世界国家关系的政策表示赞赏。他说，中伊两国都属第三世界，双方应共同努力在现有基础上进一步发展两国的友好。他说，我们两国可以在平等互利，共同发展的基础上加强经济、技术、文化、科学各个领域的合作。韦拉亚提说，中伊两国有着共同的经历，近年来两国之间的友好来往是有成果的，并有着进一步发展关系的可能性。他说，我们站在第三世界人民一边，在保护主权、平等互

① 《人民日报》1983年9月13日第4版。

利的基础上发展同各国的关系。[①]

1984年2月28日，伊朗政府经济贸易代表团访问北京。1984年3月15日李鹏副总理会见伊朗矿业金属部代表团。1984年11月23—26日，中国外交部长吴学谦访问伊朗，11月25日伊朗议长拉夫桑贾尼和伊朗总理穆萨维接见了到访的吴学谦，拉夫桑贾尼对中国奉行的在超级大国之间保持独立和同第三世界国家保持密切联系的外交政策表示赞赏，他赞扬中国在经济建设中所取得的成绩。穆萨维说，伊朗正在建立自己的独立经济，中国从自己的经济建设中获得的经验对伊朗也是有用的。他说，伊朗对超级大国的立场是十分明确的。伊朗坚持同第三世界国家保持密切关系，伊朗和中国在外交政策上有许多共同点，两国应该在这方面经常地交换看法。他认为，伊中经济合作的可能性还未得到充分利用，两国应该采取措施增加联系，促进相互了解和加强在经济、技术和贸易方面的合作。11月26日，伊朗总统哈梅内伊在接见吴学谦时说，伊朗人民尊重中国人民。中国是一个具有灿烂文化传统的国家，中国是人类文明发源地之一。这一传统有力地帮助中国人民夺取了中国革命的胜利。他说，中国人民是勤劳勇敢的人民，他们用勤劳的双手建设自己的国家。伊朗和中国之间在经济和文化领域里的友好合作关系正在向纵深发展。1984年11月27日中国外交部长吴学谦和伊朗外交部长韦拉亚提发表了联合新闻公报。[②] 这两次访问对扩大两国之间的文化和经济合作有着重要的推动作用。

由此可见，当时中国伊朗关系急剧升温的原因主要有四点：中伊的传统友谊是两国友好的文化和历史基础；中伊外交政策的相似性是两国对话的共同语言；中伊国际处境的相似性是两国靠近的客观因素；中伊国家利益的依存性是两国关系密切的内在动力。

1985年2月26日，中国国务委员张劲夫率领中国政府经济代表

① 《人民日报》1983年9月15日。

② 《伊朗总统议长总理接见吴学谦外长》，《人民日报》1984年11月27日第6版。

团对伊朗进行了为期8天的访问。伊朗总统赛义德·阿里·哈梅内伊（Seyyed Ali Khamenei）在会见来访的中国代表团时说，伊朗和中国在历史上有过共同遭遇，尽管两国的社会制度不同，但发展两国的友好关系具有巨大的潜力和美好的前景。他说："我们第三世界国家的发展不可能期望来自超级大国的帮助，只能依靠自身的团结和合作。"[①] 中伊建立了部长级经济、贸易、科学和技术联合委员会，为两国之间稳定和长期的合作打下了坚实的基础。

1985年6月，时任伊朗伊斯兰议会议长的阿里·阿克巴尔·哈希米·拉夫桑贾尼（Ali Akbar Hashemi Rafsanjani）访问了中国，开启了两国高层交往的新局面。

拉夫桑贾尼在访问中说，伊朗从战略高度看待两国关系和经济合作，在政治上伊朗同中国合作是放心的，中国没有殖民思想，中国在谋求同伊朗发展关系时，绝不侵害伊朗利益。[②] 中国政府领导人在会见拉夫桑贾尼时指出，中伊的友谊和合作"是建立在独立和反对霸权主义的基础之上的"，按照平等互利、共同发展的原则，中国将与伊朗发展长期、稳定的友好合作关系。李先念主席、彭真委员长分别会见了拉夫桑贾尼。

1987年6月，阿里·阿克巴尔·韦拉亚提外长访问了中国，韦拉亚提向中国国家主席李先念转达了哈梅内伊总统的口信：当今超级大国的扩张和侵略造成了国际局势的紧张和不稳定，这种局势最新、最危险的发展就是超级大国对波斯湾的干涉。伊朗认为波斯湾的安全应当由该地区的国家来保卫。李主席对他说："两伊战争确实存在国际化的危险。要使渔翁不得利，首先自己不要打了，不要给超级大国提供任何机会。我们最大的愿望是海湾所有的朋友在友好的气氛中生活。"[③] 他的访问正好在时间上与中国考虑科威特请求相

① 《人民日报》1985年3月4日第6版。

② 黄安余：《新中国外交史》，人民出版社2005年版，第221页。

③ 《中国外交概览》，世界知识出版社1988年版。第103页。

吻合，科威特请求北京与华盛顿和莫斯科合作，保护科威特油轮在波斯湾免遭伊朗的攻击。次月，中国外交部副部长齐怀远访问科威特，向科威特说明中国政府拒绝在波斯湾保护科威特轮船的理由。

1988年7月3日，美国击落了在波斯湾南部上空飞行的伊朗航空公司的一架客机。中国谴责了美国的这一行径。《中国日报》撰文指出：现在空中客车坠毁的不幸事件又一次强调，停止大国在海湾地区的军事干涉，和平解决交战双方之间分歧的迫切性。[①]

1988年7月18日，当伊朗承认联合国安理会598号决议时，中国对此表示了欢迎。8月，中国外交部副部长访问德黑兰，说明了中国支持伊朗的决定，强调中国愿意参加战后伊朗经济的重建。1989年5月，伊朗总统哈梅内伊对中国进行了为期6天的访问。这是自伊斯兰革命以来伊朗国家元首首次访华，也是伊朗邀请中国为恢复伊朗经济进行更多合作的外交行动。在他与中国国家主席杨尚昆的会晤中，哈梅内伊指出，在战争结束之后处于经济重建中的伊朗，“寻求与那些在战争期间没有在伊朗人民心目中留下不愉快记忆的国家进行合作”。他说，出于这个原因，“我们已经选择了与中国的友谊和合作，我们已作好准备进一步扩大合作”。在拜会邓小平时，哈梅内伊向中国领导人保证：“伊朗在外交政策中坚持‘不要东方，不要西方’的政策。它是伊斯兰革命的基础之一。”这份声明是在1989年2月下旬苏联外交部部长谢瓦尔德纳泽（Eduard Shvardnadze）访问德黑兰后，中国政府担心伊朗倾向于苏联而作出的。在哈梅内伊访问期间，双方强调需要进一步发展经济、贸易、技术和文化关系。

1989年10月9日，在与来访的中国外交部部长钱其琛会晤时，伊朗外交部长表示，他的国家“理解中国政府对天安门广场示威者的坚定立场”，表示支持中国恢复秩序，实现稳定的努力。

至于贸易关系，1980年以后中国对伊朗的进口额持续增加。贸易额从1979年的6790万美元上升到1980年的1.79亿美元，增加了

---

① 《中国日报》1988年7月5日第14版。

1.11 亿美元。在 20 世纪 80 年代，中伊之间的贸易额达到了 16.27 亿美元，而在 20 世纪 70 年代仅为 6.27 亿美元。这表明，虽然两伊战争旷日持久，但中伊的经济关系却持续发展。在整个 20 世纪 80 年代里，中国向伊朗出口各种各样制造业产品和原材料，如机械、工具、钢绳、沙线、纺织品、化学制品、铝、渔业设备和船舶等，中国则从伊朗进口原油。中国从伊朗进口石油迅猛增长，1977 年为 30 万吨，[①] 1982 年近 100 万吨，相当于每日 2.5 万桶；[②] 1989 年至 1990 年升至 200 万吨，相当于每日进口 4 万桶。[③] 在整个 20 世纪 80 年代，中国帮助伊朗建设发电站，提高机场能力，进行海洋石油钻探，在伊朗西南的卡伦河（Karun）上建筑大坝，建立织丝厂、轻工业工厂、渔产品加工厂。[④] 从 1984 年到 1989 年，中国与伊朗签订了 19 个价值达 6674 万美元的合作项目，涉及渔业和旅游业联合培训、考古和体育合作，还包括互免签证。[⑤] 1989 年 4 月，伊斯兰革命以来的第一个伊朗妇女代表团访华。两国之间还有几次宗教代表团的互访。

这个时期，中国与伊朗之间的军火销售迅速增加。非官方的消息说，在 20 世纪 80 年代，伊朗成为了中国在世界上的第二大武器客户，从 1982 年至 1991 年，伊朗购买中国武器的价值达到 38 亿美元。因为中国武器价格低廉，对伊朗具有极大吸引力，中国成为两伊战争期间伊朗最大的单一武器供应国。西方报道认为，整个 20 世纪 80 年代中国都在向伊朗出售武器，这些武器包括 F－6 直升机（与米格－19 相当）、F－7（米格－21）战斗机、T－59 型主战坦克、T－501 型装甲运兵车、地对空导弹、火箭发射架、反舰导弹、野战火炮及炮弹。据

---

① “中国在 1976 年向伊朗购买的石油为 20 万吨。”《中东经济概览》卷 20，1977 年 9 月第 46 期，第 3 页。

② 《中东经济概览》卷 25，1982 年 5 月第 30 期，第 3 页。

③ 《中东经济概览》卷 32，1989 年 5 月第 32 期，第 A7 页。中国与伊朗于 1987 年 8 月 4 日签署了一项中国向伊朗购买 100 万吨石油的协议。*FBIS-CHI*-87-152，7 August 1987，p. F1.

④ 伊朗《石油通讯》，第 12－13 页。

⑤ 《北京周报》1989 年 5 月第 2 期，第 7 页。

说，到两伊战争结束时，伊朗已拥有 21 架 F—6 型直升机、50 多架 F—7 战斗机以及大约 260 辆 T—59 型主战坦克（Ehteshami 1995：176）。尽管中伊双方都否认中国直接把武器转让给伊朗，但一些伊朗官员并没有否认西方报道的中国是 20 世纪 80 年代伊朗主要武器供应国之一的说法。例如，伊朗主管政治事务的外交部副部长赫赛因·谢赫·伊斯拉姆（Hosey Sheykh al-Eslam）曾说："除了南非、日本和以色列之外，我们从任何国家购买武器。"（见表 1—1）

表 1—1　1983—1997 年向伊朗出售武器的主要国家（单位：百万美元）

协议方	1983—1986	1987—1990	1991—1997
苏联/俄罗斯	10	2500	1400
中国	1845	3400	1300
美国	0	0	0
西欧主要国家	865	200	200
欧洲其他国家	3835	2100	200
其他国家	2385	2000	1200
总计	8940	10200	4300
交付情况	1983—1986	1987—1990	1991—1997
苏联/俄罗斯	100	1100	3100
中国	1165	2500	1900
美国	0	0	0
西欧主要国家	460	500	200
欧洲其他国家	3285	1900	100
其他国家	2250	1800	500
总计	7260	7800	5800

资料来源：Cordesman 1998：15。①

① Mohamed Bin Huwaidin：*China' Relations with Arabia and the Gulf* 1949—1999. Routledge Curzon，2002，p. 169.

在20世纪80年代，中国对伊朗的外交政策受制于中国担心苏联在该地区的渗透。1987年6月3日《香港标准》（*Hong Kong Standard*）杂志上发表了一篇社论，把中伊关系描绘成以武器交易形式而出现的一种“新的结盟”。社论指出，中国在伊朗的利益不是由于它的石油需求，相反中国的希望是给日益升温的苏伊关系降温，特别是在1986年，当苏联外交部第一副部长科里叶科（Gergiy M. Korungenko）访问德黑兰后。1989年新华社的《新闻简报》上发表了一篇题目为《伊朗选择东方而非西方》的文章，分析了伊朗对超级大国外交政策的新趋势。文章说，伊朗在与西方的关系日益恶化后，正在倾向于苏联。根据这篇文章的看法，1989年2月下旬谢瓦尔德纳泽访问德黑兰，并拜会了阿亚图拉霍梅尼，中国对此最为关注，因为这是他在伊斯兰革命以来首次与一个超级大国的外交部长会晤。谢瓦尔德纳泽也是访问伊朗伊斯兰共和国最高级别的苏联官员。结果，中国感觉到伊朗的外交政策开始向莫斯科倾斜。因而，中国极力鼓励伊朗在两个超级大国之间保持中立政策。此后不久的3月7日，中国副总理田纪云对德黑兰进行了为期5天的访问。他拜会了拉夫桑贾尼，拉夫桑贾尼向来访的中国副总理保证，伊朗决定与中国发展关系“是一个深思熟虑的结果”，这种关系不仅对于目前具有重大意义，而且也具有长远的战略意义。

五、20世纪90年代的中伊关系：持续发展

两伊战争结束后，20世纪90年代中国的军火销售收入下降了。中国开始重视伊朗，把它看成是继伊拉克之后在海湾地区潜在的伙伴，伊朗也把中国作为获取武器和国际支持的重要国家，中伊两国的政治交往和经济技术贸易合作都比之前有明显的进展。

伊朗在以下方面对中国具有重大意义：

1. 潜在的能源供应国和投资来源国；

2. 中国商品潜在的大市场；

3. 中国武器和军事技术潜在的购买者；

4. 中国公司潜在的投资场所，中国公司有大量机会参与伊朗的战后重建；

5. 反对美国主导的“世界新秩序”的潜在盟友。

在20世纪90年代，伊朗对中国的兴趣凸显，因为伊朗认为中国可以满足伊朗在以下方面的目的：

1. 有价值的、先进技术及武器的供应国；

2. 增加对华原油出口，加强与中国的经济关系；

3. 在农业、工业、经济和技术领域与中国相互合作，因为中国在上述领域里取得了令人瞩目的成就，这样可以对抗美国对伊朗的封锁，又能推动伊朗经济发展；

4. 加强与中国的外交关系，因为中国同伊朗一样对“世界新秩序”有相同看法，并反对美国在“新秩序”中占据主导地位；

5. 利用中国与巴基斯坦的友好关系，游说伊斯兰堡，以约束反伊朗的阿富汗塔利班的活动。

由于上述原因，中伊两国政府继续保持和提升相互之间的政治、经济和文化关系。在20世纪90年代里，两国之间的官方高层互访不断。1991年7月，李鹏总理访问了伊朗。他与伊朗总统拉夫桑贾尼会晤时说：我们不赞成由美国或者少数大国来主导世界，不赞成在国际关系中由美国来建立新秩序。在这一点上我们赞同伊朗的立场。

据《*Sawt al-Kuwayt*》报道，在中国总理访问伊朗期间，双方达成了中国将取代德国和法国，帮助伊朗修建核反应堆的协定。在伊斯兰革命爆发之前，法国和德国已开始帮助伊朗修建核反应堆，伊朗新政府建立后，放弃了向德、法公司支付资金的承诺。据报道，在得到了伊朗将遵守一项全面协定，确保中国是伊朗最大的贸易伙伴和武器供应国的前提下，李鹏在与拉夫桑贾尼的会谈中，同意向伊朗的核反应堆提供必要的经验和技术，以完成其建设。也有报道说，中国将为伊朗发射一颗用于电台及电视转播、侦察和观测领域的卫星。1991 年 11 月，中国国家主席杨尚昆访问了伊朗，这是伊斯兰革命以来中国国家元首对伊朗的首次访问，他此行的目的在于鼓励拓展中伊关系。很多人认为，中国国家主席在伊朗的出现，以及他到访伊朗之前对巴基斯坦的访问，为三国回顾他们对国际体系新发展的政策，特别是有关美国主导国际事务的政策，提供了一个机会。有人认为，这三国之间扩大合作、加强关系，将会导致建立一种没有世界大国存在的，由中、伊、巴三国采取共同防御和军事合作形式维护地区安全的新体系。1992 年 9 日，伊朗总统拉夫桑贾尼回访了中国，中伊达成一个中国为伊朗建立两座 300 兆瓦核能发电站的协定。该协定的目的，据说是致力于和平利用核能。协议还要求双方在广泛的领域内进行合作，涉及与核能和平利用、设计、建筑、核电站操作相关的基础性研究和应用性研究，也包括对核反应堆的研究，提炼和勘探铀矿，放射性和生态保护诸方面。1997 年 5 月，中国副总理李岚清访问了伊朗，参加第九次中伊经济、贸易、科学和技术联合委员会会议，并签订了一项议定书：中国增加从伊朗进口石油，在未来的两年内，每日进口原油从 7 万桶增加到 10 万桶，到 1999 年进口量达到每日 20 万桶。该协议还规定了一些详细的项目：在伊朗修建一个日产能力为 700 吨的水泥厂，转让卫星通讯技术，转让在伊朗生产沟槽玻璃所需要的技术，增加双边贸易等。两国还达成了在造船业、渔业、公路和运输业领域内合资和扩大合作的协定。拉夫桑贾尼总统在接见来访的李岚清副总理时，把伊朗、中国和俄罗斯说成世界上三个重要的战略性国家，强调在这三国之间存在着政治、经济、工业和贸易领域的很多合作机遇。他又说，三国之间的三边合作不仅满足了彼此的需要，而且会对地区合作的发展作出巨大贡献。

20 世纪 90 年代，中伊经济关系也大为改善。在 1982 年时，中伊两国的贸易额为 16.27 亿美元，至 1996 年两国的贸易额上升到了

35.37亿美元。为了促进两国的经济关系，中伊签订了好几个经济合作协定，这包括1991年11月签订的在伊朗兴建一个年产20万吨的铜矿冶炼厂、一个年产14万吨水泥厂的协定。1992年6月签订的协议，涉及到正在建设中的几个联合项目，分别是：亚兹德（Yazid）锌矿项目；铁合金项目；兴建一个铜矿冶炼厂，生产能力为5万吨；人力资源培训；精密金属生产、图解电极、防火材料；在地质学领域内的合作；在克什姆岛（Qeshm）兴建一个日产量为700吨的水泥厂等。1992年12月，两国的铁路官员达成一个铁路合作谅解备忘录。中国向伊朗提供两笔贷款：一笔为1.2亿美元，用于兴建一个水泥厂；一笔为1.5亿美元，用于采购德黑兰地铁的设备。两国还达成了一项伊朗向中国购买四艘多用途货用轮船的协定，每一艘的装载量为2.2万吨。1995年5月30日，伊朗通讯社报道，伊朗将增加对中国的原油出口，由目前的每天2万桶增加到每天6万桶。出口协议已经在1995年5月最后一周在北京举行第八次中伊经济委员会会议上达成。据报道，伊朗同意在中国的石油冶炼业投资近2500万美元，以便增加伊朗对中国的原油出口。哈米德·米拉扎德（Hamid Mirzadeh）率领的伊朗代表团，与中国签订了一个价值为20亿美元的经济协议，其中包括中国修建德黑兰地铁的5.86亿美元的合同；[①] 在原油销售和石油提炼业投资1.2亿美元，在伊朗兴建水泥、玻璃、锌和铜的生产和加工项目投资1.2亿美元，在伊朗兴建一个价值2.64亿美元的水力发电大坝；在伊朗造船业投资1亿美元；建设一座价值2.69亿美元的钢铁厂。[②] 上海电力总公司与伊朗签订了一个向其出口发电机组的合同，每组发电能力为32.5兆瓦。该合同标志着中国首次向海湾和阿拉伯半岛地区出口这类发电设备。

---

① “或说价值为5.73亿美元。”见《华尔街时报》1995年5月22日，第A6页；FBIS-NES-95-100，24 May 1995，p.44。

② 《中东经济概览》卷38，1995年6月第36期，第A9页。

1997年5月，伊朗石油部长阿卡扎德（Gholamreza Agazadeh）在北京签订了一项包括石油、天然气和石化产品的协定。该协定包括伊朗投资重建中国的炼油厂，以便在这些炼油厂里加工伊朗的原油。据伊朗石油部长说，从1998年3月21日开始，伊朗出口到中国的原油每天超过了17万桶，2000年以后，每天将达到近27万桶。中伊两国也对修建一条经中亚到外国的输油管线很感兴趣，而目前中亚能源主要由美国的石油公司控制着。中国有兴趣修建一条从哈萨克斯坦西南的乌赞（Uzen）油田穿过土库曼斯坦到达伊朗的长达1000公里的输油管道。这样，石油就能从伊朗装船运到中国和世界各地。倘若这个项目得以完成，它将是对美国修建一条从中亚到土耳其的输油管道的计划的沉重打击。

总之，中国致力于发展与伊朗的政治和经济关系，完全符合中国和伊朗自身的利益，因而伊朗也谋求改善与中国的政治和经济关系。伊朗在面对美国的海湾战略时，追求一种坚定的、独立的政策，中国因此更加重视伊朗。伊朗批评美国在海湾和阿拉伯半岛地区的政策，批评美国在中东的政策，说服北京重视与伊朗的关系，以便抵御美国和俄罗斯在该地区的扩张。中国在伊朗的利益根源于中国需要伊朗的石油，中国还努力维护与伊朗邻国的合作和稳定的关系，以阻止它们被敌对的大国控制。

第二章

伊朗与中国伊斯兰教的关系及中伊文化的共性

本章提示　中伊关系的历史根基在于两国都具有丰富悠久的文化。中华文明的精华是推崇礼仪、赞扬诚实、提倡中庸、包纳百川的“和为贵”的儒家文化思想。美国东方学者劳费尔说中国人“能够熟思、通达事理、胸怀开豁……向来乐于接受外人所能提供的好事物”。[①] 波斯文明则以其宗教文明为核心，“善与恶、暗与明之间完全的二元性是琐罗亚斯德对宗教思想的主要贡献”。[②] 当代伊朗文明的核心则是尊崇真主、服从安拉、认主唯一的伊斯兰教十二伊玛目教派的伊斯兰文化，这是波斯文明与伊斯兰教相互渗透的结果。可见，中伊文化自成体系、均为大家、相互独立，影响一方。虽然二者的共性和特征是明显的，但是，因为地理空间的长程分割，中伊文化在历史上的联系

① 劳费尔著，林筠因译：《中国伊朗编》，商务印书馆 1964 年版，第 2 页。

② 威廉·麦克高希著，董建中等译，《世界文明史——观察世界的新视角》，新华出版社 2003 年版，第 194 页。

和冲撞，从来没有发展到白热化的程度。

第一节 伊朗与中国回族关系

从古至今，伊朗在伊斯兰世界具有强大的文化、政治和宗教影响力，对中国伊斯兰文化的形成与发展起到极大作用。伊朗对中国伊斯兰文化的影响以及双方互动、对话、交汇的过程和发展态势是伊朗文化和中国文化友好交往的生动写照和典型案例。

中国伊斯兰文化是中国文化的亚文化体系，在与阿拉伯—伊斯兰文化的碰撞交流中诞生，在中华文化的摇篮中茁壮成长。而伊朗作为阿拉伯—伊斯兰文化的载体之一在中国伊斯兰文化的形成与发展过程中扮演着令人着迷的显要角色。伊朗位于亚非欧三大洲交界地带，东西方各国家和民族文化在这里撞击、融汇，异彩纷呈。波斯在地理上东接中国，西连伊斯兰世界中心地带，因此不仅作为中国和阿拉伯世界之间在经济、政治和社会上沟通的地理桥梁，而且事实上还成功地弥合了儒家文化和伊斯兰文化两大文明之间的差距，比如在宗教、哲学、文化和教育领域方面和环境的差异。波斯穆斯林所起的这种柔和作用还可以追溯到伊斯兰教产生以前的波斯帝国和中国的历史交往。

古代伊朗与中国都是拥有辉煌文明的亚洲古国。[①] 公元前 2 世纪张骞出使西域之后，随着丝绸之路的开通，两国的文明交往逐渐展开，涵盖了宗教、文化、经济、政治等广阔层面。其实早在张骞到达波斯安息帝国，两国政府发生关系之前，两国人民就已经通过中亚大草原开展贸易，相互来往。有学者认为，公元前 2 世纪以前的数百年间，波斯的阿黑门尼德王朝和中国的周朝这两个大国都处于

① 史称波斯，1935 年 3 月 21 日正式改国名为伊朗，本书对两者的使用不作严格区分。本书中涉及到的呼罗珊、花剌子模、布哈拉、撒马尔罕等地均是伊朗文化的辐射区。

鼎盛时期，并有可能接壤。中华帝国和波斯帝国的邻邦关系断断续续地持续了 2000 年。①

在宗教交流方面，伊朗所起的纽带作用引人注目，祆教、佛教、摩尼教、景教都是经过伊朗或中亚其他伊朗语国家传入中国的。因此，在伊斯兰教传入中国以前，伊朗的其他宗教早已在中华大地上留下了历史的足迹，不同程度地影响了中国社会。

伊斯兰教对伊朗产生作用是随着阿拉伯人的征服而来的。随阿拉伯大军铁蹄而来的伊斯兰文化奇迹般地与伊朗传统文化迅速地整合在一起了，以 651 年阿拉伯人彻底灭亡伊朗萨珊王朝为标志，伊朗开始了伊斯兰化过程。10 世纪后期，整个伊朗都信奉了伊斯兰教，这期间逊尼派占有绝对优势。同时，伊斯兰教也开始了其伊朗化的过程，伊朗独特的民族性格与文化融入并改变了原生的伊斯兰教。1502 年，伊斯玛仪一世在伊朗建立起沙法维王朝，奉行十二伊玛目派，全面实行政教合一制，使什叶派自 7 世纪以来第一次在波斯民族占主体的国家中独立于世。十二伊玛目派在形成的过程中，与伊朗有千丝万缕的联系，其教义保留了波斯文明和波斯民族的独特性格，很大程度上成为波斯民族主义的核心思想。伊朗借助什叶派免遭阿拉伯人的同化，打造民族共同体，实现了中世纪的复兴。②

中华文明与伊斯兰文明的接触开始于中国大唐王朝和正统哈里发时期，而唐朝正是中国最自信最开放的历史时期，四大哈里发时期正是阿拉伯民族和伊斯兰教崛起的时刻，新生的伊斯兰文明以开放胸怀和积极进取的精神与其他文明交往。在中华文明与伊斯兰文明交往的过程中，中国是宽容的接受者，后者是主动的提供者。据《旧唐书·西域传》和《册府元龟》等史籍记载，唐

① ［伊朗］玛利亚姆·达芙塔瑞，王建平、王冬梅译：《中国回族和伊朗穆斯林双方伊斯兰文化的主要共同点》，《回族研究》1999 年第 2 期，第 69 页。

② 刘振堂：《伊朗零距离》，上海辞书出版社 2009 年版，第 44 页。

高宗永徽二年（651年），大食国第三任哈里发奥斯曼（577—658年）首次遣使来华。中国与大食两国正式缔交。[①]此后，大食使节不断到中国来，一批批阿拉伯、波斯等地的各族穆斯林商人、传教士更是络绎不绝。但关于伊斯兰教传入中国的时间，中国学术界至今尚未取得一致看法，目前已提出了十多种看法，较有代表性的是隋开皇年间说、唐武德中说、唐贞观初年说、唐永徽二年说、8世纪初年说、唐肃、代二朝说、唐景云年间说等。笔者首先认为在何谓“伊斯兰教的传入”上需要明确：是第一次该教为中国人知晓还是该教在中国较大规模地辐射其影响；其次在没有史料充分证明的情况下，不能将某次朝觐与伊斯兰教的传入等同，因此伊斯兰教的传入在中国内地应是一个渐进的过程而非某个时间点。有伊朗学者认为，中国人最早是在638年从萨珊王朝的最后一位皇帝耶兹德格德三世的使节那里听说和了解伊斯兰教的。当时耶兹德格德正寻求唐太宗的援助以抵抗阿拉伯军队的入侵。[②]无论何种说法，都不可否定伊朗在伊斯兰教传入中国的过程中扮演了颇为重要的角色。

由于中国各族穆斯林分布地区辽阔、社会文化背景和自然生态环境不同，各民族的来源和形成以及接受伊斯兰信仰的时间、途径也不一样，其受到伊朗影响的程度也有所不同，因而其内部又呈现出多种形态和特色，从这个层面上来说，中国伊斯兰文化既包括以回族为代表（含东乡、撒拉、保安等民族）的内地伊斯兰文化，也

---

① 杨志玖：《元代回族史稿》，南开大学出版社2003年版，第429—430页。关于“大食”一词，是波斯文Tazi或Taziks的音译，最初是波斯人用以称呼阿拉伯人的，唐代中国人大概从波斯人那里学到了这个名词。其后则演变成为对阿拉伯人及伊斯兰教化了的波斯人的泛称，并逐步扩大为含有穆斯林之意。由于波斯在伊斯兰教兴起前与中国关系密切，有些史籍仍把从波斯方向来的人称作波斯人。自651年波斯成为阿拉伯哈里发国家版图的一部分后，伊斯兰教在通用波斯语的民族中传播并占据优势后，中国汉文史籍如《宋史》《宋会要辑稿》和《辽史》等都不再为波斯等国立传，视为阿拉伯人而列入“大食”或“大食国传”。大食的含义逐渐扩大。也可参见白寿彝：《中国回教小史》，宁夏人民出版社2000年版，第4页。

② ［伊朗］玛利亚姆·达芙塔瑞，王建平、王冬梅译：“中国回族和伊朗穆斯林双方伊斯兰文化的主要共同点”，《回族研究》1999年第2期，第69页。

包括以维吾尔族为代表（含哈萨克、柯尔克孜、乌孜别克、塔塔尔以及塔吉克等族）的新疆伊斯兰文化；既包括悠久的古代文化，也包括近现代文化。[①] 中国伊斯兰文化融汇了华夏文化、阿拉伯文化、伊朗文化以及受伊朗文化影响的中亚文化等诸多文化因子，在世界伊斯兰文化体系中独放异彩。在今天的中国大地上，伊朗伊斯兰文化经过历史的沉淀，痕迹仍清晰可辨。

7 世纪中叶就有阿拉伯人、波斯人来中国沿海地区的广州、杭州、泉州等地方经商，和当地人通婚，代代生息繁衍，从“蕃客”、“土生蕃客”成为中国的穆斯林。这些中国最早的回族先民与 13 世纪初成吉思汗西征后，大批东迁的伊斯兰化的阿拉伯人、波斯人及中亚各族人相融合，并吸收汉人、维吾尔人、蒙古人等成分，到元末明初最终形成了中国境内的一个新的民族共同体——回回民族。

唐宋到元明时期，回回[②]主要从两条路线进入中国：一条是西北的陆上丝绸之路；一条是东南的海上香料之路。从区域上说，从西北来人数多，而东南来的人数少，这是伊斯兰文化在东南较薄弱的一个客观原因。从年代上说，今天的回族大都来源于元代蒙古军西

---

① 马启成：《回族历史与文化暨民族学研究》，中央民族大学出版社 2006 年版，第 272—273 页。

② 白寿彝：《中国回教小史》，宁夏人民出版社 2000 年版，第 103 页。关于“回回”一词的来源和所指在学术界引起了广泛的讨论。研究者不乏其人，钱大昕、李光廷、丁谦、白寿彝等等，笔者较为认同杨志玖先生的观点，经考证他在前人的成果上提出自己的看法，他认为“回回”从唐宋时期的回纥、回鹘音转和演变而来。在元代，回鹘已改称畏兀儿或畏吾儿等词，回回则主要用以称信奉伊斯兰教的中亚、西亚诸民族，有时又有泛指一切西域人或色目人的广义。由于汉族文人惯用古雅字眼，他们仍常用回纥或回鹘称呼畏兀儿，甚至以之称呼回回。这种用词不严格的现象给后人对这两个民族的识别造成了困难，还有一些不称回回实际为回回的中亚突厥族（哈喇鲁、阿儿浑），另有一些（钦察、康里）则是否回回尚不明确。参见杨志玖：《元代回族史稿》，南开大学出版社 2003 年版，第 59—74 页。关于“回回”其名由回纥、回鹘转变而来，陈垣先生曾列表加以分析阐述，较为明晰，可参见陈垣：《回回教入中国史略》，原载《东方杂志》（1928 年）第 25 卷第 1 号。

征后东来的回回人。[①] 元明两代随着回回人中军士到处“屯聚牧养”，商人的贸易往来，官吏学者的宦游，教士的传教活动，以及战乱迁徙、政策安置等等，使得“北起和林（今蒙古人民共和国鄂尔浑河东岸哈尔和林），南至广州，西起新疆西部，东至东南沿海，无不有回回人的足迹”，[②] 呈大分散、小聚居的特点，改变了唐宋时期穆斯林聚居大商业都会的局面。虽然随着时间的推移，回族在中国的分布呈越来越分散的趋势，但总的说来，现在回族仍保留这一特点，并且是中国分布最广的少数民族，以回回人为载体的伊斯兰文化渗透到了中华大地的许多角落。

现在西北和云南仍是回族主要的聚居区，这和元明时期的情况相比差不多。聚居在西北主要与蒙古军首先征服西北有关，而集中在云南则很大程度上与蒙古军西征后来华的赛典赤·赡思丁（1211—1279年）的经略有关，赛典赤·瞻思丁祖籍伊朗萨曼王朝的首都布哈拉，是先知默罕默德的第31世后裔，而明朝航海家郑和是瞻思丁的六世孙。[③]“云南伊斯兰的基础可以说是他创立的”。[④] 赛典赤在1274年作过云南行省平章政事，他的儿子纳速拉丁同忽辛继其父位，将回族移殖云南，云南最先的两个清真寺，即为赛典赤所建。赛典赤是云南回族公认的祖先。另外，云南的傣、佤等族在民间仍习惯把当地的回族称作“帕西”（Pasi），“帕西”一词来自“法尔西”（Farsi），“法尔西”是“波斯”的原音。这就说明云南的一些回族先

---

① 关于回族族源曾是学术界意见比较分歧的问题，而今大多赞同此种说法。白寿彝先生曾撰文对回族主要来自“回纥”或“回鹘”说、来自汉人说、来自突厥人说进行了辩驳，参见白寿彝：《民族宗教论集》，河北教育出版社2001年版，第168—170、196—197页。丁明俊在其《20年来回族学热点问题研究述评》一文中也指出蒙元时期蒙古人西征后东迁的是规模最大的一批回族先民，并对回族先民的成分做出了较完善的概括，参见中国回族学会编：《回族学论坛》（第一辑），宁夏人民出版社2003年版，第14页。

② 杨志玖：《元代回族史稿》，南开大学出版社2003年版，第9页。

③ 纳为信：“赛典赤瞻思丁波斯身世考略”，《回族研究》2004年第2期，第19—24页。

④ 白寿彝：《中国回教小史》，宁夏人民出版社2000年版，第57页。

民很可能来自波斯。[①] 云南回族从体质人类学和文化人类学上都与波斯有着极为密切的关系。[②]

五代时期杰出的医学家李珣出生于今天四川省三台县，其祖先就是唐朝时进入中国的波斯人，他医学名著《海药本草》本身就是阿拉伯文化、波斯文化和中国文化交流的结晶，他还写了 37 首词，当时人们就称他为“土生波斯、”“李波斯”。他的弟弟李玹也是药物学家，他的妹妹李舜弦是前蜀后主王衍的昭仪，也是一位才情出众的诗人。今天回族同胞认为他们是回族先民的杰出代表，是波斯与中国文化交往的见证。[③] 历史事实说明回族祖先重要来源是迁入中国的波斯人，就回族族源的民族成分来说，唐宋以来的人，主要是波斯人和大食人，元代主要是波斯和中亚人。[④] 杨志玖先生据吴鉴《清净寺记》及明朝建立的《重立清净寺碑》，并参阅白图泰游记，证明鲍尔汗丁·卡泽龙尼（Bruhan-uddin，元译不鲁罕丁；卡泽龙 Kazerun，今伊朗地，卡泽龙尼，意为卡泽龙人）和舍赖甫丁是波斯人，《泉州穆斯林墓碑石刻》所载艾苏哈卜寺的修整者为“设拉子（Shiraz，波斯南部城市）著名的鲁克伯哈只”，在泉州发现的穆斯林墓碑石刻，许多是属于波斯人，因此，元代到泉州的回回人以波斯人为多。[⑤]

从今天遗留在华夏大地的一些线索同样可以证明伊朗人是回族的族源之一

从语言特点来看，回族在形成民族共同体时虽然已经通用汉语，但在今天的回族中仍可以找到波斯语使用的踪迹，尽管大多数回族穆斯林并不知晓自己夹杂在汉语中使用的波斯语单词是波斯语，比

---

① 胡振华：《民族文化研究文集》，中央民族大学出版社 2006 年版，第 15 页。

② 姚继德：“云南回族与波斯文化”，《回族研究》2000 年第 4 期，第 15—20 页。

③ 杨进：《土生波斯李珣》，《回族研究》2003 年第 3 期，第 84—88 页。

④ 丁明俊：《20 年来回族学热点问题研究述评》，中国回族学会编：《回族学论坛》（第一辑），宁夏人民出版社 2003 年版，第 14 页。

⑤ 任继愈主编：《宗教大辞典》，上海辞书出版社 1998 年版，第 109—111 页。

如五番主命礼拜的名称，礼拜举意词，星期几的名称，还有板旦（奴仆）、别麻尔（疾病）、白俩（灾难）、牙日（伙伴）、多斯达尼（朋友们）、都失蛮（仇人）、波塞（亲吻）、阿布代斯（小净）等等，在回族口语中仍使用的经堂语中也有不少波斯语词汇。经堂语是中国伊斯兰教经堂教育用语，用汉语语法规则将汉语、阿拉伯语、波斯语三种不同词汇或词组交互组合成句的独特汉语表达形式。最初为波斯文或阿拉伯文的汉语译音，后为适应经堂教育的发展，一方面用汉语语汇意译波斯文或阿拉伯文，另一方面汲取和改造中国儒、佛、道各家典籍和民间的一些日常用语，赋予一定的伊斯兰教含义，逐渐形成一套具有中国色彩的"经堂语"。另外，回族中的"小儿锦"，即用阿拉伯文或波斯文字母来拼写汉语的拼音字母也是回族族源中伊朗成分的一个体现。"小儿锦"是中国伊斯兰教的一种经堂文字，亦称"小经"或"消经"，系普通话的变音，其中包含阿拉伯文、波斯文的语汇，有时也夹杂一些汉字，以区别于阿拉伯文、波斯文的伊斯兰教经籍（亦称"大经"）。一般认为它的较多应用与经堂教育的倡兴有关，是经堂学员学习汉族语言的"拐棍"。[①] 数位学者指出，回族词汇的20％－30％是外来语（即波斯语和阿拉伯语）。由此可以推知"波斯成分，或更确切地说是操伊朗语族语言的各族成分，或虽操突厥语族语言，但使用波斯语文作为书面语的各族成分，应是回族来源的主要成分，而非过去某些回族史专家认为的，阿拉伯成分是形成回族来源的主要成分"。[②]

从日常生活习惯来看，在婚礼仪式中的证词中有波斯语，并且阿訇将干果、糖和钱币向新郎新娘头上撒去的习惯也来源于波斯。在为亡人祷告后，回族实行"依斯嘎退"的仪式也是受伊朗、波斯化的中亚等地区的文化习俗影响。此外，在云南等地的回族农村中至今还留存着宴请客人后将牛肉凉片和干菜等让客人带回家的习惯，

① 任继愈：《宗教大辞典》，上海辞书出版社1998年版，第926页。

② 胡振华：《民族文化研究文集》，中央民族大学出版社2006年版，第47页。

这也是中国穆斯林的祖先从波斯、中亚东迁时带来的。再则就是中国穆斯林星期五聚礼时节，有些虔诚的教民向清真寺奉献一些食品，礼拜结束后与大家分享，这与波斯地区穆斯林的习惯相同。云南通海县纳家营的回族小孩在解放前还经常玩一些他们祖先从波斯、中亚地区传过来的游戏。[①] 回族人民喜吃甜食，这是由其先民遗传，更是受伊朗伊斯兰文化影响。信仰伊斯兰教的阿拉伯人和波斯人都是喜吃甜食的民族。直到今天，他们喝红茶、绿茶或咖啡，都要放许多糖。[②] 新疆回族穆斯林女性还喜欢用凤仙花染指甲，这个习俗最初由阿拉伯、波斯等地传入。[③]

从有关回族的称谓来看，从元代东来的回回人中，还有一种叫做“啰哩”的回回人。据专家考证，《元史》中啰哩、罗里或剌里，即波斯文中的 Lorī 或 Lūrī，是波斯语对吉普赛的称呼，到中国来的啰哩人应当是蒙古西征时从波斯带回来的，也可能是自动流浪到中国来的。他们应当是穆斯林，其中一部分可能融于回回之中。[④]

从回族的姓氏来说，“元时来中国的回回，很多姓的第一个音（回族的姓氏有不少取自先民名字的某个音——引者）是：纳、拉、喇、丁、哈、马、达、海、白、赛、穆、……直到现在，回族中这些氏姓还是非常多的”。[⑤] 而这些回回中有大量的波斯人，如著名的扎马鲁丁、马合木·花剌子迷等等。

从宗教礼仪来看，回族做乃玛孜时念的赞词常是阿拉伯语和波斯语混合而成的，阿訇（学者）这一称号来自波斯语，其礼服为绿色长袍、尖顶且周围裹上白色缠头的帽子，这种服饰与中世纪的波斯社会的伊斯兰教员的服饰极为相似。此外，回族人民庆祝阿舒拉

① 杨怀中主编：《郑和与文明对话》，宁夏人民出版社 2006 年版，第 161 页。

② 丁明仁：《伊斯兰文化在中国》，宗教文化出版社 2003 年版，第 151 页。

③ 《新疆回族民俗》编委会编：《新疆回族民俗》，宁夏人民出版社 2006 年版，第 49 页。

④ 杨志玖：《元代回族史稿》，南开大学出版社 2003 年版，第 42—52 页。

⑤ 民族问题研究会编：《回回民族问题》，民族出版社 1980 年版，第 8 页。

节、姑太节以及给新生儿所取的阿里、法蒂玛等经名都和伊朗伊斯兰文化有着割舍不断的联系。

从服饰文化来看，一个民族的服饰是其文化的外化和延伸，回族服饰文化是由阿拉伯、波斯等地区穆斯林服饰文化与中国服饰文化互动演变而成。回族服饰一般是黑坎肩、黑长裤、黑盖头与白衣衫相匹配。而黑色以其深沉、庄严为波斯民族所喜爱，最初是他们的黑色审美观影响到了伊斯兰教及穆斯林，进而为中国回族穆斯林所接受。

除了回族，我国内地的东乡族、撒拉族的来源都与伊朗有渊源关系。东乡族自称“撒尔塔”(Sarta)，其形成主要是以13世纪进入甘肃东乡地区的撒尔塔人为主，融合当地回、汉、藏等民族逐渐形成。“撒尔塔”的原意为“商贾”，指定居于中亚一带信仰伊斯兰教的各种人，即突厥人、波斯人，统称为色目人。[①] 居住在青海循化的撒拉族的祖先是古代西突厥乌古斯部落（突厥族）的一支，最早游牧在塞浑河、伊犁河流域一带，后来迁入中亚河中地区（即今伊朗东北部和土库曼斯坦西部），十世纪与当突厥人后裔塞尔柱人一起建立了塞尔柱帝国。由于受到塞尔柱人的排斥，在公元1370－1424年之间，一部分人经过撒马尔罕到了今青海循化，成为今天中国撒拉族的祖先。[②]

第二节　伊朗与中国维吾尔族关系

在历史上，波斯与西域之间的文化交流可以追溯到遥远的古代。在维吾尔族的先民回纥（后称回鹘）人西迁以前，塔里木盆地的原

① 秦臻、马国忠主编：《东乡族：甘肃东乡县韩则岭村调查》，云南大学出版社2004年版，第3页。

② 马启成、丁宏：《中国伊斯兰文化类型与民族特色》，中央民族大学出版社1999年版，第255—256页。

居民族中有不少是操东伊朗语的塞种人（Saca）、吐火罗人（Tokhri）、粟特人（Soghdi）等等。“他们与波斯人在人种、语言以及文化方面十分接近。他们对于古老的波斯神话一定是相当熟悉的，而且他们很可能参与过波斯神话的创作。后来，在历史的变迁中，这些操东伊朗语的民族逐渐与突厥语民族融合，尤其是公元 840 年大批维吾尔人西迁定居西域后，许多操东伊朗语的民族及其语言文化自然融合到维吾尔民族的文化之中。”①

伊斯兰教向新疆传播过程中以沙土克·布格拉汗（Bughra Khan Satuq，？—955 年）为首的喀喇汗王朝②（Qarakhanids，932－1212 年）统治阶级起到了巨大的推动作用。他们改宗伊斯兰教并在扩张中将其传播，到元朝建立前夕，今南疆的民众基本上信仰了伊斯兰教。13 世纪初年，伊斯兰教第一次传入天山以北的游牧区。元、明两代，是伊斯兰教在我国广泛传播发展时期。除了 13 世纪初蒙古西征后东迁中国内地的中亚各族人和波斯人、阿拉伯人的影响外，还有 14 世纪后期察合台后裔秃黑鲁·帖木儿改宗伊斯兰教并在新疆大力推行之功。其子黑的儿火者和后来的继承者都不遗余力地推行伊斯兰教。到了帖木儿（Timur，1336－1405 年）统治西域时期，新疆地区的伊斯兰教在各方面都得到普及。15 世纪末以后，伊斯兰教已在整个新疆地区占统治地位。

有趣的是，虽然伊斯兰教具体传入喀喇汗王朝的情况说法不一，

---

① 朗樱：“波斯神话及其在新疆的流传”，《新疆大学学报》1988 年第 2 期，第 92 页。

② 喀喇汗王朝是建立在新疆南部（以喀什为中心）和中亚一带的一个突厥—伊斯兰王朝（耿世民：《新疆历史与文化概论》，中央民族大学出版社 2006 年版，第 274 页），也是第一个信仰伊斯兰教的突厥王朝；主要由唐末西迁的回鹘人和当地的中国古代民族葛逻禄族人（元称哈喇鲁人）及其他突厥族组成，参见杨志玖：《元代回族史稿》，南开大学出版社 2003 年版，第 73 页；该王朝在 11 世纪中叶以帕米尔为界分裂为东西两部分，西部王朝的两个主要城市，即撒马尔罕和布哈拉是伊朗—塔吉克伊斯兰教文化的著名中心，参见耿世民：《新疆历史与文化概论》，中央民族大学出版社 2006 年版，第 277—278 页。

或认为是波斯以伊斯兰教为国教的萨曼王朝（Samanids）进行圣战的结果，或认为是沙土克·布格拉汗受萨曼王朝一名王室成员纳斯尔（Nasir）影响的作用，或传说是961年一名伊朗伊斯兰教学者卡拉买提（Kalamati）到突厥大汗宫廷宣教的结果[①]，但都不可否认伊朗人在伊斯兰教向新疆传播过程中的重要作用，并且现在中外学者基本上赞同喀喇汗王朝境内的主要民族是葛逻禄族，而“葛逻禄族是更多地受到伊朗因素的影响的，在接受伊斯兰教以前，同其他的突厥人比较更为接近伊斯兰文化”。[②] 路克·关顿的观点正好佐证了这一点，他认为葛逻禄人西入古老的费尔干纳的移民运动使突厥人临近了伊朗语系国家，而那里在当时是一个正在缓慢地伊斯兰化的地区。[③] 到沙土克的长子木萨·本·阿布杜·克里木（称阿尔斯兰汗）时，王朝已全部伊斯兰化。[④] 据阿拉伯著名史学家伊本·阿西尔（Ibn al-Athiri）的《通史》(Kamilfl al-Ta'rikh，又一译《全史》）记载，公元960年有约20万帐突厥人皈依了伊斯兰教，一些史学家断定木萨就是在这一年宣布伊斯兰教为国教的。

再者，秃黑鲁·帖木儿的皈依也与波斯伊斯兰文化不无关系。据16世纪维吾尔族历史学家米尔咱·马黑木·海答儿的《中亚蒙兀儿史——拉失德史》记载，引导秃黑鲁·帖木儿皈依的沙黑·扎马鲁丁（又一译舍黑·贾拉里丁）和其子毛拉额什丁（又一译阿儿沙都丁）是来自布哈拉的苏菲，而布哈拉的伊斯兰教和苏菲思想受到

① 根据耿世民先生的《新疆历史与文化概论》（中央民族大学出版社2006年版，第312—313页）研究，第二种观点为大多数学者所赞成；关于萨图克信奉伊斯兰教的经过的一些说法另可以参见高永久：《西域古代伊斯兰教综论》（民族出版社2001年版，第54—59页。）

② 威廉·巴托尔德，罗致平译：《中亚突厥史十二讲》，中国社会科学出版社1984年版，第79页。

③ 高永久：《西域古代伊斯兰教综论》，民族出版社2001年版，第56—57页。

④ 木萨实现王朝的伊斯兰化得到了苏菲派传教士的帮助。参看华涛：“穆斯林哈喇鲁人、阿儿浑人早期史研究”，《中国回族研究》第一辑，宁夏人民出版社1991年版，转引自杨志玖：《元代回族史稿》，南开大学出版社2003年版，第73页。

了波斯伊斯兰教的强烈影响，“额什丁和卓家族的教团源自卡迪林耶”,[①] 而卡迪林耶的创始人正是一位波斯苏菲。这个事件加速了维吾尔社会的伊斯兰化进程。额什丁的后代在库车、阿克苏、吐鲁番一带有很大影响，是最早打着“和卓”[②] 旗号由中亚进入新疆地区进行苏菲派传教活动的和卓贵族。

在帖木儿统治时期，西域地区（包括今中亚地区和新疆地区）的伊斯兰教在各方面都得到普及。玛欣·哈吉扬普尔认为帖木儿是“一位伊朗艺术和文学的保护人”。[③] 帖木儿建立帝国后，定都于撒马尔罕。让波期工匠用宏伟的建筑将它装饰起来。作为一个虔诚的穆斯林，他奖励学者和教士，特别是纳克什班德这个托钵僧的教团。[④]

伊斯兰化之后，伊斯兰文化已成为维吾尔族文化基本组成部分之一，伊斯兰教在维吾尔文化方面起了决定性的作用，其学术文化从伊斯兰教经典已扩展到哲学、文学、历史、教育、天文、地理、历法及自然科学诸多方面，并影响到了建筑、音乐、舞蹈、绘画和一般世俗文化艺术，既有本民族传统文化的内容，也吸收了阿拉伯、波斯、印度等地区的文化成分，并在某些方面反映出了中原文化的影响。[⑤]

---

① 李进新：《新疆宗教演变史》，新疆人民出版社 2003 年版，第 351 页。

② “和卓”（Khwaja）是波斯语音译，汉语转写有“火者”、“霍加”、“和加”、“华者”等等，原意是“主人”的意思，引申为“先生”、“老爷”、“长官”、“东家”、“长者”等。该词在波斯、中亚等地被广泛使用，成为对显贵和有身份人的一种尊称。不过在中亚和新疆的伊斯兰教用语中，一般专指“圣裔”，与阿拉伯语的“赛义德”同义。中国伊斯兰百科全书，四川辞书出版社 1994 年版。转引自李进新：《新疆宗教演变史》，新疆人民出版社 2003 年版，第 323 页。

③ 加文·汉布里（Gavin Hambly）主编，吴玉贵译：《中亚史纲要》，商务印书馆 1994 年版，第 208 页。转引自高永久：《西域古代伊斯兰教综论》，民族出版社 2001 年版，第 163 页。

④ ［德］卡尔·布罗克尔曼：《伊斯兰教各民族与国家史》，商务印书馆 1985 年版，第 316 页。

⑤ 李德成：《中国少数民族宗教信仰》，中央民族大学出版社 1999 年版，第 121 页。

在文学方面，在伊斯兰文化体系中占有重要地位的波斯文学是伊朗与维吾尔的文化交流中主要且极为活跃的因子，维吾尔文学作品的题材、体裁、诗歌格律、表现手法、文学形象都受到波斯文学较大的影响，但它作为伊朗伊斯兰思想的载体已远远超越单纯的文学范畴。[①] 在喀喇汗王朝，波斯语的学习和使用成为一时之风。11世纪后期问世的体现伊斯兰文化与突厥文化的充分结合的《福乐智慧》和《突厥语大辞典》两部巨著，虽然前者很大程度上保留了前伊斯兰突厥传统，但后者（虽仍然可见突厥传统的影响）已受到的新的伊斯兰文化和波斯文学的明显影响。[②] 随着历史的发展，后来又出现了不少维吾尔伊斯兰文学的优秀作品和著名诗人、文学家，在他们创作的古典文学著作中，都无例外地采用伊斯兰文学诗歌形式，诗体也多采用阿拉伯、波斯的阿鲁孜韵律，即以长音节与短音节在一定形式下的变换和重复作为格律的基础，具体运用木塔卡里甫格式和玛斯纳维体的双行诗形式，还有一些是被“柔巴依”（鲁拜体）的四行诗。

14世纪后半期，在蒙古帝国整个中亚形成一种地域性共同经济、文化的基础上，产生一种以维吾尔“哈卡尼亚语”（即古代喀什噶尔方言）为主，吸收了阿拉伯语、波斯语以及蒙古语词汇的突厥书面用语，由阿拉伯文字母的28个字母补充4个波斯文字母而成，在构词上纯属阿拉伯语和波斯语源的词，其音节仍依阿拉伯和波斯文正字法拼写。这种书面用语主要流行于新疆和中亚诸突厥语民族中，维吾尔族差不多使用到20世纪初。因这种书面语产生并流行于原察合台汗国疆域之内，故得名“察合台语”。据中外语言学家的统计，今天维吾尔语词汇中仍有约40%－60%的阿拉伯语和波斯语的借词，

---

① 艾赛提·苏莱曼：“波斯文学与维吾尔文学交流史断想”，《民族文学研究》2001年第3期，第12—18页。

② 耿世民：《新疆历史与文化概论》，中央民族大学出版社2006年版，第282—283页。

极大地丰富了维吾尔族的语言宝库。[①] 察合台语主要服务于文学，用察合台语进行的文学创作，称之为“察合台文学”。察合台文学成为14世纪以后突厥—伊斯兰文化的主要标志。所谓察合台文献（文学）是指中亚伊斯兰突厥文学时期用察合台书面（文学）语写成的文献。其流行地区为中亚河中地（Transoxanien）、呼拉珊（Khurasan，今伊朗西北部）的文化中心，如撒马尔罕（Samarkand）、赫拉特（Herat）、布哈拉（Bukhara）、希瓦（Khiwa），以及今乌兹别克斯坦的费尔干（Fergana）盆地和中国新疆地区等等。察合台文学在15世纪下半期，特别在纳瓦依的作品中达到了察合台文学古典形式的顶峰。比起花剌子模汗国和金帐汗国文学来，察合台文学表现出明显的多样性，它包含有伊斯兰波斯文学所有诗歌的种类。[②] 此外，15世纪后，维吾尔翻译文学运动蓬勃发展，一系列维吾尔文的波斯译著和波斯文的维吾尔译著的出现，促进了两地人民的文化交流和相互理解，使得中国伊斯兰文化不断丰富。

在音乐方面，15、16世纪，波斯、阿拉伯的文化色彩在维吾尔音乐领域也形成了长驱直入的势头，将西域音乐推进到一个全盛时期。首先，15世纪时，天山南北的维吾尔人已普遍采用了阿拉伯语和波斯语来称呼他们经常演奏的套曲，每组套曲中又有数组乐曲组成，这些组曲的名称也大多借自波斯和阿拉伯。由维吾尔传播到中亚和伊朗高原的天山南部的传统大型音乐，此时，冠着阿拉伯语和波斯语的名称又回到了天山南部。“木卡姆”这个阿拉伯语词汇逐渐成为这些大型乐章的约定俗成的总称。不仅如此，每个乐章的标题，也都改用了波斯语和阿拉伯语。维吾尔人之所以借用阿拉伯语和波斯语来称呼他们的乐章，首先是信仰伊斯兰教的原因，其次是与察合台汗国及其延续——叶尔羌汗国以借用阿拉伯语、波斯语为时髦

---

① ［伊朗］玛利亚姆·达芙塔瑞，王建平、王冬梅译：“中国回族和伊朗穆斯林双方伊斯兰文化的主要共同点”，《回族研究》1999年第2期，第72页。

② 刘志霄：《维吾尔族历史》，民族出版社1985年版，第352—355页。

的结果。[①] 其次，维吾尔族现代乐器中的主要部分也吸收了不少伊朗元素，借用波斯语名称，并且和波斯、阿拉伯音乐有直接关系。弹拨乐器弹布尔（TANBUER）是在喀喇汗王朝时代，维吾尔族在传统民间乐器的基础上，受波斯三弦弹布尔的影响，创制出来的；苏纳依（唢呐 SUANAY）又称“苏尔奈”，波斯语音译，为簧管乐器，原流传于波斯、阿拉伯一带，金、元时传入中国，后经改造而成；锵（QIANG）是一种洋琴，最早流行在波斯、伊拉克、土耳其等国，17 世纪中，由海路传入我国东部沿海地区。同时由陆路传到喀什，“锵”很快就用到维吾尔乐族的麦西热甫的歌舞中，并且逐步代替了“卡农”的地位。[②]

在建筑方面，由于新疆绿洲农区干旱少雨、缺木乏林的生态环境与伊朗地区的相似性，其清真寺建筑风格及人民的居室形式较之于内地，更接近阿拉伯和波斯伊斯兰建筑风格。比如，礼拜寺形制多呈平顶或穹窿圆拱顶的廊柱结构，与内地礼拜寺殿宇式的重檐起脊勾连搭结构形成鲜明对照。圆型拱顶和高耸的尖塔、绿色或蓝色的廊柱，藻井图案和三面回廊等新疆维吾尔族穆斯林礼拜寺常用的形制均是受到波斯伊斯兰建筑的影响的体现。至于新疆的麻扎[③]建筑形式，亦主要受波斯和中亚的伊斯兰文化影响，有高大门楼的清真寺或麻扎，在波斯和中亚地区于中世纪就很盛行了，在布哈拉和撒马尔罕都能见到古老建筑的同样风格，为伊斯兰建筑艺术的重要组成部分。[④] 今天喀什市人民公园内加拉路丁·巴格达蒂(Jalaludin. Baghdadi) 麻扎，从建筑形制、琉璃砖图案风格看，可以

---

① 李德成：《中国少数民族宗教信仰》，中央民族大学出版社 1999 年版，第 121 页。

② 丁明仁：《伊斯兰文化在中国》，宗教文化出版社 2003 年版，第 178 页。

③ 我国回族称为“拱北”，阿拉伯语音译，意为“圆屋顶建筑”。新疆地区称“麻扎”，“麻扎”（Mazar）是波斯语音译，意为“圣人坟”、“陵墓”、“先贤坟”等。现在，在维吾尔等民族中一般墓地也称为麻扎。

④ 丁明仁：《伊斯兰文化在中国》，宗教文化出版社 2003 年版，第 119 页。

肯定是典型的伊朗风格。根据玛扎宫顶下缘部分的波斯文铭记，可以肯定这是公元十五世纪时期的建筑。[①] 至于居室形式，无论是平民抑或贵族的住房都深受波斯—阿拉伯风格的影响。“门左右筑土为台，旅陈估货，谓之‘巴扎尔’”的店铺和柜台，其建筑方式中国与波斯、阿拉伯相同，不过中国内地以木修造柜台，畏兀儿地区则仿波斯和阿拉伯人的方式，改用土坯砌成。[②]

在生活中，维吾尔人的伦理礼节、婚姻关系等方面波斯—阿拉伯的影响无处不在。维吾尔族讲究伦理，君臣、父子、夫妻、长幼都有一定的尊卑和礼节，但是，由于波斯—阿拉伯的影响，改变了高昌回鹘国时期受孔孟礼教制约的等级观念，“一体君民谊最亲，宫门能许往来频”，这种君长和人民的关系，在高昌回鹘国和内地汉族统治区，是完全看不到的。至于宗族伦常，也与内地多有不同。维吾尔人的礼节也比较简易，不分尊卑男女，见面以手交胸，说一声“萨蓝木”，表示衷心祝愿而已，长者与幼儿则见面亲吻。这种礼节也是从阿拉伯—波斯传来的。在婚姻关系上，亦受波斯—阿拉伯的影响，改变从前同姓不婚，十二代之内的血亲不能结婚等严格的限制，除同胞兄弟姐妹和母子、父女关系以外，其余都可婚配。[③] 从饮食上看，今天维吾尔族最喜欢的薄馕就是从波斯传来的，就连馕的称呼发音也起源于上古波斯语。[④]

此外，我国新疆的乌孜别克族的形成也受到伊朗因子的影响。古代迁居新疆的撒马尔罕人、布哈拉人、花剌子模人、费尔干纳人

---

① 王炳华：《从新疆考古资料看中伊文化关系》，载叶奕良主编：《伊朗学在中国论文集》，北京大学出版社 1993 年版，第 99 页。

② 李德成：《中国少数民族宗教信仰》，中央民族大学出版社 1999 年版，第 1304—1305 页。

③ 同上书，第 1509—1515 页。

④ 夏雷鸣：“西域薄馕的考古遗存及其文化意义——兼谈波斯饮食文化对我国食俗的影响”，《新疆大学学报》2005 年第 33 期，第 94—100 页。

等，都属于我国乌孜别克人的祖先。[①]

第三节 伊朗什叶派思想与中国伊斯兰文化的关系

什叶派源于阿拉伯人内部的政治斗争，但形成于伊拉克，壮大于伊朗。从10世纪初起，伊朗逐渐成了什叶派信徒集中的地方，10—11世纪，这里曾出现什叶派的布维希（白益）王朝。公元1285年，蒙古灭掉了阿拔斯王朝的哈里发帝国，在波斯、伊拉克等地建立了伊利（儿）汗国。伊利汗国第七代君主合赞（公元1295—1304年在位）改奉伊斯兰教，他对阿里及其二子哈散（哈桑）、忽辛（侯赛因）极表尊敬，优待他们的后裔（赛义德）。[②] 什叶派的势力因而大盛。而影响最大的则是1502年建立的以什叶派为国教的沙法维王朝，经过该王朝200多年的发展，什叶派在伊朗根深蒂固，深得人心，至今什叶派教义仍然是伊朗的国教。什叶派在伊朗传播并成为伊朗的国教是阿拉伯伊斯兰教文明和伊朗袄教文明长期交往的结果。波斯人在接受伊斯兰教的基础上，不断融入自己民族的文明传统，把什叶派改造为伊斯兰形式的波斯文明。

据波斯作者努尔丁的记载，公元8世纪初，在倭马亚王朝时期（白衣大食），有许多什叶派的穆斯林和阿里的后裔，因逃避倭马亚王朝的迫害，逃到呼罗珊，而倭马亚王朝对他们搜索甚紧，他们便逃到中国，在长安做了牙客，直至近代西安回民从事牙客经纪、珠宝业者不少，这是历史生活所遗留的痕迹。甚至在陕西，格底木的

---

① 马启成、丁宏：《中国伊斯兰文化类型与民族特色》，中央民族大学出版社1999年版，第208页。

② 《史集》第三卷，余大钧译本，第372—373页；多桑《蒙古史》下册，冯承钧译本，第307页。多桑引《史集》后叙述后说："由是可见合赞为什叶教徒。"见杨志玖的《元代回族史稿》，南开大学出版社2003年版，第338页。

宗教习俗中还可看到一些什叶派礼俗的蛛丝马迹。[①] 在8世纪的阿拉伯旅行家马尔瓦则的《论中国突厥人与印度》一书中也有类似的记载。[②]

南疆的朝拜麻扎活动何时兴起，学术界尚无统一意见，不过可以肯定的是它与什叶派的思想影响分不开。在南疆的和田、墨玉、策勒和民丰等地，以什叶派十二伊玛目之名义修建的麻扎就是最有力的证明。但南疆朝拜麻扎活动和麻扎建筑的大型化，却是16世纪末17世纪初苏非派即依禅势力传入新疆以后发展起来的。

从民族的角度来看，伊朗什叶派宗教文化对中国塔吉克族和部分维吾尔族的影响是全方位的。塔吉克一名来源于"大食"，"大食"即突厥语"tash"，就是汉语"石"的音译。[③] 塔吉克人属欧罗巴人种，其先民是东伊朗部族。从公元前2000年中期起，东伊朗部族就生活在伊朗东部、中亚的帕米尔、兴都库什山麓和河中地区。从史书记载来看，从公元前8世纪，属于东伊朗部族的塞人和粟特人就生活在帕米尔东部的塔什库尔干地区。[④] 中国塔吉克族就是塞人、粟特人、花剌子模人、巴克特里亚人互相融合后逐渐形成的。公元前4世纪开始，塔吉克人的先祖与古代波斯人的宗教信仰一样，都信奉祆教。今天塔吉克人的生活中留下祆教痕迹。塔吉克人在过"灯节"时赞美火，借火祈福。当出现日食和月食时，燃起篝火。婴儿呱呱坠地时，在门槛燃烟火。牧民转场时在畜圈周围燃放烟火。还用火为病人祈福禳灾。可见，塔吉克文化和波斯文化就像一对孪生子一

① 杨怀中：《唐代的番客》，《回族史论稿》，宁夏人民出版社1991年版，第63—64页。

② 李健彪：《回回民族的形成和发展》，《伊斯兰文化论集》，中国社会科学院宗教研究所等编，中国社会科学出版社2001年版，第327页。

③ 何星亮："塔吉克族族称及其早期文化"，《西域研究》1994年第3期，第82页。

④ 西仁·库尔班、马达力汗，段石羽译："我国塔吉克族的形成及其历史演变"，《新疆大学学报》1992年第2期，第1—3页。

样，有着千丝万缕的联系。[①]

塔吉克民族化的过程正是萨曼王朝统治时期。伊朗历史上有名的萨曼王朝（874－999年）以布哈拉为首都，领土最大时北至咸海、南到印度河、西抵里海岸、东达阿姆河和锡尔河上游。正是萨曼王朝的统治将塔吉克人凝聚成一个民族，形成民族语言——达里波斯语。塔吉克族主要分布在塔吉克斯坦、阿富汗和中国。今天中国新疆塔吉克人使用的色勒库尔语属于印欧语系伊朗语族帕米尔语支，与波斯语有很深的亲缘关系。塔吉克族大约在10世纪皈依伊斯兰教，16世纪末17世纪初，开始尊奉什叶派之中伊斯玛仪派。伊斯玛仪派以尊奉阿里的后裔贾法尔·萨迪克之长子伊斯玛仪为第七伊玛目，也是最后一代伊玛目为其主要特征。关于塔吉克族改宗伊斯玛仪派的原因，民间有多种传说：一种是说由伊朗人夏塔力甫传入塔什库尔干；一种说由伊朗人阿布都·瓦里汗传人。但多数塔吉克人认可的说法是，16世纪末17世纪初，有个名叫赛义德·苏热的伊禅，从伊朗进入帕米尔地区传播伊斯玛仪派教义。此人来时还带兵数十人，到塔什库尔干诱杀了当地的统治者自立为“赛义德·沙利汗”，大力推行伊斯玛仪派的教义。[②] 这些传说反映了塔吉克族的历史和宗教与伊朗的密切关系。纳赛尔·霍斯罗乌（Naser Khosrow）是历史确实存在的诗人、哲学家和宗教活动家，是塔吉克族伊斯兰化的关键人物和民族灵魂。这位先哲1003年生于今天塔吉克斯坦境内，在加兹尼王朝的首都巴里黑长大成人，1046年辞去塞尔柱王朝的官职，1047－1050年游历埃及的法蒂玛王朝，后回到呼罗珊，开始传播伊斯玛仪派教义，1061年在帕米尔高原传教，经过二十多年的努力，塔吉克人接受了伊斯玛仪派教义。纳赛尔·霍斯罗乌一生写了很多诗歌、游记和宗教论著，死后受到塔吉克人民的无限尊敬

---

① 段石羽：“塔吉克族文化特征及传统风俗”，《新疆大学学报》1994年第3期，第96页。

② 高占福：《历史上伊朗伊斯兰文化对中国穆斯林社会的影响》，叶奕良主编：《伊朗学在中国论文集》（第三集），北京大学出版社2003年版，第33页。

和永恒纪念，成为塔吉克民族历史上里程碑式的伟人和先哲。[①]

塔吉克族的宗教首领叫“依禅”，每个依禅在塔吉克族分布的地方都有自己的势力范围，由自己的代理人“海立凡”（可能是哈里发的另外一种译法）在各地管理宗教事务，依禅的社会地位很高，可以世代相传。一般利用丧葬和宗教节日的机会，秘传教义。穆斯林所诵的经文内容主要是关于颂扬穆罕默德、阿里、哈桑、侯赛因等。塔吉克族伊斯玛仪派尊崇麻扎和麻扎圣旗出游仪式。举起圣旗出游是塔吉克族一项重大的宗教活动，每隔三四年在依禅的主持下进行，巡游各地。所到之处都受到塔吉克民众的尊崇和接待，并要敬献各种物品，传统的出巡时间大约 100 天左右。塔吉克族所尊崇的巴麻菲利穆加拉特麻扎、夏吾利亚麻扎、莎车县的奇里台麻扎等，都被视为是“圣裔”的墓地。麻扎除了宗教作用外，同时也是塔吉克族古老文化艺术的集中反映。麻扎上树立悬挂有布条和牦牛尾巴的花木杆，麻扎墙壁上的绘画和雕刻有着浓郁的本民族的艺术特点。

在新疆的莎车县还有信奉什叶派十二伊玛目派的 6000 名维吾尔族人，信众除尊崇阿里、法蒂玛、哈桑、侯赛因之外，还十分崇敬伊朗伊斯兰革命的领袖霍梅尼，对宗教首领一般不称伊玛目，认为除十二伊玛目外，当今只有霍梅尼能称伊玛目。[②]

除了以上两个群体，实际上整个中国穆斯林的社会生活及宗教节日文化中都能捕捉到什叶派的痕迹。在甘宁青地区，各门宦普遍崇尚拱北和圣徒；注重阿舒拉节和姑太节；[③] 给新生孩取经名，男孩多为阿里、哈桑、侯赛因，女孩多为法图麦；虔诚的穆斯林家中普

---

① 陈国光：“纳赛尔·霍斯罗乌与伊斯兰教在新疆塔吉克族中的传播”，《西北民族研究》1992 年第 2 期，第 169—177 页。

② 阿布力米提·亚森：“试论新疆维吾尔族中的什叶派穆斯林——来自莎车的调查研究”，《北方民族大学学报》2010 年第 2 期，第 25—31 页。

③ 阿舒拉节，专指伊斯兰教历 1 月 10 日，先知穆罕默德之孙、阿里之子侯赛因在卡尔巴拉被害之日，什叶派穆斯林每年举行盛大的悼念活动。姑太节又称法蒂玛节，纪念阿里之妻法蒂玛，每逢斋月十四，穆斯林妇女都要在清真寺里集体纪念，而对先知穆罕默德之妻赫底彻只是虔诚尊敬，没有这种纪念活动。

遍悬挂有阿里的鱼尾剑字画；经堂学生通称“海里非”（即哈里发），阿訇称伊玛目，以此把哈里发置于伊玛目之下；认为道祖、老人家是通向安拉之道的桥梁，在后世能为教下说情；阿訇在讲演中提及什叶派圣人时，崇敬之情溢于言表等等。[①] 这些都足以说明伊朗伊斯兰文化的传播、发展对中国穆斯林文化的深远影响。

第四节　波斯语与中国穆斯林文化

异域文化与本土文化的交流与对话，多从语言开始，进而由浅入深，由表及里地展开互动，波斯语促进了伊斯兰文化在中国的传播。波斯语属于印欧语系的印度—伊朗语族，是伊朗的国语和阿富汗的两种官方语言之一，由于波斯人信仰伊斯兰教的关系，在阿拉伯字母体系的基础上补充了几个字母，形成了波斯字母体系。波斯语是伊斯兰世界仅次于阿拉伯语的国际语言，在伊斯兰历史的千年岁月里，从伊拉克到中国的人们使用波斯语作为基本的文字媒介。[②] 波斯语对中国伊斯兰文化的影响仅次于阿拉伯语。

唐宋时期，来华的阿拉伯、波斯穆斯林商人、军士、使臣和传教士在中国长期定居，在社区清真寺内进行阿拉伯语、波斯语语言知识的讲习，拉开了我国波斯语教学漫长历史的序幕。元朝，波斯语走出了唐宋仅局限于“蕃坊”的狭小圈子，成为官方开展国际交流的语言工具。自然地，波斯语的教学得到空前的发展，一度达到了历史高潮。元朝政府还专门设立了培养“译史”的高级官学——回回国子学，“译史”即在政府各部门负责公文往来翻译及财务管理

---

① 杨志玖：《元代回族史稿》，南开大学出版社 2003 年版，第 340—342 页，另可参见杨怀中：《伊斯兰在中国文化史上的地位》，《回族史论稿》，宁夏人民出版社 1991 年版，第 29—31 页。

② ［伊朗］萨义德·侯赛因·纳速尔，王建平译：《伊斯兰教》，上海古籍出版社 2008 年版，第 21 页。

工作的职员，后又称“回回国子监”，教授“亦思替非文”，即古代伊朗人为满足税收、理财及贸易的要求而创造的特殊的文字符号。[①]回回国子学和回回国子监的设立，标志着官办波斯语教学体系的建立。概言之，唐、宋、元以来，丝绸之路的持续繁荣、伊斯兰教的东传、中西先进科技文化的相互交流、回回民族的诞生等许多重大历史事项的发生和发展无不与当时国际交往工具之一的波斯语密切相关。

明清时期，波斯语在中国国家层面的需求逐渐弱化，但明清两朝都设立有旨在研习和翻译外语及少数民族语言的“四夷馆”和“四译馆”，都不同程度地开展了对包括波斯语在内的“回回语”的教习和翻译活动。《回回馆杂字》中收录了元、明以来的波斯语——汉语音译词汇、语汇 777 条。

元朝后，波斯语在国家层面的需求虽然有所减弱，但在民间宗教层面上的需求依旧。为适应回族社会经济发展和解决宗教人才缺乏的问题，明嘉靖年间，著名经师胡登洲相继在陕西、山东、河南、河北、云南等地建立了由清真寺阿訇招收学生传习经典的经堂教育制度。这种将伊斯兰传统教育体系和中国传统私塾教学相结合的模式，使中国伊斯兰文化在与主流文化的协调整合中进一步发展。经堂教育的一个显著特点是其教育典籍中，波斯语典籍占很大比重，必读的“十三本经”和其他参考经典中都有不少著名的波斯语文本。“十三本经”中波斯语文本的经典著作占 6 大部：《海瓦依·米诺哈吉》即《波斯文法》，是我国清真寺及经堂教育中使用最早的一部基础波斯语语法教科书，由山东回族穆斯林学者、大阿訇常志美用波斯文著成；[②]《古洛斯坦》，波斯伊斯兰哲理诗著作，经堂教育中波斯文学读本，《古洛斯坦》乃波斯文音译，作者是伊朗思想与语言

---

① 穆扎法尔·巴赫蒂亚尔：《亦思替非考》，载叶奕良：《伊朗学在中国论文集》，北京大学出版社 1993 年版，第 44—46 页。

② 玛利亚姆·达芙塔瑞著，王建平、王冬梅译：“中国回族和伊朗穆斯林双方伊斯兰文化的主要共同点”，《回族研究》1999 年第 2 期，第 71 页。

文化奠基人之一的萨迪；《米尔萨德》，波斯语哲学著作，作者是伊朗德黑兰人阿卜杜拉·艾布·伯克尔；《艾什尔吐·来麦尔台》，波斯文本，由伊朗著名伊斯兰哲学家、语言大师阿卜杜·拉合曼·加米所著，全文是波斯文散文、诗歌混合的韵文体；《虎托布》和《艾尔白欧》都是对阿拉伯文圣训的波斯文注解；而《遭五·米素巴哈》、《满俩》和《白亚尼》虽是阿拉伯语著作，但都为伊朗学者所著。[①]

除了内地开展的经堂教育活动外，值得提出的还有历史更为久远的新疆地区的经堂教育。在波斯、中亚及阿拉伯地区教育模式的影响下，维吾尔族穆斯林很早就创立了独具特色的经堂教育模式——麦德莱塞（又一译麦德里斯），早在10世纪上半叶，喀什噶尔就建立了中国伊斯兰教历史上第一所高等经文学院，积极开展波斯语、阿拉伯语的教学和研究活动。喀喇汗王朝后的叶尔羌汗国(1514—1680年)[②] 也在喀什等地建立了10余所经学院，且重修了一些历史悠久的学院。经学院具有一定的规模，开设的课程除了阿拉伯语、波斯语、经注学、教义学、伊斯兰教史，还有逻辑、历史和苏菲派名家诗集及伊斯兰哲学家的作品等，极大地促进了当时新疆地区与中亚、波斯地区的文化交流，使伊斯兰教的影响不断扩大。《福乐智慧》、《突厥语大词典》、《真理的入门》以及《拉失德史》等经典之作的作者都是受这种教育成长起来的，他们在民族传统文化的基础上又吸收了阿拉伯—波斯文化的营养，丰富了中国穆斯林文化的内容。

元、明以来伊朗对中国穆斯林文化的影响又出现了一些新鲜的特征——回回的学术贡献，白寿彝先生认为：“回回所介绍的西方学

---

① 杨怀中、余振贵：《伊斯兰与中国文化》，宁夏人民出版社1995年版，第347—362页。

② 李进新：《新疆宗教演变史》，新疆人民出版社2003年版，第343页。

术，约有四种：1. 天文历法；2. 医药学；3. 造砲术；[①] 4. 波斯语言文字。”[②] 其实，数学是天文学的基础，许多天象数据，需要通过数学演算才能产生结论，故伊斯兰数学知识是随着波斯天文学者传入中国的，可以肯定的是，波斯和阿拉伯（例如马拉加和撒马尔罕的天文台）的数学是影响过中国传统的。回回既介绍西方学术又研究中国学术，因此，波斯语教学和研究为伊斯兰医学和天文学等学术成就在中国的传播作出重要贡献之时，波斯语的使用逐渐渗入到中国的天文学、医学、宝石学、植物学等学科领域。天文历法方面，一星期的名称除“星期五”外均采用波斯语，至今仍在广大穆斯林中间口耳相传。扎马鲁丁是中国元代杰出的回回天文学家，原供职于波斯马拉加天文台，忽必烈即帝位前由伊儿汗旭烈兀派遣应召入华，奉命主持编纂《万年历》，这是第一部获准正式使用的回回历。由扎马鲁丁制造的 7 种天文、地理观测仪器，供回回司天台等使用。它们同波斯天文学家纳绥尔丁·图西在马拉格天文台配备的仪器基本相同。据说扎马鲁丁都用波斯文给它一个专名。《元史》卷四八《天文志》详载这 7 件的原名译音、汉名释义及制作方法，它们的汉文译名，已由中外学者予以还原，知其为阿拉伯—波斯语的译音。扎马鲁丁还是元初伊斯兰地理学东传的一位重要人物，曾主持编修了我国古代官修的第一部规模较大的全国地理总志——《元大统一志》，在中国地理学史上发挥了举足轻重的作用。[③] 此外，明代的《回回历法》，是一部回回天文图书的汉译本，书中提到的一年 12 个

---

① 回回砲是元代回回穆斯林军匠制造和使用的以机械发石的武器，也称西域砲。至元八年（1217 年），忽必烈遣使至波斯，请伊儿汗阿八哈派遣炮匠支援攻灭南宋的战争，阿八哈遂派出精于造砲技艺的亦思马因和阿老瓦丁前往。随着大批回回炮手进入中原，至元十一年（1274 年），朝廷设立了回回砲手总管府进行专门的管理，回回砲术迅速地在中国传播开来，但明初以后，再无有关使用回回砲的记载。参看杨志玖：《元代回族史稿》，南开大学出版社 2003 年版，第 328—335 页

② 白寿彝：《中国回教小史》，宁夏人民出版社 2000 年版，第 59 页。

③ 马建春：“蒙元时期的波斯与中国”，《回族研究》2006 年第 1 期，第 106—107 页。

月份大小及名称，均用波斯语音转写。[①]

医药学方面，“回回医药”、“回回药物”即伊斯兰医药，在元朝政府里具有崇高的地位。元末明初的《回回药方》是一部伊斯兰医学在理论上的集大成之作，原书应有36卷，现今只有残本4卷，共有486面，约20万字，由汉文表述，其中夹有大量的阿拉伯语、波斯语及维吾尔语药物名，甚至有古叙利亚文，《回回药方》的医方内容大多数是出自波斯籍医生之手的，并且其中不少医方是源自波斯的，一类是从萨珊王朝直接流传下来的，一类是波斯医生自己制备的方剂，还有一类是由印度、拜占庭人研制的方剂，但早已传入波斯，被波斯人改造。《回回药方》的本草种数在450种以上，这比以前历代传入中国的药物之总和还要多。说明古波斯医药对中国社会生活和中国本草学具有重大的影响，做出这一巨大贡献是那些来华的波斯医生。[②]《回回药方》是用波斯语来译写的，甚至其某些内容在进入中国以前就是波斯文本的。在编译过程中，该著作于阿拉伯语词之外增加了不少波斯语词，其中的阿拉伯字母也有按波斯语读音规则发音的。

波斯语对我国信仰伊斯兰教各民族的语言文字的影响也十分广泛，不仅仅局限于前文提到的对回族、维吾尔族语言的影响。保安族最初用波斯语接受伊斯兰教，虽然后来转为阿拉伯语，但现在的保安语中仍然能发现波斯语的轨迹。随着保安族对伊斯兰教信仰的加深和宗教活动的日益频繁，吸收了与伊斯兰教相关的阿拉伯语和波斯语的词汇，这些阿拉伯语借词当中有些是通过突厥语或波斯语借入的。它主要表现在宗教节日和活动方面，尤其集中于经文命名方面。[③] 从保安语的词汇来看，40%是汉语，部分是阿拉伯语和波斯

---

① 丁克家：“波斯语教学及经典在中国伊斯兰文化史上的地位及影响”，《回族研究》1999年第2期，第76页。

② 宋岘：《古代波斯医学与中国》，经济日报出版社2001年版，第76页。

③ 杜鲜、彭清深：《保安族——甘肃积石山县大墩村调查》，云南大学出版社2004年版，第185—186页。

语词汇。[①] 此外，在东乡语、哈萨克语、柯尔克孜语、乌孜别克语、塔塔尔语、撒拉语中都有一些波斯语的借词，并且柯尔克孜文和乌孜别克文都是以阿拉伯语和波斯语字母为基础的拼音文字。

随着时代的发展，波斯语教学活动呈现更加活跃的态势。新中国成立后，波斯语教学成为我国高等教育的组成部分，实现了我国波斯语教学发展史上一次历史性的跨越。波斯语教学研究事业得到了伊朗方面的热情支持，双方进行了有效的合作。在民间层面上波斯语的教学活动也相应开展，不断有中国穆斯林学子赴伊朗留学，他们中不少人学成归来，传承了中国穆斯林研习波斯语的千年传统，丰富和发展了中国穆斯林文化。

第五节　伊朗伊斯兰哲学与中国穆斯林文化

论及伊朗伊斯兰哲学东传对中国伊斯兰文化的影响，[②] 自然要谈到苏菲主义。它主张“人主合一”，即人应通过自我修行滤净自身的心性，达到与真主合一的境界。苏菲主义起源于公元 8 世纪，起先在呼罗珊，然后在河中地区和吐火罗（吐火罗斯坦，今阿富汗北部和阿姆河上游一带）得到广泛传播。许多虔信者聚集在某些著名的苏菲的周围，过着苦行僧般的生活。慢慢地，这些虔修的小社团形成为苏菲教团。伊斯兰教在波斯和中亚地区的主要表现形式就是苏菲信仰。从 12 世纪起，伊朗就成为苏菲主义盛行的地区，它的加入使得伊朗伊斯兰哲学不断趋于成熟，苏菲神秘主义作为一种文化积淀，已经渗透到伊朗人精神生活的各个方面。据记载，11 世纪以后，中国已有苏菲派信徒活动。到了元代，苏菲信徒在中国有

---

① 马少青：《保安族文化形态与古籍文存》，甘肃人民出版社 2001 年版，第 33 页。

② 里泽·艾克巴利安著，丁俊译：《波斯伊斯兰哲学与中国伊斯兰思想的关系》，载杨怀中主编：《郑和与文明对话》，宁夏人民出版社 2006 年版，第 159 页。

所增加，《元典章》中提到的“迭里威士”就是波斯语“苦修者”的音译。17世纪以后，随着中国穆斯林去麦加朝拜的和中东游学的人数不断增多，伊朗伊斯兰哲学随着传教师以及一系列伊朗伊斯兰哲学家的著作东来，对中国伊斯兰汉文译著的哲学思想、中国伊斯兰哲学思想体系的形成以及中国苏菲教团及其思想体系的构建产生了深刻而持久的影响，开启了中国伊斯兰教史的“文艺复兴时代”。①

波斯文学史上很多著名的大诗人本身就是苏菲派。波斯的苏菲诗人用诗歌反映出自己对宇宙人生本质的探求，为此创作出大量集宗教、思想和文学价值于一体的苏菲主义诗歌。萨迪、哈菲兹(1327—1390年)、加米等大诗人和思想家诗歌中的苏菲思想对突厥—维吾尔文学产生了很大的影响。波斯文学中的苏菲思想深刻地影响了突厥—维吾尔诗人们的世界观、生活态度和审美情趣，从而深刻影响了中国伊斯兰文化。波斯语是苏菲教团连接、交流和生存的一大要素。因此，承载丰富的伊朗伊斯兰哲学思想且广泛流传于经堂教育中的波斯语苏菲经典可谓功不可没。作为伊朗伊斯兰哲学的载体已超越了单纯的文学范畴，中国伊斯兰教经堂教育自16世纪开创以来所采用的教材和参阅资料中，除了《古兰经》及其教法类经外大都受到苏菲主义的影响。

比如，在“十三本经”中，《虎托布》偏重于道学，提倡苦行，励行沉思参悟，被视作苏菲学理译本；《米尔萨德》主要讲述苏菲主义修行、养性、近主之道；《艾尔白欧》趋重理学，讲解精神功修；《古洛斯坦》为叙事、诗文相间的波斯文哲理性作品，其中有苏菲主义者为近主爱主而备尝艰苦的描写；《艾什尔吐·来麦尔台》阐释了关于伊本·阿拉比思想的苏菲名著《神圣闪光》。

而在参阅书籍中也不乏波斯语苏菲经典，如《麦克吐布·发热

① 杨怀中：“波斯照明学派对十七世纪中国伊斯兰汉文著述的影响”，《回族研究》1999年第4期，第54页。

西》是一部伊斯兰苏菲哲学经典，它是阿文版《麦克吐布》的波斯文原文，阿文版是波斯文版的译本，《麦克吐布》由著名苏非大师、哲学家伊本·拉巴尼所作，汉译通常为《书信集》，是伊斯兰苏菲哲学史上的权威著作之一；《底汪·哈菲兹》是伊斯兰苏菲大诗人哈菲兹的诗集；《玛斯纳维》是伊斯兰苏菲大诗人扎拉尔丁·鲁米劝导世人向善近主的诗歌集，有阿拉伯文翻译的注释本广泛流传；《麦嘎虽都·凯俩目》是伊斯兰苏菲教义学读本。

以上所列举的苏菲经典都是经堂教育中阿訇必修、必读的经典，绝大多数阿訇只有学通这些波斯语苏菲经典，才能到当地清真寺讲学。尤其中国穆斯林聚居的西北地区的苏菲门宦，都十分重视学习研究和传诵波斯语苏菲经典。大量波斯语苏菲经典的传播为17世纪汉文译著的出现提供了肥土沃野。

17世纪时，伊斯兰教在宗教信仰层面上与中国主流文化仍有着不小的差异，东迁的穆斯林因长期定居已经普遍使用汉语，因而使如何赢得伊斯兰文化更好的生存和发展空间，成为摆在穆斯林仁人志士面前的突出问题。而此时经过近百年发展的经堂教育已孕育出了“学通四教”的创作群体，他们掀起了一场中国伊斯兰哲学运动——汉文译著活动，从而建立起伊斯兰文化和中国传统文化在学理层面上建设性对话、理解和交汇的又一座里程碑。

汉文译著活动就是以汉语翻译从伊朗、阿拉伯等地传入中国的伊斯兰经典的活动。汉文译著家阐述伊斯兰教正统观点时，除了吸收并改造中国传统文化中儒家思想之外，普遍地吸纳了波斯照明学派的观点。照明学说认为：真主的本质是绝对、是终极。真主是至上之光，光是宇宙万物的本源。人类的灵魂中存有先天的光明，人类需以苦行和功修净化灵魂，因为精神修炼之路是寻求光照照明的过程。照明学派将苏非的修炼上升到苏非神秘主义的哲学层次。这一伊斯兰教苏菲派神秘教义为中国早期的汉文译著家接受并赞赏，他们译著中的真主余光造化论、信仰之光返照论、“两弧界合”论、幔帐论这些观点，充分体现了中国汉文译著活动所受到的伊朗伊斯兰哲学思想的深刻影响。①

从中国的汉文译著家受到的伊朗伊斯兰哲学理论的影响来看，汉文译著家王岱舆在他的伊斯兰教汉文译著中，就表达了和伊朗伊斯兰文化复兴运动代表人物之一的波斯什叶派教义学家、圣训学家、哲学家穆拉·萨德拉相类似的一些思想，如穆拉·萨德拉的观点中世界是真主之光照的创造物，真主之光是万物的永恒根源，灵魂如何实现人主合一等等都与王岱舆的阐释极为类似。② 可以推知，当时王岱舆受到了以穆拉·萨德拉为代表的伊朗伊斯兰哲学思想的极大影响。另一位作出不朽贡献的汉文译著家刘智的主要著作《真镜昭微》、《天方性理》、《天方典礼》中都可以看到著名苏菲主义哲学家伊本·阿拉比和加米等的影响。在伊斯兰哲学的基础上，刘智将伊斯兰教传统义理、苏菲主义和宋儒理学融合起来，并将宗教学理与阿拉伯、波斯及西方的自然科学融合起来，运用儒家的分类、命题和思辨方式全面论证了伊斯兰教的教义，使伊朗伊斯兰哲学在中国传统哲学的语境中生成具有中国文化躯壳和伊斯兰灵魂的一套“汉克塔布”话语体系，使中国主流文化给予伊斯兰哲学思想以更深入的思考和接纳。

汉文译著活动是中国伊斯兰文化走向成熟的标志，通过对中国儒道佛文化多方面的吸取、整合，形成了一个非常完整的中国伊斯兰教的宗教哲学体系。这是伊斯兰文化在中国本土化、民族化的关键，也是中国伊斯兰文化独立于世界伊斯兰文化的基础，是中国穆斯林对人类文化的一个巨大贡献。显然，伊朗伊斯兰哲学思想为古老的伊斯兰文明和华夏文明的融通、共存、参照、沟通架起了对话的桥梁。

中国的苏菲教团的系统与中国伊斯兰文化体系相一致，分为新

---

① 杨怀中：“波斯照明学派对十七世纪中国伊斯兰汉文著述的影响”，《回族研究》1999 年第 4 期，第 53—54 页。

② 余振贵：“十七世纪伊朗与中国伊斯兰文化复兴运动的两位代表人物：穆拉·萨德拉与王岱舆”，《回族研究》1999 年第 4 期，第 56—57 页。

疆和内地两大系统。前者以苏鲁克[①]或依禅派[②]的形式出现，后者以门宦[③]的形式出现。门宦制度是伊斯兰苏菲派[④]的思想学说经新疆传入内地，苏菲派的教阶制度与当地封建宗法家族制度相结合而逐渐形成的。门宦是一种宗教派别的组织形式。“门宦”中的“门”用以概括苏菲主义追求的道路（al-Tariqah），代表着神圣性、精神内涵及其外来根源；“门宦”中的“宦”用以概括一种外在的组织制度模式，代表着世俗性、社会表达及其中国传统。教团是一种比较典型的群体，门宦则有较高的组织化色彩。[⑤]

---

① 苏鲁克，阿拉伯语音译，原意为“道路”，在苏菲派中指修炼道乘功修、接近真主之途。它是苏菲神秘主义理论应用于宗教实践中形成的教团组织形式，即苏菲教团。

② 李进：《新疆宗教演变史》，新疆人民出版社 2003 年版，第 352—353 页。“依禅”一词为波斯语，原意为“他们”、“他们一伙”。该词引入中亚后成为对宗教显贵即贤者的一种敬称。纳合西班迪耶第三代教主和卓阿赫拉尔首先以“依禅”著称。其后，依禅成为纳合西班迪耶及其分支教主的正式名称。由于该派在新疆人多势众，影响面大，久而久之，人们便习惯用“依禅派”统称新疆的苏菲派，并沿习至今。参见伊善派起源于伊朗，产生于伊斯兰教中最大的反对派——什叶派。伊善派起初也被称作“苏非派”、“德尔维什派”。它进一步演绎和扩大了什叶派的思想和学说，毫不掩饰地与逊尼派相抗衡。因此，它在大多数伊斯兰国家中被视为异端。参见刘志霄：《维吾尔族历史》（上编），民族出版社 1985 年版，第 358 页。

③ “门宦”属于伊斯兰教中的神秘派。在国外称为“苏菲”（阿拉伯语）。在新疆称为“依禅”（波斯语），在甘、宁、青称为“门宦”，名称虽异，意义相同，参见马通：《中国伊斯兰教派与门宦制度史略》（修订本），宁夏人民出版社 2000 年版，第 74 页；“门宦”这个称谓的来源有两种说法，多数人认为它源于汉族的“宦门”、“门阀”等词，表明一种封建世袭身份的特权；另一说认为，源于穆夫提门宦统管的“七门八宦”，即河州各教派和各门宦，其实这两种说法并不矛盾，前者说明了这个词的来源，后者说明甘宁青苏非派取名“门宦”的全过程。参见马通：《中国伊斯兰教派门宦溯源》，宁夏人民出版社 1986 年版，第 43—44 页。

④ 一说苏菲一词源于希腊文“索非亚”，意为智慧；另一说认为，苏菲一词源于阿拉伯文“沙甫”清静、品位的含意。但多数学者认为，苏菲一词源于阿拉伯文，“苏菲”意为羊毛或驼毛，因古代苏菲派的首领常穿用羊毛织成的长衫为其特征，故有此名。参见杨怀中：《心灵的眼睛——伊斯兰苏非要义》，载《回族史论稿》，宁夏人民出版社 1991 年版，第 296—297 页。

⑤ 马通：《中国伊斯兰教派门宦溯源》，宁夏人民出版社 1986 年版，第 42—43 页。

关于苏菲主义传入新疆的时间，有学者认为在10世纪喀喇汗王朝，据维吾尔资料记载，布格拉汗皈依伊斯兰教实际上是从中亚远涉而来的苏菲长老的使命。前文已有提及14世纪后期，劝秃黑鲁·帖木儿皈依的是两位来自布哈拉的苏菲。总之，在16世纪末17世纪初之前，即较有影响力的中国苏菲教团形成以前，波斯苏菲已经开始了在中国的渗透。从元朝有关史料中出现的有关“迭里威失（波斯语 darwish，即苏非派游方信士）”的记载和《伊本·巴图泰游记》中的相关记述中也可以得知。[①]

接着来谈谈伊朗伊斯兰哲学思想对中国苏菲教团形成发展造成的影响，论及此不得不提到的是创立于布哈拉的纳格昔班底教团（Naqshbandiyya），该教团“在波斯东部和赫拉特地区的影响十分深远”。[②] 14世纪中叶开始，该教团以中亚和安纳托利亚为基地，不断扩大其在察合台汗国的影响力，直接促成了中国新疆和内地苏菲教团、门宦的形成。有意思的是该教团受波斯神秘主义影响甚深，比如其兴起有著名的伊朗伊斯兰哲学家阿卜杜·拉合曼·加米的因素在其中。此外，师从波斯人的阿布杜·哈力格·古吉杜瓦尼实行低念齐克尔的教乘就对中亚形成的以波斯语为主的和卓派以及从和卓派衍生的纳格昔班底教团各支派有很大的影响。

从新疆苏菲教团的渊源来看，新疆的苏菲教团形成于玛合图木·阿杂木家族内部的斗争，其子嗣因争夺教权由中亚入疆，揭开了新疆以依禅著称的苏菲派别传播发展的历史。玛合图木·阿杂木是纳格昔班底教团第五代教主。他的后裔玉素甫曾经学习并发展了起源于波斯苏赫拉瓦迪教团的学说，在南疆建立了“伊西克耶苏鲁克”。随着依禅势力的发展，又出现了三个苏鲁克伊斯哈克耶、达瓦尼耶和米斯克耶，它们之间在修持方式和仪式特征上的差别，并非

---

① 马金鹏译：《伊本·巴图泰游记》，宁夏人民出版社1985年版，第551—554页。

② 王宇洁：《伊朗伊斯兰教史》，宁夏人民出版社2006年版，第56页。

原则分歧。各苏鲁克之间，甚至纳格昔班底教团与其他教团之间都有相互吸收、兼容的情况。后来这些新疆最早的依禅组织分裂后产生的形形色色的苏菲教团。随着和卓家族的衰败，白山、黑山派之间的政治斗争趋于泯灭，两派的俗称和苏鲁克名称也就失去原来的意义，便被虎非耶、嘎德林耶、哲合林耶、达瓦尼耶等这些以仪式特征命名的教派取而代之。此外，新疆的伊玛目热巴尼道堂的创立和发展与纳格昔班底教团有着密切联系。[①]

渗入中国伊斯兰教四大门宦的波斯苏菲神秘主义元素是显而易见的，它们中的大多数都和流传与兴盛于波斯或受波斯文化影响的中亚地区的苏菲神秘主义思想和苏菲教团有关。与其说阿拉伯的伊斯兰文化倒不如说是波斯的伊斯兰文化驱动了中国穆斯林社团的发展。虎夫耶（Hufuye）门宦的创立者马来迟到麦加朝觐，并拜虎夫耶道堂的筛海穆罕默德·吉布尼·艾海曼提阿格来为师，学习3年后，又到大马士革等地游学深造。先后研究了纳格昔班底耶、嘎德忍耶和赛哈来外勒迪耶的学理。虎夫耶支派毕家场门宦的教主马宗生的祖先来自波斯。在虎非耶穆夫提门宦的道统谱系中亦能发现纳格昔班底耶的渊源关系。另一大派别华寺门宦的第三代教主马如彪曾学习过沙孜林耶教义。而哲赫忍耶（Jahriyya）门宦的创立者马明心承袭了纳格昔班底教团的道乘。哲赫忍耶原为波斯人艾卜·玉素甫·哈木丹（？—1140年）首创于波斯，但没有形成教团，后经阿布杜·嘎德尔·吉拉尼（公元1078—1166年）的充实，在波斯得到大发展，故哲赫忍耶派又以阿布杜·嘎德尔·吉拉尼的名字命名，又有“嘎德尔”之别称。后来经伊拉克、中亚进入中国。嘎德忍耶（Qadriyya）属于伊斯兰教苏菲派，是苏菲派创立最早的教团，传播甚广，创立者是波斯苏菲学者阿布杜·嘎德尔·吉拉尼（一说该教团始由其子以其名建立），于清康熙初年到达中国。该门宦下的灵明

① 王建平：“波斯苏非与中国塔利格的历史联系”，《回族研究》1999年第4期，第70—74页。

堂（同时也受到虎夫耶学理的影响）还接受了伊朗巴布派的思想。[①] 另外，库不忍耶（Khubulinye）源于中亚人奈季姆丁·库布拉所创的库布拉维教团，该教团是以花剌子模为中心的伊斯兰教苏菲教团，后传入印度、克什米尔、呼罗珊、巴格达和小亚细亚，在波斯地区有重要影响。在库不忍耶门宦的道谱里，人们一般认为，库不忍耶的道乘是于17至18世纪期间渗透进中国的。考查中国伊斯兰教派门宦的各分支的初期历史，我们发现这些分支与苏菲派有着亲缘关系，它们或者是受伊朗或中东苏菲派教团传教师的直接传授，或者是中国的“哈吉”受国外包括伊朗等地苏菲派教团的传授回国后传播，或者是求学的经生带回苏菲派某一教团经典回国后传播而形成的一个新的伊斯兰教信仰形式和宗教组织制度。[②]

伊朗伊斯兰教神秘主义力量刺激了中国苏菲教团和穆斯林文化的发展，同时还使得中国穆斯林社团免于来自儒家文化思想的同化压力。因而伊朗苏菲主义一再地给中国伊斯兰文化注入了活力，并有助于保存和增强中国的伊斯兰文化，今天的中国穆斯林社会中仍有苏菲教团在活动。

上述内容中我们可以充分感受到，伊朗对中国穆斯林文化影响范围之广、作用之深远，伊朗因子堪称是中国伊斯兰文化形成的基础。在中国伊斯兰文化形成的历史长河中，波斯因素与阿拉伯因素交织融合在一起，有时很难区别，二者在构建中国穆斯林文化方面发挥了同等重要的作用。新疆地区与内地相比，由于在地理上与伊朗的接近性，气候条件以及生态环境乃至文化传统上的相似性使得新疆地区的伊斯兰文化受到伊朗因子的作用更为独特、深刻和持久。伊朗伊斯兰文化的踪迹在中国伊斯兰文化俯拾即是，伊朗因子与中国本土文化整合的方方面面都有新质的产生，使得中国伊斯兰文化

---

① 马通：《中国伊斯兰教派与门宦制度史略》，宁夏人民出版社2000年版，第245页。

② 丁明俊：“十七世纪伊朗伊斯兰哲学思想东传及其对中国穆斯林的影响”，《回族研究》1999年第4期，第66页。

成为独立于世界伊斯兰文化体系中的一支奇葩。

中伊源远流长的友好关系，从古代一直持续到今天。当代中伊两国交往密切而广泛，官方和民间互访互动，政治和经济齐头并进，文化交往引人注目，特别是伊朗伊斯兰教与中国伊斯兰教互相尊敬、互相沟通、互相学习、互相欣赏，提升了双方的宗教修养，推动了双方的宗教教育，强化了穆斯林皆兄弟的情谊。

1979 年以来，伊朗通过中国伊斯兰教协会与中国穆斯林友好交往。《中国穆斯林》经常报道中伊两国的宗教交往。伊朗监察组织主席尼亚兹、伊朗伊斯兰文化联络组织主席穆斯塔法维、伊朗库姆国际穆斯塔法大学领导、伊朗伊斯兰联合党领导先后拜访中国伊斯兰教协会。中国伊斯兰教协会代表团出席在伊朗召开的 2001 年第十四届伊斯兰团结大会。以后还派出穆斯林学者到德黑兰参加《古兰经》诵读会和研讨会。2007 年 3 月 27 日—4 月 2 日，伊朗国际伊斯兰研究中心主席阿里·里扎·阿尔拉菲率领的 5 人代表团访华。中国伊斯兰教协会会长陈广元大阿訇和副会长余振贵、杨志波、阿地里江等协会领导会见了代表团一行。伊朗客人的这次访华是中伊之间一次重要的宗教文化交流，双方表达了促进深入对话交流的真诚愿望，提出了一些具有针对性的措施。

陈广元会长在欢迎伊朗国际伊斯兰研究中心代表团访华时说，伊朗是一个文明古国，伊朗人民是勤劳勇敢的民族。特别是在当前这样一个机遇与挑战并存的时代，中国穆斯林和伊朗穆斯林的宗教领袖更应通过积极的对话交往来增进相互间的了解与友谊，促进世界和平与和谐。有些人提出，现在是西方文明与伊斯兰文明的对抗时期，我们要求文明对话而不是文明对抗，就如中国五大宗教和谐对话一样，我们要把这一观点推广到世界，我们的指导思想是要对话不要对抗，要和谐不要极端，要容纳不要排斥。我们要共同努力，加强合作、扩大对话交流，各文明之间应在相互尊重的基础上加强对话和交流，取长补短，在求同存异中共同发展。陈会长还向客人介绍了中国伊斯兰教的情况和穆斯林人口分布情况、中国伊协会所改造情况以及十所伊斯兰教经学院的办学情况等。

会见时，阿里·里扎·阿尔拉菲在传达了伊朗最高领袖哈梅内伊对中国伊斯兰教协会领导的问候之后说，看到贵协会和中国伊斯兰教经学院这么好的办公、办学条件，足可以证明中国政府对中国穆斯林的重视。他说，伊朗国际伊斯兰研究中心是一所伊斯兰文化和人文科学的大学，招收世界各地留学生，该中心现有来自世界 103 个国家的 2 万多名留学生，其中来自中国的男女学生 60 多名。希望这次访问是加强我们双方合作的契机，一个转折点。①

宗教关系属于国际关系的有机组成部分，与国家核心利益和国家重要利益有着千丝万缕的联系，良好的常态的宗教关系维护国家利益，极端的损人利己的宗教关系会伤害国际关系。中伊两国的宗教交往是两国国际关系的润滑剂，有利于在伊斯兰世界宣传中国的宗教和民族政策，有利于中国的国家统一和民族团结，有利于中国在伊斯兰世界广交朋友，也促进中国穆斯林商品出口。

由于波斯和波斯化的中亚位于阿拉伯帝国和中华帝国之间，中国穆斯林通过这个文化桥梁接触和吸纳具有波斯特色并经过波斯过滤的伊斯兰文化，中国伊斯兰文化必然打上波斯文化的深刻烙印。当然，中国与波斯具有文化上的很多共性，前伊斯兰时代中伊文化交流就让中伊相互产生亲近感和认同感。波斯伊斯兰文化秉承这种历史惯性，渗透于中国伊斯兰文化之中，就是顺其自然的事情。中国伊斯兰文化属于世界伊斯兰文化的组成部分，中国伊斯兰文化是华夏文化和波斯文化、阿拉伯文化和身受波斯文化影响的中亚文化的相互融合的产物和结晶。中国穆斯林属于伊斯兰世界，伊朗与中国穆斯林的关系无疑属于伊朗与伊斯兰世界关系的特殊组成部分。这也可以说明伊朗在伊斯兰世界的影响力是如何形成的。

---

① 李福泉："伊朗国际伊斯兰研究中心简介"，《中东研究》2007 年第 1 期，第 78 页。

第六节　中国与伊朗历史文化的共性

中国是东亚的文明古国，伊朗是西亚的文明古国。两国在地区地缘政治中的战略地位几乎完全相同。在遥远的古代，中伊两个文明强国通过丝绸之路在文化上相互欣赏、相互影响。在近代，中伊两国都沦为半殖民地。在现代，中伊两国的现代化具有很多共性。这两位亚洲巨人在历史、文化、民族性格方面具有很多相同、相似的东西。这就是伊朗人民和中国人民如此友好、如此容易理解、如此容易相互尊重的深层原因。

一、历史悠久、文脉相传

中国的历史经历了考古学意义上完整的时代，从旧石器时代开始，经过新石器时代、青铜器时代，到铁器时代。中国早期历史从部族时代开始，经过封邦建国时代、诸侯时代，进入统一帝国时代。

秦汉时期是中华民族形成的关键时期，秦汉帝国的重要性如波斯帝国对伊朗的重要性一样。今日伊朗人称中国人为“秦人”，中国的主体民族为“汉族”，秦汉帝国时形成的华夏文化历经战争和灾难的考验，顽强地生存，历久弥新。

“中国”的概念是个历史范畴，春秋时代的“中国”仅仅相对于东夷、南蛮、西戎、北狄这四方非夏族的民族部落而言，诸夏居中，称为中国。日后中国在不断的民族融合中扩大，而四方的概念也随之扩大。先后入主中原的各民族，目光远大，知道除了四方，还天外有天。东、西、南、北、中的“五方”的概念几乎为中国人所特有，以中方为核心不但使“中国”最终成为中华民族大家园的统称，而且形成了强大的民族内聚力。中国文化的核心代代相传、生生不息。[①]

伊朗的历史从旧石器时代开始，在伊朗的克尔曼沙赫省发现手斧（距今13万—20万年前），在锡斯坦—卑路支斯坦省发现砾石砍砸器。[②] 伊朗新石器时代始于公元前8000年，结束于公元前3500年（包括铜石并用时代）。其后伊朗历史进入城邦与列国时代。公元前2850年，以乌尔米耶湖为中心产生了阿拉塔王国。公元前17世纪，胡里人建立了以哈布尔河流域为中心的米坦尼王国。埃兰地区成为伊朗最早出现文明的地方，以苏萨为中心的平原地区是埃兰文化的中心地区。埃兰地区的历史从公元前2700—前6世纪中期。[③] 公元前2000年代末，雅利安人进入伊朗，其中最著名的是西伊朗人，他们是米底人、波斯人和安息人的祖先。公元前727年，戴奥凯斯建立米底王国。公元前585年，米底已经成为囊括西亚半壁河山的帝国。它标志着伊朗由城邦小国分立向地域王国和统一帝国的过渡，加速了古代伊朗境内不同民族及其文化的融合过程，对伊朗民族和文化的形成作出了开创性的贡献。公元前700年，阿契美尼斯以安尚为中心，建立波斯王国。居鲁士二世（公元前559—前530年）创建波斯帝国。波斯成为古代伊朗的通用称呼，波斯人成为伊朗的主体民族，波斯文化成为伊朗的主体文化。不管伊朗后来经历了多少艰难曲折、血雨腥风，以波斯人为载体的波斯文化始终存在，愈久弥新。尽管波斯文化后来吸纳了其他民族的文化，但内核文化一脉相传，延续至今。

今天，伊朗和中国民族结构相同，都形成以一个多数民族为主，与其他少数民族共处的中央集权制国家。

---

① 周时奋：《中国历史十一讲》（上册），山东画报出版社2004年版，第120页。

② 彭树智：《中东国家通史·伊朗卷》，商务印书馆2002年版，第13页。

③ 李铁匠：《伊朗古代历史与文化》，江西人民出版社1993年版，第25页。

二、文明之光辐射周边

中华文明的摇篮分布在中国的东、西、南、北、中。“三皇五帝”被传说为中华文明的创始人，“五帝时期”距今5500年前—4500年前。这一时期是中华民族统一国家的重要奠基时期，也是中华民族很多祖先不断重组的重要时期。由中原炎族集团与燕山黄帝集团融合后的炎黄集团是中原势力最强大的部族集团，集团活动的核心地区在伊洛河平原。它在向各周边突出与渗透的过程中，表现出很强的统一性和兼容性，从而最终创造了中国历史上第一个统一的王国——夏王朝。黄河流域的中部成为夏、商、周时代青铜文化的舞台，中华文明的核心地区形成。从此中华文明开始滚雪球，越滚越大。春秋时期，长江流域的楚国在公元前9世纪接受了北方的方块文字，并将其普及到整个长江流域。方块字在中华民族的大融合中显示了强大的沟通同化功能。春秋五霸、战国七雄在混战中完成局部统一，百家争鸣中形成中华文明的基本内核。公元前221年，秦国统一六国，中华民族的核心也由此凝成。秦帝国的三公九卿制、郡县制、以法治国、度、量、衡的统一、车同轨、书同文、行同伦与波斯帝国有很大相同之处。西汉东汉时，中华文明通过丝绸之路影响到中亚、西亚诸国。大唐帝国时，通过安南都护府，中华文明波及中南半岛，通过安东都护府，中华文明伸延到朝鲜半岛，通过安西都护府，中华文明伸入中亚大地，通过安北都护府，中华文明辐射到蒙古高原。

伊朗文明也同样如此。米底帝国占据西亚半壁河山。阿契美尼德家族建立的波斯帝国，是世界历史上第一个地跨欧亚非的大帝国，其疆域西北达巴尔干半岛的多瑙河，西南到非洲的尼罗河，东北自锡尔河以南，东南至印度河流域，面积约500万平方公里。[①] 祆教关

---

① 于卫青：《波斯帝国》，三秦出版社2001年版，第2—3页。

于智慧和几个世界的观点对希腊哲学家赫拉克利特及米利都学派有重要影响，祆教的末世论观念被犹太教、基督教所吸收。[①] 波斯人发明的“坎儿井”技术由中亚传中国新疆；具有波斯风格的挂毯传到阿尔泰山北麓。安息帝国的香料、纺织品出口到罗马帝国，其铁甲骑兵及其所用的运动战、反击战战术也传到罗马帝国。安息帝国的影响曾北达伏尔加河流域。

三、文化边界相互交集

在中国历史上，中华文化以黄河流域和长江流域为中心，在吸收周围各民族文化的同时，具备强大的辐射力和影响力。因为朝鲜和越南等国在历史上属于中华帝国的纳贡属国，同时也由于朝鲜和越南的主动引进，中华文化对两国的文字、语言、政治制度、军事制度、经济制度及民族心理产生了深远影响。日本则通过主动学习，效法隋唐帝国，进行大化革新，由奴隶制社会过渡为封建社会，日本的文字及文化心理与中国有千丝万缕的联系。随着近现代华人华侨进入东南亚各国，中华文化在今日泰国、马来西亚、印度尼西亚都有巨大影响。新加坡的华人占总人口78%，中华文化在东亚、东南亚成为主流文化，具有坚实的历史基础。

伊朗自古以来就是西亚的大国和强国，是文化和文明的中心。伊朗历史上的帝国及地方王朝，在吸纳周围各民族文化的同时，大力弘扬、发展和传播伊朗文化，因此伊朗文化具有强大的生命力和影响力。伊朗处于强大帝国时，两河流域、河中地区及印度河流域都属于伊朗，伊朗文化自然在这些地区落地生根，开花结果。今日伊朗的国界小于历史上帝国时代的国界，所以伊朗的文化边界远远大于今日国界。今天，除伊朗使用波斯语之外，阿富汗、塔吉克斯坦仍在使用波斯语。伊朗文化对今天的伊拉克、巴林、阿塞拜疆、

① 龚方震、晏可佳：《祆教史》，上海社会科学院出版社1998年版，第2页。

亚美尼亚、土库曼斯坦都有影响。2004 年 10 月 9 日《德黑兰时报》报道，在克什米尔首府举行了为期三天的“在伊斯兰传播中波斯语的作用”的专题讨论会。克什米尔大学副校长瓦希德教授认为在伊斯兰教传入克什米尔的过程中，波斯语起了关键作用。在克什米尔，波斯语和伊斯兰教二者密不可分，今天克什米尔的穆斯林甚至非穆斯林都接受了波斯语，波斯语丰富了克什米尔的语言、艺术、文学。伊朗驻印度大使馆的文化参赞贾拉勒·塔姆拉赫说，波斯文学深受印度文学影响，反过来，波斯文化丰富了印度的文化遗产和文化价值观。在克什米尔，波斯语言处于活跃状态，这是一个无人否认的历史事实。由此可见，伊朗的文化边界已达到南亚次大陆。①

中国的文化边界西达中亚，伊朗的文化边界东抵中亚，中伊两国的文化边界在中亚接壤。所以中伊两国的文化双向互动影响和交流源远流长，生生不息，波澜壮阔。

四、外来宗教与本土宗教相融合

中国本土孕育出道教，道教的开山鼻祖是老子李耳，著有《道德经》。后经庄子发扬光大，在百家争鸣之中，号称老庄之学。原始道教形成于东汉晚期。魏晋以来，士大夫加入和改造民间道教，经东晋葛洪、杨羲，南北朝陆修静、陶弘景、寇谦之等人的发扬，形成了系统的理论与修炼方法。②

除了产生本土宗教道教之外，中国也接受外来宗教佛教，并把佛教传之朝鲜半岛和日本列岛。原始佛教来源于印度，以主张因果报应的小乘教派为主。传入中亚后，在那里酝酿了大乘教派。佛教传入中国当在东汉初年。佛教东传，在中国形成三个传播中心：凉州、长安和庐山。龟兹僧人鸠摩罗什被姚秦政权迎到长安，传播大乘教义，这为佛教的北传。汉族僧人法显在公元 412 年沿着海上丝

---

① Tehran Times. Oct. 9 2004.

② 周时奋：《中国历史十一讲》(上册)，山东画报出版社 2004 年版，第 216 页。

绸之路回到青岛崂山，最后迁至建康，传播佛教，此为佛教的南传途径。印度僧人菩提达摩公元495年到洛阳，公元507年到洛阳附近的嵩山首创禅宗。佛教的要义在于悲、智双修，即在广大的同情悲悯与自我智慧的结合中求得内心的平衡，它把人类对今生的乞求承诺于来生兑现，给苦难的心灵以莫大的安慰。佛教进入中国后，开始了本土化过程，即民族化和中国化过程，它对中华的民族心理和文学、艺术、建筑风格产生了深远影响，但它并未取代原有的儒学思想，只是补充了社会的主流意识形态，并与儒家思想融合，产生了宋明理学。[①] 中国化的佛教又随后越出国门，东传至朝鲜半岛和日本列岛，对朝鲜民族和大和民族产生了巨大影响。

祆教的创立者是伊朗人的第一位伟大先知琐罗亚斯德，他于公元前11世纪出生于伊朗东部的锡斯坦。[②] 他在《伽泰》（意为“神歌”）中以诗体形式宣扬了祆教的基本教义——善恶二元论，这是祆教最基本、最核心的教义，即在世界出现之前，就已存在善恶两大本原，随后，善界神主马兹达创造了包括他的6大从神在内的宇宙间的一切善物，马兹达是光明与生命的源泉，是智慧、善良、真诚与创造的象征；恶界之首阿赫里·曼则孕育了宇宙间所有恶的事物，是黑暗和死亡的渊薮，是愚昧、邪恶、虚伪与破坏的代表。善恶两界势不两立，长期斗争，最终善必将胜恶。祆教在创立之后实际上被称为马兹达教，传入中国后被称为拜火教。祆教的经典为《阿维斯陀》，通过祭司以口传方式代代相传。祆教从东伊朗传到西伊朗，米底人和波斯人接受了祆教，并视之为自己的文化特色和民族认同的宗教。后来成为阿契美尼德家族建立的波斯帝国的官方宗教。安息帝国时，伊朗东部祆教文化与西部祆教文化进一步结合。萨珊王朝时，祆教上升为帝国的国教。国家的文化、教育和司法大权由祭

---

① 周时奋：《中国历史十一讲》（上册），山东画报出版社2004年版，第218—223页。

② 元文琪：《二元神论：古波斯宗教神话研究》，中国社会科学出版社1997年版，第97页。

司掌握，祆教祭司阶层与国家行政机构平等，建立了一套完整的教阶制和经济制度，祆教祭司成为特权阶层。①

阿拉伯人征服伊朗后，伊朗开始了缓慢的伊斯兰化过程。在阿拔斯王朝统治的最初一百年间（公元750—847年），祆教徒在伊朗国内已成为少数派，伊斯兰教成为波斯人中占统治地位的宗教，它全面地改变了伊朗的文化面貌。伊朗人主动以阿拉伯语为工具，以伊斯兰教为指导，以波斯文化为基础，弘扬阿拉伯伊斯兰文化，成为阿拉伯—伊斯兰文化的主力军。波斯的许多诗人、哲学家和科学家成为伊斯兰文化史上的享有世界声誉的历史伟人。波斯人以自己的文明、勤奋和智慧，理解和完善伊斯兰教，以自己的博大胸怀和雄心壮志传播和推广伊斯兰教。波斯人以波斯语为工具在中亚、南亚及中国境内广泛地传播伊斯兰教。从某种程度上讲，伊斯兰教是由阿拉伯人创立的，但它是由波斯人发扬光大的。

五、军事上的被征服与文化上的反征服

历史表明，中华文明是在中原农耕世界与周边游牧世界的相互交往中形成的。中国早期历史是游牧部落不断改为农耕村落的历史。公元前771年，犬戎攻入了西周的首都镐京，西周因为这支游牧部落而灭亡。战国时，赵国的武灵王向胡人即游牧民族学习胡服骑射，锻炼出一支铁骑。秦人最早也是游牧民族，通过耕战手段强大起来。公元前221年，秦统一中国，建立了历史上第一个统一的中央集权制的多民族国家。而秦帝国为了防御匈奴，连接原秦、赵、燕三国旧城，整修为秦长城。西汉时，中央王朝将匈奴击溃，使其一部分迁徙到伏尔加河流域，一部分归顺南迁。公元311年，西晋灭亡，东晋建立，北方进入五胡十六国朝代。建立十六国政权的胡人通过通婚混血、移风易俗、思维方式的统一实现汉化，即转变为汉族。

① 孙培良：《萨珊朝伊朗》，西南师范大学出版社1995年版，第1页。

公元386—486年，北魏历代皇帝推行汉化政策，努力将一个塞北的游牧民族，一气呵成地整体汉化。其中孝文帝的汉化措施有：改变服饰，改说汉语，违者罢官降爵，禁止归葬，改姓氏，建门阀制度，鼓励通婚。[①] 唐朝与突厥进行生死较量，公元630年击败东突厥，公元742年西突厥在唐军的打击下灭亡。唐王朝以高度的文化自信心实行对外开放政策，胡服打扮和胡俗方式在唐王朝流行一时。公元916年，契丹国建立，后称辽国，辽国推行汉化政策。公元1115年，完颜阿骨打建立金国，金国从军事上灭亡了北宋，但在文化上向北宋学习。公元1013年，李元昊称帝，立国号为“大夏”，史称“西夏”。这是一个半汉化的国家政权。最有趣的是公元1141年宋金议和。宋金以淮河、大散关为界，金定都今日的北京，宋承认金的宗主国地位而称臣，每年输银25万两、绢25万匹。金主身穿汉式冕服，亲自祭祀孔子，孔子的第四十九世孙也被封以公爵。政治上宋臣服于金，文化上金归服于汉。[②] 蒙古族军队消灭南宋，但蒙元皇帝忽必烈被迫采用一些汉化政策。公元1600年，努尔哈赤开始创立八旗制度，公元1636年皇太极称帝，改国号为清。公元1644年清军攻克北京，建立大清帝国。满族人在文化上与心智上实行汉化，在组织上保持本民族的特色。即在保持满族的形式下加快文化精神上汉化。[③] 到公元1911年底清朝灭亡，满族已成为高度汉化的民族。今天中国的满族已经忘记满语，操着汉语，对自己原有的文化已经很陌生。

在中国历史上游牧民族和农耕民族的交往是双向互动的，农耕民族确实也吸纳游牧民族的一些文化，但因为农耕民族的文化是强势文化，强势文化必然同化弱势文化，所以，游牧民族在军事上大获全胜之后，在文化上则虚心向被征服者学习，最后在文化上成为

---

① 周时奋：《中国历史十一讲》（上册），山东画报出版社2004年版，第198—201页。

② 同上书，第129页。

③ 同上书，第254页。

与被征服者一样的民族。

无独有偶，西亚文明古国伊朗也大同小异。伊朗的历史换个角度看也是农耕民族与游牧民族相互交往的历史。雅利安人进入伊朗，就是属于世界历史上游牧民族对农耕世界的第一次大冲击，并由此改变了伊朗的语言、民族和宗教。波斯帝国的建立与存在，生成和培养了具有发达文化底蕴的波斯文明及波斯民族，并在以后的历史风云中表现出强大的生命力和影响。马其顿亚历山大帝国在征服伊朗以后，在伊朗希腊化的同时，马其顿人也不得不实行一些波斯化政策。安息帝国由北伊朗部落帕提亚人所建。帕提亚人在保留一些游牧民族制度残余的同时，接受了波斯帝国的王权观念和行省制。阿拉伯人对古伊朗的征服属于游牧世界对农耕世界的第二次冲击。倭马亚王朝时，伊朗所有官方文书一律使用阿拉伯语，币制完成阿拉伯化。但同时，阿拉伯语吸收了波斯语的大量词汇，清真寺建筑大量借鉴学习波斯建筑。在伊朗完成伊斯兰化以后，阿拔斯王朝从政治体制到经济制度，从思想文化到日常生活无不受波斯的影响。阿拉伯帝国采纳了萨珊王朝的行省制和税法，波斯头衔、波斯老婆、波斯歌曲、波斯思想在阿拔斯王朝逐渐占了上风。哈里发首先采用波斯式高帽子，其臣民竞相效尤。在阿拔斯王朝后期，伊朗地方王朝兴起，萨法尔王朝、萨曼王朝极力赞助和支持波斯文化的复兴，倡导波斯传统，推广达里波斯语。萨曼王朝时产生了“波斯诗歌之父”鲁达基（公元850—940年）及伟大诗人菲尔多西（公元940—1020年）。

突厥人是进入伊朗的第三批游牧民族。但突厥人是在接受伊斯兰教和波斯文化之后才登上伊朗历史舞台的。第一个伊朗的突厥人王朝加兹尼王朝（公元962—1186年）在其首都加兹尼保持和发展波斯文化。第二个突厥人王朝古尔王朝（公元1150—1206年）把波斯语和波斯文化传到了印度。塞尔柱王朝（公元1055—1194年）的疆域包括河中地区、伊朗和美索不达米亚。因为塞尔柱人文化落后，他们不得不借助于波斯人进行统治。最具有代表性的是两朝首相波斯人尼札木·莫克尔（公元 1018－1092 年），他不仅在政治上权倾朝野，管理有方，而且在文化上著书立说，名垂青史。其著作《治民要术》在波斯文学史和史学史上占有重要地位。第四个突厥人王朝是花剌子模王朝（公元 1138－1231 年）。花剌子模人也是波斯化和伊斯兰化的突厥人。

蒙古人是进入伊朗的第四批游牧民族。旭烈兀以阿塞拜疆为军事、政治中心，以马腊格及大不里士为都建立了蒙古人对伊朗和西亚广大地区的统治。公元 1260－1295 年的 35 年间，伊尔汗国的蒙古统治者在政治、经济、宗教和文化方面仍然沿袭以蒙古人的传统为主，对伊斯兰文化和伊朗文化持排斥态度。从公元 1295 年到 1335 年的 40 年间，蒙古人不但实现了伊斯兰化，而且关心波斯文化，促进了伊朗科学与文化的发展。蒙古人改信伊斯兰教，接受了伊斯兰国家传统的土地国有制和军事采邑制度，鼓励蒙古人从事农业和手工业，鼓励农民垦荒，重视水利建设，吸纳伊朗人参与汗国的税务和行政管理，改革赋税征收制度，统一度量衡与货币，完善驿传制度，保护交通安全，采取伊斯兰教法制度。蒙古人到此主动同化于被征服者的先进宗教与制度文明。①

公元 1265－1405 年，帖木儿率领突厥化的蒙古军队再次征服伊朗。他们所到之处，毁灭城市，屠杀居民，抢劫财宝。其所作所为，对伊朗文明造成不可估量的损失，但值得注意的是帖木儿是高举伊斯兰圣战的旗帜征战的。帖木儿的四子沙哈鲁（公元 1409－1447 年）建立哈烈国，统治河中、东伊朗和西阿富汗。沙哈鲁父子热爱波斯文学，是学人和艺术家的保护者。由此说明波斯文化征服了征服者的子孙。

在统治伊朗的二百多年间，蒙古人由于人数较少和文化相对落后，基本上已被突厥化、伊斯兰化和波斯化。帖木儿时代的蒙古人，其政治—宗教信仰是蒙古—阿拉伯式的，法律体系是突厥—成吉思

---

① 拉施特，余大钧译：《史集》，商务印书馆 1986 年版，第 278、346－348 页。

汗式的，文化则是突厥—波斯式的。伊朗文化在这一时期劫后余生，但很快发扬光大，硕果累累，仿佛火中凤凰，再生之后，愈加光辉伟大。这一阶段，伊朗出现了享有世界声誉的诗人萨迪和哈菲兹，历史学家拉施特和志费尼，细密画大师毕扎德和哈利勒。[①]

萨法维王朝（公元 1502－1722）的建立标志着以波斯人、阿塞拜疆人、土库曼人和库尔德人为主体的伊朗多民族共同体的形成，这一共同体以伊斯兰教什叶派教义为纽带、以融合了各种文化的波斯文化为基础，把各民族联合在伊朗这一统一的民族国家之内。

六、历经共同的反帝反封建斗争

反对殖民主义、帝国主义和封建主义，是中伊两国人民近代以来面临的共同任务，因为近代以来两国经历了共同的历史遭遇。

公元 1840 年的鸦片战争是中国近代史的开端，以后历经第二次鸦片战争、中法战争、中日甲午战争、八国联军侵华战争，腐败无能的清政府被迫签订了一系列不平等条约，中国一步步沦为半殖民地的深渊，中国仅仅维持了表面上的独立与统一，国家主权支离破碎，人民生活水深火热。几乎所有的帝国主义国家都在中国有势力范围，都在中国人民身上敲骨吸髓。中国之所以没有完全沦为殖民地，首先在于中国人民的英勇斗争，其二在于中国幅员辽阔，任何一个帝国主义难以单独吞并中国；其三在于帝国主义在压迫和掠夺中国的过程中互相牵制。一部中国近代史就是一部中国人民的斗争史和屈辱史。

公元 1813 年 10 月 25 日伊俄签订《古利斯坦条约》标志着伊朗近代史的开端，欧洲列强通过与伊朗签订一系列丧权辱国的条约，使伊朗逐渐丧失了领土主权、司法主权、海关主权及经济主权。伊朗近代的恺加王朝腐朽不堪，不能维护国家主权和民族利益，伊朗

---

① 张鸿年：《波斯文学史》，昆仑出版社 2003 年版，第 214 页。

国王在人民心目中已成为出国享乐、卖国求荣、专制残暴的独夫民贼。

因为中伊两国人民历史命运相同，所以两国都能理解对方的民族屈辱感及民族自豪感。事实上，伊朗的巴布教徒起义（公元 1848—1852 年）和中国的太平天国起义（公元 1851—1864 年）都打击了共同的敌人——本国的封建统治阶级和殖民主义者。在客观效果上，中伊两国人民在反殖反帝的斗争中形成了相互声援。

七、分别抗御共同的敌人

俄罗斯帝国的领土扩张是沿着周边向四周扩张，蚕食别国领土，通过战争和条约侵占中伊两国的大片领土，成为中伊两国人民的凶恶敌人。

沙俄吞并中亚和西伯利亚以后，在地理上成为中国的邻国。俄国利用清朝的软弱无能和愚昧无知，割占了中国东北和西北大片领土，是危害中华民族利益的最凶恶的敌人。

英国是西欧弹丸岛国，通过海洋扩张建立海外庞大的殖民地。英国首先对中国发动了第一次侵略战争，迫使中国在公元 1842 年 8 月 29 日签订第一个丧权辱国的不平等条约《南京条约》，公元 1843 年签订了《虎门条约》。这成为中华民族奇耻大辱的开端。

无独有偶，英俄两国同时也是伊朗近代史上最凶恶的敌人。俄国通过两次伊俄战争，迫使伊朗签订了《古利斯坦条约》和《土库曼恰依条约》，伊朗因此失去高加索地区的属国和领土。公元 1861 年以前，中亚的布哈拉、木鹿等地诸汗仍臣服于伊朗宫廷。但沙皇俄国从公元 1839 年起就开始向中亚渗透，先攻占咸海以北、里海以东的地区，后开始进犯东西土耳其斯坦以及阿姆河和锡尔河的河谷地区。公元 1860—1864 年，俄国吞并了撒马尔罕；公元 1865 年攫取塔什干；公元 1866 年夺取布哈拉；公元 1870 年俄军攻占了布哈拉的其余地方。截至公元 1875 年，俄国吞并了历史上曾臣服于伊朗的土耳其斯坦和阿姆河以东地区。

英国把印度次大陆变成自己的殖民地，并通过驻印度总督控制阿富汗的对外关系。早在公元1788年1月18日，英国驻巴士拉领事从赞德王朝国王贾法尔·汗·赞德（公元1785—1789年）那里获得一项敕令。根据这项敕令，与伊朗通商的英国公民将得到大力协助和良好的待遇。他们可以免缴关税、过境税及其他捐税，还可自由出入国境，货币流通也不受任何限制。英国人据此垄断了波斯湾及伊朗南部诸港口的贸易，英国势力开始渗透到波斯湾。公元1801年英国与伊朗签署了通商条约。据此条约，两国商人可以在彼此的国土上自由经商，英国和印度商人可侨居伊朗各地，并豁免各种捐税。公元1819年伊朗法尔斯省总督哈桑·阿里·米尔扎·法尔曼法尔第与英国舰队司令布鲁斯上校（Captain Bruce）签署协议，一旦伊朗不能确保波斯湾安全时，将由英国政府担当此任。从此，英军在镇压海湾海盗的过程中名正言顺地进入波斯湾。公元1820年1月8日，英国外交代表威廉·格兰特·恺尔爵士（Sir William Grant Keir）同波斯湾沿岸地区的十一位酋长缔结休战条约，各酋长保证不再从事海上掠夺，巴林岛的酋长也在其中。公元1851年伊英条约签订，英国和东印度拥有的海军有权稽查伊朗臣民的商船，以制止奴隶的贩运。伊朗保证不准官方船只运载奴隶。从此英国控制波斯湾。一贯臣服了伊朗中央政府的巴林酋长见风使舵，投靠了大英帝国，在其驻地升起大英帝国的国旗。公元1861年5月31日，英国正式将巴林群岛置于自己庇护之下，伊朗永远失去了巴林群岛。从此以后，英国从伊朗南方、俄国从北方夹攻伊朗。

英国通过印欧电报局、波斯帝国银行、英波石油公司压迫剥削伊朗，俄国通过哥萨克师、波斯信贷银行干涉伊朗内政，吸吮伊朗血汗。英俄在公元1907年达成瓜分伊朗的协定。俄军镇压了伊朗的立宪革命。苏军英军南北夹击，迫使礼萨·汗国王逊位。英美勾结颠覆了摩萨台政府。可以说，伊朗近代史是一部伊朗与英俄两大敌人斗争的历史。

八、中伊两国均面临着外源型、被动型和后发型的现代化历程

半殖民地位决定了中国和伊朗的现代化是被迫的、被动型的、外源型的、后发型的，中伊现代化的历程就是传统与现代关系融合的过程。

中伊两国的近代史同时包括四个过程：第一，自身衰败的过程，指封建王朝腐朽、腐败的过程；第二，半殖民地化过程，指在强大的外来政治、经济、军事渗透下，中伊两国原有的进程被打断，被逐步纳入以西方资本主义为中心的世界经济新体系之中，沦为依附性的半殖民地，但半殖民地过程同时也是外来资本主义因素引入中伊两国、影响中伊两国向资本主义方向演变的过程；第三，革命化过程，指中伊两国内部产生反西方侵略与拯救民族危亡的强烈回应；第四，现代化过程，指在世界变革浪潮的推动下，内部民族主义兴起，出现经济增长、制度革新和文化革命，从而引起中伊两国传统农业社会向适应现代工业世界的新的社会经济体制缓慢转换的过程。从起因上分析：第一、第三种变化是内源性变化，第二、第四种变化是外源性变化；从效果上分析，第一、第二两种趋势引向沉沦，第三、第四两种趋势引向复兴。

因为中伊两国都是第三世界国家，其现代化无疑属于外源型现代化。中国在19世纪后期，启动现代化进程：兴办现代工业，建立民主共和体制，废除科举制和实行新学制，引进西方科学技术，发展铁路、公路、航空等现代交通运输与通讯事业，移风易俗。由于新的资本主义因素与商业化的缓慢增长，鸦片战争后不到百年，中国开放105个通商口岸城市（公元1930年）；全国城镇人口从2000万人增至5760万人（公元1949年）。到1949年现代工业在工农业中所占比重为17%。阶级结构也发生变化，出现了新兴的无产阶级和

资产阶级。[①]

伊朗的半殖民地地位激发了伊朗人民自强自立、救亡图存的强烈愿望，富国强兵的现代化改革是大势所趋，人心所向，而师从西方、赶上西方、战胜西方成为富国强兵的必然选择；半殖民地位不仅决定伊朗现代化的必然性和必要性，还决定了伊朗现代化发展之初为西方化模式。

伊朗王储阿拔斯·米尔扎长期充当对俄战争的伊军统帅，军中经常雇用英国军事专家，所以他对欧洲新文明及欧洲军政情况很了解，是伊朗第一个睁眼看世界的上层统治者。他以欧洲人为教官改革军队，开办军工厂和呢料制造厂，派伊朗人去英国和俄国学习，首次将铅印技术介绍推广到伊朗。公元1818年，他在大不里士建立了一座新的铅字印刷所，1824年在德黑兰出版了第一套用铅字印刷的书籍。

公元1848年阿米尔·卡比尔（Taqi Khan Amir Kabir）出任伊朗首相。他开始建立高效、分工明确的官僚机构；取消冗长乏味的官员称呼；严禁官员受贿；设立专门财政机构，制定合理的税收制度；促进伊朗国内贸易发展，鼓励国内工匠仿制国外产品；派遣伊朗学生去欧洲学艺；在伦敦、圣彼得堡和伊斯坦布尔建立公使馆；在欧洲教官的帮助下，按照欧洲模式组建正规部队，聘请欧洲教师来伊教学。[②]

公元1851年德黑兰出版了向民众传递重大新闻的日报——《事件报道》，这家报纸由英国人掌管，公元1860年更名为《伊朗国家日报》。公元1857年伊朗出现了第一条电报线路。公元1873年纳赛尔丁国王第一次出访欧洲时购买了一整套印刷厂的设备带回伊朗，伊朗的报刊出版事业开始发展。

---

① 罗荣渠：《现代化新论》，商务印书馆2004年版，第490—495页。

② 阿宝斯·艾克巴尔·奥希梯扬尼，叶奕良译：《伊朗通史》，经济日报出版社1997年版，第890页。

公元1875年，伊朗聘请了一名奥地利人作顾问，依照欧洲的新型方式建立了现代伊朗邮政制度。公元1877年伊朗从欧洲引进铸币厂的设备，并聘请德国顾问和法国专家管理该厂。公元1884年伊朗出现了第一条铁路。

除了伊朗官办的铸币厂、火药制造厂、枪械制造厂等军用企业之外，一些达官显贵开始兴办民用企业，公元1880年建立煤气灯制造厂，公元1899年创建了制糖厂、玻璃器皿厂、瓷器厂、缫丝厂、火柴厂和纺织厂。虽然一些工厂因为外商竞争、资金缺乏、管理无能而倒闭，但伊朗毕竟产生了现代企业。

随着新式技术专科学校的创立，伊朗学生出国留学、伊朗官员出访欧洲以及伊朗商人去欧洲经商，欧洲的科技渐渐传到伊朗，伊朗兴起了学习外语的浪潮，有关几何学、地理学、自然科学、医学、军事学等新兴学科的译著纷纷出现。随着外国习俗在伊朗的盛行，一些城市上层人士喜欢穿西服，戴领带，吃西餐；烟草、罂粟、土豆及其他非本土的植物和花卉在伊朗推广种植。与此同时，伊朗封建王朝成立内政部、司法部、教育部、邮电部，促进了行政机构的专业化分工，也提倡西方化，司法世俗化。

由此可见，伊朗现代化开始于军事现代化。伊朗现代化的领导力量为：开明的上层统治者，出国留洋的知识分子和企业家。伊朗的现代化从物质层面开始，渐渐深入到制度层面及价值观层面。这与中国现代化的发生、发展几乎一模一样。

从以上中伊两国历史文化的八大共性中可以看出：中国和伊朗这两个伟大的民族，都具有历史的自豪感、历史上的自信心。两个伟大的民族都有近代史上的耻辱感，都有在现代化中强国富民的紧迫感，都面临着弘扬传统文化，同时借鉴、吸收西方先进文化的选择性。因此，中伊两国完全可以相互理解、互相借鉴、相互支持，共同促进两个文明古国的重新崛起，重新强大，重新创造一个和谐的、公平的、正义的新世界。

第三章

现代影响中国—伊朗关系的主要因素

本章提示　国家关系是变化的、其变化是有规律可循的。中伊关系是人文因素和自然环境、资源因素在时空中综合作用的结果。根据历史唯物主义、辩证唯物主义的观点，把中国和伊朗放在风云变幻的世界格局中，采用人文地理学的方法来分析各种因素对中伊关系的影响，特别考查国家的国情、制度、内外战略、邻国关系等因素的变化，对中伊关系的作用。

第一节　中国和伊朗的国情

一、中国的国情

中国位于亚欧大陆的东部、太平洋的西岸，面积 960 万平方公里，是世界人口第一大国，2010 年达到 13.7 亿人（包括港、澳、台），由 56 个民族组成，其中汉族占 92%，居民主要信奉佛教、道教、伊斯兰教、天主教和基督教新教等，中国是一个多民族、多宗教信仰的国家，汉语是中国的官方语言和通用语言。

中国是人类文明发祥地和世界四大文明古国之一，公元1949年建立中华人民共和国，实行社会主义制度。1978年召开中共11届三中全会，实行改革开放，进入社会主义建设新时期，1997年7月1日恢复对香港行使主权，1999年12月20日恢复对澳门行使主权，目前中国还没有完成台湾回归祖国的大业。

中国幅员辽阔，地势自西向东分为西部青藏高原、中部高原盆地、东部平原三级阶梯，南北气候跨热带、温带两大气候带，大部分地区位于北温带和亚热带，属于东亚季风气候区，降水自东南向西北递减；中国自然资源总量比较丰富，各类土地资源齐备，动物植物种类繁多；水力资源6.8亿千瓦，居世界第一位；矿产资源171种，已经探明的矿产资源达157种，其中钨、锑、稀土、钼、钒和钛等的探明储量居世界首位。煤、铁、铅锌、铜、银、汞、锡、镍、磷灰石、石棉等的储量均居世界前列，[①] 自然和人文旅游资源丰富多样。

中华人民共和国宪法规定：中国共产党是中国各族人民进行革命和建设的领导力量，社会主义制度是国家的根本制度，国家的一切权力属于人民，全国人民代表大会是最高国家权力机关，行使立法权，共产党领导的由各民主党派和各人民团体参加的爱国统一战线在国家的政治生活、社会生活和对外活动中具有重要的作用；[②] 到2011年，时任全国人民代表大会常务委员会委员长的是吴邦国先生；国家主席是国家元首，由全国人民代表大会选举产生，时任国家主席的是胡锦涛先生；国务院是国家权力的执行机关和最高国家行政机关，实行总理负责制，时任国务院总理的是温家宝先生。

改革开放以来，中国政治稳定，国民经济持续快速发展，综合国力不断增强，在世界经济中的地位持续上升。2009年GDP值

---

① 中华人民共和国国家统计局：《中国统计年鉴（2011年）》，中国统计出版社2011年版，第93、953、1005、1027页。

② 《中华人民共和国宪法》，法律出版社2004年版，第48页、49页

343465亿元人民币（按年终汇率1美元＝6.8282人民币元，折合为49090亿美元），外汇储备23992亿美元，GDP值居当年世界排名第三位、外汇储备额居第一位；2010年GDP值进一步增长到397983亿元人民币（按年终汇率1美元＝6.6500人民币元，折合为59847.07亿美元），跃升为世界GDP值排名第二位，外汇储备28473亿美元，[①] 稳居世界第一。但是，中国经济发展的时间短、底子薄，又是世界第一人口大国，人均资源占有量在世界上居于较低水平，人均收入也处于世界的中下水平，2008年、2009年的人均国民收入分别只排在当年世界210、213个国家和地区中的第130位、第124位，[②] 可见总体经济实力距离发达国家还有很大差距，资源短缺、环境污染等问题都可能阻碍21世纪中国经济社会的持续发展。因此，中国目前只是一个发展中的社会主义国家。

二、伊朗的国情

伊朗国土面积164.8万平方公里，居中东第四位（次于阿尔及利亚、沙特、利比亚），2008年伊朗人口的增长率高达13.1‰[③]，2009年总人口达到7290万人，[④] 仍居中东第3位（比埃及、土耳其略少），伊朗是个多民族国家，主要有波斯族（占66%）、阿塞拜疆族（占25%）、库尔德族（占5%）、俾路支族、鲁尔族、塔莱什族、巴鲁切族、土耳其族、土库曼族、阿拉伯族等民族，波斯语是官方语言，98.8%的居民信奉伊斯兰教，其中91%为什叶派，7.8%为逊尼派，还有犹太教、基督教、拜火教等宗教，[⑤] 伊朗是拜火教的发源地。2005年伊朗的城市化水平为66.7%，农村人口占1/3。根据

① 《中华人民共和国宪法》，法律出版社2004年版，第727页

② 《中国经济年鉴（2010年）》，中国经济出版社2011年版，第924页

③ 同上书，第928页

④ 中华人民共和国国家统计局：《中国统计年鉴（2011年）》，中国统计出版社2011年版，第1045页。

⑤ Iran Cultural Heritage and Tourism Organizzation，Persia _ visit Iran.

2008年伊朗总人口7196万人的基数，采用一元线性回归模型、阶段平均增长法、灰色系统方法等数学模型来预测伊朗的人口增长，到2010年，伊朗总人口将达到7346.35万人，其中城镇人口达到5168.16万人，城镇化水平上升到70.35%；到2020年，伊朗总人口将达到8425.27万人，城镇人口达到6546.43万人，城镇化水平增加到77.70%。[①] 这些数据说明，伊朗处于人口快速增长、城镇化快速发展的时期，由此将带来可观的市场潜力；也说明了未来一段时间伊朗的劳动力资源是充足的。

伊朗国土大部分位于亚洲西南部的伊朗高原上，又主要位于伊朗高原的中部和西部，其地形特征主要有二：一是国土三面都有山脉环绕，形成比较封闭的高原型盆地。伊朗的北部、西部—西南部边缘分别围绕着高峻连绵的厄尔布尔士山脉、扎格罗斯山脉，两列山系向西北延伸，与高加索山脉等汇聚成亚美尼亚高原（山结），形成地势高峻的伊朗西北部高原山地，东部主要是呼罗珊盆地、卢特荒漠和锡斯坦是盆地，中北部分布有广阔的卡维尔盐漠，这些盆地、荒漠、盐漠之间多有山脉阻隔。二是封闭型高原盆地中，又分布着众多大小不一、走向各异的山脉、盆地，形成山中有山、盆中套盆的地貌形态（参见附录五“图2”），其中，与主体山脉扎格罗斯山脉走向大致平行、同样西北—东南走向的库赫鲁德山是扎格罗斯山系的分支，其气势恢宏、绵长、庞大的山体，又被冲刷成众多的小山系，其间沟谷遍布，山麓、沟谷、盆地成为伊朗人民自古生活劳作的宜居之地。受到纬度位置、海陆位置的影响，伊朗气候主要属于温带、亚热带干旱大陆性气候，东部和内陆属于亚热带草原和沙漠气候，冬冷夏热，干燥少雨；西部山区多属地中海式气候，北部里海南岸气候温和湿润。伊朗土地资源比较丰富，矿产资源主要有石油、天然气、铜矿、锌矿、铬矿、大理石、煤矿、铀矿等，其中石油、天然气资源的

① 吕薇：《伊朗城镇体系研究》，西南大学硕士论文2008年，第9—17页。

储量、产量和出口量都具有世界意义。[①] 通常情况下，伊朗还是世界上最大的鱼子酱、藏红花、开心果的生产国。

1979年伊斯兰革命以来，伊朗建立和实行了伊斯兰共和政体。最高精神领袖是伊朗的最高宗教领导人，也是国家的最高领导人，他负责监督伊朗伊斯兰共和国的大政方针、指导国家内外政策的制定。前任最高领袖是阿亚图拉·鲁霍拉·穆萨维·霍梅尼（Ayatollah Ruhollah Mussavi Khomeini），现任最高领袖阿亚图拉·赛义德·阿里·哈梅内伊（Ayatollah Sayyed Ali Khamenei）是1989年6月由伊朗专家会议选举出来接替霍梅尼的职位的，[②] 1994年12月他又被挑选接替已故大阿亚图拉穆罕默德·阿里·阿拉基而成为伊斯兰教什叶派教徒的精神领袖。

按照伊朗宪法，总统、伊斯兰议会议员、政府内阁各部（委员会）对国家进行管理，而他们都由人民选举产生。伊朗政府有立法、行政、司法三个相互独立的机构，由总统和最高领袖进行协调和监督。总统的职责是任命并监督内阁，决定并协调政府的政策，提供议会参考。伊朗现任总统穆罕默德·艾哈迈迪—内贾德（Mahmoud Ahmadi-Nejad），于2005年6月当选，2009年6月大选中获得连任。

伊朗是中东地区的大国，具有较强的综合国力。按汇率法计算，2009年GDP值3305亿美元，人均约为4590美元，[③] 居于中东国家前列。伊朗的综合国力除了体现为能源经济具有重要的国际意义以外，还体现在军事及其相关领域的研究、制造能力不断提高。2008年2月4日，伊朗国家电视台报道，“伊朗的第一枚火箭‘探索者1号’已经发射进入太空”，伊朗启动了首个能够用于发射科研卫

① 范毅、周敏主编：《世界地图集》，中国地图出版社2004年10月版，第84、85、234页。

② 伊朗伊斯兰共和国驻华大使馆：《走进伊朗》，使馆商社贸易快讯杂志2007年2月，第48页。

③ 《中国经济年鉴（2010年）》，中国经济年鉴社2010年版，第925页。

星的航天中心，并宣称“伊朗加入了世界上11个拥有制造人造卫星和发射火箭的航天技术的大国之列”。[①]

三、“发展”是两国面临的共同任务

“发展”是指发展国民经济，提升国民的社会物质文化生活水平，实现国家的现代化。中国、伊朗都是发展中国家，经济和社会发展的现状水平较低，都处于社会经济转型和迅速增长的时期。按2009年的人类发展指数[②]排名，伊朗在182个国家和地区中排名第88位，中国排在第139名。2002年的出生预期寿命，伊朗70.1岁、中国70.9岁；按购买力平价（PPP）的人均GDP，伊朗为6690美元/人、中国为4580美元/人；15岁以上成人识字率伊朗77.1%、中国90.9%；人类发展指数伊朗为0.732、中国0.745；2004年，人均收入伊朗（2300美元/人）在171国中排第83位，中国（1290美元/人）排105位。[③] 可见，中伊都面临着发展经济，稳定社会，提升各自国家的综合国力，改善人民的生活质量，实现国家现代化的使命。

---

① 美联社德黑兰2008年2月4日电。

② 人类发展指数HDI（Human Development Index）是由联合国开发计划署（UNDP）在《1990年人文发展报告》中提出的，用以衡量联合国各成员国经济社会发展水平的指标，是对传统的GNP指标挑战的结果。人类发展指数由三个指标构成：健康长寿：用出生时预期寿命来衡量；教育获得：用成人识字率（2/3权重）及小学、中学、大学综合入学率（1/3权重）共同衡量；《2010人类发展报告》中对其进行了修改，利用平均受教育年限取代了识字率、预期受教育年限（即预期中儿童现有入学率下得到的受教育时间）取代了毛入学率。生活水平：用实际人均GDP（购买力平价美元）来衡量。《2010人类发展报告》中采用人均国民总收入（GNI）取代GDP来评估。根据© 2012 Baidu。

③ 世界知识年鉴编辑委员会：《世界知识年鉴（2006年）》，世界知识出版社2006年版。

第二节　影响中伊关系的因素

一、国家利益因素

国家利益是开展内政外交的核心目标。国家之间发展友谊，结成同盟，就是为了从合作中获得更多的利益；国家之间产生对抗，也是因为冲突一方或者双方、多方认为通过战争手段能够使国家得到更多的好处。

目前，伊朗核问题成了捍卫伊朗在世界上的国家利益的风向标和试金石。西方认为伊朗期望拥有核武器，猜疑伊朗是在借用发展民用核计划的名义来研制核武器，因为核武器除了可以大大增强国力、保障伊朗的国家安全，还可以战略性地改变中东的地缘政治力量对比，大大提升伊朗在国际事务中的地位和话语权，进而激化中东的动荡、威胁世界和平；因此美国和西方不愿意伊朗发展核计划，更不能容忍伊朗掌握核武器，它们要借助国际社会的名义来坚决削弱伊朗的自卫能力、削弱伊朗威胁美国、威胁西方及其中东盟国的能力，从而提升美国的安全度，控制世界、保护美国的全球利益。

中伊关系能够长期保持和发展，归根结底是因为双方存在着共同利益，认定和平、合作和交流对双方都有好处。中伊友好，一方面可以促进双方经济的发展；另一方面可以凭借合作和对方的支持，提高相互的国际地位。例如在目前伊朗核问题日益严峻的形势下，内贾德政府依然不断做出强硬举动，显示出挑战美国和国际社会的姿态与决心，以此博取世界的关注和伊朗人民的支持。实际上，这样的举动并不完全符合中伊关系的良性发展，它对中国的国际利益和中东政策产生着不利影响。伊朗的举动如果冲破了美国的底线，在美国一家独大的形势下，即使中国和俄罗斯联合起来也难以阻挡对伊战争的爆发。因此，中伊关系朝哪个方向发展，最终还是要看双方的国家利益的交融、得失和妥协的界限。

历史上中伊两国没有发生过冲突。但是，近代以来两国分别沦为了帝国主义的半殖民地，对外政策不可避免地受制于列强国家。巴列维国王时期，为了伊朗的国家利益（为了维护国王政权的统治），国王在大国夹缝间周旋，寻求大国的支持，平衡大国的欲望，伊朗的外交政策受到沙俄、苏联、英国、德国以及美国的左右。伊斯兰革命以后，伊朗伊斯兰政府起初选择了同时疏远美国、苏联，发展与伊斯兰国家和中国等的关系，之后把对俄罗斯、欧盟的政策进行了调整，这种调整虽然仍然受到世界强大势力的影响，但是其性质已经变成主权国家对外政策的自主性调整。

鸦片战争以后到新中国成立之前，中国受到英、法、德、意、美、日、奥、俄等殖民帝国主义国家的侵略和掠夺，日本侵华，中国濒临亡国，国家利益遭受重大损害——被列强割地赔款、开放门户、勒索通商、丧失内外主权。加上军阀混战，旧中国的对外政策受到列强国家的严重制约。新中国成立以后，在维护国家利益的前提下，坚持奉行独立自主、不结盟的内政外交政策，因其如此，才与当年的苏联“老大哥”分道扬镳，在世界上敢于反对帝国主义、殖民主义和霸权主义。当今中国的外交政策、包括对伊朗政策，肯定会受到世界大国因素的影响，但它表现的是国家外交主权对国际局势的掌控和利用。

国家利益是驱动伊朗主动发展中伊关系的根本动力。当伊朗的能源资源没有市场出路的时候，当伊朗的基础建设和工业发展缺乏技术和资金的时候，中国对伊朗的意义就会凸显出来。此外，伊中关系对伊朗的政治利益也是明显的，伊朗需要中国帮助其摆脱孤立的国际困境。对伊朗来说，它政治上面临美国的制裁和国际围剿，需要中国对它的国际支持，尤其是中国在安理会的一票否决权。如果有一天美国将伊朗的核武器问题提到安理会，伊朗希望中国能为之解围。

伊朗对加入上海合作组织也有着自己的追求，那就是希望借助上海合作组织，可以更加接近中国和俄罗斯，寻求中俄更大的支持，上海合作组织这个平台可以为伊朗抗衡西方增加政治积分，也能够扩大伊朗在中亚的影响，当然还能够借机改善伊朗与中亚国家的关系，便于伊朗介入中亚事务。[①]

中国是上海合作组织的发起国和主要成员，可以为伊朗加入上海合作组织提供帮助。但是伊朗加入上海合作组织的努力并非一帆风顺，一些成员对伊朗的目的抱有疑虑。2008 年 3 月 24 日，伊朗外长穆塔基在访问塔吉克斯坦时表示，伊朗已向上海合作组织提交了正式申请。[②] 但是上海合作组织多数成员对此反应谨慎，上海合作组织秘书处没人证实收到了伊朗的申请，俄罗斯外交部新闻司副司长安德烈·克里夫佐夫说："我们暂不接受新成员加入上海合作组织……没有任何根据说，可能很快接纳伊朗加入上海合作组织。"[③] 俄罗斯认为，伊朗不履行联合国安理会的决议，不断激化同美国和以色列的矛盾，加入上海合作组织不过是在寻求新的外交平台。

伊朗希望将中国作为长期的战略伙伴，这是美国杜克大学（Duke University）政治系访问学者杰里·洛山德尔（Jalil Roshandel）的观点。[④] 他认为，近 20 年来，中国和伊朗的关系可以分为两个阶段：第一个阶段是两伊战争期间——中国是伊朗的武器和资源的提供者，这个阶段具有临时性、过渡性特征；20 世纪 90 年代以来，两国才进入长期而有意义的第二个阶段：中国填补了伊朗的贸易真空。从长远看，中伊之间的两个外交阶段是有本质区别的，两伊战争期间处于冷战的世界背景，伊朗顾忌苏联和中国的意识形态色彩，没有与中国过多的接触；两伊战争后，伊朗更多地转向东方特别是转向中国，因为伊朗面临美国的禁运和经济制裁，中国开始填补这个外交缺口，中国—伊朗逐渐建立起伙伴关系。其实，两伊

---

① ［俄罗斯］《生意人报》2008 年 3 月 25 日。

② 光明网：《伊朗正式申请加入上海合作组织》，2008 年 3 月 27 日。http：//www.gmw.cn/content/2008－03/27/content_754022.htm。

③ 新华社 2006 年 6 月 10 日电。

④ http：//ido.3mt.com.cn/pc/200601/20060104320144.shtm.

战争期间，伊总理穆萨维就曾试图用石油贸易来换取伊朗的政治、经济利益，积极发展和包括中国、印度和日本等亚洲国家的关系。

进入21世纪以来，伊朗仍然在努力寻求建立伊中战略伙伴关系的机会。中国对此反应谨慎，因为中国一贯坚持不结盟原则，还受到中国—伊朗—美国三角关系的影响。在中国的全球战略布局和外交天秤上，中美战略关系无疑比中伊关系更加重要。

伊朗将经贸关系作为中伊关系的核心，这显然能够直接服务于伊朗的经济利益，实际上也与中国外交的经济中心论不谋而合。美国乔治亚理工学院外交学院教授高龙江（Dr. John Garver）在2006年出版的"中伊关系"一书中分析，是中国的国际竞争优势导致伊朗向中国走近，因为中国的工业品价格比法、德、英这些欧盟国家的工业产品价格更低廉，中伊贸易额的进一步扩大还可以为伊朗的服务业创造更多的就业机会。还有一个非常重要的因素，那就是中国对外活动中，一贯奉行经济与政治分离的政策，不在贸易中掺杂政治因素，这样可以维护伊朗的政治利益，而"美国和欧盟总是用人权、核武器扩散等政治议题'敲打'伊朗，动辄使用经济制裁。比如，在两伊战争期间，美、英、德、法等国就出于政治考虑撤出了伊朗市场，将绝好的贸易机会留给中国。战争结束后，双边的贸易额增长也相对缓慢，1991年只有2%，2003年不足8%"。[①] 因此，伊朗选择中国作为主要贸易伙伴是很自然的。

如此背境之下，中国从伊朗获得了大量的订单。高龙江的研究揭示：一方面，中伊之间的经济合作项目遍布于伊朗各个重要的经济部门，如汽车、住房、采矿、糖业、渔业等；另一方面，中国从伊朗进口石油、原油和铜、锌、铅、大理石等矿产资源。其中，石油进口占到80%，矿产资源占14%。

综上所述，伊朗加深与中国的关系是伊朗国家利益权衡的结果，

---

① 高龙江：2006年7月14日在美国伍德罗—威尔逊国际中心（Woodrow Wilson Center）举行的"中伊关系"研讨会上的发言。

反之，对于中国亦然。伊朗“向东看”的战略选择的形成过程说明了这一点：1979年以后，伊朗采取的是‘不依靠东方，也不依靠西方’的政策，按自己（伊斯兰）的方式发展国家经济与国际外交；1989年两伊战争结束后，伊朗开始寻求政治和经济上的国际地位，要求获得联合国的成员国席位，在经济上，欧盟国家是当时伊朗经济、技术的主要提供者，伊朗开始和西方发展新的外交关系，1997年，双方曾进行了重要的贸易对话。但是，伊朗在人权、核武器等问题上与西方国家不同调，让它最终无法在“靠向西方”的道路上走下去。

在这个背景之下，伊朗开始“向东看”，但是它首先选中的是日本。然而日本是美国在东亚的主要盟友，在与伊朗的外交关系中背负很多的美国压力。因此，伊朗才开始转向中国和印度。

2004年的伊朗对外贸易统计中，欧盟仍然是首要的贸易伙伴，但是中国和印度都位列前五，增长势头非常迅猛。比较之下，伊朗与美国的经贸规模却在下降，据伊朗媒体报道，2003年伊美贸易额达2.6亿美元，而2004年两国贸易额为2.36亿美元，减少了10%。可见，伊朗经济“向东看”的势头日渐明显，政治上也向中国靠近。

当前，中伊两国的国家利益主要体现在：维护国家领土完整和主权独立、推动国民经济又好又快地发展、不断提高人民的物质精神生活水平。因此，两国都需要和平安定、公正公平的国际环境，中伊两国国家利益对于国际环境的诉求原则没有冲突。为了维护各自的国家利益，当前两国在国际政治、经济、外交、文化等领域相互声援、相互理解、相互支持，体现出中伊作为友好国家，为追求公平公正的世界秩序进行的不懈努力。同世界其他国家一样，把国家利益和国际形势相结合，作为调整当今中伊关系的依据是十分正常的。

二、地缘政治因素

伊朗位于亚洲西南部，中东地区的东北部，北邻里海，与高加索和中亚地区相连；南濒波斯湾和阿拉伯海；东部与阿富汗和巴基斯坦接壤；西接两河平原和小亚细亚半岛，素有“欧亚陆桥”和“东西方空中走廊”之称，是世界交通的枢纽。冷战时期，伊朗是苏联通往印度洋的便捷的陆上通道，也是美国为首的西方遏制苏联南下印度洋的一张牌。现在，伊朗是中亚和里海地区油气资源输往印度洋的最近路线，通过阿巴斯军港以及格什姆岛等，它还扼守霍尔木兹海峡这个世界能源运输的咽喉。伊朗有巴基斯坦、阿富汗、土库曼斯坦、阿塞拜疆、亚美尼亚、土耳其和伊拉克7个陆上邻国，与伊朗有水域或海域联系的国家在北部有俄罗斯、哈萨克斯坦、土库曼斯坦、阿塞拜疆，南部有伊拉克、科威特、沙特阿拉伯、巴林、卡塔尔、阿联酋和阿曼，可见伊朗海陆兼备，邻国众多，而且邻国大多是伊斯兰国家和阿拉伯国家。

中国位于亚欧大陆东部、太平洋西岸，西接中亚，南临南海和中南半岛，北邻蒙古和俄罗斯，东濒浩瀚的太平洋，东北与朝鲜半岛山水相连，东南与菲律宾群岛、马来群岛隔海相望，西南以喜马拉雅山与南亚分隔，中国有14个陆上邻国，还与10余个国家有海域相连，具有掌控东亚西太、陆海进退皆便的战略位置[①]。

对比可知，中国、伊朗各自位于亚洲大陆的东西两侧，相距遥远，无陆疆海域接连。应该说，地理空间造成的分隔，就是阻碍古代中伊之间交往的真正障碍，虽然丝绸之路曾经把远隔万水千山的两个文明古国联系起来，但是近代以前的这种交往在现在看来显得实在稀疏和偶然；当代先进的交通运输技术与设施，以及通讯工具已经将空间距离造成的困难大大克服，但是在相距遥远的中伊两国之间，人员物质的交往流动依然存在着较高的成本，就是说，现代技术可以削弱空间距离造成的制约性影响，但是这种削弱还只能是程度上的而不是根本上的（参见附录五“图1”）。

但是，从另一个方面看，中伊之间的地理位置也为推动两国关

① 《世界地图集》，中国地图出版社2005年版，第34—35、38—39页。

系准备了良好的自然和历史基础，那就是两国之间相距遥远，没有国土、海域连接，避免了邻国之间惯常的领土、海权、民族纷争，而这正是动摇国家关系的重大隐患和根源。还应看到，中伊作为两大文明中心，在东亚、西亚各领风骚2000多年，又是当今的地区大国，中国更是世界大国，两国对东亚、中亚、西亚—中东乃至亚洲和世界都产生着广泛而深远的影响。用现代地缘政治的观点来审视，当今的中国和伊朗处于各自的大周边范围，可以视为相互的大周边邻邦，是没有共同边界的邻国，因此中国和伊朗在现实意义上都具有地缘政治边界的拓展空间。

三、世界形势与中东格局因素

（一）世界形势

国际政治是多国博弈的棋局，牵一发而动全身。中国—伊朗关系的现实表明，国际局势对两国关系的影响无时不在：20世纪60年代以前，伊朗属于西方阵营，采取亲美政策，中国则属于共产主义国家阵营，两大阵营和意识形态对峙的格局使得两国关系没有获得改善。随着中苏关系的破裂和中国外交政策走向务实，两国关系朝着改善的方向发展。20世纪70年代初，就在中美发表尼克松总统即将访华的《公报》以后一个月，中伊两国随即建立了正式的外交关系。可见，建立正式的中伊国家关系，确实受到了当年中苏关系、中美关系以及世界格局变化等重大国际因素的影响。

当前，世界形势可以用“总体缓和，局部紧张”、“总体和平，局部战争”、“总体稳定，局部动荡”来概括。伊朗正处于“紧张”、“战争”、“动荡”的漩涡边缘，而且有滑向“动荡中心（深渊）”的危险。伊朗是什叶派占人口大多数的穆斯林国家，可能受到伊斯兰极端思想的影响比较容易。伊斯兰革命以后，美伊关系处于敌对状态，导致了美国和西方对伊朗的制裁，伊朗的国际环境处于恶化之中。伊朗的反应是利用一切手段改变自己的不利处境，首先动用的就是能源外交手段，利用丰富的油气资源，积极开展国际能源贸易，从而把对世界影响大、对伊朗有重大利用价值的国家（如中国、印度等）拉拢过来，以此牵制和对抗美国，扩大自己的国际活动空间。同样重要的是，在当前核危机使伊朗的国际环境可能滑向灾难深渊的时候，美国次贷危机引发的世界经济危机降临了，国际石油价格从2008年10月超过147美元/桶的最高点下降到2009年2月的不足40美元/桶，高盛公司预测，2009年底世界油价可能回升到65美元/桶。[①] 油价下跌对伊朗不是好消息，反而是对依赖石油产业的伊朗经济的打击和动摇，从而削弱伊朗加强自身军备建设的能力；也可能削弱伊朗能源因素对世界大国的影响力。但是，之后世界资源、能源紧缺的警报频频拉响，大国对资源、能源、市场和投资场所的争夺越演越烈，国际油价节节推高，即便波动也是在高价位上的震动，这给伊朗带来了福音：伊朗石油出口收入不断增加，在世界经济中的地位和影响上升；金融危机—经济危机把世界的关注焦点从伊朗核问题暂时分散到世界资源、环境等发展问题上。同样重要的是，对伊朗一贯强硬的布什政府谢幕了，取而代之的美国奥巴马新政府一开始就向伊朗伸出了橄榄枝；2008年8月以来明显恶化的俄罗斯—美国（西方）关系也使伊朗在核危机、反制裁问题上有了更大的回旋余地。此外，伊朗采取提升对以色列的敌对宣传、支持黎巴嫩真主党、巴勒斯坦哈马斯组织等措施，主动改变了伊朗在中东和平进程中被边缘化的状态。伊朗很清楚这个道理：对国际形势审时度势、趋利避害，可以提高自己在国际舞台上的分量，增加同中国交往的筹码，反之，伊朗在中伊关系中的主动权就会削弱。

同样，“中国革命和建设的成就是同世界人民的支持分不开的。中国的前途是同世界的前途紧密地联系在一起的”，[②] 把改革开放作为基本国策是中国的必然选择。世界政治、经济格局的多极化，将

---

① 路透社伦敦2009年5月5日电。

② 《中华人民共和国宪法》，法律出版社2004年版，第49页。

为中国从一般世界大国发展成为主要世界大国、进而成为世界强国准备条件，有利于中国在世界范围内获取相应的政治经济文化话语权和利益；2008年的世界金融危机、经济危机程度不等地削弱了美国、其他西方国家和其他世界大国，世界希望获得中国的帮助，无疑给中国带来了发展的良机；国际油价跌落有利于中国利用国际能源市场充实自己的战略能源储备；从中伊关系的角度看，伊朗对以色列的威胁使它在西方世界处于困境，核危机也成了伊朗挥之不去的噩梦，综合这些因素，无异于是对中伊关系中的中国筹码的提升。但是，世界经济危机对中国的出口、对中国实体经济的打击也是明显的，西方国家要求中国承担更多的大国"责任"，美国在核危机问题上对中国的施压没有减轻，特别是，如果美国伊朗关系改善、或者伊朗最终成为核国家的话，中国在中伊关系中的地位受到的压力将会空前增大，中伊两国都可能重新审视对对方的战略定位和交往策略。

（二）中东格局

阿拉伯世界的逐渐分化和边缘化，使得非阿拉伯国家伊朗—土耳其—以色列在21世纪初期成为了中东舞台上的三大支柱。

2003年伊拉克战争后，中东政治力量出现了新的消长变化。在美国以武力手段强势介入中东事务的影响下，曾经的敌人和地区大国伊拉克已经被美国剪平，目前正陷于动荡和混乱中难于自拔，一些温和的、传统的阿拉伯大国如埃及、沙特等的作用和影响受到削弱，伊朗和土耳其、以色列成为了中东地区的强大势力，以至于伊拉克局势和黎巴嫩问题、阿富汗战争、巴勒斯坦问题的最终解决，美国都有求于伊朗，中东地缘政治的天枰在明显向伊朗一方倾斜。2008年10月以来，世界能源市场涨价浪潮一浪高过一浪，世界对于伊朗核危机感到莫衷一是甚至有些束手无策，这对伊朗却是好事。优势凸现的伊朗在同美国的争斗中步步为营，影响力逐渐提升，特别是当奥巴马总统2009年2月27日宣布将于2010年8月底前从伊拉克撤出全部美军战斗部队、2011年年底前撤出其余3.5—5万留守部队的时候，伊朗更是看到了重新成为中东强国的希望；奥巴马还宣布美国将同包括伊朗、叙利亚在内的中东国家进行“有原则的和持续的”接触，以改善伊拉克和中东的安全形势，更加显示出伊朗在中东处于有利的局势之中。[①] 但是，在伊朗与美国的关系没有正常化之前，伊朗核危机不会得到解决，美国和西方对伊朗的敌视和制约也不会消除。设想存在这样的情形：如果美国实施永久占领伊拉克的战略，[②] 对伊朗核问题采取武力解决并对采取伊拉克模式占领伊朗的话，即便美国落进新的泥沼之中，中东格局也将朝向美国设计的方向发展。实际情况是：奥巴马政府上台以后，美军撤出伊拉克已成定局，一定程度上减轻了对伊朗的压力，至少延缓了对伊朗的包围圈的形成。

伊斯兰革命使海湾国家疏远了与伊朗之间的关系。但是这些国家直接关系到伊朗的扩展空间和国家安全，因此，伊朗改善同海湾国家的关系至关重要，内贾德总统的政府把发展与邻国，特别是发展波斯湾地区国家的关系放在优先地位，[③] 内贾德总统也多次表示要改善同海湾国家、伊斯兰国家及非敌视国家之间的关系，这是伊朗的必然选择。

自拉夫桑贾尼总统、哈塔米总统以来到现任内贾德总统的伊朗政府，都在致力于改善伊朗的国家形象和国际环境，这个进程虽然缓慢但是产生了实际成效。在美国在中东的影响力正在下降、西方大国和俄罗斯的势力尚不足以构成主导因素的今天，中国加强与伊朗的关系，应是正当其时。

---

① 法新社华盛顿2009年2月27日电。

② 英国《独立报》网站2008年6月5日报道。

③ 伊朗通讯社科威特2010年11月23日电。

四、大国因素

（一）美国因素

美国是影响当今伊朗和中国对外政策最重要的国家因素。特殊的地缘政治区位，使伊朗在二战前后成为了美苏交锋的前沿，成为了美国遏制苏联的盾牌。但是伊斯兰革命后，伊朗变成了中东地区反美先锋和根据地。

伊朗对于美国之意义并没有因为美伊关系的紧张而淡化。对于美国来说，伊朗的重要性更加凸显在以下方面：一是伊朗是中东的大国和强国，对中东各国具有从历史文化到现实政治经济宗教的强大影响力；二是伊朗拥有丰富的自然资源和能源资源，对地区经济和世界经济具有重要的影响；三是特殊的战略地理位置，借重伊朗的地理区位可以遏制俄罗斯的“软腹部”、阻断俄罗斯南下印度洋的战略捷径；四是伊朗对中东格局具有特殊的影响力，美国实施中东战略、海湾战略绕不开伊朗；五是伊朗是中国的大周边邻邦，借助伊朗可以破解中国的大周边战略。

冷战后，美国成了世界上唯一的超级大国，控制中东依然是美国全球战略中极为重要的内容，改造伊拉克和阿富汗的最终目标之一就是要控制伊朗，因为只有这样，才能真正统治中东，掌控“世界石油宝库”，从而抓住世界经济的牛耳，抢占未来世界政治、经济、军事竞争的有利阵地。

美国希望在中东、在伊朗推行美国式民主，进而把中东国家美国化，巴列维国王政权的倒台中断了这个已经开始的进程，伊斯兰革命使伊朗政权从美国中东战略的支柱变成了战略敌人。实际上，巴列维国王政权的颠覆是美国在关键时期抛弃“朋友”的又一个实例（当年美国卡特政府曾经联络在巴黎流亡的霍梅尼并表示支持他，然后派北约盟军司令休斯到伊朗秘密要求伊朗军队不要支持国王政府、不要对伊朗新政府发动政变），这使它后来必须慢慢地来品尝自已酿成的伊朗苦酒。当年的使馆人质事件，也在美国人民心中播下了仇恨伊朗的种子。[①]

美国前总统尼克松认为，伊朗作为“具有强烈地区意图和历史自豪感”的中等强国，其威胁远胜伊拉克，是美国在中东的头号威胁，[②] 2001年上任的小布什政府一改克林顿政府的对伊朗克制的政策，加紧对伊朗实施“军事包围、经济封锁、政治挤压、文化渗透、外交孤立”的全面遏制战略。因此，美国在2001年发表的《四年防务报告》中，推出了“邪恶轴心”说，把伊朗定义为除伊拉克以外最“无赖”的国家，指责伊朗培养、支持、输出恐怖主义。当2002年8月伊朗秘密建造核设施的消息披露之后，美国的反应尤其强烈：“美国决不允许世界上最具威胁的政权使用世界上最具破坏性的武器进行威胁”，[③] 2003年伊拉克战争后，伊朗政府被布什政府认定为世界上最邪恶的政权和“无赖国家”。也就是2003年以来，伊朗核危机成为美国、西方乃至世界关注的焦点，核危机成为美国敲打伊朗的有力手段，成为美国在国际上孤立和威慑伊朗的有效武器。2009年初奥巴马政府上台前后，释放出一系列改善美国—伊朗关系的言论。伊朗对此半信半疑，要求美国作出善意的举动来证实其诚意。奥巴马政府上台初期的新伊朗政策，显示出持续了30年的美伊敌对关系可能得到缓和，因此将改变当今的中东格局，也将直接影响中国与伊朗关系的发展。但是奥巴马执政近两年的实践表明，美国对伊朗政策没有实质性变化，美国对伊朗抛出的橄榄枝没有产生实际效果，因而美伊关系依然是敌对国家的关系。

虽然美国—伊朗的敌对直接妨碍中国与伊朗在高新技术领域、特别是敏感领域以及在能源方面的深度合作，但是美国及其西方盟

---

① 中国前驻伊朗大使华黎明，28年前在伊朗感受“革命”，《世界知识》2007年第3期。

② Richard Nixon，Beyond Peace，Random House，1994，pp. 144—146.

③ The President Bush's State of the Union Addres，Office of the Press Secretary，January 29，2002.

国因为制裁伊朗而空出的伊朗市场和投资空间为中国进入伊朗提供了机会，伊朗核危机还使中国对伊朗的国际作用更加突出；伊朗与美国在伊拉克、海湾地区的直接军事对峙也纾缓了美国对中国的全球遏制压力。可以预料，当奥巴马政府实施新的中东战略，减轻了对伊朗动武的恫吓，又实质性地从伊拉克撤出约 15 万美国军队的时候，除其中一部分将部署到阿富汗，其余军力极可能部署到西太平洋地区，增强亚太地区的美军力量，这样既弱化了中国在中伊关系中的份量，又强化了美国对中国的直接军事压力，从而对中国造成双重的负面影响。

（二）俄罗斯因素

俄罗斯是伊朗的邻国。历史上，俄罗斯和伊朗之间的恩怨不断，近代的伊朗沦为俄罗斯的势力范围和分割的目标。出于各自国家利益的考虑，特别是 20 世纪 90 年代以来世界格局巨变对俄、伊两国的安全与发展都构成了巨大的挑战，80 年代初苏联退出了阿富汗，伊朗却承受了 8 年之久的两伊战争，邻国的地缘关系和共同的对手（美国）把两国变成了朋友，因为，如果伊朗成为了美国的势力范围，将直接影响到俄罗斯里海石油出口通道的安全，压缩俄罗斯的政治经济扩展空间，目前美国的势力已深入到阿富汗，进入了俄罗斯的前院——中亚。在北约东扩、西方国家步步紧逼之下，俄罗斯的势力空间正在缩小；对此，俄罗斯只有绝地反击，尤其在核问题上，无论美国如何鼓吹制裁伊朗，俄罗斯对伊朗依然发挥着保护和支持的作用，坚持参与伊朗核电站的建设工作，并一再表示反对用武力的办法解决核争端，卖给伊朗先进的防御性武器，为了俄罗斯的国家利益，阻止美军攻打伊朗。自从签署了俄伊双边军事技术合作协议以后，伊朗已成为继印、中之后俄罗斯国防工业的第三大客户。根据协议伊向俄方购买的武器可以使俄各公司盈利总计达 70 亿美元。英国《星期日电讯报》近期刊登驻华盛顿记者康·库格林、菲利普·舍韦尔和驻莫斯科记者汤姆·帕菲特合写的一篇题为《俄罗斯站在哪一边?》的文章认为，俄罗斯因在地缘上接近叙利亚和伊朗而与美国更加对立。对伊朗而言，伊斯兰革命以后，美国这个“大撒旦”就是威胁伊朗伊斯兰革命政权、颠覆伊斯兰文明的最大敌人。俄罗斯在地域上与伊朗有里海相连，借助俄罗斯的国际地位和影响，特别是俄罗斯先进的军事技术可以有效消减美国的军事威胁，还可以在外交和军事上反制美国的攻势。

因此，尽管伊俄有着难言的历史恩怨，现实的共同利益还是使两国在第二次世界大战以后越走越近，特别是20世纪80年代以来的伊俄关系比较密切，俄罗斯是伊朗对外政策必须考虑的第二个大国。

俄罗斯与伊朗和中国都是邻国，在中俄友好的前提下，中国发展与伊朗关系对中俄关系造成直接障碍的风险较小；但是中、俄两国在对伊朗经济的介入程度、开发资源和投资领域的竞争是无法避免的，如果在中俄关系紧张的时候（例如20世纪60—80年代），这种竞争还可能变成相互遏制。

（三）欧盟因素

历史上欧洲与伊朗的交往善恶兼具，当代欧盟与伊朗的经济联系比较密切，目前仍然是伊朗最大的贸易伙伴。伊朗生产石油的40%输往欧盟，欧盟的产品也大量出口伊朗。据悉，从伊朗经土耳其、保加利亚、罗马尼亚、匈牙利至奥地利，然后延伸至中西欧国家，总长4000公里，年输气能力达200亿—250亿立方米的大型洲际天然气输气管线开始进入设计论证阶段。

欧盟其实并不希望因为伊朗核问题而引发战争，武力攻打伊朗并不符合欧盟的利益。但欧盟总体实力和影响力不如美国，目前在重大国际问题上与美国保持一致有其自愿的因素，也有其不自觉的难处。欧盟对和平解决伊朗核问题表现积极，中欧双方在这方面有着广泛的共识。在关于伊朗核问题的谈判中，欧盟虽然主动，实际上却在相当程度上充当了华盛顿的代言人，没有完全体现出对国际事务的独立和主导作用。

中国和欧盟在伊朗有现实的经济利益交集。随着中国对石油需求的进一步增大，双方将加大在伊朗能源等领域的竞争。近年来，由于受到美国《达马托法案》的影响，欧盟对伊朗的贸易和投资都受到明显的限制，伊朗对西方公司也存在一定的抵触情绪，使得中国公司占有了相对优势。但是欧盟并不愿意看到中国—伊朗关系快速、深入地发展，因为欧盟认为中国加快发展与伊朗的全面关系会削弱对伊朗制裁的效果，更会让中国乘机夺占原来欧盟在伊朗的商品市场和投资场所。

（四）日本因素

日本在伊朗有重大的经济利益，伊朗与日本有大额贸易往来，日本在伊朗有大量投资。对于中国和日本的外交争端，伊朗保持中立态度。

日本能源匮乏，中东和伊朗是日本石油的主要进口来源地。随着中国进口石油的额度增加，2004 年开始中国石油进口量超过了日本，成为仅次于美国的世界第二大石油进口国。伊朗是中国外向型能源战略的重要目标指向，也是日本原油的主要源地之一。因此中日两国在伊朗的能源领域、资源领域、投资领域的竞争和摩擦在所难免。日本在伊朗的利益及其对伊朗的渗透，增添了发展中伊关系的阻力，提高了中国企业进入伊朗的成本和风险。例如，伊朗的阿扎德甘油田探明石油储藏量约为 260 亿桶，估计可开采量 50 亿—60 亿桶。中国石化在阿扎德甘油田的竞标上下了很大功夫，但最终由于日本方面的“搅局”而以失败告终。

当今中日两国对国际能源、资源、市场和投资场所的渴求程度都在加深，中日在伊朗的经济竞争会多于合作。如果因为核危机而爆发伊朗战争，日本则可以借机打破和平宪法的约束、向海外派兵遣将，借机巩固其在伊朗的利益，并排斥在伊朗的中资企业的发展。伊朗也会利用中日竞争关系，扩大自己在中伊关系中的优势地位。虽然这是一个正常现象，但是中国应当做好心理和物质技术准备，在战术上应当同时准备“软”、“硬”两手。

（五）印度因素

印度与伊朗同属印度洋国家，与伊朗有着比较密切的交往，伊朗是离印度最近的中东产油国，印度从这里还可以避开巴基斯坦通往中亚。近年来，印度经济发展迅猛，对能源需求猛增，导致印度在国际能源市场上同中国展开日益激烈的争夺，印度对伊朗石油天然气的渴求表明了这个事实。2005 年 1 月 8 日，印度政府宣布，与伊朗国家石油公司签署了石油合作协议。该协议为期 25 年，总价值约 400 亿美元。同年 2 月 6 日，由印度主持的首次有关在亚洲产油国及进口国之间进行地区合作的会议上，印度石油部长提出了“在亚洲石油消费和生产国之间建立一个共享平台”的概念。这标志着印度石油外交的全面展开。据印度报纸《商业标准》报道，印度石油天然气公司可能不久就会出价 20 亿美元，收购俄罗斯尤甘斯克石油公司的部分股份。到目前，印度已在苏丹、越南、缅甸、利比亚等国获得油气开采或勘探项目的股份，总投资额达 30 亿美元。印度还计划在 2015 年前，每年投资 10 亿美元用于中东、中亚、北非、东南亚和拉美等地区的油气项目。印度的这些重大举措甚至引起了美日的紧张，也对中国形成了压力。印度一直把中国看成是其竞争对手，中印两国在国际能源领域的较量在所难免，其中就包括了伊朗这一重要市场。印度在伊朗利益的延伸，从某种角度上意味着中国在伊朗利益的收缩。

控制伊朗、抗衡中国是印度全球战略的重点之一。印度前国防部长乔治·费尔南德斯曾说：“从阿拉伯海的北面到南中国海，都是印度的势力范围”。印度对从西亚到东亚的广大地域充满了控制欲，梦想有一天能用强大的武力，控制整个印度洋，控制从西亚通往东亚的海上通道，控制伊朗通往东亚的能源通道。通过争夺伊朗的能源和资源，争夺伊朗的市场，控制伊朗与中国之间的能源、商品流动通道，将成为印度对华战略中的重要内容，也将在一定程度上威胁中伊两国经贸往来的正常发展和中国的能源安全。

（六）以色列因素

因为伊朗与以色列关系具有特殊性，所以将它作为大国来分析。

伊斯兰革命之前，伊朗与以色列保持着友好关系。历史的原因，也因为以色列是当今美国在中东最坚定的盟友，更因为伊朗希望自己成为中东地区的领袖、伊斯兰世界的中心，以色列便成为了当今伊朗攻击的靶标。内贾德上台后发表了诸如要将以色列从地图上抹去、怀疑希特勒对犹太人的大屠杀不是事实等激进言论。以色列针锋相对，还以颜色，也要求将伊朗开除出联合国，以色列前副总理、现总统佩雷斯 2006 年 5 月 8 日在接受采访时也宣称"伊朗也是可以从地图上抹去的"。[①] 2008 年 6 月，以色列在地中海举行了据认为是针对伊朗核目标进行打击的大规模军事演习，伊朗对此批评说：这证明以色列危及全球和平与安全，[②] 伊朗国防部长穆罕默德·纳贾尔警告说，一旦遭到以色列的袭击，伊朗将作出"毫无限制的毁灭性反应"，[③] 可见目前伊以仇恨之深重。英国《泰晤士报》报道，以色列已制定秘密作战计划，在外交活动不能说服伊朗停止核活动的情况下，将对伊朗核目标实施空中和地面联合攻击。

以色列在中国与伊朗关系中具有特殊的位置。中国和以色列保持着友好关系，两国在文化、经贸、高科技等领域有着密切的合作。因此，中国外交坚持独立自主的原则非常正确，在此基础上要妥善处理同以色列与伊朗的关系，不致因为中以关系影响到中伊关系，或者因为中伊关系影响中以关系。目前，中国采取分别处理同伊、以两个国家关系的办法，对于两国的争论采取中立立场，不介入两

---

① Nathan Guttnan, "Iran can Also be Wiped off the Map", The Jerusalen Post, May 8, 2006.

② ［美］纽约时报网站 2008 年 6 月 21 日文章，美联社德黑兰 2008 年 6 月 21 日电。

③ 美联社德黑兰 2008 年 6 月 21 日电。

国间外交问题，取得了很好的效果。

（七）其他国际因素

除了以上国家和区域，其他国家在中国制定中国对伊朗战略的过程中也应当重视，例如目前与伊朗一起反对美国的叙利亚、委内瑞拉、古巴等。伊朗国防部长阿里·沙姆哈尼2005年3月2日表示，伊朗准备与中东国家签署联合防御条约，以应对来自外国的军事威胁。同年3月11日，委内瑞拉总统查韦斯也公开表示，伊朗有“权力”发展核能源项目，委内瑞拉将和伊朗一起坚定地反抗美国的“帝国主义政策”；3月16日，伊朗和叙利亚宣布将建立“联合阵线”，共同应对挑战和威胁。

以上分析表明，世界形势和国家因素对中伊关系产生的影响涵盖了政治、经济各个方面，这些领域和因素相互制约、相互关联。通常的分析认为影响因素中对于发展中伊关系哪些是机遇、哪些属于挑战，事实上，机遇和挑战是相对的、二者的界限有时只有一步之遥，它们是可以相互转换的，关键在于当事国如何把握和处理。伊朗当然可能利用中国同上述各大政治经济势力之间的矛盾，使自己在中伊关系中处于有利地位；相应地，中国也应该有同等的考虑和作为。中国在制定对伊政策时，从推动中伊关系向前发展的前提出发，兼顾上述因素中的正面影响和负面影响，重视国家和因素之间的相互关系和联系，是理所当然的。

五、资源和经济因素

市场是经济发展的基本要素，资源是经济发展的根基，是国家关系中的传统内容，也是中伊关系中的实质内容。

内贾德政府目前面临的国内问题首推经济问题。相对中国而言，伊朗是资源丰富的国家，从人口密度的角度来看两国的资源差异就十分明显：伊朗为44人/平方公里，中国则高达142人/平方公里，[①] 表明伊朗资源（土地）的人均拥有量相当于中国的 3.3 倍，其中最具优势的资源就是油气资源，能源产业在伊朗经济振兴过程中起着关键性作用。中国已经是世界第二大原油进口国，进口规模还将进一步增长。伊朗的出口商品中，农产品、初级工业品以及旅游商品等都占有很大的比例，这些商品需要广大而稳定的国际市场，中国正是伊朗需要的这样一个国际市场。因此，伊朗乐于与中国发展贸易关系。伊朗高层多次提出要积极发展对华贸易，使经济关系与良好的政治关系相适应。伊朗总统艾哈迈迪·内贾德在与中国特使会面时表示，伊朗准备与中国在石油工业、天然气、运输等领域进行联合投资，并称中国未来可能成为伊朗的最大贸易伙伴。[②]

发展是硬道理，中国以经济建设为中心的目标在相当长时期里不会动摇。参与国际大分工，主动开拓国际市场，积极利用全球资源，才能为中国经济发展抢得先机。对伊朗人民来说，哈塔米政府任期内没有完全兑现改善国家经济、为民众带来实惠的诺言；内贾德以朴实的作风当选新一届伊朗总统，民众对其发展经济、改善民生的承诺寄予了厚望。要改变伊朗经济的落后现状，首先要利用好伊朗丰富的自然资源，开拓伊朗的国际市场，打破美国的封锁，为经济发展赢得市场、拓展空间。可见，中伊两国在资源与市场领域进行有效的合作，符合两国的根本利益。

（一）资源与能源因素

从国土面积、人口的总体规模看，伊朗是中东的大国，但是与中国相比，中国的国土面积是伊朗的 5.83 倍，人口约是伊朗的 19 倍。中国的很多自然资源总量也远远超过伊朗，但是由于中国与伊

---

① 《中国经济年鉴（2010 年）》，中国经济年鉴社 2010 年版，第 924 页。

② “伊朗拟与我联合投资能源　中国或成最大贸易伙伴”，《第一财经日报》2006 年 3 月 1 日。

朗的人口总量比例是两国的国土面积比例的 3.3 倍，因此，中国的人均国土资源占有量不及伊朗的 1/3（见表 3—1），在能源资源总量及人均占有量方面，中国的差距更大（见表 3—2）。进入 21 世纪以来，国际政治经济格局继续发生重大变化。中国“和平发展”势不可挡，印度、巴西及部分发展中国家实力明显提升，俄罗斯正在重新确立自己的世界大国地位，美国则千方百计地企图保持一家独霸的垄断地位。大国对世界资源、能源、市场和投资场所的争夺和重新分割如火如荼，这些导致了能源、资源在中国—伊朗关系中具有了“中心”的意义。

表 3—1　中伊两国的国土面积与人口密度比较（2006 年）

（单位：万平方公里、万人、人/平方公里）

	国土面积	年中人口	人口密度	土地利用（2005）：万公顷				
				陆地面积	耕地面积	永久性作物面积	永久性牧场面积	其他面积
世界	13427.9	651776.1	50	1300440	140232	13826	343283	803099
中国	960.0	131180.0	141	96000	13004		40000	
伊朗	164.8	6915.3	42	16362	1610	150	4400	10202

资料来源：中华人民共和国国家统计局：《国际统计年鉴（2008 年）》，中国统计出版社 2008 年版，第 25、26、27 页。

注：世界国土面积不含南极洲，含南极洲为 14950 万平方公里。

表 3—2

中国和伊朗的能源储量（2004 年）

（单位：万吨）

世界	烟煤和无烟煤			亚烟煤和褐煤			泥煤			天燃气石油类（可开采储量）				铀矿		水电理论装机容量
	探明储量	可采储量	估计储量	探明储量	可采储量	估计储量	探明储量	可采储量	估计储量	天然气（亿立方米）	原油和液化天然气	油页岩	油砂	理论储量	估计储量	亿千瓦小时/年
中国	11450000	6220000	36320000	10880000	5230000	30470000	468700	32800	95200	17110	330000		25100	35060	14690	59220000
伊朗	375400	19300		229500						231700	1264900			370	700	1760000

注：中华人民共和国国家统计局：《国际统计年鉴（2008 年）》，中国统计出版社 2008 年版，第 30、31 页。

表3—2反映出伊朗能源资源非常丰富。2004年伊朗石油总蕴藏量达172.33亿吨（可采储量为126.49亿吨），居世界第三位；天然气储量达26.62万亿立方米（可采储量为23.17万亿立方米），位于俄罗斯之后，居世界第二位。另据英国石油公司（BP Amoco）《世界能源统计》2006年统计：2005年伊朗石油探明储量为1375亿桶，即185.625亿吨（石油的重量随密度、温度而变化，通常情况下1桶=135千克），若以此计算，则伊朗的石油资源储量排名世界第二，仅次于沙特阿拉伯，可采年限为93年；天然气探明储量为26.74万亿立方米，仍然排名世界第二，仅次于俄罗斯，占世界天然气总储量的14.9%。[①] 按照BP的统计，2007年伊朗的石油探明储量增加到1384亿桶，天然气探明储量27.80万亿立方米，分别占世界的11.2%、15%，仍然居于世界第二位。[②]

石油、天然气被誉为伊朗的"宝藏"，是伊朗的经济命脉。2005年，伊朗年产石油20040万吨，天然气870亿立方米。[③] 伊朗2005年能源出口收入448.23亿美元，非能源出口111.89亿美元，进口409.69亿美元，实现贸易顺差190.43亿美元。[④] 2007年，伊朗石油产量提升到2.121亿吨，位于沙特、美国、俄罗斯之后，居世界第四位。巨额的石油天然气收入对伊朗的经济发展起了重大的推动作用。2001—2005年期间，伊朗的石油、天然气出口收入都呈现出快速上升的特征（见图3—1），这个趋势保持到了2008年上半年。

目前伊朗发现的大部分油田、气田主要集中在西南部的扎格罗斯山前平原和波斯湾海底大陆架，此外伊朗的里海（南部）地区是其第二个油气资源富集区（见图3—2）。

---

① 资料来源："世界经济指标"，《国界资料信息》2007年第4期，第43—46页。

② BP世界能源统计2008年，www. bp. con/statistical review。

③ 资料来源："世界经济指标"，《国界资料信息》2007年第4期，第43—46页。

④ 资料来源：《伊朗年鉴（2005年）》。

图 3—1 伊朗能源出口和非能源出口比较（单位：亿美元）

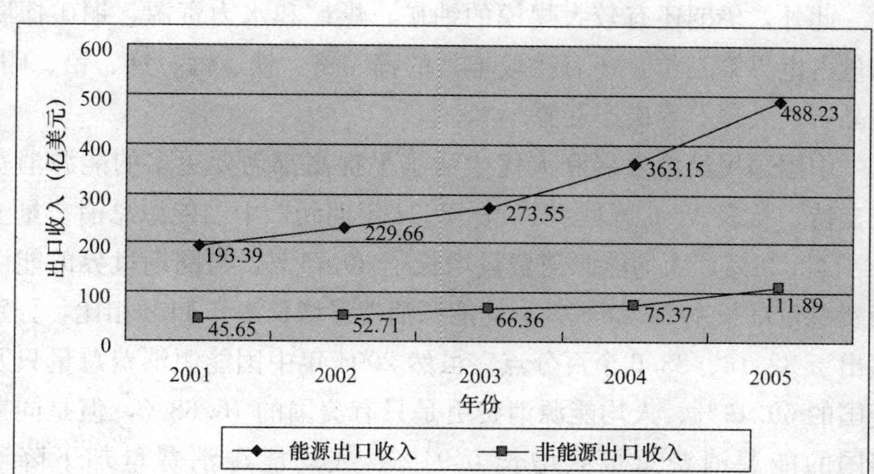

资料来源：Iran Statistical Yearbook，1384。

图 3—2 伊朗油田、天然气田分布示意图

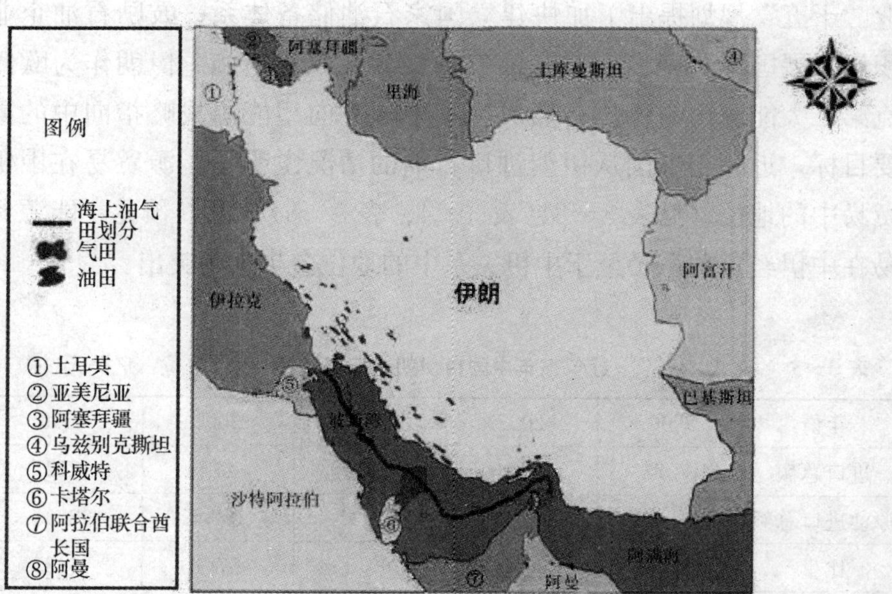

资料来源：根据世界地图册“伊朗地图”扫描为底图，用 ArcGis 绘制。

此外，伊朗还有较大规模的铀矿、煤矿和水力资源，铜矿探明储量占世界第三位，还有比较丰富的锌、铬、铁、锰、锑、铅、硼、重晶石、大理石等矿产资源。

中国国民经济发展和人民生活水平提高都需要更多的能源消费来支持。从表3—6可见：2000—2004年期间，中国能源总消费量上升了43.36%，人均能源消费量增长了39.71%，与同期世界的能源消费总量增长率11.20%、人均能源消费量增长率6.11%相比，分别超出了32.16、33.6个百分点。虽然2004年中国能源消费总量只及美国的69.19%、人均能源消费更是只有美国的15.68%，但是同期美国的能源消费总量只增长0.94%、人均能源消费量却下降了2.99%。显而易见，现在和将来中国都需要充足、稳定的国际能源供应，中国还需要切实转变发展方式。综合各种资料的预测，中国未来对石油的需求和缺口是：2010年需求量为3.65亿吨，缺口1.75亿—1.85亿吨；2020年需求4.3亿吨，缺口2.3亿吨。中国石油工业"十五"规划提出了加快建立国家石油储备体系、鼓励石油企业积极开展国际化经营，实施油气进口多元化等措施。伊朗作为欧佩克第二大能源出口国，自然成为了中国外向型能源战略指向中的重要目标，近几年中国从伊朗进口石油的情况说明了能源贸易在中伊贸易中的地位（见表3—3、表3—4、表3—5）。可以预见，能源贸易在中伊经贸关系乃至于中伊关系中的地位会越来越突出。

表3—3　　近年来年中国自伊朗进口原油额　　（单位：亿美元、%）

年份	2000	2002	2004	2008	2009
进口总额	17.73	23.46	40	276	212
原油进口总额	14.64	20.4	24.32	157.6	98.05
比重	82.57	86.96	60.8	57.1	46.25

资料来源：中伊贸易统计（2000—2004年）、对外投资国别报告——伊朗。

表 3—4　　2005 年中国原油进口主要来源国家　　（单位：万吨）

序号	进口来源国	进口量	比上年增减（%）	比重（%）
1	沙特阿拉伯	2218	28.6	17.49
2	安哥拉	1746	7.7	13.77
3	伊　朗	1427	7.8	11.25
4	俄罗斯	1278	18.6	10.08
5	阿　曼	1084	—33.7	8.55
6	也　门	684	39.2	5.39
7	苏　丹	662	14.7	5.22
8	刚　果	553	16.0	4.36
9	印度尼西亚	409	19.2	3.23
10	赤道几内亚	370	6.4	2.92
	其他合计	2250	—15.5	17.74
	前 10 位合计	10431	3.3	82.26
	总　计	12682	3.3	100.00

资料来源：根据中国海关数据整理。

表 3—5　　2007 年中国原油进口主要来源国家　　（单位：万吨）

序号	进口来源国	进口量	比上年增减（%）	比重（%）
1	沙特阿拉伯	2633.2	10.3	16.14
2	安哥拉	2499.6	6.5	15.32
3	伊　朗	2053.7	22.4	12.59
4	俄罗斯	1452.6	—9.0	8.90
5	阿　曼	1367.8	3.7	8.38
6	苏　丹	1030.6	112.6	6.32
7	哈萨克斯坦	599.8	123.5	3.68
8	刚　果	480.1	—11.4	2.94
9	利比亚	290.7	—14.1	1.78
10	印度尼西亚	228.4	7.6	1.40

续表

序号	进口来源国	进口量	比上年增减（%）	比重（%）
	其他合计	3680.1		22.55
	前10位合计	12636.5		77.45
	总　计	16316.6	12.3	100.00

资料来源：根据中国海关数据整理。

表3—6　　　　2000年、2004年世界能源消费对比

	消费总量（万吨标准油当量）		人均消费量（公斤标准油当量）	
	2000年	2004年	2000年	2004年
世界	991547	1102626	1687	1790
高收入国家	528273	551279	5420	5502
中等收入国家	367609	443112	1234	1437
低收入国家	100318	113658	484	510
中国	112258	160935	889	1242
伊朗	11865	14584	1864	2166
美国	230419	232589	8164	7920

资料来源：世界银行数据库（Source：World Bank Database）——中华人民共和国国家统计局：《国际统计年鉴（2008年）》，中国统计出版社2008年版，第34页。

（二）经济因素

1. 经济发展因素

对比中国、伊朗经济的发展特征，可以发现，中伊在经济合作中的机遇存在于几大差异之中：经济规模差异有利于扩展合作空间、发展势头差异有利于借鉴道路模式、经济结构差异有利于经济部门互补。同时揭示了两国经济合作可能存在的挑战：伊朗能源资源枯竭的速度加快与自身能源消费快速增长叠加，将加速伊朗能源出口的萎缩，从而松弛两国的经济联系；两国居民消费习惯差异也可能

导致商品贸易的内容和规模受到限制等等。

发展速度有较大差异：表 3－7 说明，1991－2006 年是世界经济快速顺利发展的黄金时期，期间的 1991－2000 年 GDP 年均增长达到 3.3％，2001－2006 年年均增速提高到 4.2％，说明在到 2008 年的 18 年时间里，世界经济增长对于原料、能源等的需求都处于旺盛期，还说明这段时期世界经济快速持续增长主要是由于发展中国家的快速增长（两个时段分别超过世界平均速度 1.1、2.4 个百分点，同期发达国家增速比世界平均水平分别低 0.5、2.0 个百分点）。在世界经济快速发展的大背景下，中国经济高速增长的特征十分突出——1991－2000 年期间年均增速 10.4％，2001－2006 年期间年均增速 9.8％。这个增长速度分别是同期世界的 3.16 倍、2.33 倍，是同期发达国家的 3.71 倍、4.45 倍。是发展中国家的 2.48 倍、1.48 倍。即便在遭遇金融危机的 2009 年，中国也制定出增长 8.0％的发展目标。就是说，过去、现在和将来，中国经济发展都需要大量的资源、能源来支撑。当然，未来的中国按照科学发展观转变发展方式、推动技术进步，对资源能源的利用效率将逐步提高、对原料燃料材料的需求增长幅度可能降低。比较而言，同期伊朗 GDP 年均增长率分别为 3.7％、5.5％，比同期世界平均水平分别高 0.4、1.3 个百分点，但是却比同期发展中国家的增长速度低 0.5、1.1 个百分点。与中国比较，伊朗国民经济的发展速度明显低于中国。

需要指出，受惠于国际石油市场的繁荣和油价的持续高涨，也由于伊朗国内政局保持了相对稳定，21 世纪初期伊朗经济发展的速度还是比较快的。2003－2008 年 6 年间，除 2005 年为 4.7％以外，每年增长率都在 5％以上，2003 年更是达到 7.1％（见表 3－8）。

表 3—7　　2001—2006 年世界及相关地区国家的国内生产总值增长率　　（单位:%）

	年均增长率		1990 年	2000 年	2004 年	2005 年	2006 年
	1991—2000 年	2001—2006 年					
世界	3.3	4.2	2.9	4.8	5.3	4.8	5.4
发达国家	2.8	2.2	3.1	4.0	3.2	2.5	2.9
发展中国家	4.2	6.6	2.8	6.0	7.7	7.5	8.1
中东	4.0	5.0	8.9	5.4	5.6	5.4	5.6
中国	10.4	9.8	3.8	8.4	10.1	10.4	11.1
伊朗	3.7	5.5	19.6	5.1	5.1	4.4	4.9

资料来源：国际货币基金组织数据库（Source：International Monetary Fund Database）——中华人民共和国国家统计局：《国际统计年鉴（2008 年）》，中国统计出版社 2008 年版，第 54、55、57 页。

表 3—8　　2003—2009 年伊朗国内生产总值增长率　　（单位:%）

年	GDP 实际增长率	全球排名
2003	7.1%	18
2004	5.1%	35
2005	4.7%	42
2006	5.8%	42
2007	6.2%	124
2008	6.5%	135
2009	6.0%	

资料来源：http：//indexmundi. com。

说明：对比表 3—7，表 3—8 中 2005 年、2006 年的增长率更高（分别超过 0.3、0.9 个百分点），可能是统计时段和口径的差异造成的。

国民经济总体规模存在差异：按照汇率法计算，2006 年，中国的 GDP 总值达到 26681 亿美元，居当年世界第 4 位，占世界的 5.53%，同年伊朗 GDP 总值 2229 亿美元，仅占世界的 0.46%，相当于中国的 8.35%（见表 3—9）；2009 年的中伊 GDP 总值对比，伊朗更是只相当于中国的 6.73%[①]！中国与伊朗的经济总量规模差距由此可见一斑。

表 3—9　　世界、中国、伊朗及美国国内生产总值变化　（单位：亿美元）

	1990 年	2000 年	2003 年	2004 年	2005 年	2006 年
世界总计	217961	318002	369599	415518	447954	482449
中东和北非	2769	4476	4803	5498	6319	7301
中国	3546	11985	16410	19317	22439	26681
伊朗	1160	1013	1354	1632	1898	2229
美国	57572	97648	109185	116792	124165	132018

资料来源：世界银行数据库（Source：World Bank Database）——中华人民共和国国家统计局：《国际统计年鉴（2008 年）》，中国统计出版社 2008 年版，第 44、45、47 页。

如果按照购买力平价法（PPP）来对比，中伊两国的经济总体规模（见表 3—10），差距会变得更大，中国在世界的地位也会更加突出。2006 年中国 GDP 总值达到 100480 亿国际元，占当年世界的 15.25%，伊朗为 5871 亿国际元，占世界的 0.88%，中国在世界的地位急剧提高 9.72 个百分点，而伊朗只提高 0.42 个百分点，伊朗经济总量仅相当于中国的 5.78%，比采用汇率法的计算结果降低 2.57 个百分点。按购买力平价法（PPP）的评价，中国已经稳居世界第二经济大国的地位，GDP 绝对量比世界第一经济强国美国少 30799 亿国际元，相当于美国的 76.73%（但是按照汇率法，2006 年中国的 GDP 总量比美国少 105337 亿美元，仅相当于美国的 20.21%）。

2004 年 3 月 21 日—2005 年 3 月 19 日伊朗财政年度，伊朗的进出口总额达 806 亿美元，其中进口额 366 亿美元，出口额 440 亿美元（其中非石油产品出口 76 亿美元），外贸顺差 74 亿美元，当年外汇储

---

① 《中国经济年鉴（2010 年）》，中国经济年鉴社 2010 年版，第 925 页。

备300亿美元、外债额157亿美元。与此同时，当年的通货膨胀率高达15.7%，失业率也超过两位数，达到10.4%。说明经济有明显的增长，但是通胀率高、失业率高，人民的生活水平却下降了，这就是伊朗经济发展的好消息和坏消息。伊朗政府统计，2008年的经济实际增长率为6.5%，失业率为12%。目前，伊朗的劳动力数量约3000万，但是技术型劳动力短缺，这也是困扰伊朗经济发展的一大障碍。

表3—10　　2006年按购买力平价法（PPP）计算的国民经济核算主要指标

	国内生产总值（GDP，国际元）	人均GDP（国际元）	国民总收入（GNI，亿国际元）	人均GNI（国际元）
世界	665962	10252	668230	10218
中东和北非	246128	6567	248705	6447
中国	101533	7660	100480	7740
伊朗	5871	8567	5925	8490
美国	132332	44155	132018	44260

注：根据此表，2006年中国国内生产总值、国民总收入均仅次于美国，稳居世界第二位。

资料来源：世界银行数据库（Source：World Bank Database）——中华人民共和国国家统计局：《国际统计年鉴（2008年）》，中国统计出版社2008年版，第53页。

国民总收入存在差异：分析表3－11、表3－12可见，1990－2000年10年间，中国国民总收入增长了4.24倍，2006年比2000年增长1.16倍；伊朗1990－2000年间增长15.6倍，这是伊朗结束两伊战争以来经济恢复和快速发展的结果，2004年比2000年增长1.38倍，增长的效果是显著的，但是存在基础（总量）较小、增速不高的问题。按照人均国民总收入及其变化的状况来分析，1990年中国为320美元，仅相当于当年伊朗的12.96%，2006年提高到2010美元，相当于伊朗的67%，17年间中国人均国民总收入增加了5.28

倍。虽然2006年伊朗的人均国民总收入仍然高于中国，但是17年间其增长率只有0.21倍，与中国的差距从1990年的2150美元已经缩小到2006年的990美元。对比表3—9、表3—11，还发现伊朗在同一时段内的国内生产总值与国民总收入差异甚大，甚至呈现背离趋势——国内生产总值在1990—2000年期间下降12.67%，而同期国民总收入却增加了15.6倍！究其原因应该是：第一，国内生产总值是用美元统计的，国民总收入是用伊朗货币里亚尔计算的，而伊朗货币里亚尔对美元的比价急剧降低（2000年时为1美元：2262.93里亚尔，2006年则为1美元：9223.00里亚尔），[①] 因此数据上呈现出绝对数值减少的假象；第二，20世纪90年代伊朗从两伊战争中脱身，处于恢复期不久，90年代初又受海湾战争影响，以及实施"不要西方也不要东方"、对外输出伊斯兰革命的对外战略造成的孤立局面，伊朗石油工业和国民经济恢复比较缓慢，油价上涨不多，对依赖石油收入的伊朗经济推动的力度不大，即经济增长速度没有急剧提升。但是，伊朗经济发展的成效不尽如人意却是不争的事实。2005年，伊朗失业人数为255.6万人，粗略减去其中的10—15岁人口100万，仍然有155.6万人失业，这对于总人口只有7000余万人的国家，显然不是一个小数。对比之下，同年中国的失业人数839万，[②] 剔除农村人口7.35亿，即当年中国城镇总人口约5.55亿，失业人口仅占城镇总人口的1.5%，而伊朗失业人口占全国人口的2.3%，失业率明显超过中国。上述分析表明，17年期间，伊朗民众的生活水平几乎没有得到有效提高，因而对政府的经济政策和执政能力产生怀疑。中国的发展成绩对伊朗的启发是巨大的，伊朗政府希望借鉴中国经验来发展经济的愿望是真实的、迫切的。

---

① Source：International Monetary Fund Database——中华人民共和国国家统计局，《国际统计年鉴（2008年）》，中国统计出版社2008年版，第195页。

② 资料来源：国际劳工组织数据库（Source：World Bank International Labour Organization Database）——中华人民共和国国家统计局，《国际统计年鉴（2008年）》，中国统计出版社2008年版，第157页。

就伊朗的工业来看，其发展水平和分布的地区差异是十分明显的。以中北部的德黑兰地区、中部的伊斯法罕地区和西南部的胡泽斯坦地区的发展水平为最高，分布也最为集中；其次是北部的里海沿岸、东北部的呼罗珊地区和西北部的东阿塞拜疆、德黑兰周边地区的工业发展水平较高，分布也比较集中；东南部、东北内陆和西部山区的发展水平最低，分布密度也最小。人口分布状况与工业发展和分布情况基本一致，反映出伊朗工业及经济的区域差异是突出的。这与伊朗自然环境和资源分布的地域特征有关，也是伊朗区域社会经济发展不平衡的表现。对中国企业来说，也有选择对伊朗投资区域的参考意义（见图3—3、图3—4、图3—5、图3—6）。

表3—11　　中国伊朗美国国民总收入变化　　（单位：亿本币）

	1990年	2000年	2003年	2004年	2005年	2006年
中国	18718	98001	135174	159586	184739	211508
伊朗	35	581	1088	1381	（万亿里亚尔）	
美国	57716	99831	109688	117429	124971	132708

资料来源：国际货币基金组织数据库、世界银行数据库（Source：International Monetary Fund Database，World Bank Database）——中华人民共和国国家统计局：《国际统计年鉴（2008年）》，中国统计出版社2008年版，第48页。

表3—12　　世界和中东、中国、伊朗、美国人均国民总收入变化（单位：美元）

	1990年	2000年	2003年	2004年	2005年	2006年
世界总计	4084	5251	5563	6338	7016	7439
中东和北非	1334	1662	1806	1984	2223	2481
中国	320	930	1270	1500	1740	2010

续表

	1990年	2000年	2003年	2004年	2005年	2006年
伊朗	2470	1680	1970	2240	2600	3000
美国	23330	34400	37570	41060	43560	44970

资料来源：Source：World Bank Database，转载于：中华人民共和国国家统计局：《国际统计年鉴（2008年）》，中国统计出版社2008年版，第49、50、52页。

产业结构有一定差异。虽然中国、伊朗都是发展中国家，而且都进入了工业化阶段，但是两国的产业结构和经济发展水平是存在差异的。表3－13显示，2006年中国的第一、第二、第三次产业之产值构成为11.9：47.0：41.1，呈现的是“Ⅱ：Ⅲ：Ⅰ”的特征；2005年伊朗三次产业的构成是10.4：44.6：45.0，已经呈现出“Ⅲ：Ⅱ：Ⅰ”的状态；2007年农业所占GDP比重为10.7％，工业占42.9％，服务业占46.41％，“Ⅲ：Ⅱ：Ⅰ”的结构特征进一步明显。

上述资料说明两国的产业构成比例基本一致，但是其中的差异还是存在：中国第二产业在国民经济中占有比较突出的地位，伊朗则是第二、第三产业地位大体相当，第三产业略占优势，中国的第三产业实力需要努力增强，与世界第三产业平均比重为69.0％相比较，伊朗、中国的产业结构调整都还有很长的路要走；其次，说明中国处于工业化的中后期，制造业是第二产业的主体。而伊朗处于工业化中前期，石油天然气开采加工以及相关工业是第二产业的支柱；第一产业在两国产业构成中都占10％以上，而世界仅为3.4％，说明还有很大下调空间，但是第一产业对于中伊两国都是非常重要的基础产业，而且中国农业的总体规模和技术水平、综合效益都要高于伊朗。以上分析说明，从产业结构的层次看，中国伊朗之间的互补性是明显的，一、二、三次产业中的合作机会都是很多的。

技术水平存在差异。中伊经济发展水平的差异在很大程度上是由两国科技水平的差异引起的。科技是第一生产力的概念已经深入人心，世界各国都在通过提升科技水平来推动国民经济的发展。由于受到美国和西方的封锁与制裁已经40年，伊朗与国际社会的科技交流，自身的科技发展受到很大限制，包括能源开采等重要产业在内的领域目前也面临着技术落后、设备过时等问题。主要由于技术的原因，目前伊朗大型基础设施的建设需要承包给外国公司。据瑞士洛桑国际管理发展学院（IMP）公布的《2008年国际竞争力年度报告》，中国的科技竞争力和技术竞争力在55个参评国中排名第17位。[①] 另外，联合国工业发展组织发布的《工业发展报告2009》对2005年世界122个国家的工业竞争力进行排名，中国的工业竞争力指数排在全球第26位，[②] 而伊朗排名全球第85位、中东地区第8位。[③] 可见，中国在科技和工业竞争能力方面比伊朗有较大的优势。目前形势下，伊朗企业更希望与中国公司合作，从中国取得急需的适用技术和设备。最近几年，伊朗的国防科技、军工技术，特别是卫星发射技术有了长足的进步。西方猜测，这主要是中国对伊朗进行技术援助的结果。无论如何，科技合作都是未来中伊合作的重要领域。

表3—13　世界及其不同发展水平国家、中伊美国内生产总值产业构成

（单位：%）

国家和地区	第一产业		第二产业		第三产业	
	2000	2006	2000	2006	2000	2006
世界	3.7	3.4#	29.2	27.6#	67.1	69.0#
低收入国家	26.4	20.4	26.3	28.4	47.2	51.1
中等收入国家	9.7	8.7	36.3	36.1	54.0	55.3
中低收入国家	12.1	11.5	44.1	40.5	43.9	48.0
中东和北非	12.1	11.5*	44.1	40.5*	43.9	48.0*

① 新华网："洛桑国际管理学院公布2008年世界竞争力排名"，2008年5月15日。http://news，xinhuanet.com/newscent/2008—05—15/content.8175681.htm。

② ［新加坡］《星洲日报》，http://www.sinchew.com.my/node/104518。

③ 中国驻伊朗大使馆经济商务参赞处，伊朗工业竞争力指数排名，2009年3月1日。

续表

国家和地区	第一产业		第二产业		第三产业	
	2000	2006	2000	2006	2000	2006
高收入国家	1.9	1.7#	28.0	25.9#	70.1	72.4#
中国	14.8	11.9	45.9	47.0	39.3	41.1
伊朗	13.7	10.4*	36.7	44.6*	49.5	45.0*
美国	1.2	1.3#	24.2	22.0#	74.6	76.7#

#2004 年数据；*2005 年数据。

资料来源：世界银行世界发展指标数据库（Source：World Bank World Development Indicators Database）——中华人民共和国国家统计局：《国际统计年鉴（2008年）》，中国统计出版社 2008 年版，第 63 页。

图 3—3　伊朗分省综合发展水平示意图

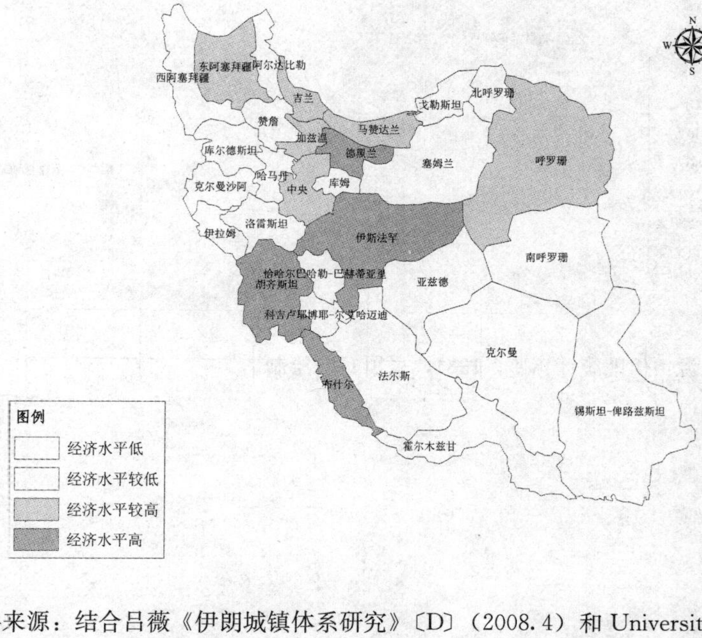

资料来源：结合吕薇《伊朗城镇体系研究》〔D〕（2008.4）和 University of Texas Libraries 的数据，ArcGis 绘制。

图 3—4　伊朗分省人口密度示意图

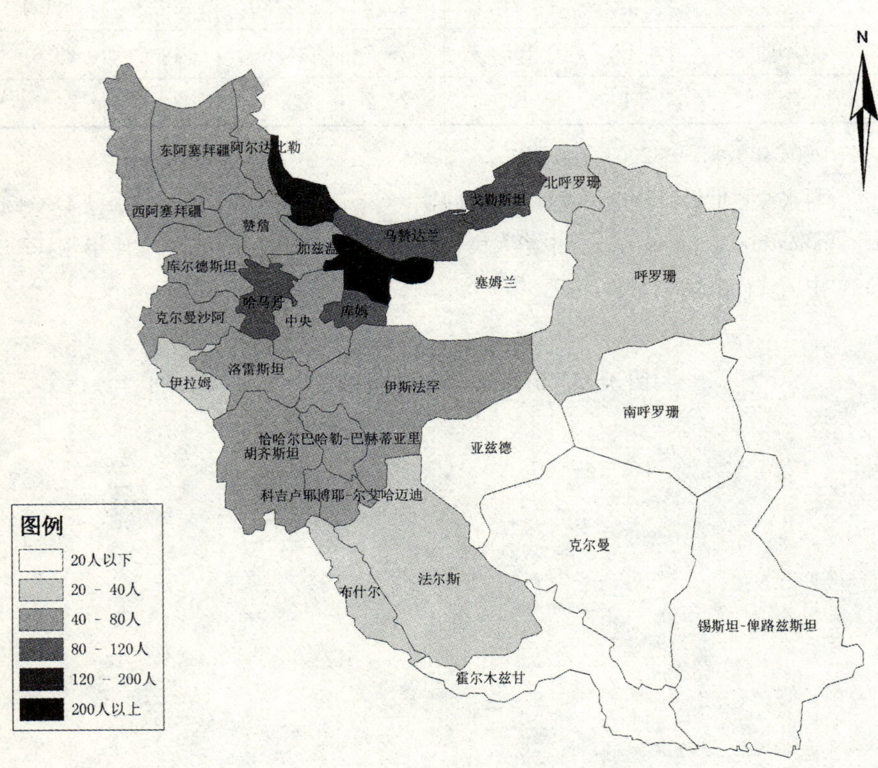

资料来源：伊朗统计年鉴，1384，采用 GIS 绘制。

图 3—5 伊朗工业布局示意图

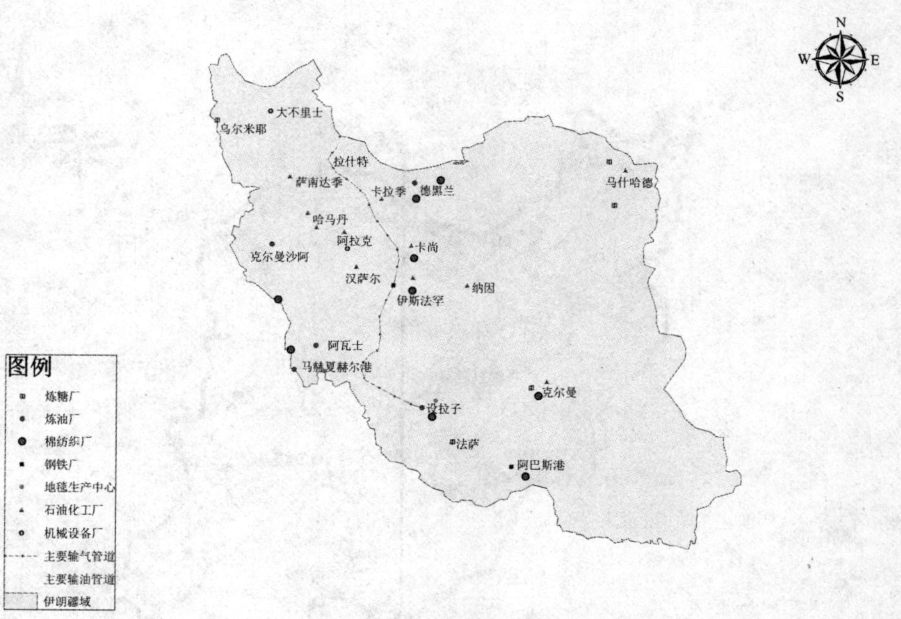

图 3—6　伊朗陆上交通与工业布局关系示意图

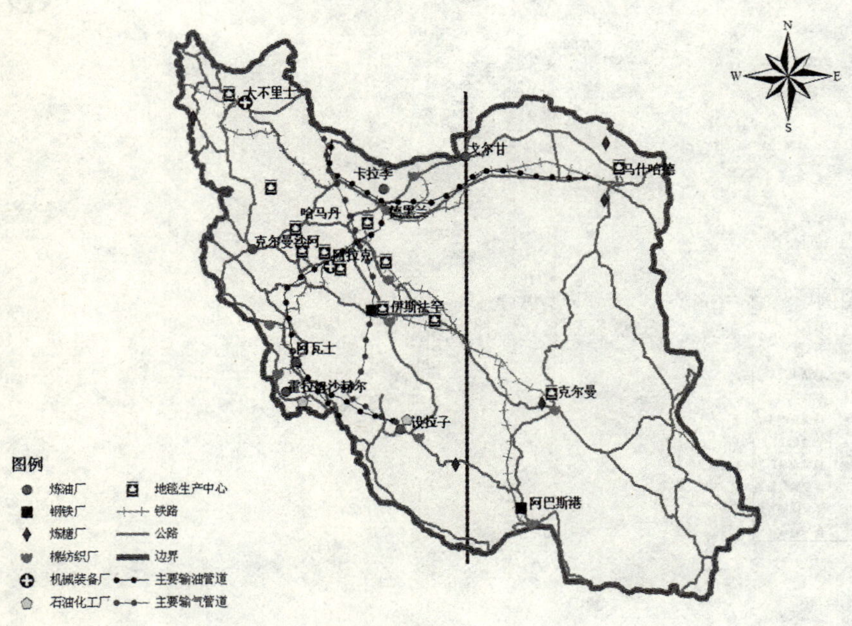

图 3—7 伊朗土地利用示意图

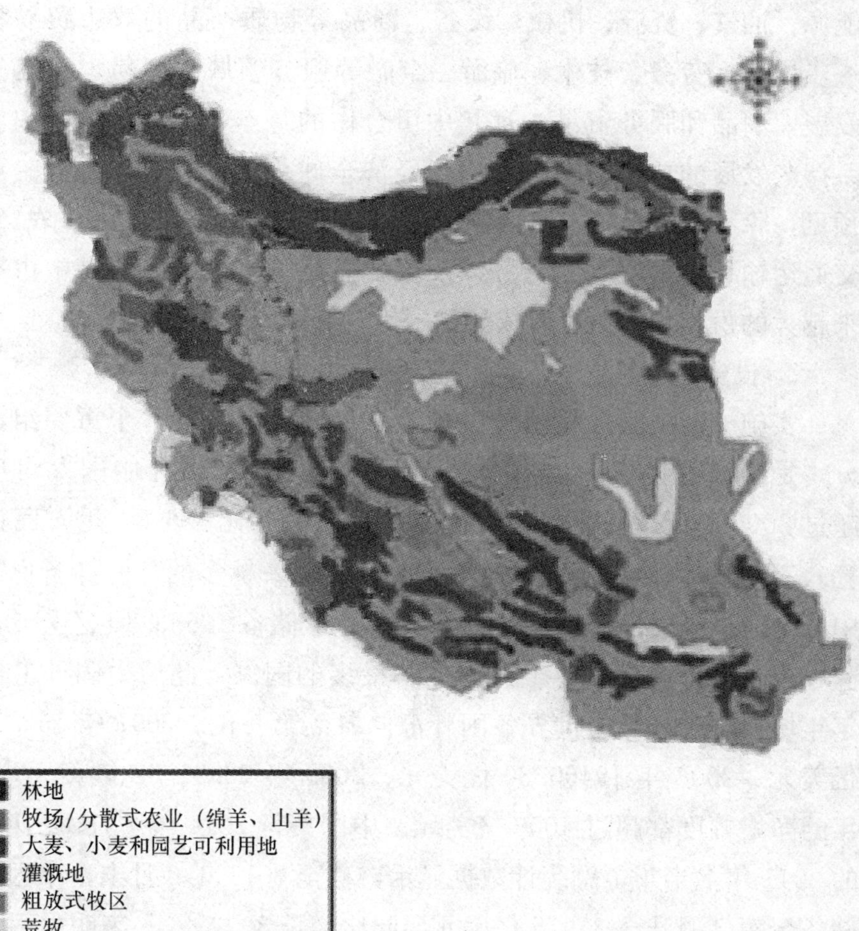

图 3—5、3—6、3—7 的资料来源：根据 University of Texas Libraries 网站的数据整理，采用 ArcGis 绘制。

2. 贸易因素

对外贸易对中国和伊朗的经济和国计民生都是至关重要的。如前所述，无论是从发展水平、产业结构，还是从历史基础、资源禀赋等方面分析，两国都存在着明显的互补性特征，中伊互为产品供应方和购买方，对于双方的经济社会发展都是一种强大的推动力量。能源、油气、资源、机械、设备、商品等物质产品的双边贸易将进一步增长，劳务、技术、旅游、金融等服务领域的贸易也将迅猛地发展，商品和服务贸易永远是中伊合作的基本领域，这符合中伊关系持久发展的要求，也符合中伊经济全球化战略的总体部署。可以预见，除石油天然气、工业制成品以及其他传统商品以外，农产品、交通运输、技术专利、劳务以及旅游商品等将在中伊贸易中占有越来越大的份额，双边贸易依然是中伊友好合作关系的中坚力量。

3. 投资因素

实施“走出去”战略是中国发展外向型经济的一个重要组成部分，是中国适应经济全球化发展的必然要求。2008 年中国人均 GDP 超过 3000 美元（按照 2008 年底的汇率 1 美元＝6.83 元人民币折算），开始步入对外投资快速增长时期。越来越多的外汇储备也需要中国走向世界去发展，2006 年，中国外汇储备 10663.40 亿美元，首次超过日本，成为世界上外汇储备最多的国家。此后中国外汇储备年年快速攀升，稳居世界各国外汇储备额第一位。2007 年 15282.49 亿美元、2008 年 19460.30 亿美元、2009 年 23991.52 亿美元，[①] 每年的净增幅度都超过 4000 亿美元。中国央行 2011 年 7 月 12 日公布的 2011 年上半年金融统计数据显示，截至 2011 年 6 月末，中国外汇储备余额已飙升至 31975 亿美元，同比增长 30.3%，[②] 表明中国对外投资的现实和潜在能力日益强大。中国外汇储备的持续高速增长，固然是由于对外贸易顺差和对外投资顺差双顺差造成的，如何用好

① 《中国经济年鉴（2010 年）》，中国经济年鉴社 2010 年版，第 875 页。

② 《北京日报》2011 年 7 月 13 日。

这笔巨大的外汇储备来推动中国国民经济持续健康发展、缓解国内的通胀压力，成了必须破解的重大经济“难题”，增强向伊朗投资应当是中国的理性选择之一。伊朗是中国投资的重要伙伴，迄今，中国在伊朗的实际投资额已经超过400亿美元，在伊朗的交通、水利、能源、石化、轻工、汽车等领域已经打下了比较扎实的投资基础；在农业、旅游、通讯等领域的投资合作也在发展。进一步提升中国在伊朗投资的质量，扩展投资的领域和规模，就是夯实中伊关系的经济支柱，中方还需继续为之努力。

伊朗也在积极引进外资，几次修改法律，吸引外资到伊朗投资。主要由于制裁的原因，西方公司在伊朗投资存在或多或少的障碍。中国公司可以抓住和利用这些机遇，在伊朗产业界打牢投资和经营的基础。2009年4月15日，伊朗总统自由贸易区顾问萨拉赫在德黑兰举行的伊侨代表大会上宣布，伊朗的自由贸易区免税期将由原定的15年延长至30年，政府有关部门还将为伊侨在发放签证和经济活动中提供便利。[①] 伊朗现有6个基础设施比较完善的商业和工业园区。过去两年中，政府已经撤除了伊侨投资的障碍，伊侨和外资的投资环境有了很大的改善。

中伊投资和经济技术合作正在形成相互依赖、相互支持的格局，在一定程度上弥补了各自经济发展的不足，在形式和内容上与商品贸易互补互动，很大程度上可以替代和提升传统的商贸形式，因而双边投资正在成为中伊关系的主题。

六、历史、宗教与文化因素

伊朗对中国文化的影响在历史上仅次于印度，中华文明的影响也深深地植根于伊朗，中伊在文化、宗教、艺术等方面的联系密不可分。历史、文化的交流与融合使两国形成开放、包容的民族特性，

① 中华人民共和国商务部网站，驻伊朗使馆经商参处，2009年4月16日。

历史至今的沟通提高了双方的认同感，历史文化因素是构成中伊关系的重要元素。21世纪初期以来，历史、文化因素在两国关系中的基础和纽带作用更加凸显。

（一）历史文化因素

中伊两国有着古老的文明和两千多年的友好交往历史，成为发展两国关系的历史根基。中伊历史文化的共性特征是鼓励交流、赞成包容，而儒家文化和伊斯兰文化则成为中伊文化各自的价值核心。经历了2000多年的交往，中伊没有产生过冲突，奠定了当代中伊关系的良好历史基础，一脉相传的友好交往历史将继续推动中伊关系在求同存异、共创未来中向前发展。

（二）宗教文化因素

宗教文化对中伊关系同样具有重要影响。

公元7世纪以来，伊斯兰教通过陆上和海上丝绸之路对中国产生着影响。唐朝以来，大量穆斯林来到中国；元朝时期，穆斯林已经遍布中国的大江南北，当今中国穆斯林的分布格局大体就是那个时期形成的。此外，源自伊朗的拜火教、摩尼教对中国的影响也是深远的。同时，中国的传统医学、武术和某些古典文学作品对伊朗文化和社会发展也产生着广泛的影响。宗教上的交往恒古弥今，对中伊社会文化和政治经济都起着十分重要的现实影响，在当前和今后的中伊关系中，宗教仍将是一个重大的影响因素。

（三）民族因素

中华民族和伊朗（波斯）民族都注重礼仪，待人诚恳，热情开朗，勤劳勇敢．友善邻邦，强调宽容和包容，其文化根源在于博大精深、源远流长的儒家文化和波斯文化。中华民族、伊朗民族具有包容外部世界、接受外来文化、学习新鲜事物的民族性质，这也是两国人民之间容易沟通的重要原因。当代中伊人民都热爱和平、不惧强暴，这种精神，使得两个民族在霸权主义面前不屈不饶、坚决抗争，对重大国际问题敢于坚持独立自主的观点和正义的立场，这些共同点，使两个民族对待国家的强大具有共同的语言，在选择发展的道路上也能够相互理解。

七、经济政治制度因素

制度是国家利益的保障，也是国民体现意志、实施管理的依据和手段，制度应当是国民自己选择的结果。

政治制度在较大程度上会影响国家的政治态度，从而影响国家关系。实际上，不同政治制度国家之间应当是相互包容、和平共存的，一贯的你死我活的残酷斗争不符合人类文明发展的规律。事实上，世界各国在不同政治体制下共存共荣或独立发展的现象普遍存在。

中伊两国的政治经济制度是不同的——中国是社会主义国家，伊朗是伊斯兰共和制国家，两国的宪法规定了国家政治经济体制的内容和特征。

伊朗伊斯兰共和国宪法规定，伊朗的政治制度是政教合一的"伊斯兰共和制"，这种制度的基础是伊斯兰信仰，它把伊斯兰教与民主制度结合起来。伊朗宪法强调，"世界和人类的绝对主权属于真主"、"真主为人类立法"、"所有……法律和法规都必须基于伊斯兰准则"、"伊斯兰教第 12 伊玛姆派教义是伊朗的国教"。

中华人民共和国宪法规定：中国是"工人阶级领导的、以工农联盟为基础的人民民主专政的社会主义国家。社会主义制度是中华人民共和国的根本制度"，国家的"一切权力属于人民"，人民行使国家权力的机关是全国人民代表大会和地方各级人民代表大会，国家行政机关、审判机关、检查机关都由人民代表大会选举产生；对它负责，受它监督；国家机构"实行民主集中制的原则"，全国人民代表大会和地方各级人民代表大会都由民主选举产生；"多党合作和政治协商制度”，是在中国共产党的领导下，各民主党派、各人民团体、各少数民族和社会各界的代表，对国家的大政方针以及政治、经济、文化和社会生活中的重要问题在决策之前举行协商和就决策执行过程中的重要问题进行协商的制度“中华人民共和国的社会主义经济制度的基础是生产资料的社会主义公有制，即全民所有制和劳动群众集体所有制”。[①]

中伊两国经济政治制度中的突出共性特征是政治体制中的主导因素和经济体制中的国家成分都比较多。这个共同点使得两国在面对西方的恶意攻击时，具有相似的立场、共同的观点和态度，也使得国家的意志可以比较容易地集中体现在各个领域。事实证明，不同政治经济制度下的中伊两国已经走过了40年的友好交往历程，还将在相互尊重、平等互利的原则下长期友好下去。

中东问题专家、美国哥伦比亚大学中东学院代理院长加里·斯克（Gary Sick）2005年7月接受《华盛顿观察》周刊采访，谈了他认为伊朗在中伊关系中的政治利益：“伊朗面临美国的制裁和国际围剿，因此需要中国对他的国际支持，尤其需要中国在安理会的一票否决权。”另外，伊朗希望加入上海合作组织，寻求与上合组织成员国进行更广泛的合作，尤其是与中国和俄罗斯的合作。[②]

八、国内政局因素

伊朗国内政治势力的对比变化将直接影响伊朗的外交政策和对华政策。西方通常将伊朗政治势力分为改革派（温和派）和保守派，实质上表示的是亲西方派和排斥西方派。一般而言，前者比较有利于推动伊朗—中国关系发展。但是这不能等同于亲华派和排华派，也不能确切地反映影响伊朗的对华政策因素。应当说，只要是支持发展伊朗—中国友好关系的伊朗政治势力和派别，都值得欢迎。

---

① 《中华人民共和国宪法》，法律出版社2004年版，第49页、50页。

② 新华社2006年6月10日电。

西方认为，改革派——在政治上寻求神权的绝对统治但在议会中获得更大的发言权，在经济上向外国投资者开放，支持伊朗加入世贸组织，将国有企业私有化，要求伊斯兰政权放宽对经济和社会的控制，在外交上尝试与美国对话。参加 2004 年伊朗议会选举的改革派组织主要是“伊朗联盟”，共有包括本届议员在内的候选人 200 多名，代表性人物是贾米莱·卡迪瓦尔（改革家阿塔乌拉·穆哈杰拉尼之妻）、两届议会代表苏海拉·杰洛扎尔扎德。该派的竞选口号是“伊朗是所有伊朗人的伊朗”，2000 年时用该口号赢得了胜利。因为保守派的打压，2008 年 3 月选举，改革派又居于下风。保守派——反对对现行政治（社会）制度进行根本性改革，经济上同意有选择地对外国公司开放，要求继续限制进口商品来保护国内产业，支持伊朗加入世贸组织，近几年允许给予社会更大的自由（包括约会、西方音乐、穿戴比较开放的伊斯兰女用头巾和服饰），强烈反对与美国和好。代表性组织是“伊斯兰伊朗开拓者组织”，领导人有议员吴拉姆—阿里·哈达达德勒（哈梅内伊的亲戚）、赛义德·阿布塔莱卜、阿巴萨利·阿赫塔里（哈梅内伊的助手）、吴拉姆—阿里·哈达达德勒（哈梅内伊的亲家）、侯赛因·谢赫—伊斯兰（前伊朗驻叙利亚大使）等人。目前，保守派在伊朗政治中居于主导地位，在 2008 年议会选举中获胜。此外，议长迈赫迪·卡鲁比、议员兼专家会议成员马吉德·安萨里、霍梅尼核心集团成员马哈茂德·杜埃等被认为是介于改革派和保守派之间的温和派。以保守派和改革派为主的政治斗争是引致伊朗内外政策变化乃至于政局动荡的主要原因。2000 年伊朗进行第六届议会选举，结果改革派议员占了 290 个议席中的 210 席，保守派在议会中受到严重挫折。为了夺回对议会的控制权，在 2004 年 2 月的伊朗第七届议会选举中，保守派控制的宪法监护委员会（由 6 名宗教人士和 6 名法学家组成）以违反伊斯兰教义和国家宪法为由，取消了登记参加议会竞选的 7900 人中的 3605 人的参选资格，被剥夺参选资格者多属改革派，其中 85 人是本届议会中的改革派议员。于是，60 多位议员在议会静坐示威，哈塔米总统、4

位副总统、12 位内阁部长、27 位省长以及许多议员纷纷表示要辞职，支持改革派的一个学生组织呼吁民众抵制选举。宪监会不得不重新审议，最终恢复了 1160 人的参选资格，但是仍然禁止 2400 多人参选。被禁止参选的人中包括本届议会副议长、哈塔米总统的弟弟礼萨·哈塔米及其夫人、已故领袖霍梅尼的孙女扎赫拉·埃什拉吉、改革派先锋本届议会外交委员会主席米尔达马迪等著名人士。[①] 有消息称，哈梅内伊为此同哈塔米总统、卡鲁比议长进行了磋商，暂时平息了两派争端，表明伊朗的政治危机达到了比较尖锐但是还没有到引起骚乱的程度。这次选举，以保守派占 2/3 的议席、重新夺回对议会的控制权告终。2008 年的伊朗议会选举过程和结果大体上重演了 2004 年选举的情形。

哈塔米执政时，他曾不止一次表示要辞职，其实他想说的是强硬派施加的压力越来越大。哈塔米的 8 年执政没有取得成功，究其原因除了西方放弃对改革派的支持以外，主要因为改革派内部的分歧、改革派对保守派的妥协、民众对改革的失望以及受到保守派的挤压。于是，伊朗面临着重新寻找“高明船长”的难题，而被认为是居于改革派和保守派之间的务实型人物、前总统拉夫桑贾尼成为热门人选。出乎预料的是，前德黑兰市市长、强硬保守派、走平民路线的内贾德却在 2005 年 6 月的选举中胜出，成为现任总统，反映了伊朗毛拉高层的专制意志和人民对改革没有取得成功的失望。主张强硬路线的内贾德高举为穷人谋福利的旗帜，赢得了大选，这个结果让美国和西方感到震惊。内贾德要把伊朗建成世界上“现代、先进、强大的伊斯兰社会”的样板，[②] 西方和海湾地区的学者担心，内贾德政权的外交会使伊朗的国际合作路线停滞（哈塔米总统的外交则把国际合作作为重点），还会使邻国关系恶化，导致海湾地区逊

① 张胜平：“伊朗议会危机愈演愈烈”，《参考消息》2004 年 2 月 5 日。

② 美联社德黑兰 2005 年 6 月 25 日电。

尼派和什叶派的对立尖锐化，在伊拉克激起更多的教派冲突[1]，但是结果并没有像他们担心的这样糟糕。

社会矛盾日益加深也是伊朗政治格局多变的重要原因。年轻人对现实的不满是社会动荡的原动力，也是美国—西方觉得可以作为推翻伊朗毛拉政权的内部力量。伊斯兰革命时期出生的伊朗年轻人崇拜西方和西方文化，厌恶伊斯兰教严格的社会和政治限制，痛恨腐败和通胀，希望自由恋爱，喜欢电视、电影、舞厅和音乐会，他们愿意远离宗教，从而构成了对神权政治的广泛撼动力。[2] 但是，就此认为能够造成伊朗内部政权更迭，那也是不符合实际的，因为伊朗革命卫队牢牢地控制着军队和安全部队。伊斯兰世界观是伊朗人民世世代代的信仰。油价持续上涨给伊朗带来每天 2 亿—3 亿美元的收入，使其可以在加强军力、解决社会和经济问题上投入大量的资金。内贾德上台不久，他领导的伊斯兰委员会就曾下令禁止放映外国电影，尤其禁止含有西方文化因素、与伊斯兰文化相违背的电影。[3]

近几年来，内贾德在伊朗民众和宗教人士心目中的地位趋于下降。在内贾德执政一年多的 2006 年年底，伊朗各城市的地方议会选举结果是：温和派得票居第一，改革派居第二，保守派居第三，保守派得票数不足 20%。这反映出伊朗民众对这位强硬派人物的失望——因为“他花太多的时间来使伊朗与美国和西方的对抗升级，强硬推行铀浓缩计划导致联合国的制裁，发表从地图上抹去以色列并公开怀疑纳粹大屠杀的言论引起国际社会的愤怒，却没有把伊朗经济搞上去”。[4] 但是，坚持核计划、坚持不向美国妥协、坚持在中东和平问题上的强硬立场、大力发展国防科技和提升军队战斗力，

① 法新社德黑兰 2005 年 6 月 26 日电。

② 丹·德吕斯：“伊朗年轻人之间滋长愤怒情绪”，英国《卫报》2004 年 2 月 9 日文章。

③ 美联社德黑兰 2005 年 10 月 26 日电。

④ 美联社德黑兰 2006 年 12 月 21 日电。

是内贾德政府赢得伊朗人民支持的主要闪光点。

2007年初，内贾德出访拉美遭到国内媒体强烈批评，150名议员集体上书，指责内贾德应为国内的经济发展缓慢、高通胀率、高失业率负责，批评内贾德政府没有及时公布预算，伊朗在核问题上处于被动，在国家危机加重的时刻访问拉美的委内瑞拉、厄瓜多尔、尼加拉瓜等国家。据说哈梅内伊对内贾德的表现也非常失望，甚至有时候都拒绝接见他，命令他不得再发表有关伊朗核问题的言论，内贾德甚至面临弹劾的危险。[①] 2008年2月13日，被认为是哈梅内伊的心腹的伊朗《世界报》主编侯赛因·沙里亚特—马达里撰写两篇文章来批评总统内贾德和革命卫队司令穆罕默德·阿里·贾法里，要求总统提防“潜入者和敌人”，对那些假装支持者和为其工作者要格外小心，批评贾法里要求民兵和国民卫队在即将举行的议会选举中支持保守派候选人的做法违反宪法，也不符合霍梅尼禁止武装部队参政的命令。[②] 近来，伊朗议会一些人直接批评内贾德与“心术不正的”顾问走得太近，因为这些顾问“主张让非宗教的民族主义超越伊斯兰教”。伊朗议会现在由不满内贾德的保守派主导，有些议员一直在谈论弹劾内贾德。

内贾德政府与伊朗议会的矛盾，时有所闻。2011年4月以后成为媒体报道的热点——自4月17日公开内贾德迫使情报部长海达尔·穆斯利希辞职之事几分钟后，哈梅内伊就下令恢复穆斯利希的职务，这个干预引发了伊朗领导层内部的大争论，内贾德因此自4月22日以来退出公众视野并缺席多次内阁会议，他还取消了对什叶派圣城库姆的访问。5月14日，内贾德借口将政府部委由21个裁减为17个，将石油部长、社会福利部长、工矿部长革职并亲自“代理石油部长”，内贾德新任命的外长萨利希任命了内贾德的朋友、原总统办公厅主任的助手穆罕默德·马利克扎得为来当外交部负责行政

① 《环球日报》2007年1月18日。

② 伊朗新闻社巴黎2008年2月13日电。

和财务的副外长。7 月初内贾德还威胁要曝光伊朗伊斯兰革命卫队的腐败丑闻。内贾德的对手给予了针锋相对的反击：一家行政法庭裁定内贾德总统的盟友、副总统哈米德·巴凯在之前担任伊朗文化遗产和旅游组织的负责人时有“许多违规行为”，因此禁止其担任公职 4 年（被停职）；议会批评内贾德自封“代理石油部长”的行为违法；外长萨利希因为任命副外长而遭到议会弹劾；马利克扎得被迫辞去副外长职务并在 6 月 23 日遭到逮捕。最后，内贾德不得不向哈梅内伊低头认错，辞去兼任的石油部长（同时任命穆罕默德·阿里阿巴迪为看守石油部长）。于是哈梅内伊出面表示支持内贾德，缓解总统遭到的越来越多的批评，并强烈要求停止这种高层内斗——这位 71 岁的伊朗革命领袖在 7 月 4 日对革命卫队高级军官发表电视讲话：“我们应该尽可能减少在观点上的分歧。令人遗憾的是，当前国内的形势是你反对我、我反对你。这些挑起事端的人难道没有看到，这种局面让外国宣传机器多么高兴吗?”① 可以肯定，如果内贾德坚持对抗，下场是遭到宗教上层集团保守派的彻底摒弃。

由此可见，2010 年以来，伊朗政坛高层的矛盾的确越来越表面化、尖锐化。内贾德与议会之间的分歧实质上是内贾德与最高领袖哈梅内伊之间的矛盾，反映了保守派内部势力的分化，一定程度上反映了世俗政权与宗教威权的争斗，是伊朗在特殊的国内外压力下自我适应、自我调整的表现。结果可能导致伊朗内外政策的调整，进而会影响到伊朗的对华政策、中伊关系发生相应的变化。但是在哈梅内伊策划、监控下的这番争斗，以内贾德妥协、议会适当让步，哈梅内伊批评总结的形式暂告结束，伊朗政坛基本稳定，内外政策基本保持了原来的方向。

伊朗的民族矛盾也是影响政局的重要因素，稍有处理不当，也会引发社会动乱、国家分裂。波斯人只占伊朗人口一半略多，此外，阿塞拜疆人占到 1/4，还有阿拉伯人、俾路支人、库尔德人等众多少

---

① 路透社德黑兰 2011 年 7 月 4 日电。

数民族，少数民族中也有些人信奉逊尼派伊斯兰教。2006年3月，俾路支人组织袭击了政府的车队，造成20人丧生；5月，由于政府官方报纸《伊朗日报》刊登一幅漫画而激怒了西北部的阿塞拜疆人，导致5个城市的大学爆发抗议活动，大不里士城数千人上街示威；在库尔德人聚居的克尔曼沙赫发生了爆炸；阿拉伯人聚居的西南部自2005年4月以来也发生了一连串爆炸。[①]

九、对外战略因素

（一）中国的对外战略

中国自古就有“远者来而近者亲”（管仲）、“亲仁善邻，国之宝也”（左传）的亲善外交传统。新中国外交政策的宗旨是维护世界和平，促进共同发展，与古老中国善待邻邦远客的友善精神一脉相传。外交政策一直遵循和平共处五项原则，坚持独立自主、和平外交、互利共赢，同所有国家友好合作。[②] 对外开放是中国目前和将来较长时间的基本国策，中国坚定实施“和平发展”的战略，强调和维护人类文明的多样性，坚持认为世界各国人民有独立选择适合本国实际情况的发展道路的自由，反对霸权主义和强权政治，推进国际关系民主化，主张利用外交手段解决国际纠纷。加强安全合作，打击宗教极端势力，推进经济合作与发展，在重大国际问题和联合国事务中加强磋商、对话、协调，[③] 是中国的对伊朗政策的指导方针。在伊朗核问题上，中国一贯坚持在国际原子能机构的框架内通过谈判、磋商获得解决，反对诉诸武力的原则。因此，中国的对外战略和政策是推动中伊关系全面发展的强大动力。

---

① 美国《基督教科学箴言报》2006年6月30日。

② 胡锦涛：“在庆祝中国共产党成立九十周年大会上的讲话”，《四川日报》2011年7月1日，第1、3版。

③ 江泽民：“在比什凯克五国元首会晤时的讲话”，《江泽民文选》第二卷，人民出版社2006年版，第403页。

（二）伊朗的对外战略

伊斯兰革命以来伊朗的对外战略几经调整。哈塔米总统时期，主张对外促进伊斯兰内部团结，减少冲突；提倡不同文明间的对话，不搞“文明的冲突”，与所有尊重伊朗的国家发展关系，特别注重发展同亚欧国家的关系。内贾德政府的外交政策是，同除以色列以外的世界各国发展正常的国家关系，重点是改善同邻国（包括海湾国家、阿拉伯国家）、伊斯兰国家的关系，并与受到美国打压的国家（例如委内瑞拉、叙利亚、哥伦比亚、朝鲜、古巴、白俄罗斯等）加强联系。应当说，这些政策体现了伊朗对自身利益的保护和追求，也成为伊朗发展与中国的友好关系的政策基础。

中国和伊朗都奉行独立、不结盟的对外政策，反对霸权主义、强权政治和单极世界，愿同所有国家在相互尊重、平等互利的基础上发展关系，在世界舞台上具有相似的或互补的政治经济文化及社会利益诉求。两国的对外战略和外交政策对加强两国的全面联系提供了保障。可以认为，21 世纪期间，中国和伊朗更加具备成为朋友和伙伴的条件和基础。

但是，伊朗的对外战略和政策可能随着国际形势的重大变化而调整。当 2009 年 1 月美国奥巴马新政府上台之时，内贾德总统面对奥巴马的“和解”姿态宣称，伊朗已经准备好与美国直接谈判；当中国在伊朗核问题上表达出自己的不同意见时，伊朗就会调整它的对华态度。就是说，伊美关系的改善并非不可能，中伊关系的变化也是必然的。

（三）重大事件因素

伊朗目前的最大外交难题是核危机问题。由于伊朗的强硬立场和美国、西方的巧妙运作，对伊朗的制裁已经演变成联合国麾下的世界范围的制裁。一向反对将伊朗核问题提交联合国安理会的俄罗斯、中国都对联合国 1803 号、1929 号决议投了赞成票。但是中国政府坚持认为，制裁不可能从根本上解决问题，外交谈判仍是最佳选择。虽然中国在类似的国际重大事件中没有改变自己的原则立场，但是这些重大事件还是通常会引发中伊关系变化，增加两国关系中的不确定性因素。

影响中伊关系的因素众多，其中内部因素主要是国家政局变化、经济贸易和文化宗教根源；外部因素主要是世界经济政治格局的变化，中近期的外部影响因素主要是伊美关系、中美关系以及欧盟、俄罗斯、日本、印度等强大势力与中国、伊朗之间的关系。中国不能对中伊关系有超越实际的期望，不能指望与伊朗结盟，不能希望伊朗成为中国进军中东、西亚的根据地。中伊没有根本性厉害冲突，但是有阶段性利益目标的差异。需要注意：各种因素的影响都具有双重性，因素的作用和性质——“积极或者消极”、“推动或者阻碍”之间还是可以相互转化的，其转化的程度和方向取决于国家对国内外局势和上述因素的认识、把握与运用。

通常可能对中伊关系产生负面影响的有三方面：

第一，中伊的国体和文化差异，可能导致在意识形态、对某些事物的认识上的分歧；中国和伊朗作为发展中的两个大国，也可能在中东和世界其他地区产生利益叠置和冲突。

第二，中伊空间距离遥远，会导致双方交往的便捷程度下降、风险和交往成本上升。

第三，重大事件（例如两伊战争、伊朗核问题等）的影响。必要时双方都可能利用对方的弱点来制约对方并使之就范，达到自己的目的。

第四章

21世纪初期的中国—伊朗关系

本章提示 本章的“新时期”是指21世纪初期，2000年哈塔米总统访华、中伊外交部间正式建立政治磋商机制，开启了新时期两国关系发展的新纪元。

虽然21世纪才过了第一个十年，但是十年中，伊朗政坛经历了哈塔米、内贾德两届总统，综合国力明显增强；中国进一步深化改革，实施全方位的对外开放，已经成为负责任的世界经济大国和政治大国；国际上发生了“9·11”恐怖事件、阿富汗战争、伊拉克战争、世界金融危机和世界经济危机等一系列重大事件，世界面临着更加严峻的资源问题、能源问题、环境问题、贫困问题等发展问题，特别是2003年以来伊朗核问题成为世界的焦点，对全面友好合作的中伊关系提出了新的考验。新时期里，中伊关系表现为一种非对称性友好依存关系，体现了“经贸合作以能源合作为基础、政治磋商以伊朗核危机为中心、国家关系经受着考验”的新特点。中伊之间的“文明对话”是两国发展关系的历史基础，也是中伊友好关系持续发展的方向。两个不同制度、各具文化特色的历史古国创造了友好交往的国家关系典范。国家综合实力决定了中伊两国的双边关系属于不对称脆弱性平衡关系，但是中伊关系积极稳健发展的势头始终没有改变。

冷战后的中伊关系的主要特色是在“中、美、伊飞地型三角战略”地缘政治关系框架之中形成的。中、美、伊文明“大三角”中，冲突多于融合、竞争胜过合作，依然呈现出不对称、不稳定、高关联的状态。从世界整体和全面的国家关系来看、从现实和未来的国家核心利益出发，定位当今伊朗在中国的对外战略格局中处于第三至第四层级，中国在伊朗对外战略格局中处于第三层级的结论是合适的。今后的目标是在经济、文化、政治、旅游、军事、社会等各领域，建立和发展全方位的中伊友好国家战略合作关系，努力将两国双边关系提升到各自国家的全球战略中的第二层级。

第一节　友好共处的中伊国家关系

一、中伊关系的基础牢固

两国尊重和维护各自国家的核心利益。

坚持一个中国、承认中华人民共和国是中国唯一合法政府是中伊建交和发展国家关系的前提和基石。“台独”、“藏独”、“疆独”的“三独”问题涉及中国的领土完整和国家统一，挑战中国的国家主权，属于中国的内政，关乎中国的核心利益。伊朗的伊斯兰社会和文化是伊朗立国之本，开发国家资源、和平利用核能发展国民经济符合国际惯例，体现了伊朗人民的意愿、权利和核心利益。中伊关系一直朝着维护两国的核心利益、相互尊重两国人民选择的发展道路、互不干涉内政的方向前进。伊朗支持中国的主权和领土完整，中国支持伊朗和平利用核能的要求和努力，要求国际社会在伊朗核问题上坚持和平谈判、政治解决的方针，身体力行地维护地区和世界的和平。

二、中伊关系的背景复杂

在21世纪第一个十年，改革开放依然是中国的基本国策，中国的对外开放是面向全世界的全方位开放。中国的经济现代化和世界经济全球化强化了中国对资源、能源、市场的需求，坚持实施经济发展的外向型战略。中国能源、资源、投资、市场的地域合作空间在经济全球化浪潮中正向世界各地扩散，进而推动中国与世界各国发展关系，推进在双赢、共赢、多赢原则下的双边、多边商品贸易、开发投资，构成了中国对外经济战略的主题，也成为中国外交的主要目标。在中国经济现代化过程中，美国、西方的一些不友好势力企图遏制中国的发展，中国的和平发展面临挑战。中东地区以及位于中东的伊朗，是中国不接壤的邻邦，理所当然地成为中国对外开放、突破围堵、发展全面友好合作关系的重要伙伴。

与此同时，伊朗借助2001年开始的反恐战争和阿富汗战争、2003年伊拉克战争、21世纪初期中东问题停滞甚至倒退、2008年的世界金融危机以及世界能源、资源市场供不应求的演变趋势，从中发掘、充分利用有利的发展机遇。在哈塔米总统时期伊朗国际地位有所改善、国内经济取得一定成就的基础上，内贾德政府努力建设国防工业和科技事业，加强交通、水利、能源、农业和旅游等经济领域的建设，积极介入海湾和中东地区事务，着力改善与周边国家特别是与海湾国家、土耳其等的邻国关系，积极开展与委内瑞拉、古巴、朝鲜以及亚洲国家和非洲国家的外交活动，软硬兼施地牵制美国和西方，力图通过核计划问题、中东和平问题等摆脱自伊斯兰革命以来的国际外交困境。因其如此，伊朗核问题除了提升伊朗在地区和国际上的地位、振奋国民的民族信心和自豪感之外，也始终成为新世纪以来捆绑伊朗手脚的国际羁绊。伊朗非常需要中国这样的世界大国的支持和帮助，无论是发展经济还是提升自己的国际地位。

发展中伊友好合作关系是中国政府的既定政策，平等互利、合作共赢、共同繁荣是中国发展中伊关系的一贯目标，中国高层对此多有精辟论述。2007年，中国国家主席胡锦涛两次与包括伊朗总统内贾德在内的伊朗政府高层会面，阐述了中国对发展伊朗关系的目标和原则，[①] 指出发展中伊友好关系不会损害任何第三国的利益，中国致力于继续推进中伊全面合作，对发展双边关系、营造地区和世界和平充满信心；胡锦涛主席在2008年、2009年的中伊两国元首会晤中再次强调了这个目标和原则，特别指出中国希望尽快和平解决伊朗核问题，排除影响两国关系的现实障碍，中国为之进行着不懈的努力。事实上，中伊建交40年来，在和平共处五项原则基础上，两国关系持续发展，在困难之时相互理解和帮助，为两国和两国人民带来了福祉，也为亚洲地区和世界的和平与繁荣作出了贡献。

三、经济贸易合作是中伊关系的主要内容

经济关系是中伊关系的支柱和主要内容。毫无疑问，发展中伊关系可以使两国获得更多的经济利益。中国正在大步奔向现代化，需要对外寻找广大的市场，进口更多的原料和燃料，伊朗也面临着发展国民经济的重任，因此中国和伊朗顺理成章地成为相互的商品大客户和投资场所。美国学者高龙江认为，在中伊交往中，中国获得了市场和石油的双重利益："首先，当中国对外敞开国门时，其轻工业产业会积极吸引外资，但是中国几十年建立起来的强大的重工

---

① 2007年1月5日，胡锦涛主席接见伊朗总统和领袖特使拉里贾尼时的谈话；2007年8月胡锦涛主席在上合组织峰会中伊国家元首会晤中的谈话。资料来源：中华人民共和国外交部网站。http：//www.fmprc.gov.cn/chn/wjb/zzjg/xybfs/gjlb/1444/1446/t287139.htm，007，01，05，http：//www.fmprc.gov.cn/chn/wjb/zzjg/xybfs/gjlb/1444/1446/t352077.htm，2007，08，16.

业和一些高技术产业却需要向外寻找市场，于是巴基斯坦、孟加拉、缅甸、伊朗成为其重要出口地。其次才是满足中国对石油的渴求。”伊朗的最大国内问题就是经济发展成效不显著，民众的就业、收入及生活水平没有明显提高，进而引起社会动荡、政局不稳。推进中伊经济贸易合作关系，可以提高伊朗经济的发展成就，事关伊朗的经济利益和政治利益。

21世纪初期的中伊经济贸易合作依然主要是在政府的支持和主导下进行的，两国的官方交流主要都是围绕经济贸易问题展开的。2008年7月14日，中国外交部部长助理翟隽在北京会见到访的负责法律和国际事务的伊朗副外长阿里—侯赛尼，会谈的重要内容就是双边贸易，双方对目前的双边贸易表示满意，乐观地预测当年两国的贸易额有望超过250亿美元[①]（见表4—1）。2008年9月、2009年7月，伊朗贸易（商业）部长米尔卡扎米（Masoud Mirkazemi）两次应邀参加上海合作组织（SCO）商业部长会议，他认为中伊之间在经济合作方面拥有巨大的潜力，双方还应当加强工程和技术领域服务和能源、非能源商品贸易的合作。这个观点与中国官方的看法不谋而合，成为了推动两国经济贸易合作深入发展的积极因素。两国政府对双边经贸交往的全力推动，为双边经贸合作开启了更加光明的前景。以至于现任伊朗驻华大使萨法里乐观地认为，2010年中伊贸易额即将达到300亿美元，完全能够在今后1—2年内增加到500亿美元。伊朗还期待在2011年内，实现伊朗里亚尔与中国人民币（在中伊贸易结算中）的直接兑换，并且能够签订中伊经济共同体协议。[②]

经济与政治之间的关联性，使得美国、西欧、日本等西方国家的经济势力因为制裁伊朗从伊朗暂时撤退，为中伊加强经济联系、扩大合作领域和交往规模、发展投资特别是发展大手笔的能源合作

① 伊朗《伊朗新闻》2008年7月15日报道。

② 《环球时报》2011年2月12日。

提供了机遇，中国企业才有了较多的填补空缺的机会。但是中国与伊朗的经济合作又面临着来自美国和西方强大的政治压力，特别是2004年伊朗核问题在世界上引发重大关注以来，中伊关系受到美国和西方干扰的迹象越来越明显。

表4—1　　2000年以来中伊高层间的主要互访

访伊的中国领导人		访华的伊朗领导人	
2000年2月	唐家璇外长	2000年6月	总统哈塔米
2001年1月	胡锦涛副主席	2002年4月	副议长穆·阿明
2002年3月	吴仪国务委员	2004年8月	副外长霍什鲁
2002年4月	江泽民主席	2005年7月	副总统奥列米
2004年11月	李肇星外长	2005年10月	外长穆塔基
2006年4月	中共中央政治局委员王乐泉	2006年6月	总统内贾德
2006年8月	外交部部长助理崔天凯	2007年1月	领袖和总统特使拉里贾尼
2007年11月	杨洁篪外长	2007年3月	副外长阿拉格齐
2008年4月	外交部部长助理翟隽	2007年8月（内、胡）	上海合作组织比什凯克峰会总统内贾德（比什凯克）
2008年11月	中共中央政治局委员刘云山	2007年7月	副外长萨法里
2010年9月	中共中央政治局常委李长春	2007年9月	内政部长普尔—穆罕默迪
2011年7月	中共中央政治局常委贺国强	2007年11月	第一副总统达乌迪
		2008年1月	领袖和总统特使贾利利
		2008年9月	总统内贾德
		2010年6月	总统内贾德

资料来源：中华人民共和国外交部网站，http：//www. fmprc. gov. cn/chn/wjb/zzjg/xybfs/gjlb/1444/1446/default. htm。由于资料原因，表中统计不完整。

第二节　迅速发展的商品贸易关系

中伊贸易具有互补性强、能源合作契合度高的特点。

中国是世界第一人口大国，2008年国内社会消费品零售额达到15656亿美元（RMB为108488亿元，人均消费约8100元），[①] 对外贸易总额跃居世界第二，达到2.56万亿美元，其中出口额1.43万亿美元、进口额1.13万亿美元，分别居世界第二、第三位。[②] 虽然受到世界金融危机影响，2009年中国的外贸总额下降到2.21万亿美元，GDP增长率由2008年的9.63%略微降到9.11%，[③] 但是商品出口额超过德国（2009年德国贸易总额为20523亿美元）成为世界第二（仅次于美国：2009年美国外贸总额26607亿美元[④]）已经变成事实。随着经济实力和综合国力的持续增长，中国真正成为世界最大市场的一天正在到来，这为伊朗产品对华销售提供了广阔的空间。2008年伊朗GDP约为3237亿美元（按购买力平价计算则达8526亿美元，人均GDP为12300美元，增长率为4.3%，表明伊朗经济进入了中等收入时期；按FOB价计算的进口贸易总额为613亿美元[⑤]），2009年GDP为3305亿美元，贸易总额也达1296亿美元，居当年世界第25位，其中进口515亿美元、出口781亿美元。[⑥] 中国是世界经济大国和贸易大国，伊朗是地区经济大国和贸易大国的事实说明，无论是从地理环境和自然资源的地域差异还是从劳动分工的角度看，发展贸易关系都是现代中伊关系的主题，双边贸易一直

---

① 按2008年6月3日中国人民银行委托中国外汇交易中心公布的银行间外汇市场美元兑人民币汇率中间价：1美元=6.9295元人民币折算，见新华网2009年1月22日、网易财经2008年6月3日。

② 重庆商报转引新华社，2009年3月25日第35版。

③ 中华人民共和国国家统计局：《中国经济年鉴（2010）》，中国经济年鉴社2010年版，第925页。

④ 同上书，第927页。

⑤ 笔者注：购买力平价（PPP）指某种货币的单位量货币量所能够购买到的商品和服务的数量。可以比较客观地计算出不同货币之间的比值。FOB价，或称船上交货价、离岸价，指卖方负责将货物装上买方自派或指定的运输工具时的商品价，包含商品自身的成本价、采购到交货之前的运费、保险费等在内的货物价格。

⑥ 中华人民共和国国家统计局：《中国经济年鉴（2010年）》，中国经济年鉴社2010年版，第927页。

是21世纪初期中伊合作的主要领域。2007年中国已经成为伊朗的第三大商品进口国，目前中国是伊朗的第二大贸易伙伴（仅次于德国），中伊贸易额占伊朗总贸易额的10%。[①] 资料显示，2008年伊朗与中国的贸易总额为278亿美元，2009年因为金融危机双边贸易额下降23.6%，2010年中伊双边贸易额达294亿美元，同比增幅38%，创历史最高纪录。[②] 2011年6月8日在北京举行的伊中关系研讨会上，专家们的预测是两国贸易额在未来几年将达到500亿美元，[③] 与两国的期望基本一致：未来5年内把双边贸易额提高到500亿美元、20年内提高到800亿美元。

一、互补型贸易是中伊贸易的基础

从国际分工理论和经济全球化的角度看，中伊经济贸易具有互补性特征。长期以来，中伊贸易的商品结构反应出互通有无、取长补短、共谋发展的双赢特征。由于中国—伊朗具有资源环境的差异性、社会及历史文化的独特性与包容性、产业结构的互补性、经济技术合作的可能性和可行性、商品贸易的现实性，差异提供可能、互补指导可行、互利成为动力。即便是相同行业，由于两国间技术和效率、质量和品牌的差异，同样存在着巨大的商机，这些因素共同推动了中伊贸易合作的长期顺利发展。

中伊商品贸易的结构性互补特征是由两国的资源禀赋、生产技术水平、经济结构和综合国力状况决定的。中伊贸易的商品结构体现为中国出口制成品为主、伊朗出口能源商品为主。伊朗是中国机电产品的主要出口对象国，中国对伊朗的出口产品主要是拖拉机、钢铁制品、机动车、电机、建筑机械、钻探设备、管材、钢管、精

---

① “天涯社区经济论坛”，1999—2010年天涯在线网络科技有限公司。

② 中国驻伊朗伊斯兰共和国大使馆经济商务参展处网站：“伊朗国内经济概况”，2011年4月14日，http://ir.mofcom.gov.cn/aarticle/ztdy/201104/20110407498216.html。

③ 伊朗通讯社2011年6月8日北京电。

品磷酸盐、杀虫剂、钟表、家用电器等工业制成品。以2005年为例，当年中国出口商品中的制成品出口占到91.9%，其中工程机械和成套设备是主体，同年中国对伊朗出口的能源产品只占出口总额的2.3%。[①] 根据海关数据，2007年、2008年伊朗从中国总进口额分别为42.92亿美元、51.09亿美元。[②]

伊朗主要向中国出口石油。2005年1月，伊朗曾一度成为中国最大的能源供应国，[③] 当年伊朗的对华能源产品出口占出口总值高达82.6%，制成品出口只占出口总额的8.8%，目前伊朗是中国的第三大石油来源国；对中国经济走势和石油需求的分析表明，中国石油供需的尖锐矛盾，在近期不会根本缓解。因此，现在和将来，中国都需要进口大量的伊朗石油。[④][⑤]

中国从伊朗进口的非石油产品中，农矿原材料等初级产品占了主体，主要是硫磺土、铜矿石和精铜、铁矿石、铅矿石、铬矿石、锌矿石、石料、原棉、甲醇、氯乙烯聚合物、合成橡胶、葡萄干和阿月浑子等。2007年、2008年伊朗对中国非石油产品的出口总额分别为12.44亿美元、18.86亿美元。如果仅从非石油产品的贸易来分析，伊朗处于逆差地位。

中伊商品贸易的结构性互补特征也说明，伊朗对华出口商品的品种单一，容易受国际能源市场、中伊自身经济状况以及伊朗国际政治环境的不确定性等因素的影响。[⑥]

---

① 中华人民共和国国家统计局：《国际统计年鉴（2008年）》，中国统计出版社2008年版，第317—318页。

② 中国驻伊朗大使馆经济商务参赞处，http：//ir.mofcom.gov.cn/aarticle/zxhz/tjsj/200903/20090306110232.html。

③ 人民网，“伊朗成中国最大石油进口国拟与我国联合投资”，2006年3月1日。http：//finance.people.com.cn/GB/1038/4153198.html。

④ China Oil Thirst in Top Gear，Iran Daily，2004年11月4日。

⑤ 中国驻伊朗大使馆经济商务参赞处，http：//ir.mofcom.gov.cn/aarticle/zxhz/tjsj/200903/20090306110233.html。

⑥ China Oil Thirst in Top Gear，Iran Daily，2004年11月4日。

二、商品贸易规模持续增长

历史表明，中伊贸易容易受政治因素干扰。中伊贸易始于1950年，但是发展缓慢，直到20世纪70年代初，两国建立正式外交关系后贸易才有了迅速发展。1970年—1980年期间，中伊贸易额从664万美元猛增到1.79亿美元，增加了25.97倍，占中国贸易总额的比重，也从0.144%增加到0.470%。[①] 比较之下，中国外贸总额同期仅增长了7.32倍。这种状况在很大程度上是两国国内外政治因素影响的结果。

20世纪90年代中期、特别是21世纪初期以来，中伊贸易一直在扩大，但是中伊贸易的高速、大规模发展却是在2000年以后才真正体现出来。表4—3、4—4、图4—2清晰地刻划了这个特征，2000—2007年间中伊外贸总额年均增长率达35.3%，超过了同期中国对外贸易总额的增长速度，[②] 更超过了同期世界贸易额的增长速度。究其原因，正是由于2000年哈塔米总统访华，中伊两国决定“建立面向二十一世纪长期稳定、内容广泛的友好合作关系”，为发展两国经贸关系明确了方向。有了良好的政治关系为经贸发展保驾护航，2002年开始，中国成为伊朗的第三大贸易伙伴（见表4—2）。近年来，由于伊朗经济的发展和中国对能源的需 求增长迅猛，使得中国从伊朗进口能源量迅速增加，从而更快地拉动了伊朗对华出口总量的增长。即便在金融危机冲击下的2008年，中伊商品贸易总额依然增长到278亿美元，其中的非能源产品贸易额为69.9485亿美元，其中伊朗从中国的进口额为51.0915亿美元，伊朗对中国的出口额18.8570亿美元（见表4—5、表4—6）。伊中联合商会负责人阿萨杜拉·阿斯加罗拉迪2010年预计，2016年伊中贸易额可以达到

① 资料来源：中华人民共和国驻伊朗伊斯兰共和国大使馆经济商务参赞处。

② 据国家统计局编制的《中国统计年鉴》，中国外贸总额2000年为4743亿美元，2007年达21700亿美元，2007年比2000年增加3.575倍，年均增速为24.1%。

500亿美元。[①] 根据中伊贸易的发展势头判断，这个目标是完全可能实现的。

三、中国处于贸易逆差的状态

总体来看，中国在中伊商品贸易中处于逆差地位。1999年之前，中伊贸易基本平衡（互有顺差、逆差之年，且规模不大），之后则变为伊朗一直处于顺差的状况。1999年伊朗顺差0.22亿美元、2000年顺差10.60亿美元、2001年顺差15.35亿美元，2002年顺差9.51亿美元，2003年顺差13.23亿美元，2004年顺差20.19亿美元，2005年顺差34.91亿美元，2006年顺差54.68亿美元[②]，2007年顺差60.77亿美元，2008年更是创纪录的达到顺差114.31亿美元，2009年因为金融危机顺差有所下降，但仍然达到56.57亿美元。[③] 可见进入新世纪以来，中伊贸易中，中国的贸易逆差态势持续扩大现象明显。2003年之后中国的逆差持续，主要是因为中国从伊朗进口石油的规模不断扩大。随着中国能源需求的不断增加，从伊朗进口的石油还会进一步增加，中国的贸易逆差状态也会相应存在。

四、商品贸易正在朝多元化方向发展

中伊贸易已经不仅仅局限于传统的商品贸易的形式，多种贸易手段共同推动着21世纪初的双边贸易发展。

其中，举办展览会是近年来推动中伊商品贸易的重要方式。从2006年开始，中国商务部外贸发展局与德黑兰国际工业博览会每年

---

① 美国《洛杉矶时报》2010年10月25日报道。

② 以上数据全部由国务院发展研究信息网提供的数据整理和计算得来，http://www.drcnet.com.cn。

③ 中华人民共和国统计局：《中国统计年鉴（2010年）》，中国统计出版社2010年版。

9—10月在德黑兰举办一届“伊朗中国工业展览会”，目前已成功举办五届，都获得了良好成绩。此外，中国公司参加定期（一般是每年一次）举办的各种专项商品展览会，例如：伊朗国际暖通、制冷及管件阀门展览会、伊朗德黑兰国际工业博览会等，在这里找到了新的商品销售平台。

政府层面和民间的双边商贸会谈、研讨活动，是推动双边贸易和经济合作持续发展重要力量。2007年1月27日，阳光卫视、泰德集团、伊朗伊中商会在德黑兰联合举办了中伊商务合作论坛，探讨推动两国经济贸易合作持续发展的理论、法规基础，扩大了舆论影响；2008年5月9日，由伊朗伊斯兰共和国驻上海总领事馆和上海市国际贸易促进委员会、上海市国际商会[①]在上海共同举办了“伊朗贸易投资机会介绍会”，[②] 这是两国政府搭建的介绍伊朗外资政策和投资机会以及伊朗私有化相关法律法规，以吸引中国投资者，提升中伊双边战略合作关系，推进双边贸易投资的经贸新平台。就中国地方政府与伊朗之间的合作而言，2007年伊朗和中国上海、江浙等地贸易额达到30多亿美元，同比增加40%，上海与伊朗两地贸易额达到4.8亿美元，同比增长33%。即便有经济危机的影响，以投资为主题的伊朗和中国经济合作研讨会2009年5月10日仍然在德黑兰召开，中国的企业家代表团参加会议，伊朗商务部副部长也参加了该次研讨会。[③]

此外，中伊贸易还在朝着商品贸易与经济技术合作、服务贸易相结合的多元化方向发展（参见第三节），中伊贸易中采用的经销代

---

① 上海国际商会早在1996年就与伊朗德黑兰商工矿商会建立了友好商会。

② 伊朗驻华大使、伊朗商务部副部长兼伊朗贸易促进组织主席、伊朗能源部第一副部长、伊朗商业、工业及矿业工会会长、伊朗财经部副部长、伊朗石油部副部长等出席了这次会议，伊朗驻上海总领事那才礼致欢迎词，伊朗驻中国大使曼苏里发表演讲，上海国际商会岑富荣会长在会上介绍了近年上海经济社会发展概况和今后发展目标。

③ 伊朗通讯社北京电2009年5月2日。

理、展卖对销、现汇贸易、补偿贸易、易货贸易、期货交易、加工贸易、招标投标等多种贸易方式、结算与支付手段，不但灵活适用，还在与时俱进、创新发展。

五、能源贸易依然是未来中伊贸易的支柱

石油贸易是中伊贸易的主题内容，这种态势在短期内难以改变。随着我国经济迅猛发展，城镇化和人民生活水平逐步提高，能源消费日益攀升，能源供需矛盾日渐突出，能源缺口还将进一步加大。“十五”期间中国石油消费弹性系数平均为0.75，2005年石油进口量达到1.36亿吨，对外依存度43%；2007年中国石油进口量达到1.835亿吨，石油进口依存度达到49.85%[①]；2008年中国石油净进口量首次突破2亿吨，达2.0067亿吨，比上年增长9.5%，石油进口依存度已上升到52%[②]；2009年中国石油净进口量同比增长8.8%，达到21838万吨，石油进口依存度达到56%[③]；2010年中国石油净进口量达到创纪录的25367万吨，同比增长16.2%，石油进口依存度约为60%[④]；预计到2020年，石油需求量将达4.5亿吨到5亿吨，对外依存度将远远超过60%。[⑤]

能源进口是中国实施对伊能源战略的重点领域。中国需要大量进口石油来缓解供需矛盾，在采取转变发展方式、调整产业结构、努力开发本国石油资源、发展新能源等综合举措的基础上，适时适

---

① 田春荣：“2007年中国石油进出口状况分析”，《国际石油经济》2008第3期，第36—44页。

② 田春荣：“2008年中国石油进出口状况分析”，《国际石油经济》2009第3期，第31—39页。

③ 田春荣：“2009年中国石油进出口状况分析”，《国际石油经济》2010第3期，第4—13页。

④ 田春荣：“2010年中国石油进出口状况分析”，《国际石油经济》2011第3期，第15—25页。

⑤ 2020年我国石油对外依存度将超过60%，http：//www.3158.cn/news/20110117/16/82—56716613_1.shtml，2011—12—07。

当利用国际石油资源来补充我国的能源需求，已成为解决我国能源缺口的必然对策。特别是1993年中国成为石油净进口国以后，中国从伊朗进口石油的规模就逐年增加。2000年，石油贸易开始成为中伊贸易的主要内容，之后伊朗开始成为中国外向型石油战略的主要来源国之一（见表4—8、表4—9）。顺应其发展趋势，伊朗也把石油贸易作为两国经贸联系的主线，2009年专门成立了伊朗国家石油公司北京办事处。[①]

中国从伊朗进口的原油数量增长迅速，从2001年的1084.7万吨增长到2009年的2315万吨，2009年5月，中国平均每日从伊朗进口原油72.7万桶，较2008年同期增长达88%，伊朗曾一度取代沙特阿拉伯成为中国的最大原油供应国。[②] 目前，中国已经取代欧盟成为伊朗最大的石油贸易伙伴，伊朗成了中国主要的石油出口国。2010年中伊原油贸易达到了121亿美元，从伊朗进口的原油占中国原油总进口量的9%（见图4—1）。2011年上半年，中国从伊朗进口原油1340万吨，相当于日进口原油55万桶，同比增长近50%。据伊朗海关统计，2011年10月份，伊朗已经超越安哥拉成为继沙特之后对中国的第二大石油供应国。据伊朗石油部统计，当月，伊朗日均向中国出口原油59.7万桶，同比增加了46%。[③] 进口伊朗能源已成为中国经济发展，保障中国能源安全的重要因素。可以预见，未来中伊贸易的支柱性因素依然是石油。

---

① 伊朗国家石油公司国际事务部总经理阿里·阿拉什和伊朗驻华大使贾瓦德·曼苏里出席了2009年3月10日的伊朗国家石油公司北京办事处开幕仪式。据伊通社报道：阿拉什希望代表处的成立能够促进中国和伊朗在石油领域的合作。他认为中伊两国的合作前景非常美好，他希望通过成立办事处，发展中伊两国在各个领域的合作关系。他表示：中国在伊朗执行很多包括油田开发在内的项目，目前，两国正在商讨在中国建立共同的石油储备基地。他此次访问中国的一个重要目的就是和中方商讨建立共同原油储备基地一事，他表示希望可以尽快就此签署合作协议。

② 薛静静、杨兴礼、梁艳桃："中国—伊朗石油贸易风险及应对"，《对外经贸与实务》2011年第1期，第27—29页。

③ "2011年1—11月份原油进口同比增长统计情况"，2011年12月14日。http://www.chinairn.com/news/20111213/431148.html.

图 4—1　2005—2010 中国从伊朗原油进口统计图

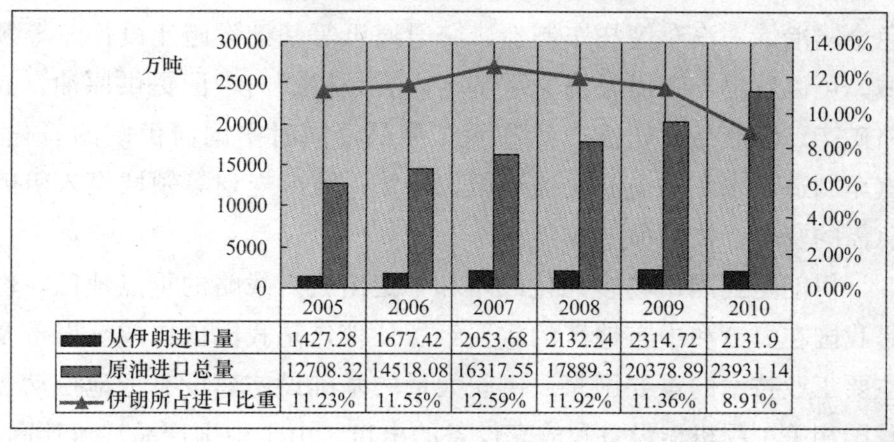

	2005	2006	2007	2008	2009	2010
从伊朗进口量	1427.28	1677.42	2053.68	2132.24	2314.72	2131.9
原油进口总量	12708.32	14518.08	16317.55	17889.3	20378.89	23931.14
伊朗所占进口比重	11.23%	11.55%	12.59%	11.92%	11.36%	8.91%

数据来源：田春荣："2010 年中国石油进出口状况分析"，《国际石油经济》2011 年第 3 期，第 15—25 页。

六、中伊贸易的前景光明

中伊贸易始于 20 世纪 50 年代，时至今日，两国在能源领域、贸易领域、投资与技术合作领域的交流与合作深入开展、卓有成效，成为中伊友好关系中最重要的内容。2010 年中伊双边贸易额达到 293.82 亿美元，同比增长 38.5%。其中中国自伊朗进口额达到 182.86 亿美元，向伊朗出口额达到 110.96 亿美元。[①] 据伊朗通讯社报道，2011 年上半年伊中贸易额已经超过 210 亿美元，同比增长 46.5%，预计到 2011 年底双边贸易额将突破 400 亿美元。[②] 在商品贸易方面，中国主要向伊朗出口机电、纺织、化工（包括成品油）、钢铁制品等，从伊主要进口原油、矿石、初级塑材、钢材以及藏红

---

① 中华人民共和国外交部："中国同伊朗的关系"，http：//www.fmprc.gov.cn/chn/pds/gjhdq/gj/yz/1206_40/sbgx/。

② 驻伊朗使馆经商处："今年上半年伊朗与中国贸易额同比增长 46.5%"，2011 年 8 月 4 日，http：//ir.mofcom.gov.cn/aarticle/c/zwdili/201108/20110807680055.html。

花、地毯等工矿产品、农产品和手工制品。在劳务承包、投资与技术合作领域，主要涉及电力、水利、渔业、采矿、化工、煤炭和有色金属冶炼、汽车摩托车制造、交通通讯等基础设施建设行业等领域。可以看出，中伊经济关系基本内容是伊朗向中国提供原油、战略矿产、农产品、初级产品和手工制品，同时中国向伊朗的石化、汽车制造、水利水电、交通通讯、建筑、城市规划等领域投入伊朗急需的资金、技术和设备。

伊朗是我国市场多元化战略和“走出去”战略的重点地区，也是我国在海湾和中东地区的重要经贸伙伴，是我国出口成套设备及主要工业技术的重要国家。伊朗大量的基础设施建设有力地拉动了我国相关工程机械设备和成套设备的出口。由于中国产品性价比高，在伊朗市场具有较高的认同度，市场占有率正逐年提升。目前，机械设备出口约占中国对伊出口的60%，伊朗已成为我国机电产品出口的主要市场之一。[①] 伊朗工业以石油开采业为主，形成了炼油、钢铁、汽车制造、电力、机械制造、家用电器、化工、冶金、造纸、水泥、纺织、食品加工、建材、地毯和榨糖等工业相配合的产业链。但是由于基础薄弱，施工技术设备自主研发能力较差，大部分工业原料和零配件也依赖进口。这种状况为中国产品和技术进入伊朗提供了机会。根据商务部对进口中国产品的2000家伊朗进口商的调查，它们进口中国商品的类别组成是：一般商品占24.01%、电器产品占23.91%、机械设备占26.72%、日用品占9.59%、汽车配件占7.53%、化工材料占5.87%，其他主要商品（包括轻工、五金矿产、汽车、化工、纺织、仪器仪表、工农具和粮油食品等）占2.4%。[②] 另据伊朗海关公布，2010年伊朗前5大进口国依次为：阿联酋、中国、韩国、德国和土耳其；伊朗前5大非石油商品出口国依次为：

---

① 2011年伊朗中国工业展览会，2011年12月12日，http://china.toocle.com/expo1/show/pdetail－5521－40141.html。

② 同上。

中国、阿联酋、伊拉克、印度和阿富汗。[①] 可见，中国已成为伊朗第一大出口国和第二大进口国，中国产品在伊朗市场中的地位也日益凸显。

图 4—2 1995—2009 年中国对伊朗进出口统计图

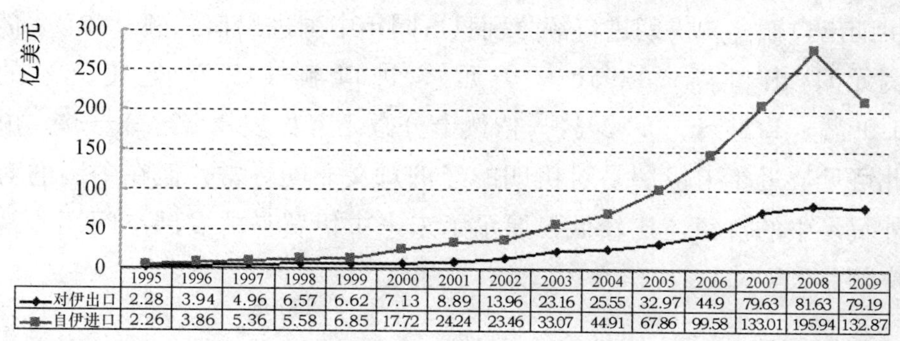

	1995	1996	1997	1998	1999	2000	2001	2002	2003	2004	2005	2006	2007	2008	2009
对伊出口	2.28	3.94	4.96	6.57	6.62	7.13	8.89	13.96	23.16	25.55	32.97	44.9	79.63	81.63	79.19
自伊进口	2.26	3.86	5.36	5.58	6.85	17.72	24.24	23.46	33.07	44.91	67.86	99.58	133.01	195.94	132.87

资料来源：1995—2005 年数据来自中华人民共和国驻伊朗经参处；2006—2009 年数据来自联合国商品贸易统计数据库。

在西方对伊朗实施经济制裁的呼声一浪高过一浪的氛围中，中国伊朗贸易却在稳步提升。2009 年，中伊贸易额 212.19 亿美元，其中向伊朗出口 79.19 亿美元、从伊朗进口 133.00 亿美元，分别占当年伊朗商品进出口总额（1293 亿美元）、出口额（505 亿美元）、进口额（788 亿美元）的 16.41%、26.34%和 10.05%，说明中伊贸易对伊朗经济的影响重要。中伊双边贸易额、出口额、进口额却分别只占当年中国贸易总额（22075 亿美元）、出口额（10059 亿美元）、进口额（12016 亿美元）的 0.96%、0.79%、1.11%；2010 年中伊贸易额增长到 293.91 亿美元，增幅为 38.51%，其中中国向伊朗出口 110.92 亿美元、从伊朗进口 182.99 亿美元，[②] 分别占当年伊朗外

① 伊朗主要贸易伙伴，2011 年 12 月 11 日，http：//ir. mofcom. gov. cn/aarticle/jmxw/201112/20111207860806. html。

② 中华人民民共和国国家统计局：《中国统计年鉴（2011 年）》，中国统计出版社 2011 年版，第 228 页。

贸（总额1636亿美元，其中出口额627亿美元、进口额1009亿美元）总额、出口额、进口额的17.97%、29.19%、10.99%，都比2009年有明显的增长，伊朗的贸易总额环比还提升了6.2个百分点。在国际经济制裁越益加紧的形势下，伊朗的外贸不降反升，主要得益于中伊贸易的增长。从中国方面看，2010年中伊双边贸易额、对伊朗出口额、从伊朗进口额分别只占同年中国进出口总额（29729亿美元）、出口额（13951亿美元）、进口额（15778亿美元）的0.99%、1.16%、0.80%，[①] 依然十分微小（见表4—2、4—3）。由此可见，近年中伊贸易对伊朗的经济意义非同寻常，但在中国的对外贸易中的份额还比较低，揭示了未来中伊贸易的发展空间还非常广阔。

表4—2　　2009年和2010年中国、伊朗的货物进出口额（单位：亿美元）

	2009年			2010年		
	贸易总额	出口额	进口额	贸易总额	出口额	进口额
中国	22075	10059	12016	29729	13951	15778
伊朗	1293	505	788	1636	627	1009

资料来源：中华人民共和国国家统计局：《中国统计年鉴（2011）》，中国统计出版社2011年版，第1052页。

表4—3　　2009年和2010年中国对伊朗的货物进出口额（单位：亿美元）

2009年			2010年		
贸易总额	向伊朗出口	从伊朗进口	贸易总额	向伊朗出口	从伊朗进口
212.1908	79.1911	132.9997	293.0107	110.9199	182.9908

资料来源：中华人民共和国国家统计局：《中国统计年鉴（2011）》，中国统计出版社2011年版，第228页。

① 中华人民共和国海关统计。

表4—4　　2004—2009年中国—伊朗商品贸易状况表（单位：亿美元、%）

	进出口		向伊出口		自伊进口		贸易平衡
	金额	增长	金额	增长	金额	增长	
2009	212.19	—23.6	79.19	—2.7	133.00	—32.1	—53.81
2008	277.57	35.1	81.63	12.8	195.94	47.2	—114.31
2007	205.46	42.2	72.34	61.1	133.11	33.7	—60.77
2006	144.46	43.26	44.89	36.18	99.57	46.69	—54.68
2005	100.84	43.1	32.97	29.0	67.87	51.1	—34.91
2004	70.46	25.3	25.55	10.3	44.92	35.8	—19.37

资料来源：中华人民共和国商务部网站。

表4—5　　2007年中国与中东国家对外贸易概况　　（单位：万美元）

位次	国家	进出口总额	出口总额	进口总额
1	沙特阿拉伯	2536697	780728	1755968
2	伊朗	2058965	728405	1330560
3	阿联酋	2003565	1702362	301203
4	土耳其	1176802	1047563	129240
5	阿曼	727029	54756	672273
6	以色列	530994	365600	165394
7	埃及	467253	443280	23973
8	科威特	362926	133863	229062
9	也门共和国	270834	96305	174529
10	叙利亚	187674	186847	827
11	伊拉克	145318	68738	76580
12	卡塔尔	120888	62088	58800
13	约旦	118136	109929	8207
14	黎巴嫩	71734	69872	1862

续表

位次	国家	进出口总额	出口总额	进口总额
15	塞浦路斯	70585	69783	802
16	巴林	48715	38470	10245
17	巴勒斯坦	3765	3750	15
	中东地区合计	10901880	5962339	4939540

资料来源：中华人民共和国国家统计局：《中国统计年鉴（2008）》，第17、18页。

图4—3　1994—2005年中伊贸易演变趋势图（1994—2005）

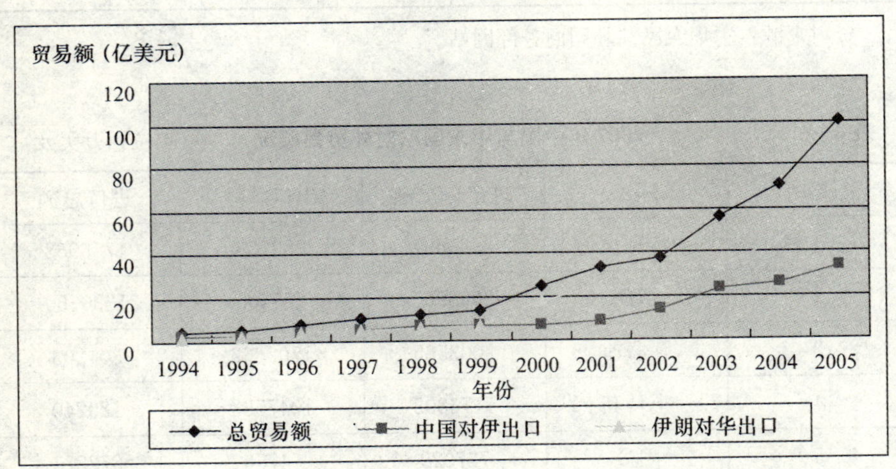

表4—6　2008年伊朗对中国出口主要商品目录　（单位：美元）

序号	商品名称	金额
01	二甲苯	322，538，968
02	丁烷	164，982，008
03	乙醚	156，666，248
04	丙烷	141，624，407
05	柴油	119，158，575
06	甲醇	115，457，453
07	纺织用聚乙烯	108，401，444

续表

序号	商品名称	金额
08	未粉碎铁矿石、铁精矿	102，635，797
09	硫磺土	85，439，416
10	聚乙烯、气体聚乙烯	66，681，246
11	乙烯、乙二醇	61，054，143
12	大理石、钙华	35，084，028
13	铅矿石、铅精矿	30，849，250
14	建筑用石灰质石料	29，246，565
15	25厘米厚大理石	22，133，393
16	乙烯	20，907，205
17	铬矿石、铬精矿	20，812，853
18	其他聚乙烯（纺织、电瓶用除外）	20，259，223
19	炼铜	19，456，276
20	其他聚乙烯	18，650，700
21	甘草浆汁	16，379，850
22	其他聚丙烯	15，161，518
23	锌矿石、锌精矿	14，440，549
24	其他硫磺、硫磺聚酯	12，416，516
25	其他二醇	11，800，000
26	粉碎后铁矿石、铁精矿	10，334，119
27	其他提炼过的硫磺	10，215，787
28	帐篷	10，189，302
29	纺织用聚丙烯	9，860，400
30	氧化铅	9，715，705
合计		1，782，552，943

资料来源：伊朗海关提供，引自中国驻伊朗大使馆经济商务参赞处网站。

表4—7　2008年伊朗从中国进口主要商品目录　（单位：美元）

序号	商品名称	金额
01	运输拖拉机	398，575，180
02	热轧、热拉铁棒、钢棒	149，127，321
03	火车车厢	107，751，175
04	装卸机械、挖掘机	100，409，954
05	石油、天然气开采用管子	84，130，083
06	装液化天然气或压缩天然气钢瓶	80，714，123
07	热轧钢棒、铁棒	74，377，084
08	变速活塞电机	63，592，693
09	钻探用无缝钢管	60，424，746
10	10人以上机动车辆	56，931，034
11	机车	55，695，424
12	内燃机车、电气火车	43，273，117
13	卡车散装件，国产部分17％—30％	41，378，201
14	卡车散装件，国产部分31％以上	40，887，974
15	内燃活塞电机	39，158，160
16	苯乙烯	38，155，542
17	带电话的传真机	38，113，414
18	自动付款机	33，825，233
19	磷酸钠	33，737，401
20	石油、天然气用无缝钢管	33，553，302
21	模具制造机械设备	31，543，413
22	钻探设备	30，188，694
23	锰铁	28，047，905
24	聚苯乙烯	26，919，078
25	焦炭、半焦炭	26，597，047
26	精品磷酸盐	26，204，797
27	铁路交通工具零配件	25，891，741

续表

序号	商品名称	金额
28	高炉用石墨电极	25，444，075
29	抗生素	25，178，279
30	散装货船	23，046，644
合计		1，833，872，833

资料来源：伊朗海关提供，引自中国驻伊朗大使馆经济商务参赞处网站。

表4—8　　2007年中国原油进口主要来源国家　　（单位：万吨、%）

序号	原油进口国	进口量	比上年增减	比重
1	沙特阿拉伯	2633.2	10.3	16.14
2	安哥拉	2499.6	6.5	15.32
3	伊朗	2053.7	22.4	12.59
4	俄罗斯	1452.6	—9.0	8.90
5	阿曼	1367.8	3.7	8.38
6	苏丹	1030.6	112.6	6.32
7	哈萨克斯坦	599.8	123.5	3.68
8	刚果	480.1	—11.4	2.94
9	利比亚	290.7	—14.1	1.78
10	印度尼西亚	228.4	7.6	1.40
	前10位合计	12636.5		77.45
	其他合计	3680.1		22.55
	总计	16316.6	12.3	100

资料来源：根据中国海关数据整理。

表 4—9　　近年来中国自伊进口原油进口状况　　(单位：亿美元,%)

年份	2000	2002	2004	2008	2009
进口总额	17.73	23.46	40	276	212
原油进口总额	14.64	20.4	24.32	157.6	98.05
占总进口比重	82.57	86.96	60.8	57.1	46.25

资料来源：中伊贸易统计（2000—2004 年）、对外投资国别报告—伊朗。

第三节　日益重要的投资与服务贸易关系

一、中伊投资与服务贸易关系

中国和伊朗的经济联系日益密切，在中伊商品贸易迅速发展的同时，中伊相互投资规模不断扩大，经济技术交流和服务贸易迅速跟进，共同构成了中伊经济外交的主力，也引起了西方的紧张和不安。西方不喜欢伊朗神权政权，因为伊朗政府不愿意把美国和西方的利益放到第一位；西方也不高兴中国的经济力量在伊朗迅速成长，因为它们不希望看到中国“崛起”。西方责怪中国与伊朗发展关系的理由是：中国对能源的需求迅速增长，对伊朗石油的依赖程度不断提高，被伊朗的石油约束也越来越紧，中国因此而支持伊朗扩充军备，不能断然站到美国的阵营来共同制裁伊朗。这是一种帝国主义的偏见，因为任何国家都可以通过贸易、投资、技术合作等合法方式从国际上获得自己所需要的商品，包括能源商品。包括能源资源在内的生产要素的全球流动与合理配置，是发展世界生产力、提高各国人民生活水平的需要，也是经济全球化的必然结果。事实上，西方国家从世界各地、从伊朗大量攫取石油等战略资源，早在 100 多年前就开始了，现在还在企图继续掌控、垄断这些资源。中伊经济贸易合作，有利于双方的发展和进步，完全是两个主权国家之间的正常合作。因为中国是一个文明、负责任的国家，必须保障自己的经济发展和能源安全。伊朗完全有权根据自己的利益来决定是否出售、向谁出售、何时出售、如何出售自己的能源，因为这是伊朗主权份内之事。

二、直接投资——中国向伊朗投资为主

20世纪80年代以来，中伊经济技术合作不断发展。1985年4月，中伊成立经贸科技联委会。2008年11月8日，联委会在德黑兰召开第13次会议，中国商务部长陈德铭和伊朗外长穆塔基共同主持了会议。两国合作的领域涉及能源、交通、机械、建材、采矿、煤炭、有色金属等行业，主要合作项目有：德黑兰地铁、多用途船只、油轮建造、水泥厂生产线、阿拉克4×32.5万千瓦火力电机组、水力发电设备等，在贸易、投资及油气、环境、地震监测、人力资源等领域的合作已经取得了积极成果。

近年来，中伊之间的投资活动日益频繁，政府支持企业直接介入经济合作实务。2009年3月10日，伊朗和中国签署合作社合作谅解备忘录[①]，表明中伊合作范围又有扩大；2009年5月10日在德黑兰举行中国伊朗经贸洽谈会，中国、伊朗的300多家企业和近500名企业家参会，伊朗外长马努切赫尔·穆塔基和中国商务部副部长陈健与会；当年8月13日，中国—伊朗库尔德斯坦经贸洽谈会在北京举行，来自中国和伊朗的近40名企业家参加了此次活动。

目前，中伊之间的直接投资主要是中国向伊朗投资，中资企业在伊朗的投资领域和区域都在扩大。20世纪80年代以来，中国对伊朗的投资主要集中在石油天然气工业、水电开发、基础设施建设、汽车摩托车制造等行业，但是现在中资企业不断向伊朗农业、旅游、

① 这份合作谅解备忘录由伊朗中央合作社秘书长侯赛因·拉赫曼尼·尼亚和中国中华全国供销合作总社理事会副主任李春生签署。伊朗合作社部副部长穆罕默德·阿巴斯、伊朗驻中国大使贾瓦德·曼苏里和中国中华全国供销合作总社的一些官员出席了签字仪式。这份备忘录主要涉及两国在加强合作社建设、整顿和增强合作社社员素质方面进行经验交流的内容。另外，备忘录也涵盖了推广合作社、增强双边合作的内容。穆罕默德·阿巴斯称，双方将开始在合作社研究和培训方面合作。

金融等行业发展，中资企业分布的地区也越来越广，中国向伊朗投资的部分项目情况参见附录五。需要指出，近年中国企业向伊朗的投资，存在着被美国依照《达马托法》制裁，进而影响中美关系和中伊关系的风险。

（一）中伊的经济技术合作主要在能源和交通等基础设施领域

除两国在石油天然气领域的经济技术合作外，目前中伊两国的合作主要在交通、运输、基础设施建设（如：德黑兰地铁、塔里干水坝、阿拉克电厂等）等方面，在文化、教育、旅游等方面的合作还需要进一步加强。伊朗1989年开始实施第一个五年计划，目前正处于第四个五年计划期间，遇到的主要问题是基础设施薄弱、对科研教育投入不足，美国和西方的制裁又成为伊朗发展的主要外部阻力，中国企业在这些领域的投资有着很好的机遇。2010年12月，中国与伊朗签订的在伊朗修建铁路的多份合作协议，涉及到总长5000公里共8条铁路（包括：德黑兰—马什哈德铁路、德黑兰—库姆伊斯法罕铁路、加兹温—拉什特—恩泽利—阿斯塔拉铁路等）的建设，估计将耗资120亿美元。[①] 这些工程关乎于伊朗的主要工业中心和城市，将会对伊朗的区域经济发展和生产力布局产生深远的影响。

（二）中伊相互投资持续发展，但是处于不对称状态

中伊的投资已经起步，尽管规模仍然较小，但是已经打下比较扎实的基础。中伊公司在城市规划、道路与大坝建设领域的合作一直顺利发展，2006年已有70多家中资公司在伊朗开展经贸活动，其中仅参加项目建设的中国人就有将近2000人[②]。伊朗也开始在中国投资，例如到2008年，伊朗在上海直接投资项目20个，投资金额

① 伊朗新闻电视台网站，2011年1月2日报道。

② 新华网2007年2月7日报道。

800多万美元，与中国在伊朗的投资规模相比，伊朗对华投资规模很小，与中国对伊朗的投资比较显得很不平衡。中国对伊朗的投资具有承包工程多、战略性投资多的特点。

目前伊朗是中国在中东承包工程最多的国家。中国在伊朗的工程承包和技术合作始于1982年，目前伊朗已是中国在中东承包工程最多的国家，工程承包项目主要涉及如下领域：1. 能源：石油天然气开发及其服务与炼厂改造、火电站项目、水电站项目；2. 交通——铁路、地铁、电气化铁路、高速公路建设项目；3. 化工：石化、化工建设项目；4. 通讯：传输机、交换机及GSM数字通信设备等；5. 有色金属：铝厂、锌厂、铜厂建设与改造项目；6. 造船：货船、特大油轮、液化天然气船、多用途船、散货船、挖泥船、回转运重船等项目；7. 水利：水坝建设项目；8. 冶金：焦炭、钢厂建设和改造项目；9. 建材：水泥生产线项目等；还涉及交通运输工具和家电业——汽车、摩托车和家用电器的组装、制造等。

据美国企业研究学会（AEI）公布的主要工业国家在伊朗的外国投资数据显示，中国在2000－2007年期间已成为伊朗最大的投资国，法国和德国分别位居第二和第三。统计数据显示，中国向伊朗投资额最多的领域是石化工业和油气工业。中国在2000年以来的7年期间，主要向伊朗的石化工业和油气工业进行投资，还向伊朗的银行、金融和出口信贷等领域投资了6.2亿美元，向伊朗的建筑、电力和能源部门投资了33.8亿美元以及向伊朗的运输领域投资了10.8亿美元。[①] 可见，中伊经济技术合作已有较大发展，尤其在近年增长显著。

20世纪90年代以来中国在伊朗的主要投资项目（见附录五）资料显示，20世纪90年代以来中国开始在伊朗的主要投资项目有31项，合同金额约238.3亿美元。这些项目都取得了很好的经济效益

---

① 外电："中国已向伊朗油气和石化工业投资967亿美元"，国际石油网。http：//www.in-en.com/oil/html/oil-1916191676147384.html.

和社会效益，例如：由中国水利水电建设集团公司负责建设的塔里干水利枢纽工程，是2001年之前中国公司在伊朗从事的最大的水利工程项目，主要功能包括调节塔里干河流径流，满足灌溉、城市生产、生活用水的需要，并利用水力发电，还利用水库小环境来发展旅游业；由中信公司总承包、中国北方工业公司承建，德黑兰城市铁路公司，中信国际合作公司协作的伊朗德黑兰地铁项目（主要负责德黑兰地铁工程机电系统的建设)，以及参与德黑兰的3条地铁路线建设项目等，都为伊朗经济建设和人民生活的改善作出了积极贡献。

中国对伊朗的投资大多属于战略性投资。中资企业对伊朗的投资既立足于当前实际，也有为将来布局谋篇之意。从目前中国对伊朗的投资战略看，是以对伊朗的基础建设、能源勘探、采掘工业投资和水利电力投资为主，并逐渐向加工制造领域扩展，将来可能增加向农业领域的投资。可见，中国对伊朗的投资趋势从急需性行业的短期投资逐渐向长期性战略投资的方向发展。

伊朗前任驻华大使贾瓦德·曼苏里先生认为，中伊之间的巨大商业潜力涉及到经济的所有方面，如工业、科学、技术等领域，过去几年两国在这些领域的合作增长迅速，说明中伊之间具有经济互补性，伊朗应该抓住这种机会。[①] 其实，中国也应当抓住机会。

（三）石油天然气行业是目前中国企业向伊朗投资的主要领域

中伊两国的国情、资源禀赋和经济发展特征决定了双边经贸合作与投资的方向。中国是伊朗油气出口的重要对象国，伊朗是中国企业的大型工程承包市场。中国经济现代化的推进，要求经济结构调整和产业升级，必然将国内比较饱和与成熟的技术向国外转移。伊朗处于工业化的初级阶段，需要中国的先进技术、适用技术和成熟企业。目前伊朗正积极改善投资环境，加强地铁、公路等基础设

① Iranmania. com，Iran-china trade ties to reach ＄18 billions，2007. 8. 26。http：//www. Iranmania. com/news/articleview/default. asp？newscode＝53791.

施建设，希望引进国外的资金、技术和装备，因而是中国企业比较理想的投资目的地。总体而言，伊朗的第二产业比较薄弱，基础设施落后，在工业中占有重要地位的石油部门过于老化、低效；虽然农业在伊朗国民经济中占有重要地位，但是生产水平比较落后，农业机械化程度低。比较之下，中国整体工业水平和农业生产技术都要高于伊朗，在能源开采设备、机电、轻工、农业、水电等方面具有比较优势，因此可以加大对伊朗这些领域的投资。

如果说工程承包和劳务合作是中国企业打入伊朗市场的突破口，那么能源合作则是两国经贸关系的重中之重。为刺激伊朗萧条的天然气工业，也为了保证中国的能源供给，中伊两国在能源上，特别是在石油—天然气产业领域建立了战略性合作关系。中伊已经从油气的勘探、设计、开采到提炼开展了全方位的合作，在合作的资金来源上也允许私人和外商资本适当参与。

2004年中国—伊朗的战略性油气合作迈上了新台阶，是中伊在石油天然气领域开展全方位合作的标志性一年。2004年10月底，伊朗石油部长比兼·兰达·赞干赫（Bijan Namdar Zanganeh）访华，分别会见了中国外交部长李肇星、商务部长薄熙来及中国副总理，重点讨论了在能源、石油和天然气领域、伊朗海上和岸上的石油钻探活动当中的合作问题。赞干赫还与中国国家石油公司总裁陈庚就伊朗富藏石油地区的合资企业，伊朗参与中国石油下游产业的合作以及在中亚的合作事宜，表达了伊朗愿意与中国公司合作的意愿。2004年10月28日，中国—伊朗签订有关中国投资伊朗油田及伊朗长期向中国出售天然气的协议，协议总价值1000亿美元。伊朗石油部长赞干赫和中国发展与改革委员会主任马凯签定了中国石化公司开发亚达瓦兰（Yadavalan）油田谅解备忘录。根据该备忘录，中国石化同意在未来25年每年购买伊朗1000万吨液化天然气，以此作为对开发亚达瓦兰项目的回报。中国石化有权在与国际石油公司合作中拟定亚达瓦兰项目的总体开发计划。一旦伊朗国家石油公司同意，该协议将以回购方式执行。亚达瓦兰油田建成投产后的25年内，伊朗国家石油公司将以市场价格向中国每天出售 15 万桶原油。[1] 中石化集团还根据一个 7 年协议，用 1.21 亿美元购买了一家伊朗公司，从而获得了马斯吉德苏来曼油田 49%的股份。[2] 伊朗石油化学工业具有资源和价格的竞争力，中国化学工业公司希望在原油贸易、特别是在天然气及化肥领域推进合作，伊朗显然欢迎在能源领域的合作能够朝着加深技术合作的方向前进。2000 年以来，中国化学工业公司就石油及石油化工合作，与伊朗石油部高层进行了多次会谈，双方都表达了推进合作的意向。显然，扩大在石油领域的合作，使之从油气的勘探延伸到开采、加工、提炼，形成完整的产业链，是伊朗油气产业发展的长远目标。中国帮助伊朗在尽量短的时间里实现这个愿望，不光可以解决伊朗的技术难关，也帮助伊朗解决了资金不足的难题，这是具有重大经济技术意义和政治意义的合作，是伊朗求之不得的好事。对中国而言，这是一种战略性合作，中国可以从中获得长期稳定的油气供应，解决中国日益突出的能源紧缺问题，巩固并扩大中国在伊朗的市场和经济影响，符合中国当前和未来的利益。

中国的中石油公司、中石化公司、中化公司（Sinochem）和中国海洋石油总公司（CNOOC）共同参与执行 2004 年 10 月 28 日签订的这个中伊能源合作协定。这些公司都是中国石油化工企业中的龙头老大，例如中化公司进口的化肥就占中国进口化肥的 60%，进口的原油及精炼油占中国进口的 1/4。[3] 赞干赫 2004 年的访问还导致伊朗国家石油公司和中国国家石油公司签定谅解备忘录，以促进双方在包括石油天然气的勘探、开发以及销售等领域进行合作。赞干赫向中国表达了伊朗欢迎中国公司参与对马斯杰德·苏莱曼油田的开发的意向。[4] 同年 11 月初，赞干赫还表达了伊朗想让中国代替日本

① “伊朗中国签订最大的能源协议”，《德黑兰时报》2004 年 10 月 30 日。

② 美国《纽约时报》2005 年 1 月 13 日报道。

③ 《德黑兰时报》2004 年 11 月 10 日。

④ 《德黑兰时报》2004 年 10 月 30 日。

成为其第一大油气进口国的打算，“因为历史原因，日本是我们能源出口的第一国，但是我们更喜欢优先出口给中国”。“从供给方面，我们没有困难”。[①] 伊朗所以如此爽快表明在油气领域合作的好恶态度，除了中国能够给予伊朗其他国家（特别是西方国家）所不能提供的经济优惠，还在释放明显的政治信息，那就是：日本追随美国，参与对伊朗的制裁，伊朗理所当然要取消准备给予日本的某些经济合同。伊朗的手段具有一石二鸟的功效，还有敲山震虎、暗示中国的意图。

但是中国公司与伊朗的油气开发合作需要注意“回购”这种合作方式可能蕴藏的风险。依据亚欧工作小组2006年10月16日提供的研究报告《中国在海外的石油和天然气产品投资》显示：中国在伊朗油气产业投资的性质属于回购。严格地说，伊朗的石油和天然气部门并没有净资产投资，因为伊朗宪法禁止外国人拥有本国的石油天然气资源。从20世纪90年代开始，伊朗石油和天然气部门的上游产业开始执行一种所谓的“回购”合约来规避宪法的禁令。依据回购规定，外国公司开发油气田项目，在即将量产的时候需要将其交给伊朗国家石油公司（NIOC）来经营和管理。外国石油公司则得到一定的收益率保证，并以石油形式获得支付。如果一个项目的产出超过预定目标，那么外国公司可能将得不到任何超额的报酬；而另一方面，如果项目没有达到合同目标，外国公司甚至还有可能面临罚款。所以，国际石油公司将回购限制看作是在伊朗投资的主要障碍，认为“回购”方式使其投资得不到切实的保护。“回购”适合规模较小、风险较低的项目，但是对于长期和高风险的大型项目则不太适合。中国在伊朗油气领域的主要投资项目有：[②]

---

① 《德黑兰时报》2004年11月7日。

② Eurasia Group, China's overseas investments in oil and gas production, Prepared for the US-China Economic and Security Review Commission, 16 October 2006, pp. 10—11.

1. 亚达瓦兰（Yadavalan）项目（液化天然气）

该项目是中国在伊朗的最重要的投资。根据双方签订的谅解备忘录，中石化公司保证能够获得亚达瓦兰油田 50%的产量（预计达到 150000 桶/天），协议还规定中国石化公司在未来 25 年每年购买伊朗 1000 万吨液化天然气，以此作为对开发亚达瓦兰项目的回报。同时，伊朗和中国还签署了一个谅解备忘录：在波斯湾的阿巴斯港投资 15 亿美元修建一个产能将达到 300000－350000 桶/天的凝析油精炼厂。

资料表明，似乎亚达瓦兰将会以回购的形式在国际石油公司的参与下进行开发，伊朗将通过天然气销售作为其平衡石油储备的杠杆。伊朗也和印度签署了一个关于亚达瓦兰油田的谅解备忘录：印度将获得亚达瓦兰 20%的份额。而且伊朗也已经收到多个欧洲石油公司的投标，可能这些公司中的某一个会获得剩余 30%的亚达瓦兰份额。

2. 阿扎德甘（Azadegan）项目

随着日本签约开发阿扎德甘南部油田成为泡影，中国乘势而上。日本和伊朗在 2004 年 2 月签署了一项延期、长期的 20 亿美元的合同，项目预定在 8 年之内达到 260000 桶/天。伊朗在 2006 年 10 月 9 日宣布它将日本公司 Inpex 在该项目中的股份削减至最高不超过 10%，以处罚日本因为伊朗核计划而长期推迟合同的实施。伊朗最近也表示说，如果日本推迟该计划，它将把该项目转移给当地企业甚至是中国。然而，由于区块的地质构造非常复杂，人们怀疑伊朗自己可能没有能力开发。①

① 据《德黑兰时报》2009 年 1 月 15 日报道，伊朗国家石油公司与中石油公司 1 月 14 日日正式签署伊朗北阿扎德甘（Azadegan）油田开发合同，伊石油部长诺扎里(Gholam-Hossein Nozari) 及中国驻伊解晓岩大使出席了签字仪式。北阿扎德甘油田位于伊朗西部靠近两伊边境处，原油储量达 60 亿桶，计划在未来 25 年期内实现日均原油产量 7.5 万桶。根据合同，该油田开发将分两期完成，一期开发成本为 17.6 亿美元，二期开发有待中石油公司提供详细开发方案及伊朗国家石油公司的确认。该合同采用回购模式，即伊方将在开发完成后获得油田运营权，并以石油产品利润偿还中方投资，预计一期和二期的投资回收期将分别长达 12 和 17 年。

3. 其他能源开发项目

中国在伊朗还有许多小型项目：中国石化公司与伊朗签订有勘探和开发伊朗加姆萨尔（Garmsar）海岸区段的合约、勘探伊朗扎瓦赫卡山（Zavareh Kashan）区段的合同、在萨姆兰（Semnan）省的特许开发协议（2006年6月）；中国石油天然气集团公司（中石油）获得的勘探和开发库迪斯特（Kuhdasht）地区石油的合同，中石油还在实施提高马斯杰德·苏莱曼（Masjed-e Suleiman）油田产量的技术改进工程（该油田在1930年代的高峰产量达到130000桶/天，但现在已跌落至4000桶/天）。目前，中国在伊朗的“股本油（equity oil）”产量很小，但是亚达瓦兰油田项目将提高中国从伊朗大量进口石油的潜能。

中国对伊朗的石油、天然气开发投资，主要集中在波斯湾东北岸地区和里海南岸地区（见附录五表1、表2、表3），这与伊朗石油天然气资源的地区分布是一致的（见图3—2、3—5、3—6）。

虽然目前中国不是世界上最大的石油消费国，也不是最大的石油进口国，但是将来却可能成为世界上最大的石油消费国和进口国，因为中国经济的增长速度和增长规模都超过了世界其他各国，因而对能源的需求还将继续增加。可以认为，建立中伊能源战略伙伴关系是推动未来中伊关系前进的动力，因此伊中双方决心在石油、天然气和石化工业领域深化互利性合作。21世纪初以来，受刚性的能源资源储量的制约以及进口国不断增长的能源需求的影响，在油价持续上升的总体趋势下，能源供需双方的利益博弈优势明显倾向了能源生产与出口国。也就是说，牢固的中国—伊朗能源战略关系还没有真正建立起来，其中的变数依然存在。

（四）旅游业和服务业是中伊合作的新领域

旅游业是中伊两国有着远大合作前景的新领域。2005年，中国政府把伊朗作为中国公民出境旅游目的地国。2006年12月28日，中伊双方签署了《中华人民共和国国家旅游局和伊朗伊斯兰共和国文化遗产、手工艺和旅游组织关于中国旅游团队赴伊朗旅游实施方案的谅解备忘录》，中国南航开通了北京—乌鲁木齐—德黑兰航班，每周飞行两次；2006 年，有 1.6 万伊朗人赴华旅游。①

中伊在服务领域的合作也已经起步，2009 年 3 月 11 日伊朗合作部部长穆罕迈德·阿巴斯率领代表团抵达北京，就如何加强两国合作社领域的合作等问题同中国官员交换意见，同中国中华全国供销合作总社签署了合作备忘录。② 两国政府间的这些合作，探索着扩展中伊经济贸易联系的新途径和新领域。

（五）中资企业对中伊关系的积极作用不可或缺、存在问题不可忽视

经济全球化主要是通过跨国公司来体现和实施的。中国在伊朗从事经济技术合作、商务贸易和服务贸易等各种业务的公司，是中国跨国公司的重要组成部分，它们在中伊关系的建立和发展中是不可或缺的主力军，起到了重大而特殊的作用：

第一，直接参与伊朗的基础设施建设，增加了伊朗的劳动就业，树立了中国企业的良好形象

水利、交通等基础设施建设与能源开发是中国公司参与伊朗经济合作的主要领域。伊朗大部分地区降水少，气候干燥，水利建设关乎国计民生。伊朗政府非常重视中国公司承建的水利水电工程，其中伊朗塔里干（Taleghan）水利工程位于伊朗首都德黑兰西北 135 公里的塔里干山谷（通过现在的德黑兰—加兹温（Ghazvin）高速公路约 100 公里处转入至塔里干镇的二级柏油公路约 35 公里即可直接到达坝区）。该工程是由中国水电建设集团公司牵头、水电十局参与

---

① 伊朗伊斯兰共和国驻华大使馆：《走进伊朗》，使馆商社贸易快讯杂志社 2007 年版，第 24—26 页。

② 网址：http：//www.tianya.cn/publicforum/content/worldlo，2009 年 3 月 9 日。

投标的交钥匙工程，于2002年3月15日开工，2006年1月15日完工并交付投产使用，最大库容5.45亿立方米，施工总工期46个月，工程的合同金额1.45亿美元，从事工程建设的有150余名中国员工，雇用了伊朗当地职工600名，平均年劳动生产率超过了43.3万美元/年人。该工程的施工质量、进度、合同履约得到了业主的高度评价，被喻为伊朗在建水电项目的典范，多次得到伊朗能源部长的表扬。这个工程为集团公司赢得了信誉，树立了中国水电队伍在伊朗市场的良好形象和品牌。

第二，直接参与完成了中国国家的外交使命。

在伊朗的中资企业在完成生产任务的同时，坚决捍卫国家利益，爱护中国国际形象，直接参与完成了国家的外交使命，体现出不计小利、顾全大局、维护中伊友谊的可贵精神。以中资企业哈通—阿巴德铜厂项目经理部为例，他们在2003年伊朗巴姆地震中的出色表现，2005年6月完成了整个工厂的性能考核，赢得了当地居民和政府官员的称赞，在该厂的建设中高效率、高质量地完成了协议规定的任务，成为中国人民派到伊朗的优秀外交使者，树立了中国企业和中国的良好国际形象，成为中国伊朗人民友好交往的佳话。

2004年12月21日上午，哈塔米总统乘直升飞机抵达铜厂现场，在工厂主厂房入口处为哈通—阿巴德铜冶炼厂揭幕。总统对现场采访他的中国中央电视台记者热情洋溢地说："我首先非常感谢亲爱的中国朋友们能够参加伊朗铜厂这个重大项目。同时，我本人也非常欢迎中国朋友……中国是一个大国，中国的发展势头非常良好。伊朗在波斯湾地区也是一个大国，中伊两国的合作对双方都大有益处，也有利于对本地区的和平与发展。我们也希望今后双方能够拥有更美好的合作。"哈塔米总统用中文诚挚地对现场的中国人说："谢谢你们"，充分表达了伊朗对中国企业的感激和敬佩。[①]

① 伊朗铜厂项目经理部、总经理办公室联合提供资料。

第三，促进了伊朗的工业化和城镇化。

当今伊朗正处于现代化建设的关键时刻，实现工业化和城镇化是伊朗政府和人民的强烈愿望。中资企业帮助伊朗在全国各地建设厂矿，加快了伊朗工业化进程，有利于伊朗的资源开发和资源转化。厂矿带动了城镇的兴起和繁荣，促进了当地农牧业劳动力向工业和城镇的转移，进而推动了伊朗经济的现代化。此外，在伊朗的偏远地区和荒漠边沿地区兴办工业和矿业、发展城市，有利于伊朗经济的均衡发展，改善伊朗的生产力布局。

中国有色金属建设股份有限公司、中国化工建设总公司是在伊朗进行工业投资和开发的中国工业企业之一，他们先后在伊朗成功地建设了伊朗法亚布项目、亚兹德锌厂项目、佳加姆（Jajarm）氧化铝厂项目、阿拉克铝厂项目、哈通—阿巴德铜冶炼厂项目等，中国化工建设总公司则完成了伊朗塞姆南纯碱项目的建设。这些项目的成功建设，使得伊朗的现代金属冶炼与加工工业和化学工业迅速发展，并且带动和繁荣了当地的城镇和区域经济。这些项目中，有些是20世纪90年代启动、21世纪初竣工的；有些则是在21世纪初动工和建成投产的，它们大都涉及伊朗的国计民生，对伊朗经济社会发展影响重大；有些项目技术难度高，曾经是欧洲公司承包但是胜任不了、留下来的“烂尾楼”工程，后来在中国企业的科学管理、精心施工、艰苦拼搏的努力下，都按照合同的要求，优质高效地完工并投入运营，得到了伊朗政府的高度评价、伊朗人民的真心欢迎。例如位于伊朗东北部的佳加姆氧化铝厂改造项目，1993—2000年期间由一家捷克公司承包其设计、设备供货、安装、调试，1999年完工，但是1999—2000年期间三次试车调试均告失败。伊方此时才终止了与捷克公司的合同，并先后邀请了中国有色金属建设股份有限公司、俄罗斯、德国和罗马尼亚等多家国际工程咨询公司对该项目进行考察和商谈，最终选择了中国有色金属建设股份有限公司对佳加姆氧化铝厂进行改造，2003年6月9日工程竣工投产。中国公司承建的这个项目，使投资近5亿美元的氧化铝厂终于起死回生，并且提供了800多个就业机会，使1500多人间接受益；它还提高了伊朗铝工业的国产化率，可以每年为伊朗节约大约8000万美元的外汇，增强了民族自豪感。伊朗佳加姆氧化铝厂项目的建设成功，展示了中国铝工业的雄厚技术实力、项目运作能力以及智慧才干，并为后续项目的开发奠定了坚实的基础。伊朗政府对这个项目高度重视，给予中国公司高度赞赏，伊朗总统哈塔米先生、项目所在地霍腊善（Khorasan）省省长、伊朗工业矿产部部长、伊朗铝业公司总经理等伊朗政要都亲临佳加姆现场参加了投产仪式。

在伊朗的中资企业员工以自己的勤劳、善良、勇气、胆略和智慧开拓伊朗市场，以自己的技术和敬业精神让伊朗人民分享中国改革发展的成果，以自己的企业活动丰富和充实着中伊之间平等互利的国家关系。有些中资企业员工还在工厂生产区和生活区种植从中国引进的植物，用中医技术和汤药治疗伊朗员工的疾病，促进了中国伊朗民间文化的交流。

第四，中资企业是中国伊朗能源合作的执行者和操作者。

中伊两国在能源领域，特别是石油天然气领域内的战略性合作，主要是由中石油、中石化、中海油以及其他许多中资企业共同来承担和完成的。2002年，中国原油和油品进口总计8975万吨，其中来自沙特阿拉伯1153万吨，伊朗1073万吨，阿曼831万吨，合计来自这三国的原油进口量为3057万吨，占中国全部原油进口量的43.3%。[①] 2009年中国原油净进口量上升到1.99亿吨，对外依存度已达51%，其中从伊朗进口的石油占到约15%。[②] 这些从伊朗进口的越来越多的原油，都主要依靠在伊朗的中资石油化工企业的努力。国际能源机构预测，2010年中国从中东进口石油将上升到300万—400万桶，2020年有可能超过500万—600万桶。[③] 伊朗探明石油储

① 安替："中国石油安全直面战争考验"，《21世纪环球导报》2002年10月17日。

② 中国国家能源局：《手机报》2010年1月22日。

③ 吴磊："中国石油安全面临临的挑战与对策"，《西亚非洲》2003年第4期。

量和天然气储量都居世界第二位，是世界未来的能源生产和输出的主要国家之一。由此说明，中国对与伊朗油气合作的高度重视是绝对必须的。进入21世纪以来，一批实力雄厚的中国公司脚踏实地地在伊朗开展着油气合作项目，其中中石化、中国珠海振戎公司等都有卓有成效的合作范例。

2001年1月，中国国家副主席胡锦涛访问伊朗，期间中石化公司与伊朗石油公司签署了《伊朗扎瓦尔—卡山区块油气勘探服务合同》。卡山位于伊朗首都德黑兰以南的中部地区，区块面积约4950平方公里，处于勘探早期的区域评价阶段，并且地表及地下情况复杂，勘探工作具有很大风险，以前曾有多个国家的公司在此勘探，但均以失败告终。这是中石化的一个海外风险勘探项目，由胜利油田具体运作，合同自2001年5月9日生效，2002年进行了地质物理勘探和地质构造勘测，部署了两口探井。2003年5月5日，卡山区块风险勘探项目的第一口预探井阿旺—“井开钻”。截至目前，这口井已正式试油放喷，获得日产上千立方米的高产工业油流，成为中国石油企业在海外创业的成功案例，不仅实现了胜利油田海外找油的梦想，而且为中国和伊朗进一步的油气勘探开发合作奠定了良好的基础，还标志着中国石油来源地的战略分布空间发生了重大改变，使中国在非洲、中亚、中东和南美都有稳定的石油来源，增强了中国能源供应的安全性，也为伊朗引进了技术和资金。①

珠海振戎公司是1994年成立、总部设在北京的中国国有重点企业，拥有十几个子公司和办事处，公司主营业务为原油进口。1995年取得石油进口贸易权，截至2003年底，公司共进口原油5646万吨，贸易额100多亿美元。在伊朗等中东国家创建了长期稳定的原油供货渠道，2001年顺利完成与伊朗签订的10年长期原油进口任务，贸易额达21亿美元，还带动了国内相关产品对中东国家的出口，为中国的国防科技事业和国家能源建设作出了重大贡献。

---

① 新华网2005年2月20日济南电。

第五，中资企业为德黑兰的城市交通建设和环境改善作出了贡献。

伊朗首都德黑兰是个拥有1400多万人口的现代城市，只能容纳100万辆汽车的道路上却有近400万辆汽车在奔驰。德黑兰独特的地理环境使得充满污染物的空气盘桓在城市上空，每年有大约4600人死于与空气污染有关的疾病。交通拥挤、空气污浊成为困扰德黑兰的两大难题，修建德黑兰地下铁路是解决问题的有效举措。

德黑兰地铁项目被列为总统一号工程，是伊朗近几十年来最大的建设项目，工程建成后可以解决德黑兰市市区和卫星城卡拉季约100万人到德黑兰上班的交通问题。中国公司承接的是伊朗德黑兰地铁机电系统交钥匙工程，合同金额8.36亿美元，是新中国建国至今最大的综合性民用机电出口项目之一。项目在中国原国家主席杨尚昆及伊朗前总统拉夫桑贾尼的关怀下，由中信公司与德黑兰城乡铁路公司于1995年3月签约合作，1996年11月生效并正式实施。德黑兰地铁1、2号线全长49公里，其中的地下线34公里，地上线15公里，分三期建设。项目的全部土建工程包括地下段隧道、车站及铺轨等工程由伊方完成，中方提供线路设计、咨询和铺轨指导。

多家中国企业合作完成了德黑兰地铁机电系统工程，参加该项目的中方总分包单位包括管理单位、设计企业、施工企业、生产和供货企业，主要有：中信公司、上海电气（集团）总公司、中国电工设备总公司、北京城建集团总公司、中国铁路通信信号总公司；三个设计单位：北京市城建设计院、中电公司设计院、通信公司设计院；三个施工单位：北京城建安装公司、铁道部电气化工程局、中国铁路信号安装公司；近二百余家主要供货厂商，85%的产品为中国厂家制造，另有少量部件是采购法、英、德、瑞士、瑞典、西班牙等国家的产品，该工程项目的技术水平和运营自动化程度达到了八十年代国际地铁工程的水平。当2000年2月伊朗德黑兰地铁一期工程（E2－M2段）胜利开通之时，举行了隆重的开通仪式。伊朗政府高官、社会名流、地铁建设者，以及中信公司、中方各承包商领导带队的代表团等共1200多人参加，伊朗总统哈塔米亲自出席并发表讲话，正在伊朗访问的中国外长唐家璇应邀出席庆典，伊朗各新闻媒体对地铁的开通进行了大量宣传报道，乘车的德黑兰市民兴高采烈，站台上、车厢里乘客诵读可兰经，对中国工程技术人员热情称赞，感谢帮助他们圆了20年的地铁梦。

德黑兰地铁一期工程的成功为后来的中伊地铁建设合作揭开了序幕。德黑兰地铁工程O2—X2标段于2006年3月15—17日建成试运行，迄今累计运送乘客已超过1亿人次。O2—X2标段的建成开通，十字形的地铁将德黑兰东西南北贯通起来，有效地缓解了德黑兰市的交通拥挤和环境污染，取得了明显的政治、社会和经济效益。

中国北方工业公司和德黑兰城郊铁路公司2004年5月15日正式签署了总价值8.36亿美元的德黑兰地铁4号线项目承包合同，这也是迄今中国签署的金额最大的国际工程承包项目。德黑兰地铁4号线工程全长21公里，由地铁四号线项目（6.8亿美元）和地铁系统配套机车车辆项目（1.56亿美元）两部分组成，建设工期6年，预计可带动国产设备和材料出口5.27亿美元。德黑兰地铁修通方便了伊朗民众出行，改善了德黑兰的空气环境，增强了伊朗百姓对中国的了解和好感，中国和伊朗新闻媒体对之高度关注，在伊朗尤其在德黑兰极大地传播了中国的友好形象，推动着中伊合作关系由政府扩展到民间。

第六，中资企业在伊朗面临的问题及应对措施。

中国企业走出国门的历史短暂、经验不足，特别是进入伊朗的中资企业自身素质有待提高，也面临着伊朗国情的障碍，于是经常会遇见影响投资项目实施的问题。例如，有些中国公司责任心不强、提供的样品质量和产品质量不高，使伊朗进口商面临困境；中资企业之间存在无序、恶性竞争；中伊企业和商人相互间缺乏信任；伊方发展非石油产品出口力度不够等，这些都是当前和今后必须努力重视和改进的。

从长远合作、投资的角度看，在伊朗的中资企业应当不断熟悉伊朗的国情，学习波斯语，了解并尊重伊朗人民的生活习惯和风俗，特别要研究以下问题并采取应对措施：

1. 中资企业必须了解并研究伊朗的天气和气候特征，充分考虑季节对施工的影响。例如，塔里甘地区冬季寒冷，柴油冻固，运输等设备无法运行，每年的1、2月和12月基本不能施工。

2. 中资企业必须研究伊朗的物价涨跌规律。例如，伊朗国家计委公布，2005年度伊朗物价上涨20%左右，实际上每年材料价格及运输费用上涨幅度都在15%以上，这无疑增大了中资企业的材料采购成本，直接减少了企业盈利。

3. 中资企业必须研究伊朗公共关系和治安形势。例如，塔里甘工地偷盗严重，当地警察维持治安不力，施工现场夜晚偷盗和蒙面歹徒持凶器抢劫事故时有发生，严重影响了施工的正常运行。

4. 中资企业必须研究伊朗企业的合同意识。伊朗公司合同意识比较淡薄，工作效率较低，也可能随时不执行合同，对此中国公司很难应对、制裁他们。此外，中资公司要严格审核合同条款，因为伊方提供的合同文本往往有利于伊方，在适用法律、仲裁条款和使用语言上更要特别注意。合同适用法律要选择适用第三国的法律，在第三国仲裁。一般来讲，不宜接受使用伊朗伊斯兰法，仲裁地点是伊朗的合同条款。合同文本要用英文而不是波斯语撰写和签署，因为波斯语很复杂，发生歧义很难讲清楚。实际上，当伊方自知其提供的合同条款不符合国际惯例时，只要中方坚持修改意见，伊方最终还是会接受。

5. 中资企业必须研究伊朗的进口关税。项目使用的特殊设备配件必须通过进口，伊朗税法的变更通常会调高进口关税，从而使进口材料和配件承受高额税费、提高项目的成本。

6. 中资企业必须研究伊朗劳动制度和企业文化。由于伊朗坚决保护本地雇员的权益，使伊朗雇员“娇生惯养”。例如：当地雇员的生活费几乎与中国职工的实际生活费相等，这比当地家庭生活费至少高出一倍，即便如此，伊朗籍员工有时还是要“罢饭”；对不听指挥的伊朗雇员也不能开除，否则他会到当地法院告状，伊朗法院都会维护伊朗雇员的利益，要求中国公司给予赔偿。

7. 中资企业必须谨慎选择付款方式。对伊朗出口最好采用信用证或电汇付款方式，因为伊朗银行的资信尚可。采用D/A、D/P形式要特别谨慎，除了个别资信可靠的老客户外，中国公司一般不宜接受伊朗客户的D/A、D/P付款方式。对延期付款方式，亦要谨慎从事。伊方公司以现金支票（包括美元和伊朗里亚尔支票）付款的支付方式更有风险，因为这当中有些是空头支票，兑付时伊朗客户的账户上根本无钱可付。①

8. 中资企业必须了解伊朗人的谈判习惯。伊朗商人很会做买卖，从中国进口商品都是货比三家，最后选择价格最便宜、质量最好的才成交。对大型承包劳务项目更是如此，除了国际招标项目外，在大多数项目上，伊方业主都会再三压价。因此，中国公司在报价时不要轻易报出底价，以应付伊方在价格上“砍三刀”的习惯做法。因为一旦报出底价，就不能再降价，否则伊方会认为你没有诚意，业务就很难成交。

在经济全球化时代，中资企业进军伊朗是必然的选择。在伊朗的中资企业是中国国家利益在伊朗的延伸，也是助推伊朗发展的外部力量。中资企业在伊朗的努力表明：中国政府正在坚定不移地实施睦邻、安邻、富邻的“和平发展”的伟大战略，说明中

---

① D/P付款交单（Documents against payment）是跟单托收方式下的一种交付单据的办法，指出口方的交单是以进口方的付款为条件，即进口方付款后才能向代收银行领取单据。分为即期交单（D/P Sight），指出口方开具即期汇票，由代收行向进口方提示，进口方见票后即须付款，货款付清时，进口方取得货运单据。远期交单（D/P after sight or after date），指出口方开具远期汇票，由代收行向进口方提示，经进口方承兑后，于汇票到期日或汇票到期日以前，进口方付款赎单。D/A承兑交单（Documents against Acceptance）是在跟单托收方式下，出口方（或代收银行）向进口方以承兑为条件交付单据的一种办法。所谓“承兑”就是汇票付款人（进口方）在代收银行提示远期汇票时，对汇票的认可行为。承兑的手续是付款人在汇票上签署，批注“承兑”字样及日期，并将汇票退交持有人。不论汇票经过几度转让，付款人于汇票到期日都应凭票付款。

国的发展会让伊朗人民得到实惠，有力地驳斥了国际上“中国威胁论”的陈词滥调，向全球传达了中国建立和谐世界的真诚愿望。

中资企业在伊朗的实践证明：中国和伊朗的关系是平等互利关系，发展两国关系不是“零和游戏”，形成的是共赢局面。中资企业在伊朗树立和传播了中国的良好国家形象，促进了伊朗经济社会的发展，扩展了中国伊朗的双边合作，促进了双方的人员往来和相互了解，增进了对各自文化的理解和尊重。简而言之，在伊朗的中资企业给伊朗人民带来了实惠和幸福，同时为中国企业和中国经济走向世界拓展了空间，他们是推动中伊关系的友好使者。

第四节 稳步推进的外交关系

经济外交是21世纪中伊外交不变的主题，在重大国际问题上的立场协调和沟通是中伊外交的重点，核问题成为影响中伊关系的双刃剑。

进入21世纪，中伊外交开始了新的时期——官方交往进一步增强，遇重大国际问题时高层频繁接触。

一、双边高层交往的小高潮

2000－2010年之间，中伊两国政府高层之间的来往一直是接连不断的（参见表4－10），表明两国在促进双边经贸合作、文化交流以及关于伊朗核问题、地区和平与安全等重大问题上保持着密切的联系和磋商。

2000年伊朗哈塔米总统的中国之行，标志着中伊关系进入了新阶段：开始了2000－2004年期间的中伊高层密集互访——哈塔米所率代表团队伍庞大，陪同的有外长哈拉齐、国防部长沙姆哈尼、文化和伊斯兰指导部长穆哈杰兰尼、矿业和金属部长贾汉吉里等要员，这是21世纪的中伊关系的良好的开端。哈塔米总统访华期间，两国签署了相互促进与保护投资、矿山金属工业、能源合作以及发展旅游业等多项协议。哈塔米政府的目标是发展国民经济、政教分离，对外改善伊朗被孤立的国际环境。此时伊朗核问题才刚被西方重视，来自西方的“核压力”初现头角。哈塔米被西方视为“改革派”，他按照“文明对话”的理念，执行务实的内外政策，缓和与美国和西方的关系，此时伊朗加强与中国的关系没有引发西方的格外关注。哈塔米的访华成功，是在中国的大力协助下取得的。2000年2月，唐家璇外长与伊朗外长在德黑兰签署了两国外交部建立正式磋商机制的谅解备忘录，① 唐家璇的那次访伊实际上是为当年哈塔米总统访华作准备。

21世纪初期的中国按照经济现代化的既定目标加速前进，继续实施“改革开放”国策来缓解“世界工厂”引发的能源、水资源、矿产资源、土地资源等的“资源渴求”和环境问题，坚持在国际上“不当头、不称霸”的韬晦策略，抓住“经济全球化”的契机，全心全意为早日实现国家的经济现代化、成为世界经济强国的目标而奋斗，因此争取中东—波斯湾地区的和平与稳定，扩展、加深与伊朗以能源为主的全面经济合作，成为中伊外交的主要内容。2000年—2004年期间，通过中伊高层密集的互访、沟通，双边经济技术合作得到不断的深化和扩大。这期间的中伊高层互访主要有：伊朗总统哈塔米访华（2000年6月）、伊朗副议长穆·阿明访华（2002年4月）、伊朗议长迈赫迪·卡鲁比访华（2002年12月）、伊朗外长哈拉齐访华（2003年8月、2003年11月）、伊朗副总统塞塔里法尔访华（2004年4月）、伊朗副总统艾卜泰卡尔访华（2004年7月）、伊朗石油部长赞干赫访华（2004年9月）；中国外长唐家璇访伊（2000年2月）、中国国家副主席胡锦涛访伊（2001年1月）、中国国务委员吴

① 新华社——中新网，2000年2月22日。

仪访伊（2002年3月）、中国国家主席江泽民访伊（2002年4月）、中国人大副委员长韩启德访伊（2003年12月）、中国外长李肇星访伊（2004年11月）。

2004年以后，西方对伊朗核问题的关注日益强烈，其热度甚至超过了多年以来的世界热点中东和平进程问题，已经逐渐远去的海湾战争、伊拉克战争以及仍在继续的阿富汗战争、反恐战争等，伊朗核危机成了世界政治舞台的焦点。美国和西方的政界、军界、媒体关于伊朗核危机采取和平（外交谈判、经济制裁）或者武力方式解决的呼声都很强烈，国际形势的这种变化不光是对伊朗形成了巨大的压力，也对中伊关系和中伊经贸合作带来了强烈的冲击。针对此情此景，2005年—2008年期间的中伊高层交往主要有：伊朗总统内贾德访华（2006年6月）、伊朗领袖和总统特使拉里贾尼访华（2007年1月）、伊朗总统特使贾利利访华（2008年1月）、伊朗总统内贾德访华（2008年9月），中共中央政治局委员王乐泉访伊（2006年4月）、中共中央政治局委员刘云山访伊（2008年11月）等等。应当指出，虽然2008年9月内贾德访华期间两国元首商谈了双边关系、地区和国际问题，但是他的访问是以参加世界残奥会的名义进行的。2010年6月11日内贾德总统再次访华，也主要是来华参加上海世博会伊朗国家馆日有关活动的，这主要是因为中伊两国在伊朗核计划问题上的立场态度存在差异。

此外，在伊朗以观察员身份参加上合组织峰会期间的中伊首脑会晤也成为双边高层交往的平台。

中伊在20世纪90年代初和21世纪初期形成的两个高层互访小高峰说明，中伊关系是与时俱进的，它将随时应对世界格局和国际关系的重大转折而调整。在这样的时刻，两国领导人必须保持及时的信息沟通和交换意见，这对消除误解，维持、推动两国关系的全面发展至关重要，对于深化经济贸易文化往来起着巨大的指引、促进和保障作用。

二、伊朗核问题是焦点和敏感问题

伊朗核问题是2004年以来中国伊朗外交中的敏感问题，也是考验中国对伊朗外交战略的成熟度、对伊朗外交战术的技巧以及中国外向型能源战略的可操作性的试金石，同时它又是一柄双刃剑。伊朗极为关注中国在伊朗核问题上的态度和立场及其变化。2007年1月，伊朗领袖和总统特使、最高国家安全委员会秘书阿里·拉里贾尼访华并向胡锦涛主席递交内贾德总统的信件，唐家璇国务委员与之会谈；同年8月15日，胡锦涛主席在出席上海合作组织比什凯克峰会期间，会见了伊朗总统内贾德；同年11月3日，中国总理温家宝在出席上海合作组织塔什干总理会议期间，会见了伊朗第一副总统帕尔维兹·达乌迪；稍次一级的高层磋商在这一年中更是频繁：2月，伊朗外长马努切赫尔·穆塔基与中国外交部长李肇星通电话；3月，伊朗主管国际事务的副外长阿巴斯·阿拉格齐访华；8月，伊朗负责亚太事务的副外长迈赫迪·萨法里访华，举行了两国外交部之间的政治磋商；9月，伊朗政府特使、内政部长穆斯塔法·普尔穆罕默迪访华；同年，伊朗卫生部长卡姆兰·巴赫里·兰卡拉尼、信息技术部长穆哈迈德·苏莱曼尼、能源部副部长拉苏勒·扎嘎、议会教育研究委员会主席阿里·阿巴斯普尔、议会文化委员会代表团、政党之家代表团、伊斯兰联合党总书记迈赫迪·卡鲁比等先后访华。2007年，中国全国人大外事委员会副主任吉佩定、商务部副部长魏建国、中共中央对外联络部副部长李进军、中国人民对外友协会长陈昊苏、上海国际问题研究所副所长杨洁勉等访问了伊朗。当年11月，中国外交部长杨洁篪访问伊朗，期间，杨洁篪会见了伊朗总统艾哈迈迪·内贾德、最高国家安全委员会秘书赛义德·贾利利，并与外长穆塔基举行了会谈。2008年中伊高层接触继续不断：1月份伊朗总统特使贾利利访华，5月23日，杨洁篪外长应约与伊朗最高国家安全委员会秘书贾利利通电话，贾利利除了向中国四川地震表达慰问之外，中伊关系、伊朗核问题仍然是双方讨论的重点；[①] 同年9月，伊朗总统内贾德访华，11月，中共中央政治局委员、中宣部部长刘云山访伊。

2009年以来，世界金融危机—经济危机的影响正在呈现和扩展，美国仍然陷在伊拉克、阿富汗的泥淖中难以抽身。伊朗核问题依旧是世界的热点，但是关于动用武力摧毁伊朗核设施的言论比之前有所降温，伊朗趁机发展经济，特别是加快国防军事工业的发展，通过频繁的军事演习和各种场合，不断展示新式武器、航天成果和国防科技成果，来增加国民的信心并告诫美国和西方对伊动武将要产生严重的后果。2009年6月，伊朗总统内贾德在因为大选导致的国内政局未稳的情况下依然赴俄罗斯叶卡捷琳堡参加第9次上合组织峰会，表明了他对政局的掌控胸有成竹。胡锦涛主席与内贾德总统在这里会晤，就中伊关系和共同关心的问题交换意见。2010年6月9日中国在联合国通过制裁伊朗的1929号决议时投了赞成票，伊朗政府对中国表示了有节制的不满：宣布内贾德将将不会出席2010年的塔什干上合组织第十次峰会，但是会在2010年6月11日来中国参加上海世博会伊朗国家馆日活动并访问中国。作为回应，中共中央政治局常委李长春2010年9月访伊朗，2011年7月中共中央政治局常委贺国强访问伊朗并出席纪念中伊建交40周年招待会。中伊高层经过一系列的互访、磋商之后得出的结论依然是：双方同意继续深化政治互信、加强经贸关系、拓展合作领域、丰富人文交流，中伊关系正在经受伊朗核问题的再次考验，保持了积极稳定的发展势头。

内贾德总统2010年访华的时间比通过1929号联合国决议的时间仅滞后了2天，其中可能并不仅仅是因为时间安排的巧合，应该带有咨询中国在伊朗核问题上的立场是否转变，并且带有修补、协

---

① 中华人民共和国外交部网站，2008年3月27日，http：//www.fmprc.gov.cn/chn/wjb/zzjg/xybfs/gjlb/1444/default.htm。

调中伊在核问题上的态度的含义。同年10月中共李长春常委、次年7月贺国强常委访伊，不仅是对内贾德总统访华的回访，更是要维持两国政府、议会的友好交往并修补因为核问题而受到冲击的两国关系，夯实未来双边的经济贸易、投资、文化交流合作的政治基础。因此李长春在访伊期间分别会见了内贾德总统和拉里贾尼议长，与米勒塔基阿尔蒂尼副总统会谈，出席了双边文化、教育、新闻等合作协议的签字仪式，为中央电视台驻德黑兰记者站揭牌，考察了中伊合作建设的德黑兰地铁4号线项目，参观了德黑兰大学孔子学院。李长春带给伊朗和世界的信息是：中国认为近年来中伊关系的发展是良好的，中方愿意继续与伊朗保持高层接触和各个级别的交往，深化双边政治互信，加强经贸关系，拓展在基础建设、通信、汽车、轨道交通等领域的合作，丰富人文交流，不断挖掘和培育新的合作增长点。伊方同意中方的观点，愿意在原来的基础上深化、拓展与中国的合作领域与合作深度。[1] 贺国强访伊期间在德黑兰会见了伊朗总统内贾德、副总统穆罕默迪—扎德，访问了伊斯法罕，在纪念中伊建交40周年招待会上的讲话中充分肯定了中伊建交40年的友好关系和经贸能源领域合作的成效，指出两国在国际和地区事务中的沟通、协调与配合也是良好的，更强调中伊关系发展要开拓创新，携手合作，进一步推进双方宽领域、深层次、多渠道的友好交流。可见，政府高层互访是国家外交关系的重要体现，在重大事件发生的时候，高层外交对于维持和巩固双边友好关系尤为重要。由此可以认为，21世纪的第二个十年，中伊关系继续保持积极稳定发展的势头有了良好的开端和强力的推动。

还可以看到，这一系列的互访、磋商、会谈，无不与伊朗核问题或者双边经济贸易合作相关。两国的具体交往事项见附录二“当代中国—伊朗交往事件记录”。

---

① 新华社德黑兰，2010年9月28日电。

表 4—10　　建交以来中国—伊朗互派主要外交官概况

中国驻伊朗主要外交官	伊朗驻中国主要外交官
王景融临时代办（1971.10）	阿。纳耶尔努里临时代办（1971.10）
陈辛仁大使（1972—1974）	阿巴斯·阿拉姆大使（1972—?）
郝德青大使（1974—1977）	萨菲尼亚临时代办（1972）
焦若愚大使（1977—1979）	巴赫拉米大使（? —1976）
林兆南临时代办（1979.11）	拉加布萨德临时代办（1976—?）
庄焰大使（1980—1982）	马哈茂德·埃斯凡迪亚里大使（1977—1980）
樊作楷大使（1983—1986）	塔吉·法拉希大使（1980—?）
王木柞大使（1986—1991）	塔鲁米拉德大使（? —1993）
华黎明大使（1991—1995）	侯赛因·米尔法豪尔大使（1994—1997?）
王世杰大使（1995—1999）	费雷敦·韦尔迪内贾德大使（—2006）
孙必干大使（1999—2002）	贾瓦德·曼苏里大使（2006—2010）
刘振堂大使（2002—2007）	马赫池·萨法里大使（2010—至今）
解晓岩大使（2007—2010）	
郁红阳大使（2010—至今）	

资料来源：根据各年《人民日报》、维基百科资料整理。

第五节　稳定发展的政治关系

中伊两国有着不同的政治制度，但是两国之间保持着正常的政治关系。在坚持和平共处五项原则基础上，主张在对待各自国家的政治制度问题上，采取和而不同，求同存异的方针，是改革开放以来中国发展与世界各国政治关系的基本立场，也是建立和发展中伊政治关系的一贯立场。

众所周知，中国是社会主义、无神论国家，但是尊重、保护公民的宗教信仰自由；伊朗是政教合一的伊斯兰共和国，两国的政治制度和价值观迥然不同，属于不同社会制度的发展中国家。由于政治体制的差异和意识形态的不同，第二次世界大战以后到 1971 年期间，新中国与伊朗之间的关系是冷淡甚至敌对的。建交以后，在和平共处五项原则指导下，相互尊重国家主权和领土完整，尊重对方的政治体制、观点和发展道路，中伊关系因此得到了正常发展，成为了不同社会制度国家之间相互依存、共同发展的范例，说明国家的意识形态、社会制度和经济发展道路不同，不应当成为国家关系发展的障碍。实际上，反对外来干涉，维护国家安全、领土和主权完整统一，是中伊交往的准则，也是中伊关系中的关键政治因素。中伊双方共同致力于改革不合理的国际政治经济旧秩序，反对单极化、霸权主义，提倡多极化，努力维护和争取自己国家的合法权利，都赞同和理解各自国家选择的社会制度和发展道路，提倡文明之间的对话与相互交流。

相互尊重、平等协商是政治互信的基石。2000 年 6 月 22 日哈塔米总统和江泽民主席在北京签订的中伊联合公报说："双方同意保持两国高层官方接触与各个层次的交流，并在两国外交部于 2000 年 2 月 21 日在德黑兰达成的建立政治磋商机制的框架内继续开展定期政治磋商"。在对待国家的各种政治事务中，中国严格遵守不干涉别国内政的原则，例如对因为 2009 年 6 月因为总统大选引起的伊朗国内民众冲突、西方认为伊朗政府"镇压"和平示威者的问题，中国的态度是尊重伊朗人民的选择，希望伊朗能够维护和恢复国内的团结、稳定。

一、政治关系良好

政治关系上，中伊两国密切磋商，共同致力于打破不合理的国际政治经济旧秩序，反对霸权主义和强权政治，提倡多极化和国际关系民主化。中伊双方都理解和赞同对方根据国情自主选择社会制度和发展道路的权利，提倡不同文化和文明之间的对话以促进理解与宽容。双方在反对和打击危害国家主权和领土完整的恐怖主义、分裂主义和宗教极端主义特别是泛突厥主义方面，有着共同的原则立场。尤其是自 21 世纪初以来，中伊两国外交关系始终保持友好。2000 年，时任伊朗总统的哈塔米率领庞大代表团访问中国，标志着两国关系进入一个新阶段。2001 年胡锦涛副主席的回访以及江泽民主席的正式访问更显示中国领导人对中伊双边关系的高度重视，也把两国关系推向了一个新的高度。双方一致决定“在相互尊重主权和领土完整、平等互利、和平共处等原则基础上提高双边合作水平，开辟双边关系新的前景，建立面向二十一世纪长期稳定、内容广泛的友好合作关系”。[①] 2011 年，胡锦涛主席与伊朗总统内贾德互致贺电，共祝两国建交 40 周年。双方领导人一致同意以建交 40 周年为契机，加强友好交往，推进务实合作，深化人民友谊，推动中伊友好合作关系持续深入向前发展。

中伊政治关系与商品服务贸易和经济技术领域的合作密切程度直接相关。20 世纪 70 年代以前，中伊没有正常的政治交往渠道，没有正常的国家外交关系，商品贸易只能通过民间的渠道进行，因而规模小，效益不显著。当 20 世纪 70 年代末期两国在政治交往上出现研判失误之时，经济贸易关系在 20 世纪 80 年代初马上萎缩。两伊战争中中国保持严格中立的政治态度，也因此推动了两国经济技术和贸易合作的发展。显而易见，良好的政治关系是中国—伊朗发展经济技术合作和商品服务贸易的政治基础，反之密切的经济技术和商业贸易合作是良好政治关系的体现，说明进一步发展两国政治关系具有厚实的的经济土壤。

二、伊朗不支持“中国威胁论”

“中国威胁论”是某些别有用心的西方国家和势力在 21 世纪初期以来杜撰出来、抹黑中国现代化发展的口号。大国家需要大军队、强国需要强军，这是现实世界的普遍常识和事实。伊朗舆论和政界

① “中华人民共和国与伊朗伊斯兰共和国联合公报”，http：//www. fmprc. gov. cn/chn/gxh/wzb/zxxx/t6429. htm。

对于中国经济现代化和国防现代化给予了正确的评价。伊朗官方报纸《德黑兰时报》2005年3月16日发表“并不可怕的怪物——中国”的文章，反映了伊朗国内对中国经济发展和军队现代化的普遍看法。文章分析中国的国防预算在过去4年中增长率为两位数的事实，指出中国2005年军费达到2477亿元人民币，同比增长12.6%，但是没有中国经济的整体增长快。中国这样的大国必须花钱建设一支现代化军队，2005年中国的军费折合美元仅约300亿，华盛顿有人硬说成有600亿美元。这点钱根本不能购买更多的高技术武器，按照中国和美国的军费增长率，中国的国防预算要赶上美国的国防预算大约在21世纪30年代晚期或40年代早期。历史和现实都证明中国没有侵略扩张的野心，但是在事实明确、对比非常悬殊的形势面前，美国还是坚持认为中国的发展威胁了它，这只能是美国贼喊捉贼的拙劣表演，欺骗不了世人。伊朗相信历史和现实：中国增加必要的军费是国家安全的需要，自恃军事力量威胁别国的恰恰是美国自己。

三、相互尊重各自的政治制度

相互尊重各自的政治制度是发展中国与伊朗的友好关系的基础。伊朗实行伊斯兰共和政治体制，中国走的是社会主义道路，伊朗认为中国侧重经济的渐进稳步改革是一条成功的路线，非常值得学习，特别是中国在吸引和管理外资、建立特区和经济开发区等方面的成效显著，值得伊朗借鉴。2007年8月15日的上合组织比什凯克峰会上两国首脑会晤中，胡锦涛主席和内贾德总统都强调相互尊重、平等互利，特别是相互尊重对方的社会政治体制和历史文化，是中伊长远合作的基础。

首先，相互尊重各自的政治制度体现在中伊之间高层互访和政治磋商得到了不断的加强，进而增强了两国的政治互信，巩固了传统的友谊，深化了双边政治合作。中国坚持独立自主的外交原则，欢迎、支持伊朗的发展，承认伊朗在中东地区的大国地位，理解伊朗发展民用核能的努力，支持伊朗人民反对霸权主义的斗争。

其次，相互尊重各自的政治制度成为双边经贸合作与交流的基础。中伊在能源领域、贸易领域、劳务合作、投资与技术合作领域等重点领域的合作与交流，都是以对对方政治制度和发展道路的承认和尊重为前提，这样培育起来双边经济合作的新增长点，保持双边贸易快速、稳步发展，实现两国经济的互利双赢。

再次，政治互信和相互尊重是文化交流的基石和动力。中国—伊朗的文化渊源不同，特色各异，政治互信推进了文明之间的对话，拓宽了两国文化交流的途径，扩大了两国人民之间的文化包容。正是基于双方的政治互信互尊，中国坚决反对和打击“三股势力”，防止泛突厥主义、原教旨主义的渗透，维护国家安全与稳定的主张，得到了伊朗的理解和赞同。[①]

四、相互理解各自在核问题上的政治立场

伊朗是中国的大周边邻国，中国实施大周边外交战略，是21世纪初期中国对外战略的重要组成部分。中国政府在不同的场合多次强调，发展中伊关系是中国政府的既定政策。中国致力于总体上巩固、推进和发展与伊朗关系，一方面与伊朗建立全面、系统、正常的友好关系；另一方面不断加深与伊朗在已有专项领域和重点领域的联系，不断加强友好合作的政治基调，特别是在错综复杂的核问题上，双方都能够理解各自的政治立场。

中伊政治关系在当前的伊朗核危机中有着特殊的体现。中国一贯认为伊朗享有和平利用核能的权利，同时要求伊朗履行防止大规模杀伤性武器扩散和防止核扩散的义务、严格执行联合国安理会的有关决议，主张用外交和平谈判的途径、反对以武力威胁或者动辄

① 郭细根：“21世纪初期中国的伊朗战略研究”，西南大学硕士论文2007年，第45—46页。

用制裁来施加压力的方式解决核危机，坚持伊朗正当的民用核能权利不能被剥夺的政治立场。这个立场受到伊朗的赞赏，巩固了两国的政治关系，也表明了中国实行独立自主外交政策的决心、维护国际正义的胆魄。伊朗承诺反对核扩散、坚定不移地追求自己享有和平开发利用核能的权利的政治立场没有改变，中国对此表示理解和支持。

五、保持党际间的高层交往

政党之间的高层交往是良好的中伊政治关系的重要组成部分。2009 年 11 月 17 日，中共中央委员、四川省委书记刘奇葆访问伊朗，与伊朗伊斯兰联合党总书记哈比比举行工作会谈；2010 年 9 月、2011 年 7 月，中共中央政治局常委李长春、贺国强先后访问伊朗，与拉里贾尼议长、内贾德总统等伊朗领导人会谈。近年中国和伊朗的政党保持高层联系，体现了两国人民的选择和意志，体现了世界政治的多样性和相互包容性，有利于地区社会经济的稳定和发展，这与西方国家的“民主、自由”体制完全可以和平共处。

第六节　备受关注的防务关系

一、正常的防务合作

国家安全是国家的核心利益，强大的国防力量是国家安全的根本保证。当年中国取得了“两弹一星”的成就，提升了中国在国际上的战略地位，从而改变了世界政治格局，也在一定程度上成为了伊朗与中国建交的推进剂。

国家之间的防务交流是构成国家关系的重要内容，正常的国防与军事联系有利于维护国家的安全与世界和平。中伊之间的防务合作对稳定地区局势、维护世界和平起着积极作用。

众所周知，中伊之间的防务装备和技术交往在20世纪70年代以来就开始了，80年代得到了稳步发展，两伊战争期间达到高峰。伊朗成为中国当时的第二大武器买主，军品交易成为那个时期中伊关系的主要内容。20世纪80年代的中伊军品交易符合当时的地区形势和相关当事国的利益。由于中国和伊朗所处的特殊的国际环境，20世纪90年代和21世纪初期中伊防务合作和军品交易的规模有所缩小。虽然如此，中伊的友好的防务合作关系还是引起了西方的高度紧张，美国和西方政府及其舆论对中伊在国家安全和军事技术领域的交往高度警惕和敏感，使得正常的中伊防务军事交流比较低调和节制，实际上还是受到了较大阻碍。不时有报道宣扬中国向伊朗出售先进武器，援助导弹技术和核技术。2006年6月，美国即制裁了一家美国公司和五家中国公司，理由是他们向伊朗援助了弹道导弹技术。最近伊朗成功研制出努尔雷达制导反舰导弹，其中就被认为有中国的技术援助[①]，实际上，这些都是捕风捉影、甚至是别有用心的舆论栽赃。

二、西方的疑虑

西方一直以别样的目光看待中伊的防务合作。例如，2010年9月20日，中国空军的4架“苏－27”战机应邀参加土耳其主导的“安纳托利亚之鹰”空军联合演习，途经巴基斯坦、伊朗领空，往返途中两次在伊朗加油。外媒报道，这是伊朗第一次允许他国战机在伊朗境内加油，[②] 在西方看来这就是一种不同寻常的军事合作关系。

在军事领域，在20世纪90年代，由于俄罗斯和其他各国也来竞争伊朗这个市场，中国向伊朗提供的武器急剧减少，俄罗斯向伊朗

① Garver, John W. China and Iran: ancient partners in a post-imperial world [M]. University of Washington Press, 2006年版，第139页。

② 星岛环球网：“传解放军苏－27赴土耳其途中曾在伊朗加油”，2010年10月12日。http://news.stnn.cc/glb_military/201010/t20101012_1430817.html。

销售的武器却快速增加了（见表1—1)。这种新的竞争让中国政府确信，为了让中国在伊朗保持强大的影响，尽管美国一直反对，中国将不得不提高对伊朗的服务水平。

20世纪90年代以来，关于中伊防务合作的消息很多，但是其中许多是捕风捉影，甚至是无中生有、别有用心的捏造。有报道说，中国在1992年向伊朗提供CSS—S弹道地对地导弹，[①] 1996年3月向伊朗提供了C—802反舰艇巡航导弹，[②] 帮助伊朗修建一座蚕式和M—9工厂。中国帮助伊朗开发固定发射的Mushak—120、Mushak—160和Mushak—200非制导式火箭。据一家伊拉克报纸报道，中国国家主席杨尚昆在访问伊朗期间，承诺中国将向伊朗提供浓缩铀技术。[③] 另据报道，在1992年9月拉夫桑贾尼总统访华期间，中国同意在一个价值达数十亿美元的战略协定的框架内，帮助伊朗加强和提高军事力量。有伦敦背景的报纸《*AL-Sharq al-Awsat*》报道，中国将向伊朗出售核技术，帮助伊朗兴建不少于4个核电站和一个先进的核研究中心，还将向伊朗提供100—150架苏式战斗机和轰炸机。中伊双方还有一个中国向伊朗提供两座300兆瓦核反应堆的协议，但该协议因为双方存在分歧尚在磋商之中。[④] 1993年1月1日，伊斯兰革命卫队司令迈赫森·拉扎伊（Mehsen Razai）将军访问了北京。他与中国国防部部长和总参谋长进行了会谈，意欲购买中国的新武器，特别是为伊朗海军购买新的战舰。巴黎支持的一家报纸《*Al-Watan Al-Arabi*》报道说，中国已向伊朗出售了三种蚕式导弹：地对海、空对空和空对地导弹。根据这篇报道，中国还帮助

① 《纽约时报》1995年6月22日，第A1版。

② 《华盛顿邮报》1996年3月7日，第A12版。

③ *FBIS-NES*-91-219，13 November 1991，pp. 54—55.

④ 据信，双方的分歧不是由于美国的压力，而是：1. 中国不敢确信它是否能够向伊朗提供这种技术，因为还有其它国家（即德国、芬兰和捷克共和国不愿向伊朗提供这些部件）卷入这项技术。2. 伊朗不能提供第一批两个核电站初期所需资金的详细计划。*FBIS-NES*-95-099，23 May 1995，p. 54.

伊朗在伊东南部的克尔曼省（Kerman）修建了一座军工厂，该厂开始装配巡航导弹和射程为300公里的M—11导弹。甚至还有西方报道声称，中国在帮助伊朗人研制化学武器。1996年8月24日的《*Al-Sharw Al-Awsat*》报道说，中国和伊朗想签订一份新的军事协议草案，该协议将于11月份在德黑兰完成。新协议涉及金额达45亿美元，购买项目包括中国飞机、导弹、火箭发射架、高速火炮发射架、辅助舰艇和装甲运兵车。这项交易也包括中国帮助伊朗发展军事工业，研制导弹、直升机及制造火炮。伊朗在未来的5年内以现金和石油偿还中国。该报道讨论了中国过去对伊朗的军火供给。它说在以前的协定里，中国提供伊朗的军事设备价值近30亿美元，包括沈阳F—7和F—8飞机，蚕式导弹，HQ地空导弹，C—801和C—802先进导弹，以及T—69型坦克、火炮、火箭发射架、中远程的155毫米、156毫米和230毫米口径的火炮。[①] 但是，这些报道中有相当部分是编造的信息，例如，关于中国帮助伊朗研制化学武器等报道，都是没有依据的，这些耸人听闻的、虚假的信息，干扰了中伊之间的正常防务联系，阻扰了中伊关系的正常发展。

随着伊朗核问题的升温，美国和西方希望通过"制裁"来扼杀这个伊斯兰共和国政权，更加把中伊之间的正常的国防交往描绘得一塌糊涂，把莫须有的罪名强加于中国。例如，2010年月7日《华盛顿邮报》报道说，中国正在向伊朗提供关键的军工技术和武器系统，伊朗试射的"胜利—1"型和巡航导弹"胜利—2"型、"努尔"远程导弹等最初都是在中国制造的，伊朗现在能够自己生产飞机、导弹、国防电子系统和其他各类武器系统，都是中国教会了伊朗仿造俄罗斯、美国武器的方法的结果；[②] 以色列导弹咨询公司（Rubin-

① Mohamed Bin Huwaidin: *China' Relations with Arabia and the Gulf* 1949—1999. Routledge Curzon 2002, p. 171.

② 华盛顿邮报，2010年3月17日。

con 有限公司）首席执行官乌齐·鲁宾认为，伊朗导弹是依赖中国的某些零部件和材料来生产的，他还猜测伊朗正在改进的“雷鸣”反舰导弹的小型喷气发动机也是中国的产品。[①] 历届美国政府都怀疑中国在帮助伊朗发展军事力量，奥巴马政府断定，中国企业正在为伊朗提升导弹技术和研制核武器提供帮助[②]，但是即便是美国的某些专门机构——例如美国加州的詹姆斯·马丁不扩散核武器研究中心研究员斯蒂芬妮·利吉在 2008 年初撰写的白皮书《西方关注下的中国与伊朗贸易，北京考虑下一步举动》中也承认，中国在控制敏感的军民两用产品方面采取了积极措施，有专门的总公司来监督多种供出口的反舰导弹的生产，成功地阻止了中国向伊朗直接转让某些导弹。[③] 由此可见，这些舆论是美国和西方政界对中国发展与伊朗关系心存不满和嫉妒，把莫须有的罪名转嫁到中国头上，给发展中伊关系增加压力的惯用手法。

超级大国和西方集团划分势力范围使得 21 世纪初期以来的中伊防务贸易与合作受到了严重的制约，加上军品交易与政治因素的联系紧密、敏感度高，西方政府及其舆论的矛头时刻对准着两国的军品交易活动，不时都会出现未经证实的消息透露中国与伊朗的武器贸易情况。例如，美国国务院 2005 年 12 月 27 日指责中国北方工业公司、中国航空技术进出口有限公司（中航技）、山东淄博化工设备有限公司、江西洪都航空工业股份有限公司、Ounion 国际经济技术合作有限公司和 Limmt 冶金矿产公司等 6 家中国公司向伊朗提供武器和技术。依据美国 2000 年通过的《伊朗防扩散法案》（该法案禁止国际社会向伊朗提供核武器、生化武器和导弹技术），宣布它们将受美方制裁 1 年，美国政府将不会继续与这些被制裁公司展开高新技术合作，并禁止美国公司向这些公司出口敏感产品。这也是美国

① 皮特·布朗：“美国对中国与伊朗保持防务联系保持沉默香港”，《亚洲时报在线》2010 年 5 月 22 日。

② 路透社，北京 2010 年 10 月 17 日电。

③ 同上。

自2003年以来因为同样原因对中国公司的第3次制裁（2001－2006年，共有中国、印度、奥地利等国的40家公司上了美国的制裁黑名单），[①] 美国的这种做法显然违反了国际法，严重侵犯了中国公司的自主权和自由贸易权，理所当然地遭到了中国政府和中国公司的坚决反对。直到2009年3月4日，美国负责东亚和太平洋事务的助理国防部长帮办戴维·悉尼（谢伟森）在向美中经济与安全评估委员会汇报时还说，过去4年中国与伊朗签署了价值约4亿美元的军售协议，“我们认为，中国作为一个负责任的国际参与者，在伊朗还在继续向活动在与其接壤的国家的极端组织提供武器的情况下，不应该向它出口常规武器”，[②] 也就是说，中国现在与伊朗进行正常的武器交易也会遭到美国的不满和反对。

实际上，美国和西方对中国—伊朗关系的全面发展感到的是一种霸权旁落的担忧。西方认为，政治和军事领域的合作将使伊朗与中国结盟，进而使美国对伊朗的制裁受损。

必须承认，西方把中伊发展防务关系看成是对美国的反击是有道理的。美国小布什总统的战略一直是遏制中国和伊朗，按照政治和经济分析家夏马克·纳马兹（Siamak Namazi）的分析，这就“因此产生了天然的盟友”。显而易见，美国和西方军队在中亚、南亚及中东的存在必将成为中伊的共同忧虑，格鲁吉亚申请加入北约的步伐加快，高加索地区的北约幽灵变成现实的可能性越来越大，两国的政治安全和国家利益受到了威胁，理所当然地要对北约进入亚洲提高警惕、作出反应。

---

① 东方网：“美国宣布制裁6家中国公司称其向伊朗出售武器”，2005年12月29日。http：//world.eastday.com/eastday/node81844/node81849/node109151/userobject1ai1754286.html.

② 美联社，华盛顿2009年3月5日电。

第七节　交流密切的文化关系

自古以来，中国对波斯文明的探索没有中止过，对现代伊朗的研究，虽然起始于20世纪初期，但是在20世纪80年代才开始真正进入高潮时期，到2010年，取得的研究成果超过1500项，学术研究机构有50余家。值得一提的是，20世纪90年代中国对伊朗研究取得了很大的发展。1990年1月北京大学成立伊朗文化研究所，1993年北京大学出版社出版了《伊朗学在中国论文集》。1997年，叶奕良先生翻译的《伊朗通史》（上下册，作者为阿宝斯·艾克巴尔·奥希梯扬尼）由经济日报出版社出版。伊朗驻华大使侯赛因·米尔·法豪尔亲自为《伊朗通史》中文版作序，希望“中国的波斯语学者有更多的作品问世，使中伊两个古老友好邻邦的新老朋友能够建立更牢固而久远的联系”。与此同时，中国顺利召开“第二届伊朗学在中国研究会”。1997年，在中国举办了“伊朗文化周”。1999年，在伊朗举办了“中国文化周”。中伊两国相互放映对方优秀的影片。中国学者张鸿年、元文琪、张晖、宋丕方、穆宏燕、王一丹和邢秉顺翻译出版了《波斯经典文库》丛书共18卷（湖南文艺出版社）。元文琪先生在1997年出版了《二元神论：古波斯宗教神话研究》（中国社会科学出版社），2005年翻译了《阿维斯塔—琐罗亚斯德教圣书》（商务印书馆）。1998年龚方震、晏可佳出版了《祆教史》（上海社会科学院出版社）。2005年张小贵、殷小平翻译出版了英国玛丽·博伊斯的《伊朗琐罗亚斯德教村落》（中华书局）。此外两国的宗教、艺术和体育代表团经常进行友好互访，并有学者访问和留学生交换培养等项目。2007年在中国云南大学、2008年在中国西南大学等高等学校都先后成立了伊朗研究中心等学术研究机构，这些机构都开展着积极的学术研究和学术交流。

一、文化交流

21世纪初以来，中伊政府、学术界之间的文化往来继续发展。2000年7月13－16日，应监察部邀请，伊朗国家监察组织主席拉伊希率团访华，国务委员王忠禹会见了他，双方签署了合作谅解备忘录。中伊政府间已经签订有《中伊文化和科学技术合作协定》、《中伊两国广播电视合作计划》等文化科技合作协定，2002年4月江泽民主席访伊时，与哈塔米总统一道出席了中伊《2003－2005年文化交流执行计划》等六个文件的签字仪式，这些政府文件，成为推动、指导两国文化科技交流的法律保障。2004年11月－2007年1月期间，中国对伊朗的文化交往活动主要有：

2004年11月25日，中国社会科学院西亚非洲研究所所长杨光率团访伊；

2005年4月12日，中国国际问题和学术交流基金会对伊朗进行访问；

2005年8月29日，中国国际问题研究所访问伊朗；

2005年11月27日，中国国际广播电台代表团访问伊朗；

2005年11月29日，中国驻伊朗大使夫人王希暖举办中国服装和太极拳表演；

2005年12月12日，伊朗艺术研究院举办东方艺术的自然性国际研讨会；

2005年12月12日，中国艺术图书展在德黑兰开幕；

2006年7月31日，刘振堂大使拜会德黑兰大学校长阿米德·赞姜尼；

2006年8月22日，文化部副部长、故宫博物院院长郑欣淼访问伊朗；

2006年9月3日，刘振堂大使拜会贝赫什提大学校长拉提菲；

2006年12月13日，政协常委、著名作家王蒙访问伊朗；

2007年1月23日，上海国际问题研究所代表团访问伊朗。

2000年6月哈塔米总统访华，在北京大学为张鸿年、曾延生、叶奕良、李湘、滕慧珠、张晖、元文琪、潘庆舲、宋丕方、邢秉顺等中国的波斯语言文学学者颁发了总统签名的荣誉奖[①]，充分肯定了中伊两国的文化交流成绩。2002年4月，江泽民主席访伊，对“文明的对话”高度评价和支持，表示中国将继续参与文明之间的对话活动，他还与哈塔米总统共同在两套《波斯经典文库》丛书上签名留念，并分别收藏于两国国家图书馆，体现了中伊之间的“文明对话”。2005年11月13日，伊朗当代名人协会第5次会议表彰各领域专家学者25人，受到表彰的外国教授有中国北京大学波斯语专业叶奕良教授。同年12月6日，为配合东方艺术研讨会的召开，伊朗萨巴文化中心与中国驻伊朗使馆合作，在伊朗举办了中国艺术图书展和中国自然风光图片展。在伊朗妇女慈善协会的协助下，2006年7月至9月，驻伊朗使馆妇女小组组长、中国大使夫人王希暖组织举办了业余刺绣培训班，增加了中国—伊朗妇女在传统技艺方面的交流。[②]

2009年3月9日，伊朗艺术学院副秘书莫特拉格与中国艺术机构负责人在北京签署了艺术合作协议。[③]

应当说，2011年6月8日至9日在北京首都大酒店举行的“中

---

① 邢秉顺著：《伊朗文化》，文化艺术出版社2003年版，第356页。

② 中华人民共和国驻伊朗伊斯兰共和国大使馆，http：//ir.chineseembassy.org/chn/zygx/default.htm。

③ 伊通社2009年3月9日北京电：根据该协议，双方在相互尊重的基础上加强在艺术领域的合作。该合作协议内容还包括互派留学生、加强在伊朗和中国艺术比较研究方面的教授和学者交流、继续在文化遗产领域的研究和交流、举办书画和图片展等。中国艺术科学院副院长张庆山在签字仪式上高度评价伊朗电影的地位，并希望和伊朗开展在电影领域的合作，他欢迎伊朗电影艺术家来中国访问，加深对中国艺术和电影的了解。他认为，该合作协议的签署标志两国在艺术领域翻开新的篇章，两国间的艺术合作将进一步加快。根据签署的合作文件，伊朗艺术家将访问中国，同时，中国的京剧艺术家也将会访问伊朗。该合作协议期限为三年，如果双方同意，该合作协议期限将延长三年。

国伊朗关系研讨会暨2011年两国友协年会”，是中伊文化交流的一件大事。虽然庆祝中伊建交40周年活动是会议的主题，但是闭幕式上签署了《中伊民间友好合作宣言》。《宣言》同意以“中伊关系研讨会”为平台，加强两国各领域友好交流，标志着中伊文化交流将在专业化和综合化的基础上，规范化、多样化、高效化地开展。参加这次会议的代表来源之广、研讨领域之大、内容之深，在中伊文化学术交流活动中前所未有。中国对外友协、中伊友协陈昊苏会长、伊中友协阿哈德·穆罕默迪主席、伊朗驻华大使萨法里以及中伊友协各位副会长和部分理事、地方友协负责人、相关单位代表、伊中友协代表团、伊朗驻华使馆官员、伊朗在华机构和企业代表共约150人出席，会议就“经济与贸易”、“文化与媒体”、“宗教”和“医药科技”四个专题展开了深入的讨论，中伊学者就如何增进了解、发展合作，坦诚地交换了意见。

二、宗教联系

与伊斯兰教和穆斯林的关系是中国伊朗宗教联系的核心内容，波斯因素又是中国伊斯兰文化的灵魂。

中国伊斯兰教的四大门宦——哲赫忍耶、虎夫耶、嘎德忍耶、库布忍耶等，虽然属于苏菲派，与伊朗传统的什叶派歧异甚大，然而追溯其宗教渊源却可以发现，中国的四大门宦的发生与发展，都与波斯的什叶派有着或多或少的关系。两国也有理由对极端的逊尼派穆斯林感到忧虑：大多数伊朗人是什叶派；中国拥有2000多万穆斯林，他们大多属于逊尼派，中国西部一些城市蕴藏着极端宗教者骚乱的危险，这些骚乱者得到了中东和中亚的某些伊斯兰组织的支持，产生着分裂中国和中华民族的巨大破坏力。

三、互派留学生

传承和发展中伊关系的重任将由两国的年轻人来承担，后代是两国关系的未来和希望，但是中伊之间相互派遣留学人员的规模还很小。2005年中国接收伊朗留学生144人，其中长期生136人、短期生8人（同年中国接收外国留学生140677人），只占中国接受留学生总人数的0.1%。显然，两国在这方面开展交流的道路很长，合作的前景很广阔。

因为中伊同是东方文化的源泉，在遥远的古代，中伊两个文明强国通过丝绸之路在文化上相互欣赏、相互影响。在近代和现代，中伊两国都具有很多文化共性。这就是伊朗人民和中国人民如此友好，如此相互理解、相互尊重的历史文化原因。中国是东亚的文明古国，伊朗是西亚的文明古国，中亚就成为联结古代中国和波斯的纽带，两国在地缘文明中的战略地位同样具有很多相似之处。哥伦比亚大学政治学博士侯赛因·尼扎姆曾说："伊朗是中东的中国。正如同远东没有中国便没有政治意义，中东没有伊朗便不会在世界政治中发挥重要作用。"[①] 在文化上，中国对远东、伊朗对中东具有同等重要的影响。中伊历史文化反映了中国和伊朗具有历史的自豪感和自信心；两个民族近代都遭遇了深深的耻辱、现代化过程中都背负着强烈的紧迫感，还同样面临着弘扬传统文化、借鉴吸收西方先进文化的必然性。因此，中伊两国完全可以相互理解、互相借鉴、相互支持，共同促进两个文明古国重新崛起，与世界其他国家一道，共同努力创造一个和谐的、公平的、正义的新世界。

---

① Hossein Nazem: Russia and Great Britain in Iran,] page6, Tehran, Iran, 1975.

第五章

21世纪初期中伊的外交环境及决策机制

本章提要　外交环境与决策机制对21世纪初期的中伊关系有着至关重要的意义。目前，中国已同世界上绝大多数国家建交，同220多个国家和地区开展了交流与合作。随着经济全球化步伐的加快，中国强力实施两个市场、两种资源的外向型经济战略。中国的外交战略从全球的高度，致力于确保国家的政治安全、经济发展以及社会稳定，向世界实行全方位开放。在21世纪头20年，中国外交的重点仍将是建设与美国的互信合作关系、与俄罗斯的战略协作伙伴关系、与日本的和平友好关系、与欧盟的建设性伙伴关系、与东盟国家的友好睦邻的伙伴关系、与印度的互信睦邻关系，中国与伊朗的友好合作关系也将在中国的大周边外交和中东战略中得到重视和发展。伊朗的外交战略是优先发展与周边邻国的关系，积极发展与亚洲国家和伊斯兰国家的关系，努力发展同除以色列以外的世界各国的正常关系，联合发展中国家共同抗衡美国的霸权势力，重视推动与世界各大国的交往，深化和扩大与中国的全面合作，不断改善自己的国际环境。

第一节 中伊关系发展面临的环境分析

一、中国面临的环境：优势和劣势

（一）优势

中国面临的环境优势主要包括：第一，中国经济持续稳定发展，对世界影响越来越大。中国是世界上最大的发展中国家、未来的世界经济强国。中国经济发展取得了巨大成功，经济规模连续10多年以两位数的速度增长。按照购买力平价法，2008年中国就已经成为了世界第二大经济实体；2010年中国经济规模全面超越日本真正成为世界第二大经济实体；中国已经是世界第三大贸易国、第一大外汇储备国，人民的物质文化生活水平明显提高、综合国力大大增强。

第二，中国具有良好的声誉，在增强发展中国家的团结中发挥了重要作用。国际上，中国是联合国安理会常任理事国、加入了WTO、世界银行、国际货币基金组织（IMF）等世界性组织。在上合组织等地区性国际组织中的作用更加突出，成功举办了2008年奥运会、2010年上海世博会，基本化解了2008年世界金融危机—经济危机的重大冲击。强化了与邻国的友好互信互助关系，改善了与美国、欧盟、日本、俄罗斯、印度等的关系，与非洲、拉美等发展中地区的交往不断加深。

第三，坚持"和平共处"五项外交原则，中国实施"和平发展"、"和平共处"、"和谐外交"在国际社会树立了良好的大国形象，国际影响力和外交形势处于历史上最好的时机。

（二）劣势

中国面临的环境劣势主要体现在以下方面：第一，资源、能源和环境的约束日益严峻，经济发展的后劲不足——主要受制于资源匮乏、能源不足、环境污染，社会经济体制改革中的深层次矛盾没有得到解决，国内财富分配不公导致国内消费低迷，粗放式发展方式没有得到根本改变，投资过热，物价高涨，全球油价、粮价剧烈波动，国内煤炭等资源类产品价格大幅上涨，以及能源利用率偏低等问题，使中国对外资源能源和市场的依赖程度不断加深，由此引发的争端增多；第二，中国台湾、西藏等问题依然困扰着中国。台湾、西藏、新疆等地区的分裂势力没有根本铲除，美国、日本等西方势力构成对中国统一的巨大障碍；第三，美国和西方以及部分邻国对中国的发展依然心存疑虑。美国、欧盟、日本等的市场和技术因素对中国牵制大；美国、欧盟、日本、印度等国家“围堵中国”的冷战思想难以消除；时刻面临西方“人权、民主”的政治挑战和颠覆；第四，领土、领海争端依然存在。中国同相关邻国关于领土以及南海、东海之海域和岛屿主权的争端短时间内难以解决。

二、伊朗环境的基本分析：优势和劣势

（一）优势

伊朗发展环境中的优势因素很突出，那就是：传统上的中东大国、石油天然气资源丰富、国内民众希望发展民族经济、改善生活境况、均衡贫富，因此支持内贾德政权治理国家；国际上，借美国之手剪平了对手国家伊拉克和敌对的塔利班，阿拉伯阵营的领头人力量及其内部的团结都处于低谷。此外，经过2008年短暂的下跌（国际油价波动中的下跌幅度小、时间段，总体是振荡向上）之后，国际石油价格节节飙升，给伊朗带来了大量的石油外汇，伊朗对国外投资者的吸引力越来越大，油价暴涨使伊朗运用“能源牌”的外

交空间空前广阔。2008 年 8 月俄罗斯—格鲁吉亚之间的战争，使得俄罗斯与美国、西方之间的矛盾公开化、尖锐化，减轻了美国为首的西方对伊朗核危机的压力，同时俄罗斯利用伊朗核问题作为与美国讨价还价的筹码的意图更加明显。可见，伊朗面临着前所未有的有利的国际环境。

1. 能源优势

丰富的能源资源是伊朗经济发展和对外交往的最主要优势之一(伊朗的石油和天燃气储量详见表 6—1 和表 6—2)。石油是伊朗的经济命脉，目前伊朗是世界第二大原油出口国。尽管伊朗的人口只占世界人口的 1%，但是伊朗却拥有世界自然资源总量的 7%，其中仅石油和天然气总量折合当前价格就达到 4 万亿美元以上。[①]

石油危机的威胁使有关国家不敢对伊朗采取强硬行动，高油价给伊朗政权带来的收入使其能够赢得外国支持。2007 年 7 月的美国《外交政策》杂志文章对此进行了分析[②]：内贾德 2005 年 8 月刚上任，伊朗政权就表现得好像有凌驾于一切之上的神符在保护着他们,无论他们如何挑衅，国际社会都会忍受。就像伊朗驻国际原子能机构代表阿里・苏丹尼耶所说的那样，德黑兰的估计是："美国有能力给伊朗制造痛苦与伤害，但美国同样也害怕痛苦与伤害。因此，如果美国是这样考虑的话，那么局势很可能就会这样一直僵持下去。"

道理很简单，对于目前全球每天 8500 万桶的石油需求来说，全球石油供应量并不能满足这一需求。就算所有石油供应国都开足马力全力开采出每一滴油，全球石油供应仍然有 1500 万桶左右的缺口。如果国际禁运、军事打击或一项政治决定导致伊朗石油从国际

① Abbas Maleki, Iran's New Asian Identity, published in Novikova, Amrots (ed.), Regional Security Issues: 2007, Yerevan: Amrost Group, 2007.

② STEVEN R. WEISMAN, As the Price of Oil Soars, So Does Its Power to Shape Politics From Washington to Beijing, Published: July 25, 2006; http://www.nytimes.com/2006/07/25/world/middleeast/25oil.html? scp=1&sq=&st=nyt.

石油市场上消失，那么国际油价很可能像脱缰的野马，一直奔驰在100美元/桶或者更高的价格高空。如果不考虑通胀因素，国际油价已经与1973年和1979年石油危机时的价格相当或更高。这的确是一件非常痛苦的事情。巴黎一家智囊机构的负责人说："绝不可能对伊朗进行制裁而与此同时又不对全球市场构成危害。"美国石油行业最有影响的分析家之一（要求匿名）也同意这一观点："目前，伊朗人处于强势，而且他们也很清楚这一点。供应紧张的市场和已经创造历史纪录的油价不仅使伊朗获得了石油盾牌还使伊朗拿了一手好牌。目前这种局势使伊朗具备几年前不具备的优势。"一方面，石油危机的威胁使有关国家对伊朗的立场变软；另一方面，高油价给伊朗政权带来高收入，伊朗因此在世界面前显得财大气粗。

表5—1　　世界主要国家的石油剩余探明储量　　（单位：亿吨）

国家或地区	2009年	2010年	2010年占世界比重（%）	2010年储采比
沙特阿拉伯	363	363	19.1	72.4
委内瑞拉	248	304	15.3	
伊朗	189	188	9.9	88.4
伊拉克	155	155	8.3	
科威特	140	140	7.7	
阿联酋	130	130	7.1	94.1
俄罗斯	102	106	5.6	20.1
利比亚	58	60	3.4	76.4
哈萨克斯坦	53	55	2.9	62.1
尼日利亚	50	50	2.7	42.4
加拿大	52	50	2.7	26.3
美国	34	37	2.2	11.7
中国	20	20	1.1	9.9
巴西	18	20	1.0	18.3

续表

国家或地区	2009年	2010年	2010年占世界比重（%）	2010年储采比
墨西哥	16	16	0.8	10.6
欧佩克合计	1404	1460	77.2	85.3
世界合计	1817	1888	100	46.2

资料来源：BP Statistics Review of World Energy，June 2011。

表5-2　世界主要国家的天燃气剩余探明储量（单位：万亿立方米）

国家或地区	2009年	2010年	2010年占世界比重（%）	2010年储采比
俄罗斯	44.4	44.8	23.9	76
伊朗	29.6	29.6	15.8	
卡塔尔	25.3	25.3	13.5	
土库曼斯坦	8	8	4.3	
沙特阿拉伯	7.9	8	4.3	95.5
美国	7.7	7.7	4.1	12.6
阿联酋	6.1	6	3.2	
委内瑞拉	5.1	5.5	2.9	
日日利亚	5.3	5.3	2.8	
阿尔及利亚	4.5	4.5	2.4	56
伊拉克	3.2	3.2	1.7	58
澳大利亚	2.9	2.9	1.6	37.4
印度利西亚	3	3.1	1.6	
中国	2.8	2.8	1.5	29
马来西亚	2.4	2.4	1.3	36.1
中东地区合计	75.7	75.8	40.5	
世界合计	186.6	187.1	100.0	58.6

资料来源：BP Statistics Review of World Energy，June 2011。

2. 区位优势

伊朗的地理位置很独特，有10多个陆海邻国，有一条南北走廊将里海和伊朗南部、波斯湾联系起来，体现出“欧亚路桥”和“东西方空中走廊”的位置优势。通过伊朗，出西北可以到达土耳其、进入欧洲，向北可以通往中亚，通向前苏联国家；向东可以通往阿富汗和巴基斯坦；向西可以通往伊拉克，向南可以通往波斯湾、印度洋。可见，伊朗是陆海之间的通道、连接亚欧大陆的桥梁和纽带。

从地缘政治角度看，伊朗既控制着波斯湾东岸，扼守着霍尔木兹海峡（2000年从海湾出口石油的90％、国际能源市场上的2/5的石油贸易量经过此地），又掌握着里海—中亚地区油气产品的对外运输通道。这对海湾、中东、中亚、南亚和东亚都有巨大影响，对西方，特别对美国也是生死攸关的大事。在稳定伊拉克新政权和阿富汗局势的努力中，美国要求伊朗的帮助，就体现了伊朗位置的重要性。同时，伊朗还可以作为美国包围俄罗斯、控制中亚、进逼中国的重要堡垒。

3. 核危机带来的机遇

在和平利用核能的权利上，伊朗举国上下的一致性愿望令西方始料不及，除了威胁制裁或者军事打击将使伊朗陷入深重的苦难，美国并没有使伊朗人民相信发展核武器会给伊朗带来灾难。伊朗将发展核计划与其不容侵犯的国家利益紧密挂钩，号召伊朗国民要为国家的权利和尊严同仇敌忾，引发了伊朗人的强烈共鸣。内贾德总统因此放言：“伊朗核计划将像火车一样，永远不会改变方向。”[①] 因为伊朗认为，核时代的安全来自于“核武器保护伞”。[②] 通过和平利用核能，伊朗能够促进自己的高科技发展，这不但是一个资源大国、历史悠久民族实现振兴的希望，也是伊朗民族安全的保障，因而成

---

① PyotrGoncharov, Outside View: Averting a U.S.－Iran Clash, UPI, March 7, 2007.

② 李意：“核危机中伊朗外交政策解析”，《西亚非洲》2008年第11期，第53—58页。

为凝聚人民意志的重要手段。

从国内来看，当前核危机是号召人民团结对外、反抗美国和西方强权势力，削弱国内温和派、改革派最有效的武器。通过外交努力，伊朗塑造了其独立自主、不畏强权的形象，既增强了民族凝聚力，也提升了民众对政府的信任度，维护了国内政治的稳定，从而为打破西方的孤立起到积极作用，同时可以转移矛盾，缓和人民对国内问题的不满。

从国际来看，伊朗核危机也为伊朗争取到一定的生存空间。首先，伊朗一手准备同美国开战，一手准备与六大国和国际原子能机构对话，向世人传播出伊朗愿意通过和平方式解决核危机，而某些国家的强权思维才是破坏世界和平的最终根源的信息，一定程度上分化了西方反伊阵营。其次，伊朗政府不失时机地向国际社会宣传伊朗人民热爱和平，反对压迫和奴役，奋勇抵抗强权国家的武力威胁和内部颠覆的形象，引发广大第三世界国家的共鸣。在美伊之间的这场心理战中，弱国伊朗显然赢得了一定的优势，美国试图对伊朗动武的计划受到了美国人民、国际社会广泛和强烈的反对。最后，伊朗还积极利用阿拉伯国家对美国控制中东的忧虑，鼓动阿拉伯国家的反美情绪，壮大抗美力量，在一定程度上赢得了伊斯兰世界的支持，改善了同阿拉伯国家的关系。对美国扬言进攻伊朗一事，阿拉伯国家反对之声甚高。英国广播公司调查结果显示，伊朗的国家形象在伊斯兰国家中是正面的。“内贾德虽然常常被西方媒体丑化，但他在中东地区却跨越了民族与宗教的鸿沟，成为中东地区人们心目中的英雄。”①

4. 宗教、文化的影响力

伊朗是世界穆斯林什叶派的大本营，伊斯兰原教旨主义的发源地之一，伊朗伊斯兰文化的影响具有向周边圈层扩散与向世界各地飞地

---

① Jeffrey Fleishman，Ahmadinejad hailed inMiddle East，http：//www.latimes.com，Sep 24，2007.

型扩散相结合的特征。值得注意的新事象是当前伊朗文化展示出的开放性特征：伊朗制作了包括《里扎多》、《女生宿舍》等在内的数百部大受欢迎的影片；伊朗实行什叶派教规规定的临时性婚姻使私生子合法化（也有可能导致卖淫）；伊朗是毒品的通道，毒品的受害国，并积极与毒品作斗争（伊朗有 200 多万吸毒人员，3600 多人在与毒贩斗争中丧生）；伊朗允许做变性手术；伊朗是世界最大的难民收容国（花巨资收容了 100 多万阿富汗难民、伊拉克库尔德人等）；伊朗年轻女孩穿着非常时髦，足球、滑雪、板球、棒球、女子橄榄球等在伊朗很流行；伊朗有中东唯一的避孕套生产厂，提倡避孕、计划生育；官方禁止卫星电视，但是很多百姓却在自家屋顶安装卫星接收装置。[①] 伊朗宗教文化方面的这些变化，对开展文明之间的交流是一个积极信号。

5. 国际机遇

阿富汗战争和伊拉克战争为伊朗向东西方扩张扫除了主要障碍，伊朗南向海湾与印度洋、北向里海中亚的战略空间也空前扩大。

伊朗是阿富汗战争和伊拉克战争的最大受益者，美国帮他消灭了两个他最大的敌人：一个是伊拉克的萨达姆；一个是阿富汗的塔利班。萨达姆政权是伊朗的死敌，两伊战争血战了 8 年，伊朗也没有占到优势，最后美国免费帮助伊朗消灭了萨达姆政权，这是美国送给伊朗的最好、也是最大的礼物。[②] 在 2005 年初举行的伊拉克大选中，什叶派成为大赢家，两伊关系开始出现良性互动。伊朗外长哈拉齐 2005 年 5 月 17 日访问伊拉克，成为伊拉克战争后访问巴格达的最高级别的伊朗官员。伊拉克国防部长杜莱米 2005 年 7 月 6 日访问伊朗，并与伊朗国防部长沙姆哈尼就加强反恐及其他领域的军事合作达成一致。伊拉克总理贾法里 2005 年 7 月 16 日下午抵达德黑

① “真实的伊朗”，英国《星期日独立报》2005 年 10 月 30 日。

② 人民网：“伊战四年：伊朗，伊战的受益者?”《今日关注》2007 年 3 月 22 日。http：//military. people. com. cn/GB/8221/72028/79719/79725/5513992. html。

兰，开始对伊朗进行为期3天的正式访问。这是两伊战争以来伊朗和伊拉克最高级别的外交往来。

而且，伊朗成为了这个地区唯一敢于挑战美国中东利益的国家，西方媒体都用“崛起”一词来形容伊朗。伊朗的综合国力增强了，在中东地区的国际地位提高了。伴随着与周边国家关系的改善，开始形成了伊朗、伊拉克、叙利亚、黎巴嫩为一体的弧状什叶派新月地带，使伊朗在中东的影响力进一步增强。

（二）劣势

美国得克萨斯基督教大学的政治学教授曼诺切尔·多拉吉（Manochehr Dorraj）和加里·库里尔（Carrie L. Currier）认为，伊朗谋求核大国地位的野心不会改变，因此其国际处境日益孤立。[①] 伊朗面临的劣势环境的确也是明显的：国内经济发展未达到预期目标，政局动荡的根源没有消除，成为民众不满、人心思变（年轻人向往西方）、政局不稳的经济根源；为世界穆斯林争取权利的伊斯兰革命思想和强硬的外交姿态疏远了众多国家；伊朗核问题引发的与美国和西方的紧张关系有增无减，成为当前伊朗面临的主要国际压力，由此产生的国际制裁接踵而至，看不到完结的迹象；与海湾和中东邻国的关系并未有实质性缓和，处于事实上的不稳定状况；伊朗被美国和西方认定为恐怖主义国家和支持恐怖主义的国家，例如，“圣城旅”就被西方认为是由伊朗国家组建、操纵的一个主要恐怖组织，[②] 而且西方一致认为“恐怖组织”黎巴嫩真主党、巴勒斯坦的哈马斯等都是由伊朗用金钱、武器、技术、人员等装备、扶植起来的，伊拉克境内的什叶派反政府武装的后台也是伊朗。总而言之，西方把伊朗与恐怖主义划上了等号，把中东问题久拖不决、越演越烈的责任都归到了伊朗身上，这对伊朗的国际环境和国际形象都是莫大

① 《中东政策》2008年夏季刊，第66—80页。

② 巴林《中东时报》周刊网站2008年1月14日文章。

的损伤。不容忽视的新问题是，2010年—2011年以来，突尼斯。埃及、利比亚、也门、叙利亚、巴林等阿拉伯国家的政权被一股“民主”浪潮掀得人仰马翻，虽然暂时没有触及到伊朗伊斯兰政权，但是美国策划、西方支持、部分中东政治人士挥舞的这柄“民主、人权”利剑很可能最终会砍向伊朗。

1. 国际环境对伊朗对外战略有不利的影响

目前伊朗所处的国际环境并不宽松，美国把伊朗的形象描绘成国际社会的麻烦制造者。美国国务院2009年4月30日发表的报告中，仍然把伊朗与古巴、叙利亚和苏丹一起列进“支持恐怖主义国家”的名单①。埃及总统穆巴拉克2009年4月29日在演讲中不点名地指责伊朗和真主党侵犯了埃及的安全和主权，“阿拉伯地区……面临着来自区域强国的威胁，这些强国信奉恐怖主义和极端主义，而且明确地高喊仇恨和平”。② 可见，不单是美国，就是在中东，伊朗的对手也时常发出强烈的警告。世界警惕和孤立伊朗是有着特殊的背景的。

（1）伊朗的伊斯兰革命思想疏远了很多国家。伊朗的伊斯兰思想、政治主张和社会体制与其他宗教文化存在着对立、相互排斥、不兼容之处，特别是革命初期，伊朗实施“不要东方、不要西方，只要伊斯兰”的外交政策，打击了世界的大多数国家，孤立了自己，也成为世界担忧的根源。因为，对西方国家来说，激进的伊斯兰思想就是对西方文明的宣战，其目标不但是抢回西方文化思想的地盘，而且要将美国和西方势力的根源铲除，把它们从中东扫地出门。伊朗宪法要求为世界穆斯林的权利而奋斗，对伊斯兰国家来说，统治者们大多担忧政权被激进的伊斯兰思想和运动所颠覆，世界上的伊斯兰逊尼派国家都惧怕被伊朗式的什叶派政权取而代之。因为1979年的伊朗宪法规定：伊朗伊斯兰共和国有责任联合其他伊斯兰国家

---

① 新华社2009年5月1日电。

② 美联社开罗2009年4月30日电。

的穆斯林，尽力实现伊斯兰世界的政治、经济和文化的统一[①]；对民族国家而言，对伊朗的伊斯兰主张存在疑义，惧怕宗教极端主义挑起宗教纷争、民族矛盾，导致国家分裂；对中东国家来说，邻国、邻边地区惧怕什叶派独大、压迫排斥其他伊斯兰教派，挑起边界纷争和历史恩怨，掠夺土地和资源。

美国和西方把伊朗界定为恐怖主义国家和支持恐怖主义的国家，这是孤立、讨伐伊朗最有效的战略之一，而伊朗领导人（例如内贾德总统）向国际社会表现的咄咄逼人的言行，以及握有伊朗强大实权的革命卫队等，为伊朗是“暴力国家”的形象提供了实证。例如，被西方认为是由伊朗国家组建、操纵的恐怖组织——“圣城旅”成立于1990年，实际上隶属于伊朗革命卫队，而且是其中最神秘、最精锐的部队，总部设在美国驻伊朗使馆原址上，首领卡西姆·苏来马尼准将直接对最高领袖哈梅内伊负责，二号人物是艾哈迈德·福鲁赞德准将，另有12个主管职位，还拥有几个国际事务组，其在伊朗边境有包括西南部克尔曼沙赫的拉马赞要塞（最资深的革命卫队将军和上千人员驻扎在这里）、阿瓦士的法杰尔要塞（情报和侦察人员驻扎在这里，收集盟军的情报，并与伊拉克境内的代理组织接触）在内的六个要塞，外国特工在伊朗的德黑兰以北的伊玛姆阿里训练基地、帕克达什特镇附近的霍梅尼训练基地、卡拉季大坝附近的巴霍纳尔训练基地的要塞受训，都由“圣城旅”负责。圣城旅被西方认为是世界上由国家支持、资金最充足的恐怖组织。[②]

（2）伊朗核问题的不利影响。伊朗在核问题上的强硬立场和实际行动，让世界担忧正在出现核伊朗，从而考验中国的对伊外交决心。

第一，伊朗在核问题上的言行、立场没有能够让世界相信伊朗进行的是“和平的核努力”；

---

① 张铁伟编著：《伊朗》，北京：社会科学文献出版社2005年版，第118页。

② 巴林《中东时报》周刊网站2008年1月14日文章。

第二，伊朗核危机是炸开中东国家“核欲望”、打开“潘多拉核盒子”的可怕引信；

第三，伊朗领导人一再散布对犹太人的仇恨，这种做法与人们期盼中东和平和世界和平的愿望背道而驰，伊朗当局采用巧妙的手段对国际社会“食言”，也让世界对伊朗的核活动更加忧心忡忡；

第四，伊朗断然拒绝欧盟的折中方案（以及俄罗斯方案、阿拉伯国家方案），对伊朗和平核利用的表白及其经济发展造成了实际的损害（导致联合国1803号、1928号决议出台，遭遇世界范围的更严厉制裁、被迫加强军备）；

第五，伊朗自行启用更多的浓缩铀离心机，铀浓缩的程度越来越高，世界看到的是即将拿上核炸弹的伊朗。

（3）能源危机的不利影响

伊朗（能源）石油天然气资源丰富，反而坚定了美国、欧洲等打压伊朗扩张企图的决心。

第一，伊朗的油气资源使大国和世界担心伊朗可能利用能源资源来讹诈世界经济（例如，伊朗曾提议建立“天然气输出国际组织”，来主导世界天然气的产量、价格、供给去向，这个组织可能不久之后就会出现）；

第二，垄断或分享油气资源既是当今伊朗发展国际经贸的手段，也成为西方霸权争夺的目标；

第三，持续走高的油价膨胀了伊朗的钱袋，也膨胀了伊朗的扩张和核武野心。2007年财政年度，伊朗油气收入高达800亿美元（2004年只有350亿美元。可见，世界石油市场的天秤在向伊朗倾斜），世界石油价格走高的趋势到2008年8月以后才开始刹车、倒退；不久之后油价回升，石油收入又开始增加；

第四，油气收入增长没有使伊朗民众的生活得到应有提高，可能还成为了伊朗社会和政局不稳定的催化剂。

还应当指出，伊朗支持巴勒斯坦哈马斯和黎巴嫩真主党反对以色列的行为，既是伊朗用来涉足中东和平进程的敲门砖，又是引起美国和西方谴责、阿拉伯国家和世界感到不安的一颗炸弹。

三、环境对中伊关系可能产生的影响

第一，两国都在扬长避短，尽量抓住机遇，扩大国际生存空间，提升自己的国际地位，在某些问题上也可能存在分歧，因此产生了在国际上相互支持、相互理解的必要性和可能性；

第二，发展经济是两国的核心任务，在经济发展水平、经济结构、技术水平、市场需求等方面存在互补性因素，因此决定了两国关系发展的核心领域是经济技术合作和现代贸易与投资；

第三，中国和伊朗面临的国内国际形势以及各自的社会经济体制、历史文化背景有着显著的差异，两国的外交战略和政策表现出很大不同——中国“和平发展”，伊朗（内贾德政权）“强势崛起”；中国实行“韬光养晦”的低调谦虚外交，伊朗开展“轰轰烈烈”的对抗与指导型外交，因此在国家利益缺少共同点的时候，两国的外交关系可能受到影响。加强沟通，保持高层次的政府交往和各种层次的民间来往，求同存异，相互理解，放大双方的共同利益和共同认识，互不损害对方的国家利益，对于中国—伊朗关系的持续健康发展非常重要。

第二节　中国、伊朗对外政策的决策机制

一、中国对外政策的决策机制

中华人民共和国宪法规定，全国人民代表大会是中国的最高国家权力机关，它决定战争与和平问题；全国人民代表大会常务委员会决定驻外全权代表的任免，决定同外国缔结的条约和重要协定的批准与废除；国家主席代表中华人民共和国进行国事活动、接受外国使节，根据全国人民代表大会常务委员会的决定宣布国家进入紧

急状态或战争状态，派遣或召回驻外全权代表，批准和废除同外国缔结的条约和重要协定。[①]

宪法规制下的中国外交决策机制可以分为国家决策机制和社会决策机制两大部分。[②]

（一）中国外交决策的国家决策机制

主要指直接参与或影响中国外交政策决策的国家权力机关、决策者及相关制度。中国对外战略及其方针由党中央、国务院制定，外交政策由分管外交工作的国务院副总理及国务委员负责制定，外交部负责具体实施。

中国外交决策机构主要包括中央外事工作领导小组、国家安全委员会、外交部、中联部、商务部、总参等职能机构。另外，全国人大、全国政协、文化部、信息产业部、财政部、司法部、国家外汇管理局、知识产权局等由于与具体决策内容相关性较大，也可能参与到决策过程中来。

1. 中央外事工作领导小组

中央外事工作领导小组、国家安全委员会等由中央政治局常委、中央其他领导、各外事职能部门第一责任人组成，是中国外交政策的最高决策者。他们根据各职能部门提供的情报、建议和备选方案，通过集体讨论的方式做出最终决策。其中分管外事的副总理（或国务委员）有较大的建议权，党的总书记（国家主席）有较大的决策权。

2. 中华人民共和国外交部

外交部是中国外交决策机制中的核心部门之一，主要代表中国政府对外交往，并对其他方面的交往具有指导地位。设有部长、副部长和部长助理等职位，还有大量的职业外事人员和驻外机构。

---

① 《中华人民共和国宪法》，法律出版社2004年版。

② 叶晓林：“中国外交决策支持系统结构研究”，武汉大学博士学位论文2005年4月。

外交部下设七个地区司（亚洲司、西亚北非司、非洲司、欧洲中亚司、欧洲司、北美大洋洲司、拉丁美洲和加勒比司），分别主管对各个地区的外交事务，2009 年 3 月新设立了边界与海洋事务司。

中伊之间的外交事务由主管西亚北非地区事务的外交部长助理负责指导，西亚北非司负责具体事宜。西亚北非司主要的工作职责包括：掌握、研究西亚北非地区和国家的情况和形势；负责与这一地区、国家外交往来及相关涉外事务的具体事宜；协调同这一地区、国家双边往来的具体政策；指导中国驻本地区使领馆的外交业务工作。

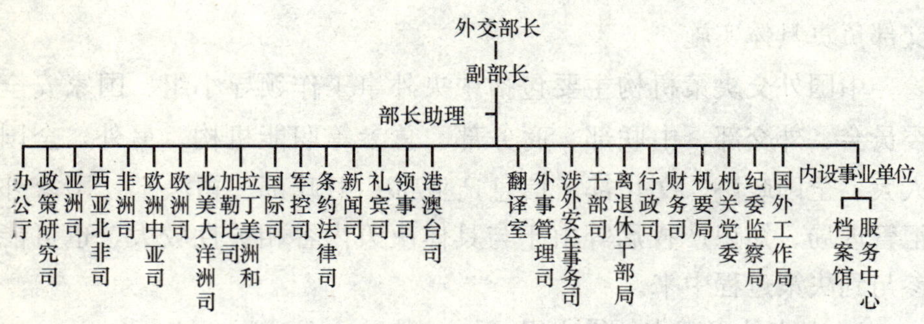

图 5—1　中华人民共和国外交部组织机构图

资料来源：中华人民共和国外交部网站，http：//www. fmprc. gov. cn/chn/wjbjs. htm。

3. 中共中央对外联络部

中共中央对外联络部是中国共产党中央委员会负责对外工作的职能部门。代表中国共产党与其他国家的合法政党、政治组织进行交往，由于交往对象往往在各自国内都有较大的影响，有些党的领导人直接就是该国的国家领导人，其在外交战线中发挥着不可替代的作用。主要职责是贯彻落实中央对外工作的方针、政策，跟踪研究国际形势和重大国际问题的发展变化，向党中央提供有关情况和对策性建议；受党中央委托，负责中国共产党同外国政党、政治组织的交往和联络工作；协调、归口管理中央直属机构和各省、自治区、直辖市党委的有关对外交往工作。

中共中央对外联络部下设8个地区局。处理同伊朗的外交关系，主要由西亚北非局负责。它负责与西亚和北非地区各国政党及政治组织的联络交往和对该地区各国及政党和政治组织的研究工作。[①]

4. 参与外交决策的其他部门

在经济全球化的总体趋势中，负责对外经贸工作的商务部也是重要的外交决策部门之一。另外，文化部负责对外文化交流，总参负责军队外交等。

在外交决策过程中，这些职能部门一般具有四种功能：首先是咨询功能，向中国外交决策最高机构提供建议和意见；其次是情报收集功能，海外使领馆都有这些部门的工作人员，他们是第一手情报和信息的获得者，尤其是在危机时刻，他们的信息和意见往往会发挥决定性的影响；再次是分析功能，这些部门的领导对收集到的信息进行分析和研究，为提供决策备选方案做准备；最后是执行反馈功能，从部长到第一线的使领馆人员都对执行外交决策的政策结果负有责任，并对其实际效果进行反馈。

这些部门职能有所不同，涉及分管范围的一般具体事务的决策由各部门自行解决，但一些战略性决策、重大事件决策或跨部门的外交事务则需要多部门一起协商决策。

（二）中国外交决策的社会机制

中国社会层次的外交决策机制，即外交决策的社会机制，是指主要通过间接方式影响国家外交政策决策的社会因素的组成。它主要包括学术研究机构、专家学者和公众。

随着民主进程的发展，外交事务的复杂化，尤其是国际经济问题的突出，一方面，使普通公众、专家学者参与外交决策成为需

① 叶晓林：“中国外交决策支持系统结构研究”，武汉大学博士学位论文，2005年4月。

要；另一方面，从领导人自身来说，决策的做出越来越需要各个专业领域的专家的意见支持。近年来，中国外交决策社会机制有所增强，例如，从国家主席、中央外事工作领导小组到外交部等涉外工作的有关部门，在建立定期会商机制来协调意见的同时，也加强了同退休大使、高级智囊人士、学术机构和高等学府的咨询与委托研究活动。在处理重大外交事件的过程中，从中央到部门，都更加注意保持外交和内部咨询渠道的畅通，事后注意总结经验教训，改进工作机制，并选用一部分专家参加决策研究或决策制定。这使得中国对外决策趋向专业化，处理重大危机的能力明显增强。

（三）中国的外交决策体系

如果把中国外交决策的国家机制比喻成一系列“同心圆”的话，内圈无疑应当是由党和国家的核心人物组成的中央涉外工作小组，包括中央外事小组、国家安全领导小组、中央对外宣传小组及对台事务小组等；外圈则是处理日常外交事务和制定对外政策的国家机关，如中联部、外交部、商务部、安全部、国务院台办、侨办等部门；中国外交决策的社会机制则包括新闻媒体、人民友好团体、大学、研究所等单位。在处理国际政治危机时，重大决策由中央政治局和中央政治局常委会做出，中央书记处负责处理与危机有关的事务。国务院、中央军委、中央国家安全领导小组、中央外事工作领导小组、中联部、外交部、商务部、国家安全部等参与处理与危机有关的事务。

根据外事部门的职责，可以将当前中国外交决策机制的体系表示：如图 5－2。

图5—2　中国的外交决策机制体系图

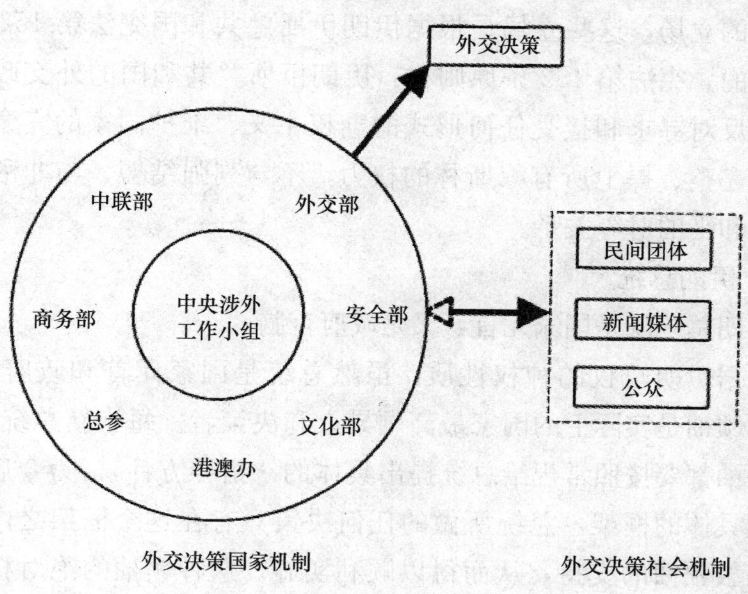

资料来源：叶晓林：《中国外交决策支持系统结构研究》，武汉大学博士学位论文，2005年4月。

二、伊朗对外政策的决策机制

（一）伊朗对外政策的决策机构

在伊朗的国家管理体系中，有6个机构参与外交决策过程：领袖办公室、外交部、总统办公室、国家利益确定委员会主席、最高国家安全委员会、议会的国家安全与外交政策委员会。

1. 伊朗最高领袖

伊朗的领袖制度是终身制，这就使伊朗伊斯兰共和国的外交有着与众不同的特点：决策者的稳定性、外交政策的连续性和稳定性。从这个意义上讲，什叶派宗教领袖对外交决策机制的影响是决定性的。

在伊朗伊斯兰共和国，根据宪法应由革命领袖来制定外交政策的方针路线，现今伊斯兰革命领袖大阿亚图拉哈梅内伊一直担负着这一重任。他在各种机会和场合阐述伊朗伊斯兰政权对国际重大问题所持的立场，这些立场是根据伊朗伊斯兰共和国宪法第 152 条原则确立的。宪法第 152 条原则称：伊朗伊斯兰共和国的外交政策是建立在反对寻求和接受任何形式的霸权主义、维护国家的完全独立和领土完整、捍卫所有穆斯林的权力，不与列强结盟、与非敌对国家建立和平的对等关系。

2. 伊朗总统

伊朗总统既是国家元首，又是政府首脑。

根据伊朗政权的神权性质，虽然总统是国家元首和政府首脑，但宗教领袖是实际上的国家最高领导人和决策者。每当新总统上台，宗教领袖都要按照常规给总统提出具体的“指导方针”，为今后的工作设定具体的框架，总统所做的任何决策只有在这个框架之内才能得到宗教领袖的支持，从而得以顺利实施。这种领袖的绝对权威是由伊朗什叶派伊斯兰教的信仰体系、伊朗伊斯兰宪法所赋予的。

只有在这个总框架下，总统的具体政策的制定与实施才能具有灵活性，总统才可能以其独有的个人风格，根据国内外形势的变化，对外交决策产生影响，形成他当政时的外交风格。如以温和务实形象受到伊朗民众尊敬的哈塔米在外交上显露其儒雅、博学、温和的风格；贫民出身、代表伊朗草根阶层的内贾德总统则以硬汉外交的形象令国际社会刮目相看。

3. 伊朗外交部

伊朗伊斯兰共和国外交部是伊朗政府对外政策的具体执行机构，外交部要运用理智、有效的方法和智慧来实现伊朗的目标。领袖哈梅内伊在伊朗的外交政策中提到智慧的原则时这样阐述：智慧就是谨慎地权衡利弊，这件事是否应当做，这句话能不能说，须对每件事情从方方面面进行比较衡量后再去做，这就是智慧。

关于伊朗的外交政策中“利益”的原则，哈梅内伊强调：意愿就是指政府和革命的利益，而不是个人利益。他认为伊朗伊斯兰共和国的尊严应当通过理智和智慧来保障。与此同时，还要重视伊斯兰共和制的利益和人类理想，如支持世界受压迫者。[①]

图 5—3　伊朗外交部组织机构图

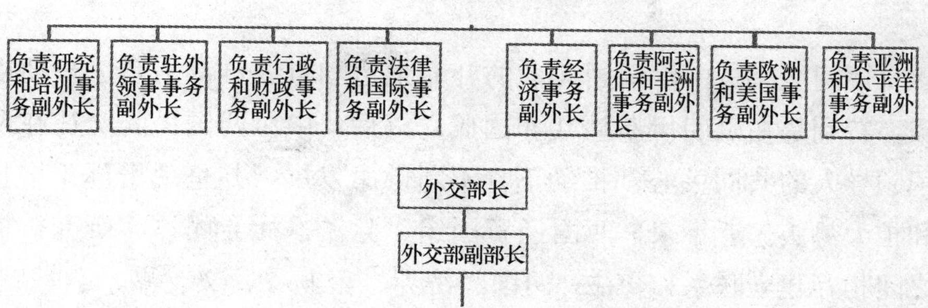

资料来源：伊朗伊斯兰共和国外交部网站，http：//www. mfa. gov. ir/cms/cms/Tehran/en/Ministry of Foreign Affairs/。

（二）伊朗外交政策的战略目标和方针

伊朗外交政策的战略目标和方针是由最高领袖为代表的宗教毛拉集团制定的。哈梅内伊指出，伊朗外交政策的战略目标和总体框架就是从伊斯兰革命中总结出来的，伊朗在对世界和地区的外交中都将一直遵循这些目标。因此，伊朗伊斯兰共和国的外交政策是遵循伊斯兰革命的理想，在人类与真主崇高理想的框架内制定的。

哈梅内伊认为，伊朗外交政策的方针路线是建立在尊严、智慧和利益三项原则之上的。基于尊严、智慧、利益三原则基础上的伊朗外交战略和外交政策可以解读为：反对强权霸权的战斗主义、传播伊斯兰理想实现伊斯兰体制的世界主义、捍卫国家利益主权独立和领土完整的民族主义、讲究外交策略和理智的智慧主义。

① http：//www. irib. ir/worldservice/Chinese/news04—10—05/04100502. htm.

第三节　中伊关系的协调机制

一、民间交流组织

民间交流是中伊两国关系的补充渠道和重要推动力量。长期以来，特别是在伊朗伊斯兰共和国成立以后，中伊两国民间交往在两国领导人的共同关心和推动下，不断健康发展，并呈现出逐年增长和扩大势头。近年来，两国经贸团组、党派、社会团体、研究机构之间相互建立联系和交往，两国经济界、企业界、文艺界、学术界、宗教界、新闻界、教育界、体育界等广泛接触，积极宣传，介绍自己，了解对方，这些民间交往活动增进了两国人民间的相互了解和友谊，促进了两国人民间的交流与合作。

（一）伊朗主要民间交流组织

主要的民间交流组织有“伊朗——中国友好协会”、伊朗“文明间对话国际中心”等机构。

“伊朗——中国友好协会”成立于2000年，主要任务是促进伊中两国人民之间的相互了解和友谊，开展在经贸、文化、体育、旅游及地方政府等广阔领域里的合作，现任伊中友协主席为艾哈德·穆罕默迪。

“文明间对话国际中心”是由伊朗前总统、现任“文明对话中心”主席赛义德·穆罕默德·哈塔米于2006年创办的。其目的在于为和平铺路、促进国家之间的对话、促进文化之间的经验交流，使得各种文化可以互相学习对方的长处和短处，通过辩论、公正和宽容取代恐惧、责备和偏见。

（二）中国主要的民间交流组织

中国同伊朗开展民间交流的组织主要有：“中国人民对外友好协

会”、“中国伊斯兰教协会”等等。

“中国人民对外友好协会”是1954年5月3日由10个全国性的社会团体联合发起成立的。中国人民对外友好协会是中华人民共和国从事民间外交工作的全国性人民团体，它以增进人民友谊、推动国际合作、维护世界和平、促进共同发展为宗旨。在21世纪的国际舞台上，它代表中国民间同各国对华友好的团体和各界人士进行联系，开展多层次、全方位的民间友好外交工作。它已和世界上148个国家的458个民间团体和组织机构建立了友好合作关系。

“中国伊斯兰教协会”是中国各民族穆斯林的全国性宗教团体，成立于1953年5月11日。协会的宗旨是：协助政府宣传贯彻中国的宗教信仰自由政策，代表全国各民族穆斯林的合法权益，发挥桥梁纽带作用；加强民族团结，维护社会稳定，促进并维护祖国统一，维护世界和平。

实际上，中国民间已经组成“中国—伊朗友好协会”，形成更加专业化的对伊朗民间交往渠道和平台，将推动中伊关系的民间力量汇集、整合起来，成为中国政府发展中伊关系的得力助手。

二、重要问题磋商机制

（一）中伊政治磋商机制

中伊两国外交部于2000年2月21日（伊朗历1378年12月3日）在德黑兰达成的政治磋商机制。双方领导人一致同意继续加强两国在各个领域的友好合作，保持两国高层官方接触与各层次交流，并在两国外交部政治磋商机制框架内开展定期磋商。

（二）伊朗核问题六方会谈机制

伊朗核问题是国际社会关注的焦点，直接关系到伊朗的对外交往和国际形象。中国是六方会谈成员之一。从2004年开始的伊朗核问题会谈中，并没有一个类似六方会谈的机制，主要依赖于英法德三国代表欧盟同伊朗方面进行磋商。2006 年 1 月 16 日，中方应邀同欧盟三国以及美国和俄罗斯在伦敦非正式讨论伊朗核问题的形势。各方都认为，伊朗重返外交谈判是很重要的。与会各方表示，愿意继续通过外交方式解决伊朗核问题。至此，伊朗核问题从三方会谈进入到六方会谈，并逐渐形成了会谈机制，为各方的磋商提供了一个平台。在这个平台上，中伊可以就核问题以及相关的重大问题开展直接磋商和协调，调整、表达本国的立场。

（三）上海合作组织

上海合作组织自 2001 年成立以来，一直秉承互信、互利、平等、协商、尊重多样文明、谋求共同发展的“上海精神”，在地区间的安全合作、经济合作等领域中发挥着越来越重要的影响，并为本地区的和平与安全带来积极因素，也引起了很多周边国家的强烈兴趣。

伊朗于 2006 年成为上合组织的观察员国，除 2010 年外，伊朗总统艾哈迈迪·内贾德从 2006 年开始出席每年的上合组织成员国元首峰会，并且每次都表示伊朗准备加入上合组织。伊朗外长穆塔基于 2008 年 3 月 24 日在塔吉克斯坦访问时表示，伊朗已正式向上海合作组织（SCO）秘书处提交了加入上合组织申请。

伊朗驻华使馆新闻官瑞兹瓦尼声称，伊朗是在“深思熟虑”之后决定申请加入上合组织的，因为各成员国可在上合组织的框架内，进行经济、政治、文化等各方面的交流与合作，将有利于维护地区与世界的稳定与安全。[①] 中国外交部发言人秦刚表示：“伊朗是上海合作组织的观察员国，伊朗方面有加强与上合组织在各领域合作的愿望，中方对此表示欢迎，有关伊朗申请成为上合组织正式成员国

① 光明网，“伊朗正式申请加入上海合作组织”，http：//www.gmw.cn/content/2008－03/27/content_754022.htm。

的问题，需要在本组织内由各成员国协商一致来作出决定。”

实际上，不管伊朗能否正式加入上合组织，作为上海合作组织观察员国，“上海精神”的框架已经为中伊两国提供了一个相互交流、协商、合作的新的国际平台。

图5－4　上海合作组织结构图

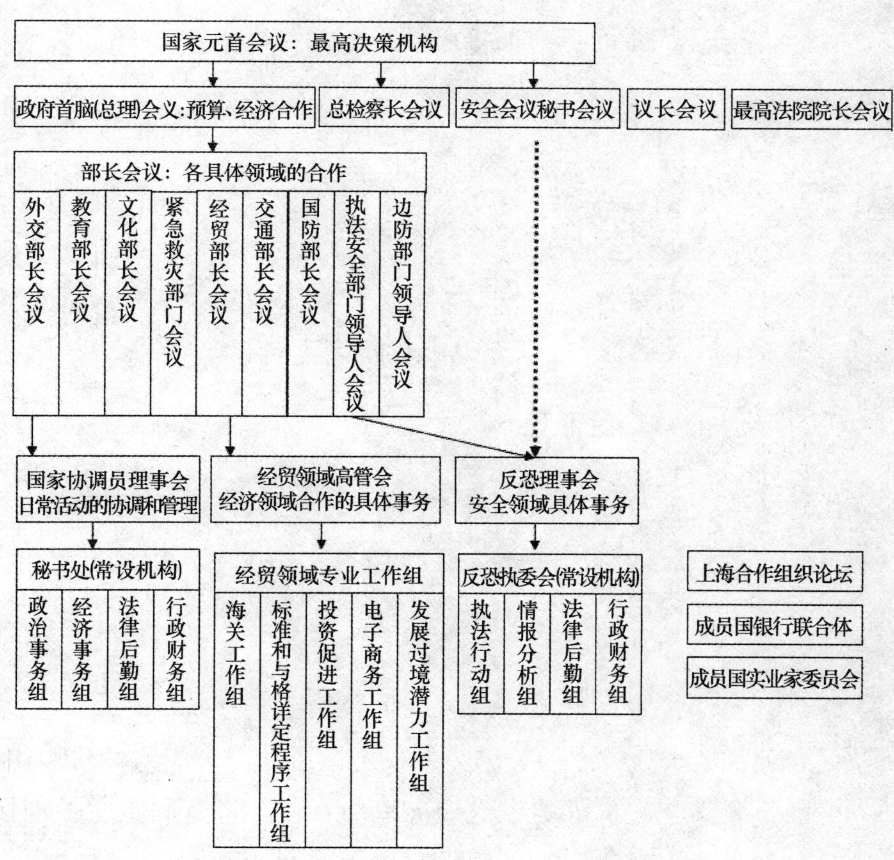

资料来源：上海合作组织区域经济合作网，http：//www. sco-ec. gov. cncrweb/scoc/info/Article. jsp? a-no＝54947 & col-no＝291。

中伊两国的政治体制、内外政策决策的制定及执行班子、相关的各种政府、民间交流方式和平台，都是中伊关系发展的有效机制的重要组成部分。可以发现，中伊关系机制本身还有待完善，现有机制的作用也有待进一步发挥。因为机制需要内外动力的牵引、必然性与偶然性事件的推动，中伊关系机制需要不断注入润滑剂和动力才能更加顺利地运转。

第六章

21世纪初期中国—伊朗的对外战略布局

本章提要　双边关系体现的是国家全球关系——全球战略以及多边关系中的实质内容和特例，需要服从于国家的全球关系和全球外交，受到国家的全球战略目标的控制和约束。中国作为世界大国，具有自己的全球利益、全球战略和全球外交部署，来保障中国发展同所有国家和地区之间的正常友好关系。同样，伊朗是发展中的中东大国，其对地区和全球权益的诉求决定了它有自己的全球外交和战略布局。中伊关系是在中国和伊朗各自的全球战略之下，在其大国外交之中形成发展的。本章可以为读者深入了解中伊关系在各自的国家全球利益和全球外交格局中的地位、各自采取相应措施，并为更深层次的中伊关系研究，提供广角度的全球化背景。

第一节　中国的对外战略布局

作为国家战略的一部分，21世纪初期中国外交战略的总体目标仍然是争取较长时期的和平环境，为现代化建设创造良好的外部条件，为全面建设小康社会服务。在“和平发展”、“构建和谐世界”方针的指引下，中国外交进入了有新作为的时代，推行以全方位、大手笔、多层次为特点的全球外交，积极构建周边外交、大国外交、区域外交、多边外交、和谐外交的新格局，初步形成了“稳定邻国，重视大国，联合发展中国家，团结全世界”的和平外交格局。

一、周边外交

历史经验表明，四邻不睦难以安邦定国。与周边国家建立友好关系，事关中国的国家安全、社会稳定与民族团结。中国是世界上邻国最多的国家，长期以来，中国的周边环境复杂，邻国关系变化莫测。随着中美关系转暖，20世纪70年代以来中日及中国与东盟国家关系开始缓和。20世纪80年代中国的周边环境有了重大改善，与苏联的对立状态也开始改变。期间邓小平多次强调用和平方式解决与邻国的边界争端，提出“搁置主权、共同开发”的主张。20世纪90年代冷战结束，中国更加重视与邻国的和睦相处，明确提出与邻为善、以邻为伴的睦邻外交战略。以江泽民、胡锦涛为总书记的第三代、第四代中国领导集体坚持邓小平的和平外交思想，把周边外交放在中国外交的特殊重要的地位，反对以军事联盟为基础、加强军备为手段的旧安全观，提倡互信、互利、平等、合作的新安全观，倡导建立维护和平与安全、平等参与、和平相处的新安全机制，积极参与多种形式的邻国、周边多边合作。中国已经成功加入各种世界性、区域性的官方、民间的组织、团体、机构或条约。2006年以后，中日关系走出了因为小泉等日本右翼领导人参拜靖国神社导致的低谷而重新启动；与俄罗斯的战略伙伴关系进一步巩固；中国—东盟关系进一步发展；2006年胡锦涛主席访问印度，巩固了中印互信的政治基础。中国在亚太经合组织、上海合作组织、中国东盟自由贸易区、东盟和中日韩（10＋3）合作、东盟地区论坛、博鳌亚洲论坛等区域性国际组织或论坛中的作用越来越重要，特别是在解决朝鲜核问题六方会谈中，坚持外交谈判、政治解决核争端，巩固和发展中朝的传统友好合作关系，建设中韩全面合作伙伴关系，贯彻和体现了和平外交、睦邻精神与新安全观，这些国际组织也为改善中国的周边环境提供了有利条件。

中俄外交。中俄关系既是大国关系，又是邻国关系，理应得到特殊重视。1991年12月两国签署《中俄莫斯科会谈纪要》，解决了两国关系的继承问题。次年12月28日发表《关于中俄相互关系基础的联合声明》，双方承诺把对方视为友好国家，用和平方式解决两国间的一切争端，按照联合国宪章，相互尊重主权和领土完整，把双边关系提升到新水平并使之进一步发展。仅在20世纪90年代，两国签署的国家级别的声明就有8个、公报2个、纪要1个，实现了中俄关系正常化、睦邻化。2001年7月，签订《中俄睦邻友好合作条约》。2003年5月，胡锦涛主席在莫斯科国际关系学院发表演讲，强调中俄两国要“世代睦邻友好，共同发展繁荣”，夯实了两国的友好邻帮关系。2000年到2009年6月期间，中俄签署了《中华人民共和国和俄罗斯联邦宣言》（2000年7月）、《中俄总统关于反导问题联合声明》（2000年7月）、《中俄联合声明》（2002年12月起，期间共签署《中俄联合声明》5个，这是第一个）、《中俄关于21世纪国际秩序的联合声明》（2005年7月）、《中俄关于重大国际问题的联合声明》（2008年5月）、《中俄石油领域合作政府间协议》（2009年4月）、《中俄元首莫斯科会晤联合声明》（2009年6月）等16个国家关系层面的联合声明、条约、协定、联合公报等文件，建立了和平、稳定、互信的中俄“战略伙伴合作”睦邻关系。

中日外交。日本是中国的海上近邻，也是世界第二经济强国，中日一衣带水，中日关系属于大国关系和邻国关系，两国有着各自的和共同的经济利益、安全利益，中日互为合作伙伴、不应当构成相互威胁。中国非常重视对日邦交，把中日关系看作是“最重要的双边关系之一”,[①] 从战略的高度、长远的目标来处理中日关系，才可以实现中日关系的“长治久安”。2008 年以后，中日建立了战略互惠关系，其内容涵盖政治、经济、安全、文化、地区与国际事务等多个层面。中国是日本的第一大贸易伙伴，日本是中国仅次于欧盟、美国的第三大贸易伙伴。2008 年，中日双边贸易额达到 2667.9 亿美元，但是战后中日关系经历了曲折的发展历程：20 世纪 70 年代以前，中国受到苏联的影响、日本受到美国的控制，中国担心日本复活军国主义，中日关系处于政府对立、民间小范围交往的状态。之后，通过双方不断的高层互访、经济合作、民间沟通、签订协定，把经济活动与政治行为分离，中日关系始终在维护双边利益的原则框架内发展,[②] 但是在美国深度介入的背景下，依然有日本右翼鼓吹“中国威胁”、挑起钓鱼岛以及海域资源之争，导致中日关系的波动。期间两国关系经历了 1978－1993 年蜜月期、1993－2006 年冰冻期、2006 年以来的战略互惠关系期等阶段。历史证明，中日对抗将祸及双方，长期和平友好合作是中日唯一正确的选择。中国的和平、睦邻外交政策在中日关系发展中体现得十分到位。2007 年 4 月温家宝总理访日进行“融冰之旅”，2008 年 5 月 6 日至 10 日，胡锦涛主席访日实施“暖春之旅”，当年 5 月 7 日发表了《中日关于全面推进战略互惠关系的联合声明》，确立了中日战略互惠关系的框架，建立了全面合作、实现共赢的高层次的开放性战略关系，中日关系进入了新的发展阶段。2011 年 5 月 21－22 日，温家宝总理访问日本，参加在东京举行的第四次中、日、韩三国领导人会议，并前往福岛

---

① “国家主席胡锦涛会见日本首相鸠山由纪夫”，新华网，2009 年 9 月 22 日。

② 黄慧：《教学与研究》，2008 年第 11 期。

地震灾区慰问灾民。中日建立“战略互惠”关系给中国的发展、日本的进步、亚太地区和世界的稳定奠定了基础，双方对历史问题采取“向前看”的姿态，中国对战后日本的“和平国家”道路给予了充分的肯定。

中印外交。中印两国都是文明古国，自古以来交往密切，中印关系既是世界上第一大和第二大发展中国家之间的关系，也是中国与西南面最大邻国之间的关系。长期以来，中印关系都是中国最重要的邻邦关系之一，中国坚持和平的对印度政策，积极发展中印睦邻友好关系，即便在处于绝对优势的中印边境自卫反击战后，中国军队也主动后撤，用实际行动表明中国的和平诚意。双方主要采取高层互访、经贸合作、文化交流、安全对话、国际问题相互支持等策略，推动建立睦邻合作关系。边界问题是阻碍中印关系发展的最大障碍，双方希望通过谈判来解决边界争端，使中印关系朝着面向21世纪的建设性合作伙伴关系的方向前进。但是受边界问题、印度的地区霸权主义等的影响，中印关系依然存在不稳定因素。

印度是第一个同中国建交（1950年4月1日）的非社会主义国家，1954年4月29日，中印政府把和平共处五项原则正式作为发展两国关系的指导原则，这些都是中印建立友好邻邦关系的有利条件。但是建交以后中印关系发展出现了两次较大的曲折，第一次是1962年，中印发生边界冲突之后到70年代后期，两国关系进入冰冻期，1976年两国才恢复互派大使；20世纪80—90年代双边关系明显改善，1988年签订《中印联合新闻公报》，1993年9月签订《在中印边境实际控制线地区保持和平与安宁的协定》，1996年11月签订《在中印边境实控线地区军事领域建立信任措施的协定》[①]；第二次是1998年5月，印度进行核试验，并以“中国威胁”为借口攻击中国，使处于改善中的中印关系严重受挫。

进入21世纪初期以后中印关系重新开始缓和，2003年6月，

① 中华网新闻中心，2005年4月5日。

双方签署《中印关系原则和全面合作宣言》，2005年签订《中印联合声明》，2006年7月双方签署《中国全国人大与印度人民院合作谅解备忘录》，同年11月胡锦涛主席访印期间双方发表《联合宣言》，制定了深化两国战略合作伙伴关系的“十项战略”，确立了两国的战略合作伙伴关系，如今中印关系处于正常化状态。2009年中印贸易额超过500亿美元，比2006年翻了一番，中国已成为印度的第二大贸易伙伴，印度是中国的第十大贸易伙伴。2010年1月19日中国商务部长陈德铭和印度商工部部长夏尔玛签订了《中华人民共和国商务部和印度共和国商工部联合经济工作组关于扩大贸易和经济合作的谅解备忘录》，展现了两国广阔的经贸合作空间。

中国与东盟外交。东盟国家处于中国的东南陆海边疆和大周边范围，自古与中国关系密切。在改善与东南亚邻国的关系方面，中国提出协商解决华侨华人问题，搁置与有关国家的领土争端，先行共同开发；支持东南亚建立和平中立区，全面加强区域合作。邓小平曾说：“南沙群岛，历来世界地图是划到的，属中国，现在除了台湾占了一个岛以外，菲律宾占了几个岛，越南占了几个岛，马来西亚占了几个岛。将来怎么办？一个办法是我们用武力统统把这些岛收回来；一个办法是把主权问题搁置起来，共同开发，这就可以消除多年积累下来的问题。……我们中国人是主张和平的，希望用和平方式解决争端。”[①] 在这个思想指导下，中国—东盟关系迅速发展，特别是从2000年11月中国总理朱镕基提出建立中国—东盟自贸区的构想开始，经过10年的努力，到2010年1月1日，涵盖19亿人口、1400万平方公里土地的中国—东盟自由贸易区宣告正式建成，中国

① 《邓小平文选》第三卷，北京：人民出版社1993年版，第87—88页。

与东盟90%以上的产品贸易关税从此将下降为零。[①] 2008年，中国与东盟的贸易额达到2311.2亿美元，占当年中国外贸总额的9.02%，东盟成为中国的第四大贸易伙伴。2008年底，双方投资近600亿美元。[②] 中国—东盟已经结成紧密的经贸合作伙伴，东盟分享到了中国发展带来的好处。但是，菲律宾、越南等东盟国家企图事实占领属于中国的部分南海岛屿和海域，成为影响中国与东盟关系的主要消极因素。

巴基斯坦是新中国最可靠的朋友和邻邦，朝鲜是中国长期的友邦国家，中国同他们的友好关系，在21世纪初期以来获得了进一步的巩固和发展。

中国与蒙古、哈萨克斯坦、塔吉克斯坦、吉尔吉斯斯坦、尼泊尔、不丹、阿富汗等邻国的睦邻友好关系已经建立并不断发展。

由于历史和现实的原因，中国与少数邻国还存在着领海、领土的争端，这类争端是威胁中国与邻国建立稳定睦邻关系的不定时的炸弹。

二、大国外交

美、欧、日、俄、印等世界大国和势力，都紧张地注视、提防并遏制着中国的“崛起”。中国的全球战略，中国与伊朗的关系因此成为世界关注的重点。

发展与西方大国的关系是中国外交战略的基石，也是中国外交

① 根据中国—东盟商务理事会中方秘书处www.cafta.org.cn资料，2000年11月，中国国务院总理朱镕基提出建立中国—东盟自贸区构想，得到东盟各国领导人积极响应；2001年11月，双方正式宣布将在十年内建成中国—东盟自贸区；2002年11月，中国与东盟签署《中国—东盟全面经济合作框架协议》，正式启动中国—东盟自贸区建设；2004年1月，开始实施自贸区建设“早期收获计划”，即中国与东盟在签订货物贸易协定前，先削减近六百种农副产品的关税；2004年11月，中国与东盟签订《货物贸易协议》，并于2005年7月开始相互实施全面降税；2007年1月，双方就服务签署《服务贸易协议》，并于当年7月开始实施；2009年8月，双方就相互开放投资市场签署《投资协议》。

② 新华网，中华人民共和国财政部，2009年7月2日。

的重点，因为当今世界多极化的主要支撑点仍然在大国一边，美国霸权、“大国共治”仍然起着不可替代的作用。继续推进与美欧等大国势力的对话与协作，拓宽并夯实利益共同点，保持全方位的交往，加强和扩大与各大国在反恐、防核扩散、联合国改革、亚太事务、能源、环境、气候等重要领域的对话与合作，建立稳定的建设性的伙伴关系，是21世纪中国外交的重点。

中美外交是中国的大国外交战略的核心，是中国最重要的外交关系。[①] 20世纪80年代以来，美国在国际经济政治体系中的地位趋于削弱，但是并没有丧失世界第一强国的实力。对照之下，中国的综合实力不断强盛，在世界舞台上的影响日益增强，中美在世界的地位呈现出此消彼长的变化。中国对美国的外交展现在全球、地区和国家三个层面，涉及政治、经贸、文化、教育等所有领域，包括反恐，打击跨国犯罪等问题。中美关系在斗争与妥协、对抗与合作中发展，坚持原则，求同存异，加强对话，减少摩擦，为中国赢得了战略回旋余地和全球活动空间。[②] 新中国建国60余年以来，中美关系经历了对抗、和解、友好、伙伴等发展阶段，经历过热战、冷战的敌对，也迎来过合作反对“苏联霸权”的“一条战线”，合作反恐等关系融洽时期。中美两国在根本利益上同大于异，世界离不开中美，中美也必须求同共存，以至于构成某种形式的“利益共同体”。小布什政府第二个任期的后期，中国与美国的关系进入了良性互动互信时期（多届美国政府的后期皆是如此），中国与美国建立了包括经济战略对话机制在内的高层对话机制，使中国和美国在处理台湾问题、朝鲜问题和伊朗核危机以及其他重大国际问题上能够进行有效的磋商协调。奥巴马入主白宫之初，中美关系继续呈现为良性发展，2009年4月1日，胡锦涛主席与美国总统奥巴马在伦敦

① 国务院总理温家宝答记者问，新华社，2010年3月14日。

② 沈国放：“中国新外交的理念与实践——沈国放大使2007年6月9日在中国人民大学国际关系学院主办的‘中国国际问题论坛2007·和谐世界理论与中国新外交’上的主题发言”，《世界知识》2007年第13期，第42—44页。

G20峰会期间举行双边会谈，决定共同努力建设一个积极、合作及广泛的21世纪美中关系；决定建立美中战略—经济对话机制，战略对话的美国部分由希拉里国务卿负责，中国部分由戴秉国国务委员负责，经济对话部分由美国财政部长盖特纳和中国国务院副总理王岐山共同负责主持；两国元首同意中美“在全球经济和金融问题上加强协调与合作”，“坚决支持有益于各方的全球贸易和投资流动；双方承诺改善两国军事关系并将为其持续改善和发展而努力；同意保持密切联络和协调并共同努力解决冲突以缓和紧张局势，包括缓和朝鲜和伊朗核危机、苏丹达尔富尔冲突”等。[①] 这是新世纪初期特殊境况下，中国推行高层外交、全方位对外战略特别是对美国战略取得的新的重大成果，也应该对新时期中国的对伊朗外交产生积极的影响。但是由于美国的霸权情结，以及两国固有的利益冲突，中美关系仍不稳定，既有广阔发展前景，又存在结构性矛盾，还可能遭遇暴风骤雨，特别是2010年前后，美国公然挑战中国的核心利益，并且对华实施贸易保护主义，使中美关系又陷低谷。美国实施对台价值约64亿美元的军售，奥巴马执意会见达赖喇嘛，美国支持相关东盟国家对中国的南海主权发起挑战，美国再三逼迫人民币升值，2009年对中国输美商品实施反倾销反补贴案23起（增长50%、价值76亿美元以上），[②] 谷歌威胁退出中国。2010年1月以来，又相继裁定对中国产金属丝网托盘产品、电热毯、钻杆、钢管征收高额反倾销税、反补贴税，还反过来指责中国对美不公平贸易，使中美关系处于倒退和不确定之中。美国负责亚太事务的助理国务卿帮办戴维·希尔2010年3月18日对美中经济与安全评估委员会说，美国将以《与台湾关系法》为依据，继续对台湾军售。但是，中国宣布的对对台军售的美国公司的制裁却没有实施。[③] 无论奥巴马是否出于

① 德新社、美联社、法新社等，伦敦2009年4月1日电。

② 美联社，北京2010年2月25日电。

③ 法新社，华盛顿2010年3月18日电。

竞选连任的政治考虑，这种使中美关系严重恶化的做法给双方都带来了重大伤害，中美“新型伙伴关系”面临严峻考验。中国学者阎学通先生认为：“中美双边战略关系的性质是对抗大于友好成分。”因为中美之间的互补性利益主要在经济层面，而在安全层面和政治层面，中美之间冲突性的战略利益远大于共同利益。[①] 这就是中美关系不和谐的主要根源。

中欧外交一直是中国外交的重点。1975 年，中国与欧盟正式建立外交关系，1978 年签订为期 5 年的中国—欧共体贸易协定，1984 年 9 月开始中国—欧共体部长级会晤，1985 年正式签订中国—欧共体贸易和经济合作协定，但是这种发展势头到 1989 年来了一个急刹车。欧共体借口天安门事件通过《对华声明》，宣布集体对中国制裁。20 世纪 90 年代初中欧关系才解冻，1990 年欧洲共同体 12 国外长政治合作会议决定，取消共同体对中国采取的限制措施，恢复同中国在政治、经济和文化领域的正常关系，但是禁止向中国出售武器。到 1992 年，中国与欧共体的关系恢复正常。

1994 年开始，中欧关系进入全面发展时期。1995 年 7 月，欧洲委员会出台了从战略高度调整对华政策，确定中欧长期关系框架的战略性文件——《欧中关系长期政策》，欧盟决定将对华关系作为“欧盟对外关系，包括对亚洲和全球关系的一块基石”。1997 年 12 月，欧洲委员会建议，欧盟不再将中国列入“非市场经济名单”，并修改对中国的反倾销政策。

1998 年是中欧关系全面发展的转折点。1 月，欧盟倡议在举行第二届亚欧会议期间举行中欧领导人首次会晤，进而建立起中欧领导人定期会晤机制。2 月，欧盟外长一致同意放弃在人权问题上与中国对抗的政策，表示在联合国人权会议上，不再提出也不再支持谴责中国人权记录的决议案。3 月，欧洲委员会通过了《与中国建立全面的伙伴关系》的政策性文件，确定了欧盟对华政策的长期战略目

① 邓缘：“中美关系实质是什么”，《国际先驱导报》2010 年 3 月。

标，并再次提出“把中国当作世界伙伴同其全面接触”，主张将中欧关系提升到“与欧美、欧日和欧俄同等重要的地位”。2002年3月1日，欧洲委员会批准了关于中国的《国家战略文件：2002—2006》。2003年中欧建立全面伙伴关系，9月10日，欧盟委员会出台了欧盟对华关系的第四个战略性文件《欧中关系的共同利益与挑战——走向成熟的伙伴关系》，再次确认对华战略要实现的5大目标。同年10月13日，中国政府发表了《中国对欧盟政策文件》，10月30日，中国国务院总理温家宝与欧洲理事会主席、意大利总理贝卢斯科尼、欧盟委员会主席普罗迪和欧盟外交与安全政策高级代表索拉纳会谈，就深化中欧关系提出四点建议，双方还签署了《伽利略卫星导航合作协定》和《旅游目的地国地位谅解备忘录》。2004年4月，欧洲委员会主席普罗迪访华，胡锦涛主席在会见中表示中国支持欧盟扩大和一体化进程，愿与欧盟加强在重大国际和地区问题上的磋商与协调。

建立中欧首脑会谈机制是巩固和发展中欧全面伙伴关系的战略性举措，也是中欧合作的标志。1998年4月2日，中国国务院总理朱镕基同欧盟轮值主席国英国首相布莱尔和欧盟委员会主席桑特在伦敦举行了中欧领导人首次会晤，在会晤后签署的《联合声明》中表示，希望中国和欧盟建立面向21世纪的长期稳定的建设性伙伴关系，并每年举行一次中欧领导人会晤。1999年12月、2000年10月、2001年9月、2002年9月、2003年10月、2004年12月、2005年9月、2006年9月、2007年11月、2009年5月（因为2008年欧盟轮值主席法国总统会见达赖故将第11次中欧领导人会晤从2008年推迟到2009年）、2009年11月中欧领导人举行了第2—12次会晤，取得了关于中国加入WTO，加强在科技、能源、信息、教育、非法移民、反恐、防扩散和军控、气候变化、环境保护、知识产权、贸易赤字、市场准入等领域合作，加强政治对话、人权对话等领域进行合作的重大成果。即便在2008—2009年世界金融危机—经济危机的阴霾笼罩全球的情势下，中欧关系依然全面发展。

中欧经贸关系是中国最重要的对外经济关系之一，欧盟是中国最大的贸易伙伴。2008年，双边贸易总额4255.8亿美元，占中国外贸总额的16.61%，其中中国对欧盟出口2928.8亿美元，从欧盟进口1327亿美元，中国顺差1601.8亿美元。[①]

值得注意的是，中欧双边贸易逆差、人民币汇率问题、西藏问题、人权问题等被欧盟个别成员国作为干涉中国内政的借口，进而影响到21世纪中欧关系的持续发展。

三、全球外交和多边外交

21世纪是中国推行全球外交大战略的新时期，继续推进与发展中国家的关系是全球外交的重要内容。建国以来，中国就重视发展与发展中国家的关系，时至今日中国依然铭记着“非洲兄弟把我们抬进了联合国”，铭记着发展中国家对中国经济政治发展和改革的支持。因为中国是知恩图报的国家，虽然已经是负责任的世界大国，但是依然是发展中国家中的一员，即使将来发达了也绝不称霸，也永远会帮助发展中国家共同发展。

加强中国与发展中国家关系的主要渠道是全球外交、多边外交和双边外交。中国的邻国大多是发展中国家，以邻为伴的和平外交很大程度上体现了中国与发展中国家的外交方针。中国是世界最大的发展中国家集团组织“77国集团”的牢固的合作伙伴，中国参加了该集团的高层政治经济活动。2009年12月哥本哈根世界气象峰会期间，“77国集团”和中国共同反对丹麦代表发达国家提出的协议草案，获得成功；中国与拉美国家自20世纪70年代开始建立外交关系，迄今已与21个拉美国家正式建交，分别与巴西、阿根廷、智利、秘鲁、墨西哥、委内瑞拉等国建立了“战略伙伴关系”；2006年胡锦涛主席和温家宝总理先后访问非洲，同年11月中国成功地主持召开了中非国家合作论坛北京峰会，鼓励和支持中方企业加大对非

① 北方网，http：//www.economy.enorth.com.cn 2009－02－06。

洲投资，不断推进中非之间的务实合作，反映了中国与非洲国家开展全面合作的外交战略。在全球外交中，中国与发展中国家的友好关系，涉及贸易、投资、金融、旅游以及政治、安全、文化等领域。

多边外交也是体现全球外交的重要方式。20世纪90年代开始，中国就以开放的姿态发起和参加了一系列地区多边组织，参与了多形式、多层次、多渠道的地区对话与合作机制活动。2006年6月，中国成功举办上海合作组织峰会；同年10月举办中国—东盟国家峰会，全面加强了同东盟的合作，达成在伊朗和印尼进行上千亿美元的能源投资的协议，[①] 拓展了与南亚、中东、中亚国家的外交空间。中国高层对发展中国家的外交访问也频繁进行。2009年1月，习近平副主席、回良玉副总理分别出访拉美，2月，胡锦涛主席访问访问亚非5国，2010年3月，中国政协贾庆林主席出访南非4国等重大外交举措，表明了中国重视发展中国家的外交战略布局没有改变。

第二节 伊朗的对外战略布局

伊朗伊斯兰共和国建立30余年来，逐渐形成了自己的对外战略，改变了伊朗在世界舞台上的地位，也改变了与世界各国的关系，影响着中伊关系的发展。

一、影响伊朗对外战略的主要因素

影响伊朗对外战略的因素是复杂的，可以归纳为伊斯兰教、地缘政治要求、民族主义、少数民族、经济利益、实际政策因素等七个方面，它们对当前伊朗的地缘外交、对美外交战略产生着直接、间接的影响，简略的分析结果见表6－1。

① 新加坡《联合早报》2006年12月21日文章。

表 6—1　　影响伊朗对外政策的基本因素与动力

因素	革命的伊斯兰教	地缘政治要求	伊朗民族主义	少数民族（种族）因素	经济要求	实际政策
国防开支水平	中偏高	中	高	中	中—低	中—低
与伊斯兰革命运动的联系	传播伊斯兰教。与穆斯林特别是什叶派联系密切	与土耳其伊拉克等关键国家联系紧密	与海湾、中亚及其他有历史渊源的地区联系密切	拒绝与少数民族广泛联系。政府主导民族关系	拒绝大多数与阻碍贸易或稳定有关的联系	与各种宗教集团谨慎联系。近年减少支持革命运动
与海湾国家的关系	竞争。拒绝 GCC 的合法性	努力削弱美国的影响。已经成为海湾第一国	追求海湾各国对伊朗领导权的承认	避免激怒阿拉伯伊朗人	加强与海湾国家的经济联系，扩大对海湾石油经济的影响	逐步恢复友好关系并建立控制权
与中亚和高加索国家的关系	支持伊斯兰教活动和集团	在阿塞拜疆（土耳其）和亚美尼亚间平衡	寻求在塔吉克斯坦和其他波斯语地区的影响	与各国政府加强联系以防止民族分裂主义	追求加强经济联系	追求经济联系，与各国政府建立友好关系
与美国的关系	拒绝（公开）联系	承认美国力量、回避对抗、最小化美国的影响	拒绝联系，特别是察觉到被作为从属地位时	反对美国的“人权、自由”	寻求与华盛顿的良好关系	保持对抗现状，寻求关系正常化机会
其他						

资料来源：根据 Daniel L. Byman et al，Iran's Security Policy，pabulished by Rand，2001，p. 20 补充、调整、修正。

二、伊朗对外政策的内外目标

意识形态因素对伊朗的政策的影响逐渐下降，现实因素的影响迅速上升。主要由于核危机造成的伊朗国际环境十分微妙，目前伊朗的对外政策显示出了“静对西方，靠近东方，领导伊斯兰，接触全世界”的战略特征。由于当年革命领袖霍梅尼倡导“东北”向外交政策，伊斯兰革命以后中国逐渐成为伊朗外交的重点。哈塔米政权时期，伊朗议会多次敦促总统在核问题等重大国际问题上采取更强硬的措施。内贾德总统对美国、以色列和西方的外交，在伊朗核计划等重大问题上的立场趋于强硬，顺应了伊朗议会的要求，体现了哈梅内伊为代表的毛拉们的意志。因此，当今伊朗的外交政策体现了既定的外交战略的要求，结合“智慧”的灵活性，影响着中伊关系的发展。

（一）伊朗对外政策的国内目标

1. 稳定和巩固伊斯兰政权

伊朗对外政策需要世界接受伊朗伊斯兰作为一种文化、一种精神武器、一种道德规范、一种生活方式、一种社会制度的现实空间。如果能够真正实现“文明的对话”，进而产生“文明的共存共荣”，则伊斯兰政权与社会的发展与世界的共进退是有希望的。

2. 维护伊朗领土完整、主权独立

来自伊拉克等邻国的领土要求被暂时遏制了，需要提防西北部地区的民族分裂势力（阿塞拜疆人、库尔德人等），东部、东南部地区的民族因素对国家的统一也有潜在的威胁。伊朗对外政策需要能够应对伊斯兰逊尼派、少数民族因素、美国及西方大国因素、地缘政治因素等的内外影响（当然这需要国内政策相配合），维护国家领土完整和主权独立。

3. 巩固和推动经济发展

伊朗经济发展的外部环境的优劣势都很明显，伊朗对外政策需要对世界局势审时度势，扬长避短，化劣为优，才能为增强国家的经济实力和综合国力服务。

4. 提升民族自豪感和自信心

伊朗对外政策需要能够在复杂的环境中提振国民士气。通过实施核计划，加强国防和经济力量来挑战美国，引领伊斯兰世界，掌控石油产销及运输，主导中东局势等言行，唤起国内民众的拥护。

伊朗发展与中国的关系也符合伊朗的国内利益。中国提倡的世界多极化，包含了政治、经济、社会、文明等因素的多极化和综合实力的多极化。中国倡导和平，为实现“世界大同”呼号奋斗，实践着儒家“和为贵”的哲学思想。中国推崇发展，主张“双赢、多赢”、全人类共同繁荣，与伊斯兰“天下穆斯林皆兄弟”以及趋善避恶、惩恶扬善的思想是异曲同工的。中国为后进国家受到的不公正待遇奔走呐喊，其“和而不同”的思想与“文明之间的对话”的思想是志同道合的。中国的艰苦奋斗、自力更生精神，中国与邻为善、与邻为友的政策对伊朗人民的影响是积极的。伊朗（波斯）文明与中华文明的交流对稳定伊朗社会和伊朗政权是有帮助的。中国改革开放30多年来的成功经验为伊朗改革社会、推动经济发展提供了先例。发展与中国的关系也有利于伊朗维护领土完整和主权独立、有利于提升伊朗民族的自豪感和自信心。

（二）伊朗对外政策的国际目标

2005年9月，伊朗最高领袖哈梅内伊说：“美国人有他们所谓的‘大中东计划’，我们也有我们对该地区的计划。[①]”伊朗的计划的目标是：

---

① 阿米尔·塔赫里：“文明的冲突”，《新闻周刊》2005年9月5日第1期（作者为伊朗《世界报》前主编）。

1. 巩固海湾地区的大国地位

对于海湾，伊朗人称为波斯湾，20世纪50—60年代阿拉伯人改称为“阿拉伯湾”。但是，这不仅仅是对一个地区的一个称谓争议的问题，它反映的是伊朗和阿拉伯人对海湾地区权利的追求和争夺，反映的是伊朗和阿拉伯国家在海湾地区的实力地位。历史以来，伊朗人就相信海湾是波斯人的海湾、“波斯人的湖”。

从2500年前的阿契美尼德王朝起，波斯人一直扮演着波斯湾强国的角色，声称阿契美尼德国王大流士称波斯湾为“波斯海”[①]。伊朗人的传统思想是：伊朗过去是一个强国，现在和将来也应该、必须是一个强国，伊朗有悠久的历史、广袤的土地、丰富的资源、7200多万人口，在海湾中拥有众多的岛屿，其海岸线占据了海湾的（东）北岸全线，目前在海湾沿岸八国中，经济、军事实力，宗教文化和政治影响力都居于最前列的位置，认为在海湾有支配权力的国家应当是伊朗。伊朗前总统拉夫桑贾尼愤怒地发出过这样的责问：“对于一些国家来说聚集在一起，私自决定把已经在历史上形成的名称波斯湾改为阿拉伯湾，这种做法是不明智的。当你尊贵的邻居被激怒后，或者在这个地区产生不安全感，改名究竟有何用意?”[②]

因此，伊朗过去对六国组成的海湾合作委员会（GCC）采取否认、排斥的态度就是可以理解的了。随着形势的发展，伊朗对海湾地区的策略也在相应变化，现在转变为接受，并且力争加入、然后顺理成章的主导海湾合作委员会的国家，这就是当今伊朗称雄海湾的必经之路，也是伊朗安“寝侧”、震邻邦的长久战略的体现。

2. 谋求中东大国、强国的地位和权威

除了特定时期以外，从古到今，伊朗的中东大国的地位是无可争议的。但是，20世纪50年代到伊斯兰革命以前，伊朗的大国地

---

① 冀开运：“伊朗与伊斯兰世界关系研究（国家社科基金结题报告）”，2011年5月，第109—110页。

② Christin Marschall, Iran's Persian Gulf policy, Routledge Curzon press, 2003, p. 5.

位是美国“恩赐”的；革命以后，伊朗为重新获得大国地位而努力奋斗。当前，伊朗要求的海湾大国、中东大国、伊斯兰大国的地位已经基本获得。有趣的是，这次重新获得的地区大国的地位依然是美国提供的，只不过是以美国的战略失误的方式来提供的。现在伊朗要求的是在已有大国基础上的强国地位，进而争取进入世界大国的行列，伊朗的对外政策需要为这样一个宏大目标服务。因此，无论是现实还是将来，伊朗加强与中国的关系都是明智的。

3. 成为伊斯兰世界的领袖

伊朗作为什叶派穆斯林世界的领袖，已经成为不争的事实。

什叶派自其诞生之日起，就与伊朗民族主义结下了不解之缘。库法一直是什叶派活动的中心，萨珊王朝被征服之后，皈依伊斯兰教的伊朗人并未享受到同阿拉伯人一样的权益，处于二等公民的地位。于是，对阿拉伯统治者不满的伊朗麦瓦利[①]很容易就接受了什叶派，把什叶派思想作为他们为现实利益而斗争的旗帜和精神武器。什叶派在政治上起源于阿拉伯，但是其发展和教义则受到伊朗人的影响。什叶派的政治基础是王朝正统主义，其主张的伊玛目世袭制及其神圣性、神权政体思想和伊朗的君主传统和君权神授的思想相吻合，于是，伊朗穆斯林顺理成章地接受了什叶派教义。公元680年卡尔巴拉惨案[②]之后，伍麦叶王朝遭到多次武装反抗，伊朗人一直是什叶派世界的主要力量。希提曾经说：“在什叶派伊斯兰教的伪装下，伊朗民族主义处于复兴之中。”[③]

① 麦瓦利，指依附于阿拉伯人、改奉伊斯兰教的非阿拉伯穆斯林自由民。在伍麦叶时代，位于第二等级，可豁免人丁税，地位虽低于阿拉伯人，但高于信奉异教（如袄教等）的“济玛”（即顺民）和奴隶。资料来源：http：//www. hudong. com.

② 680年伊斯兰教第四任哈里发阿里次子侯赛因及其随行人员在卡尔巴拉遭伍麦叶王朝军队的袭击而发生的战斗，结果侯赛因及其随行惨遭杀害，之后卡尔巴拉被视为什叶派的圣地。资料来源：http：//www. hudong. com.

③ ［美］希提，马坚译：《阿拉伯通史》，商务印书馆1979年版，1990年第2次印刷，第330页。

当今伊斯兰国家中，只有伊朗、伊拉克、巴林诸国[①]，什叶派穆斯林人数占居民的多数，虽然这类国家为数不多，但是已经可以形成“什叶派新月形”地带，而且在也门、叙利亚、土耳其、阿曼、约旦、阿富汗、阿联酋等中东国家乃至东南亚、中西非地区，也广泛地分布着什叶派信徒。仅从什叶派穆斯林的数量及其在历史上的作用来看，伊朗的什叶派穆斯林领袖国家地位就是无可置疑的。

通过1979年的伊斯兰革命，经过两伊战争、海湾战争、伊拉克战争，逊尼派在伊拉克政坛上已经被颠覆，什叶派取而代之登上了伊拉克政权的宝座。更重要的是，伊朗抓住冷战后的美国中东战略带来的良机，迅速地扩大了它在什叶派国家及其在海湾、中东地区的影响。当代伊朗正在巩固和加强其伊斯兰什叶派国家领袖的地位，并且向领导穆斯林世界的大目标努力。

4. 强化伊朗的世界能源大国地位

伊朗作为世界石油天然气资源大国的地位在第二次世界大战以来有增无减。20世纪90年代初以前，石油资源主要对美国、西方大国影响重大。现在和将来，伊朗能源对美国和西方大国的重要性没有改变，但是对中国的意义却在迅猛上升。因此，能源外交成为伊朗—中国关系的核心内容。

5. 化解伊朗核危机

2005年10月23日，伊朗官方电视台说，内贾德总统主持的内阁会议通过了政府制定的让外国政府和公司参与伊朗核计划的规定，总统说，让外国政府和公司在伊朗核计划中发挥作用是让国际社会相信伊朗核计划是出于和平目的的唯一方法[②]，伊朗正在有条件地、起码是在舆论上实施化解核危机的计划。

---

① 赵国忠主编：《简明西亚北非百科全书（中东）》，中国社会科学出版社2000年版，第512页、第555页、第666页。

② 美联社德黑兰2005年10月23日电。

三、伊朗对外战略的突破口

1. 核问题突破口

2007年美国情报机构的《美国安全报告》出台，宣告了伊朗核问题引发冲突白热化的危险得到暂时缓和。即是说，如果伊朗希望在这个困境中突围，那么突围的机会已经出现。关键问题是，如何在确保伊朗限于和平利用核能的前提下，结束核危机。换句话说，伊朗如何能让美国、西方和世界都相信自己的核活动属于和平利用核能的范畴。

2. 伊拉克问题突破口

2006年底，沙特政府的安全报告指出，伊朗正通过伊朗伊斯兰革命卫队的“耶路撒冷军”向伊拉克渗透，建立了对伊拉克的情报网、对军事组织的后勤支持与福利活动、支持伊拉克伊斯兰革命最高委员会（什叶派政党）来影响伊拉克政治进程。[①] 此后美国和西方的官方、情报机构、媒体一直指责伊朗向伊拉克渗透，袭击驻伊拉克美军，颠覆伊拉克社会。2011年7月1日上任的美国防长利昂·帕内塔当年7月11日在访问伊拉克的时候说，美国不会对伊朗加强武装伊拉克叛乱分子的事坐视不管，因为，这些伊拉克武装分子正在攻击和杀害美国军人。[②] 美国参联会主席麦克·马伦和其他美国官员近日也声称，驻伊拉克美军遭到一连串的暴力袭击，其背后支持者都是伊朗。[③] 伊朗针对伊拉克的这些活动是要增加对美国的压力、增加与美国讨价还价的筹码，更是加强对伊拉克控制的具体步骤。

3. 中东和平问题突破口

通过提供武器、资金、策划、训练人员等来支持黎巴嫩真主党、巴勒斯坦哈马斯武装以及从舆论上诋毁以色列，希望引起世界、特

---

① 美国《华盛顿时报》网站2006年12月18日报道。

② 美联社，巴格达2011年7月11日电。

③ 美国《洛杉矶时报》网站2011年7月10日报道。

别要引起美国对伊朗在中东和平进程中的重要地位的关注，让伊朗从中东和平舞台的边缘进入中央。

4. 能源突破口

寻求组建新的国际能源垄断联盟——伊朗和委内瑞拉一直在酝酿效仿“石油输出国组织”（OPEC）建立一个“天然气输出国组织”来控制全球天然气供需市场。2001 年成立的“天然气出口国论坛”（GECF）至今已召开了 6 次会议，成员有伊朗、阿尔及利亚、玻利维亚、文莱、埃及、印度尼西亚、利比亚、马来西亚、尼日利亚、也门、卡塔尔、俄罗斯、特立尼达和多巴哥、阿联酋等国，这些国家控制着全球 70%以上的天然气储量和 42%以上的天然气产量。[①] 2007 年 4 月在卡塔尔首都多哈举行的 GECF 会议上，委内瑞拉总统查维斯首次正式提出了建立“天然气输出国组织”的设想，俄罗斯总统普京当即表示这个设想非常有趣，伊朗也表示支持建立共赢的联盟来保护天然气生产者和消费者的利益。同年 4 月在南美召开的能源峰会上，委内瑞拉提出类似建议，希望通过成立“南美天然气生产和出口国组织”来规划未来天然气市场投资、供应和定价等问题。

2010 年 12 月 4 在多哈举行的“天然气出口国论坛”第 11 次部长级会议呼吁天然气应与石油同价，如果实现了油气同价的话，伊朗的天然气出口收入又将大幅增加，伊朗对世界能源市场和世界经济的影响将更加扩大。

随着美国、加拿大、欧洲天然气储量的日益减少，越来越多的天然气储量和产量将会掌握在俄罗斯、伊朗、卡塔尔等国家手中。人们预料，今天的“天然气出口国论坛”就是未来“天然气欧佩克”

① 中国驻伊朗伊斯兰共和国大使馆经济商务参赞处，伊朗和委内瑞拉构想中的“天然气输出国组织”，2007 年 8 月 7 日，http：//ir. mofcom. gov. cn/aarticle/ztdy/200708/20070804968359. html。

的雏形，[1] 伊朗正在积极地与俄罗斯等国协商，推动“天然气欧佩克”的成立，而且希望尽快将这个组织的支配权拿到手中。

最近几年，伊朗还策划和推出了伊朗—巴基斯坦—印度三国天然气管道工程，用能源因素强化与邻国和亚洲大国的关系。2005 年 12 月，伊朗与印度、巴基斯坦分别进行磋商，就天然气管道、天然气价格、管道线路、投资公司等进行谈判，并在 2006 年 6 月签署协议。预计该管道总长 2650 公里，其中，在伊朗境内长 1100 公里、巴基斯坦境内长 700 公里、印度境内长 850 公里，总投资 74 亿美元，2007 年夏天动工，计划 2011 年竣工输气，预计该管道每天能为印度输气 6000 万－9000 万立方米、为巴基斯坦输气 3000 万－5000 万立方米，管道通气时间将持续 25－30 年，巴基斯坦每年还可以向印度收取 6 亿美元的天然气过境费。这条管道建成输气以后，将大大增强伊朗对巴基斯坦、印度的经济政治联系和影响力。[2]

5. 伊斯兰突破口

当年伊朗伊斯兰革命的口号之一，就是要复兴伊斯兰教，输出伊斯兰革命。从穆斯林旗手的高度把反对以色列占领巴勒斯坦的大旗扛起，反对美国和西方的文化、思想的渗透，反对异教徒，使伊斯兰世界看到未来。伊朗希望弥合什叶派和逊尼派之间的裂痕，在伊斯兰教的旗帜下把阿拉伯人、穆斯林团结起来，但是，阿拉伯人普遍对伊朗不信任，他们不希望伊朗成为中东地区—海湾地区的强国，更反对伊朗拥有核武器。由于什叶派和逊尼派之间的历史纷争，以及阿拉伯文化与波斯文化之间的差异，阿拉伯人担心自己被一个什叶派占主导地位的伊朗—伊拉克—叙利亚—黎巴嫩—加沙新月形地带包围。巴林议会副议长、逊尼派人士谢赫阿德尔·马瓦达说：“如果伊朗像一个伊斯兰大国那样行事，只是信奉伊斯兰教而非什叶

---

① 彼得．科伊：“如果天然气生产国组成卡特尔，他们能使国际价格升得更高”，《商业周刊》，2005 年 5 月 2 日一期。

② 江亚平：“印巴伊跨国管道工程大局已定”，《参考消息》2006 年 1 月第 13 版。

派教义，那么阿拉伯人将把它当作一个伊斯兰大国。但是，如果它是一个什叶派大国，制定了什叶派的议事日程，那它将不会成功，尽管它可能变得非常强大，但却会受到鄙视和憎恨。"[①]

与阿拉伯国家关系正常化既是扩大伊朗在伊斯兰世界的影响的宗教任务，也是破解伊朗外交孤立局面的外交任务。2008 年 1 月 28 日，穆塔基外长在记者招待会上表示，伊朗将与埃及恢复外交关系。而两国中断外交关系已经 30 年，[②] 恢复伊埃关系将是当代伊朗—阿拉伯关系史上的一大突破，但是直到 2011 年上半年，伊朗与埃及复交的愿望依然没有实现。然而伊朗却迫不及待地准备好了 1979 年以来首任伊朗驻埃及大使的人选——高级神职人员的儿子、职业外交官阿里·阿克巴尔·西布耶，[③] 2011 年上任的伊朗新外长萨利赫在当年 4 月 23 日鼓励埃及要大胆地走出两国复交的那一步，他说："我们已经准备提升与埃及的关系的水平，并希望埃及官员采取大胆步骤朝这个方向努力。[④]" 事实上，伊朗与埃及的关系近期确实有改善的迹象。2011 年 2 月，伊朗 2 艘军舰通过了苏伊士运河，顺利到达叙利亚军港，又于同年 3 月通过苏伊士运河回到了伊朗。伊朗军舰进出苏伊士运河是伊朗—埃及关系恶化 32 年来的首次，这件事情本身释放的就是伊朗与阿拉伯大国关系改善、伊朗在中东地位持续提升的重大信号。

6. 寻求组建抗衡美国的"联盟"

除了叙利亚、朝鲜等伊朗的反美盟国以外，2006 年底、2007 年初，内贾德总统访问委内瑞拉、厄瓜多尔、尼加拉瓜等正在与美国唱对台戏的国家，期望与这些国家结成战略伙伴，共同组成反美同盟。出于同样的目的，2007 年 5 月，内贾德访问明斯克，与白俄罗

---

① ［美国］"伊朗是一位伟大的统一者？阿拉伯世界保持警惕"，《纽约时报》2006 年 2 年 5 日文章。

② 路透社，德黑兰 2008 年 1 月 28 日电。

③ 路透社，德黑兰 2011 年 4 月 19 日电

④ 法新社，德黑兰 2011 年 4 月 23 日电。

斯建立了战略伙伴关系。[①] 引人关注的是，巴基斯坦总统扎尔达里在2011年6月的3周时间里，2次访问伊朗，并且伊朗最高领袖2次与扎尔达里会见。[②] 这既是巴基斯坦与美国裂痕扩大、“战略藐视”美国的表现，又是伊朗重视“巴基斯坦地区政策变化”，伊朗—巴基斯坦关系日渐亲密的标志。

四、伊朗的差异化对外战略

1. 伊朗的中东战略

伊朗的中东战略就是要打击以色列，影响阿拉伯，控制伊拉克，主导波斯湾，谋求领导大中东。为达此目标，内贾德政府采取的是软硬兼施、因时而变的战术。通过不承认、坚决否认以色列的存在是合法的（否认二战中犹太人遭受过大屠杀）、支持巴勒斯坦人返回家园建立自己的国家，通过支持黎巴嫩真主党发动对以色列的武装袭击等事件，来逐渐形成伊朗引导中东大局走向的趋势。虽然内贾德2005年6月才当选，但是到当年10月份，他已经让世界刮目相看了。他宣称应当把以色列迁往欧洲，召开国际学术研讨会来质疑纳粹屠杀犹太人事件的真实性（据说得到了哈梅内伊的允许）以及10月28日发动100万伊朗人举行反以集会，内贾德的这些行为引起了西方国家的普遍抗议。2006年12月11日由内贾德发起、伊朗国家资助、伊朗外交部政治与国际问题研究所组织的大屠杀研讨会召开，30个国家67名外国研究人员参会。内贾德曾将大屠杀描述为“神话”，并呼吁将以色列从地图上抹去，他在这次会议上再次预言：“这个犹太复国主义政权很快就会灭亡，”他宣布，大会成立一个（关于大屠杀的）真相调查委员会。[③] 内贾德这一系列举措的目的就是要世界重视伊朗在中东和平问题中的重要性。他还借机在国内政

① 建立“受排挤者联盟”，俄罗斯《新闻时报》2007年5月22日报道。

② 香港《亚洲时报在线》2011年7月19日报道。

③ 美联社，德黑兰2006年12月13日电。

坛上剪除异己、清洗温和派、安插支持者，上台仅3个月就召回了40多名大使，理由是这些外交官对外国对内贾德的批评反应过于温顺。[①] 他还任命了一位石油部长，清洗国家最高安全委员会、内政部，撤换大多数的省长。西方把这些现象解读为一场无情的政治洗牌，看作是伊朗新政权将采取更加强硬的挑衅性对外政策的宣言。[②] 伊朗支持黎巴嫩真主党，但是不愿直接介入战争。伊朗民众的看法是，中东所有穆斯林都应当团结起来，抵抗以色列的侵略，也有一些人认为应当提供包括军事援助在内的支持，而相当部分民众认为支持应当有节制，不能随意制造危机，要把精力放在解决国内问题上。美国认为，真主党已经成为伊朗的工具，伊朗花费数亿美元来武装真主党，伊朗特工帮助真主党获得武器，指挥着真主党的许多活动，真主党行动前要征得伊朗的同意，在具有重大国际影响的问题上更是如此。[③] 事实上，伊朗和叙利亚是支持真主党最大的国家，它们可以对真主党施加强大影响，能够发动或阻止真主党袭击以色列，组织武器、物资、人员流入黎巴嫩，但是伊朗还不能完全控制真主党。

人们担心，2006年7月因为绑架两名以色列士兵而发生的第二次黎巴嫩战争可能演变成为一场伊朗战争。这种担心是有道理的：以色列打击黎巴嫩，伊朗和叙利亚支持黎巴嫩真主党，真主党继续对以色列领土实施火箭袭击，伊朗通过这种支持来与以色列进行间接的战争，从中获得好处——真主党激怒以色列，从而分裂欧盟和美国，同时转移人们对叙利亚在黎巴嫩犯下的罪行和对伊朗核威胁的注意力。[④] 但是，如果相当部分伊朗人认为“我们所有的收入都给了巴勒斯坦和真主党”，我们的石油资源丰富却连自身的汽油需求都满足不了，内贾德因为平民主义而当选总统但是却导致更多的失业

① 《环球时报》2005年10月30日。

② 美联社德，黑兰2005年11月2日电。

③ 路透社，华盛顿2006年7月25日电。

④ 美联社，开罗2006年7月16日电。

和更高的物价，[1] 这种现象长期存在下去的话，会导致越来越多的伊朗人不满，进而引发社会动荡。

伊朗对伊拉克的意图是路人皆知的。伊朗介入伊拉克事务已经非常深入，而且在继续加强介入，这必然加剧与伊拉克逊尼派穆斯林的矛盾。与“基地”组织有关联的伊拉克武装组织“伊拉克伊斯兰国”2007年7月9日在互联网上要求伊朗在两个月之内，停止对伊拉克抵抗者的支持，停止对伊斯兰国家事务的干涉，否则就要对伊朗开战。[2]

对于伊朗将来可能获得何种地位，美国《华盛顿时报》载文预测10年之后的结果是：伊朗将拥有核武器，而且不会再被纳入“邪恶轴心”名单中；伊朗承认以色列国，伊朗不再支持针对以色列的恐怖活动；资助黎巴嫩真主党解除武装进入政治经济领域。[3] 如果预测成真，则那时的伊朗已经是中东的强国，而且将问鼎世界大国的地位。

2. 伊朗的对美战略

近期目标是坚持对抗，寻求缓和；长远目标是与美国和平共处。虽然伊朗声称美国是邪恶的“大撒旦”，但是也承认美国和美国所代表的制度与文化，伊朗是消灭不了的，需要与之展开“文明的对话”。

伊朗当前的对美策略是对抗与缓和并用，强硬为主，抗争中注重技巧。2006年12月和2007年1月，美国艾森豪威尔号航母舰队和斯坦尼斯号航母舰队同时进驻海湾，英军两艘扫雷舰也同时跟进海湾，布什总统下令海湾盟国部署配备了爱国者导弹的防空部队，向伊朗展示美国及其盟国的强硬态度和强大压力。面对此景，伊朗首席核谈判代表拉里贾尼2007年1月15日带了一封信给沙特政府，

① 美国《纽约时报》网站2006年7月23日报道。

② 法新社，阿联酋迪拜2007年7月9日电。

③ 《华盛顿时报》2004年12月15日。

希望沙特缓和伊朗和美国之间的紧张关系，据说这封信来自伊朗最高领袖哈梅内伊和总统内贾德。这说明，当美国被激怒而展示“肌肉”的时候，伊朗不会采取以卵击石的对策，与美国迎头相撞。相反，伊朗政府在寻找抓住伊朗核问题和伊拉克问题的临界点，寻找缓和紧张局势的“接点”，伊朗政府还在向外传递自己的真实意愿，即希望伊美关系得到实质性改善；[①] 当奥巴马新政府表达“直接会谈”的意向时，内贾德立即就希望抓住这根“橄榄枝”。

3. 伊朗的欧盟战略

欧盟是伊朗现实和潜在的经济合作伙伴，拉拢与分化欧盟是伊朗对欧盟战略的主要内容。因此应当笼络它，根据其成员国与美国和伊朗的关系，给予分化和区别待遇：拉拢德国，分化比较强硬的英国、法国。主要手段是动用能源、投资和伊朗商品市场作为筹码。

长远地看，伊朗和西方的关系不会完结，也许是伊朗和东方的关系日益紧密，使得如今的伊朗更加自信。如果说20年前，伊朗的经济发展才刚刚起步，还只能依赖于西方国家的话，如今的伊朗有钱，能够对外购买技术和设备，在挑选合作伙伴时，灵活性也更大。问题是目前伊朗与邻国的关系并不和睦，它与亲美的中东国家在发展关系时犹犹豫豫，在核危机导致的国际制裁声浪中，伊朗只能暂时疏远欧盟。

4. 伊朗的俄罗斯战略

伊朗只能把俄罗斯看作永久的邻居，可以合作的大国。当前获得俄罗斯的帮助和支持是十分重要的，如果伊朗要获得安全稳定的国际周边地缘环境，伊朗就必须与俄罗斯靠近，借助俄罗斯的先进军品技术、相关工业技术来增强伊朗的防御能力和综合国力，还需要借助俄罗斯是安理会常任理事国的地位化解国际难题，还指望利用俄罗斯来对抗美国武力攻打伊朗的威胁。20世纪90年代初以来，俄罗斯被美国和欧盟、北约排挤、矮化、边缘化，普京时代通过对

---

① 新华社2007年1月16日消息。

抗美国—北约的东扩，使俄罗斯重新崛起为世界大国，俄罗斯也需要联合伊朗抵抗美国并借助伊朗核问题来牵制美国。伊朗是俄罗斯的战略拓展区，这两个能源、资源大国可以用局部结盟的方式来维护两国的经济利益，调节可能出现的在市场划分、价格垄断利益分割等方面的分歧。按理说，伊俄联合是两厢情愿、水到渠成之事。但是，两国有着历史的恩怨，特别是近代以来伊朗是沙俄和英国的殖民势力范围，伊俄之间的民族矛盾、意识形态、社会制度冲突等依然存在，只是目前被隐蔽化了，因而两国结盟可能是比较久远的设想。

5. 伊朗的亚洲和周边战略

亚洲是伊朗的战略拓展空间。21世纪，中国、印度、日本等亚洲大国的世界地位正在显现，能源是伊朗与这些大国交往的有效手段。

伊朗希望有一个可以控制、听命于自己的安全的周边地缘环境。对于邻国，伊朗要做的事情很多。美国的中东战略培植了敌对的伊朗和日益强大的伊朗，伊朗是美国推翻伊拉克萨达姆政权的真正赢家。伊朗确定国家利益委员会秘书长穆赫辛·雷扎伊在伊朗国家电视台上说："美国人消灭了我们在这个地区的所有敌人。他们消灭了塔利班，消灭了萨达姆……美国人在伊拉克和阿富汗的土地上弄得焦头烂额……美国人没有给我们带来威胁，反而给我们制造了机会。虽然美国人对伊朗恨之入骨，但是美国人给我们的帮助……简直是没得说，哪个超级大国都没做过类似的事情。"[①] 应当说，伊朗对美国两次打击伊拉克的后果的评价是客观的，但是由此引发的中东国家、尤其是中东阿拉伯国家和伊朗的邻国对伊朗的警惕和担忧，构成了对伊朗的新孤立和集体威胁。伊朗通过支持伊拉克什叶派政权和反美武装来控制伊拉克，沙特为代表的阿拉伯国家则向伊拉克逊

---

① 英国《星期日电讯报》2006年12月3日文章，沙特和伊朗准备在伊拉克的焦土上开战。

尼派组织提供资金、后勤和武器来对抗伊拉克现政府，从而削弱伊朗的影响，但是他们支持的是反美叛乱分子，加剧了对驻伊拉克美军的生命安全的威胁，在一定程度上破坏了美国的伊拉克战略，而沙特是美国在阿拉伯世界最亲密的朋友。如果美国接受外交政策专家组成的伊拉克问题研究小组的建议，在2008年之内从伊拉克完全撤军的话，那么，伊拉克领土上出现伊朗代理人和沙特代理人——什叶派和逊尼派之间的战争就在所难免，还可能导致海湾国家、中东阿拉伯国家与伊朗的关系再次紧张。[①]

6. 伊朗的石油外交战略

这是伊朗对外经济战略和能源战略的核心，也是容易见效的外交手段。资源、能源，特别是伊朗的石油天然气能够吸引世界大国的目光，留住希望撤出伊朗的外国公司。举例来说，2005年1月，伊朗和印度在新德里签署价值400亿美元的初步协议，承诺印度将从伊朗进口液化天然气，开发伊朗的两个油田和一个天然气田；2004年签订的价值1000亿美元的伊朗—中国天然气协议、之后签订的一系列伊中油气协定等，把印度、中国更加紧密地与伊朗联系在一起。

---

① 英国《金融时报》2005年1月8—9日文章。

第七章

21 世纪初期中伊关系的战略地位与发展前景

本章提示　本章讨论中伊关系在 21 世纪初期的中国、伊朗外交战略中以及世界格局中的地位问题，认为客观定位有利于中伊关系经受不断变化的国际形势的考验，并通过适应、调整、创新来提升两国关系的层级，推动两国关系的持续发展。

21 世纪初期的中伊关系必然伴随世界格局的变化而发展，其中伊朗核问题依然是中伊关系的重大影响因素，“伊朗核危机”已经走过至少 8 年，至今仍然没有解决的迹象。虽然造成了中国、伊朗在国际舞台上的某些尴尬局面，但是“核危机”对美国力量的牵制也是实在的，为中国带来的对伊经济贸易投资机会也是空前的，中国应当紧紧抓住并且充分利用好这个机会。“核危机”是 21 世纪初期中伊关系中一道绕不过去的坎，中国—伊朗应当能够共同迈过这道坎，正确认识、巧妙化解“核危机”对中伊关系的危害，把中伊友好合作关系提升到一个新高度。

第一节 对中伊关系的基本认识

中伊关系是两个发展中国家之间的合作伙伴关系。中国的对伊朗外交，是中国“区域—大周边外交”、全方位外交战略中的重要组成部分，也是中国实施经济外交战略的一大平台。

中伊关系始终与国际形势的变化相伴而行。第二次世界大战以后，科技革命突飞猛进，资本主义重新焕发生机，世界格局因此相应变化；20世纪80年代末到20世纪90年代初，世界经历了苏联解体、东欧剧变、北约东扩、社会主义遭受严重挫折等一系列重大事件，世界格局由美、苏两个超级大国争霸演变成美国“一超独霸”并向多极化发展的态势，经济全球化和多极化趋势不可阻挡，西方遏制社会主义中国成为世界强国的企图也没有改变，中国的现代化面临着前所未有的机遇和挑战；进入21世纪初期，世界多极化格局更加明显，美国、欧盟、日本依然是世界的主角，新的世界经济和政治秩序还没有建立起来，霸权主义和强权政治还在大行其道，贫富国家两极分化的状况更加突出，但是中国、印度、巴西、南非等发展中国家迅速发展壮大，俄罗斯的发展势头非常强劲，以至于形成了世界瞩目的“金砖国家”；同时，资源危机、能源危机、粮食危机、环境危机、金融危机、经济危机、朝鲜核危机、伊朗核危机、文明冲突等重大事件此起彼伏、影响深远。世界局势镌刻着中伊关系的时代特征，左右着中伊关系的发展趋势。

一、中伊关系的发展有扎实的基础

中伊具有历史文化的共性，近代以来的发展历程经历了相似的遭遇，现在又都面临国家现代化建设的任务，在一系列重大国际问题上也有着共同或者相近的立场，这些构成了两国发展友好关系的基础。但是伊朗对“多极化世界”的解读含有这样的信息：伊斯兰世界是多极化世界中的一极，伊朗要发挥对伊斯兰世界的领导作用。内贾德上台不久就明确表示，伊朗在中东地缘政治中的主宰地位是“伊朗国民无可争辩的权利”。[①]

二、中伊关系属于中国全球外交战略和外向型能源战略的组成部分

全方位开放的全球外交战略和外向型能源战略决定了21世纪中国应当加强与伊朗这样的世界能源资源大国的全面交往，发展中伊关系能够缓解中国的能源、资源和环境问题。美国政治经济学家龙安志认为，未来10年“对能源进口的依赖性将对中国外交政策战略的走向起到决定性作用”，中国将与能源生产国建立密切联系——将中东、拉美（委内瑞拉、玻利维亚）、中亚作为外交战略的新重点，并用充当“调节者”（龙安志称为“和事佬”）的多边外交手段来解决世界冲突。[②] 英国《金融时报》认为，目前中国进口石油的1/4—1/3来自非洲，通过对尼日利亚、安哥拉、尼日尔、阿尔及利亚、乍得、加蓬、赤道几内亚、苏丹、津巴布韦等国家开展贸易、培训、技术输入、修建道路、桥梁、大坝以及派遣维和人员（埃塞俄比亚、苏丹）等方式进入非洲，直接或间接进入能源（石油天然气）资源生产领域，这是中国积极寻求资源，把中东、非洲作为石油和战略资源的重要投资区域，实施外向型能源战略的结果。因此，能源因素仍将居于21世纪初期中国—伊朗关系的核心地位。

三、中伊关系在伊朗对外战略中的地位

伊朗领袖哈梅内伊说，伊朗追求的是一个自由、繁荣、民主和

① Amir Taheri, A Clash Of Civilizations, NEWSWEEK, Sep 5, 2005 Issue, http://www.newsweek.com/id/104508.

② 龙安志：“被迫从壳里出来”，香港《南华早报》2006年2月28日。

安全的世界。[①] 现任总统艾哈迈迪—内贾德在对外政策上，主张发展“公正的国际关系”，主张所有国家一律平等，伊朗愿与世界上所有国家（他没有指出是否包括以色列、美国）发展关系，特别是发展与周边国家、伊斯兰国家的关系。

可见，中国属于伊朗对外交往国家中的“非敌对”国家，伊朗与中国的关系属于和平的对等关系。分析当今伊朗的国际关系，可以认为中国在伊朗对外战略中的地位是居于第2—3层级（第1层级：伊朗—美国，第2层级：伊朗—俄罗斯、欧盟国家、邻国、什叶派穆斯林国家，第3层级：伊朗——中国、印度、日本等国以及非什叶派穆斯林国家，第4层级：伊朗—世界其余国家）之间。

（一）中国是伊朗实现大国地位的支持力量

中国是世界上最大的发展中国家，对世界的影响力越来越大。伊朗要实现它的强国战略，获得在中东地区的发言权，获得最可靠的安全保障，只有通过与邻国建立友好关系这个手段来增强自身的安全。非常需要中国的支持，中国可以帮助其提高在海湾乃至中东地区的影响力，有利于重塑伊朗的中东地区大国形象。2005年7月，印度、巴基斯坦和伊朗三国首脑首次以观察员身份出席上海合作组织首脑会议，象征着上海合作组织在向“欧亚大陆安全保障磋商机构”演变。这次务虚会议构筑了各种战略三角概念，其中包括伊朗期望的中俄伊“战略三角”。

（二）中国是伊朗抗衡美国的重要砝码

中国是维护亚洲和平与稳定的主要力量，是联合国安全理会常任理事国，安理会拥有否决权，在许多国际机构拥有表决权，能够站在这些平台上帮助伊朗。美国及西方国家与伊朗在文化意识形态

① 伊朗华语台：“伊朗总统：恐怖主义是当今世界最大的危险”，2004年10月5日。http：//www.irib.ir/worldservice/chinese/news/04—10—05/04100502.htm.

上的差异以及利益上的冲突，将会极力阻止伊朗成为中东的强国。伊朗始终坚持抵制美国和以色列的遏制政策，反对以泛突厥主义为基础的中东重组。美国把中国作为未来的“假想敌”，实际上把中国逼到了它的对立面，中国的外交政策不受美国左右，还拥有强大的综合国力来抵制美国的威胁，因此中美之间的对抗随时存在。但是中国反对美国霸权主义也需要伊朗的配合和支持，于是伊中可以站到一条战线反对美国，伊朗期望能够寻找机会，把中国作为抗衡美国的“筹码”。

（三）中国是伊朗经济发展的助推器和国外市场

伊朗经济发展需要中国的投资。近 30 年来，美国为首的西方大国对伊朗实行制裁，撤走投资，封锁技术，给伊朗经济带来重大困难。中国拥有比较雄厚的经济实力、庞大的外汇储备、先进适用的技术、高效严格的管理，伊朗欢迎中国投资的政策与中国企业实施“走出去”的战略不谋而合。中国目前是在伊朗投资的最佳国家，事实上，伊朗的第一个和第二个五年发展计划中，中国政府共向伊朗提供了 17 亿美元信贷，是对伊朗造船、电站、水泥厂和地铁建造工程提供信贷最多的国家。

中国是伊朗重要的国外技术合作与引进对象。经历了多年的战争和政局动荡，美国为首的西方国家长期的经济制裁，使伊朗工业设备严重老化，技术落后，道路交通设施建设滞后。伊朗要发展基础产业，提高产品出口竞争力，不少工业企业需要新技术、新设备，石化、纺织、轻工、冶金等行业也面临设备及零配件的更新和引进。一些西方公司迫于美国压力和自身利益，只愿投资于伊朗的能源开采业，与伊朗的产业结构非石油化努力相抵触。中国拥有伊朗经济发展所需要的技术，可以广泛应用于伊朗的非石油部门。最关键的是，与中国发展经济技术合作，伊朗的主权不会受到威胁。

根据以上分析，得出中伊关系的几点结论：

第一，中伊关系历史悠久，友好交往是主调，早在中国恢复在联合国的合法权利的时候，伊朗就给予了帮助；

第二，中伊关系使中国对外战略面临着现实的考验；

第三，中国的对伊朗战略的目的是为本国的利益服务，也为了促进伊朗的发展，维护世界和平；

第四，中伊关系的搏奕原则是实现中伊双赢或者世界多赢的非零和原则；

第五，影响中伊关系的因素复杂多变但是主因突出——经济利益因素和国家主权因素是主线；

第六，中伊关系属于发展中国家之间的关系和中国大周边邻国关系，在中国对外战略中具有重要的地位。

第二节　中伊关系在中国的战略地位

一、伊朗是中国在中东地区的具有特殊重要性的国家

伊朗是中东地区的大国，在中东地区具有很大的影响力，一定程度上可以动摇中东的政治经济格局。再加上伊朗核危机、中东和平进程等热点问题都与伊朗息息相关，凸显了伊朗中东大国的特殊重要性。中东地区是中国参与国际事务、发挥大国影响力的重要场所之一，因此保持和发展与伊朗的友好合作关系对发挥中国在地区和国际事务中的作用，维护国家安全与稳定，特别是巩固大周边安全具有重要的意义。

二、中伊“石油贸易伙伴关系”的特征突出

伙伴关系是指在和平稳定情况下，维护各自利益，平等合作，相互协调，以求得共同发展的新型国家关系。它是冷战结束后新构筑起来的国家关系，是世界经济全球化的产物，代表了国家关系发

展的新方向。[①] 从中国方面来说，能否从国际市场顺利获得能源和原料，不仅关乎中国经济能否持续、快速发展，而且事关国家安全大局——能源安全对中国的经济安全和社会安全至关重要。伊朗是中国获取国外油气的战略来源，中伊油气合作有助于拓展中国能源多元化战略新格局，因此中伊关系的现状在较大程度上体现了两国的“石油贸易伙伴关系”。

从伊朗方面来说，面对美国控制中东局势和油气资源的企图，面对西方国家的经济制裁，伊朗正在尝试开放本国石油资源市场，为其寻找安全的出口，经济迅猛发展、国际影响力大增的中国肯定是伊朗油气资源的绝好市场。伊朗显然有意由中国取代日本，成为伊朗最大的原油输出地，成为伊朗油气田的最佳投资国。伊朗石油部长瓦兹里·哈马内 2007 年 6 月 11 日在马来西亚首都吉隆坡参加亚洲石油和天然气大会时宣称，伊朗正在同中国进行谈判，希望能在中国储存战略石油储备，伊朗还将在包括中国在内的亚洲 5 国投资建造炼油厂，[②] 表明伊朗也对在中国进行油气投资抱有很大希望。

三、中伊关系处于中国对外关系的第四层级

中国的外交战略思路，可以概括为四个方面：大国是关键，周边是首要，发展中国家是基础，多边是舞台。处理好同各个大国的关系，维护同周边邻国的共同利益，在广大的发展中国家夯实基础，在国际舞台上积极参与多边合作。

关于中伊关系在中国、伊朗对外关系中的地位的分析论证可以参见本书附录一。清华大学国际问题研究所对外关系预测组将与中国国际关系的友好——敌对程度定量地分为三类——敌对、非敌非

---

① 高连福：“国家关系的新发展——浅论东北亚国家构筑伙伴关系”，《太平洋学报》2000 年第 1 期，第 23—30 页。

② 国际能源网：“伊朗石油部长称希望在中国储备战略石油”，2007 年 6 月 11 日，网址：http：//www. in-en. com.

友、友善，再将每类划分成两个等级共六等——敌对：对抗（－9～－6）、紧张（－6～－3）；非敌非友：不和（－3～0）、普通（0～3）；友善：良好（3～6）、友好（6～9）。再在每个等级中划分出低等、中等、高等水平，但是正值与负值的低、中、高等水平方向相反（例如：紧张等级中，低等水平为－3～－4，中等水平是－4～－5，高等水平是－5～－6；良好等级中，低等水平是3～4，中等水平是4～5，高等水平是5～6）。再将每个水平值分为10度，每一度的分值为0.1。按照这个思路和标准，可以大体判定：目前中伊关系处于良好等级的低等水平（3－4分）或者非敌非友类型中的上等水平（2－3分）之间。

由于美国因素是影响中伊关系最重要的国家因素——中国—美国既是合作伙伴更是竞争对手，美中合作实际含有限制中国的因素，美国不希望中国发展成为超过并取代它的新的世界超级力量，而中国全面加强与伊朗的关系，有助于中国加快实现这个目标。虽然美国不能阻挡、但是能够延缓中国发展成为世界强国。美国并不担心和害怕伊朗成为地区强国，美国需要的是伊朗能够重新变成它在中东和世界的盟友。因此，伊朗的伊斯兰文明和是否掌握核武器不是美国反对伊朗的真正原因，只有当伊斯兰意识形态和核武器成为抗衡、威胁美国利益的时候，伊朗伊斯兰政权才会成为美国的敌人。因此，伊朗被美国扣上“无赖国家”的帽子，借口研发核武器而号召全球予以制裁，就是美国—伊朗关系敌对状态下的必然结果。

美国因素对中国、伊朗双方的影响体现在：

第一，美国对中国加强与伊朗的国家关系抱有警惕。中国不赞同、不追随美国对伊朗的全面制裁，积极发展对伊朗的贸易和经济技术投资关系，美国没有理由公开反对，但是它利用联合国的制裁决议来批评中国，寻找中伊合作“违规”的蛛丝马迹，对正常的中伊防务交流合作更是极力反对，利用美国法律来“制裁”与伊朗合作的中国公司，但是中国可以在这些问题上发掘牵制美国和伊朗的机会。当美国—伊朗关系改善的时候，美国在伊朗土地上与中国的竞争将会加剧，伊朗也会对中国提出更高的条件；

第二，对伊朗而言，美国—伊朗利益的冲撞决定了两国关系的变化，美国需要一个听话的、能够维护美国利益和西方意识形态的伊朗，但是这不符合伊朗的利益。伊美交恶是历史的产物，更是两国利益冲突的产物，美伊对抗导致了双方的无奈选择。伊朗因此选择与中国、俄罗斯加强友好关系来应对美国的封锁。目前美国对伊朗的影响依然巨大，当伊美关系最终改善的时候（这一天终究会到来），无论是从照顾美国利益还是从平衡大国利益的角度，中国在伊朗对外战略中的地位都会趋于下降。

由此可以把中国近、中期外交格局中的国家关系层级初步划分为：

第一层级——中国—美国关系；

第二层级——中国—日本、欧盟、俄罗斯、加拿大、澳大利亚、印度、巴基斯坦关系；

第三层级——中国—陆上邻国、海上邻国关系；

第四层级——中国—海外能源、资源、市场、投资国家之关系（例如伊朗）；

第五层级——中国—与世界其他国家之关系。

根据中国与各国关系对国家利益（对经济、政治、外交、军事、文化宗教、民间等单项影响指标以及综合影响力）影响的重要性程度，将目前中国与伊朗关系大致定位为中国对外战略格局中的第四个层级，但是从经济重要性上可以类比或超过第三层级国家和部分第二层级国家（如巴基斯坦）；在友好程度上，可以将中伊关系评定为“普通”中的上等水平。

四、当前中伊关系中存在诸多敏感问题

当前伊朗更希望与中国开展有条件的合作。事实上，在中国和伊朗的外交天枰上，美国因素都处于第一位。就中国而言，中美经

济联系更加具有战略意义，2008年中美贸易额就达到3337.4亿美元，占当年中国外贸总额的13.03%，相比之下，中伊贸易额仅占1%稍多。但是伊朗是中国在中东的重要经贸合作伙伴，两国全面合作的意义重大。

表面上看，目前中伊关系的最大障碍是伊朗核问题，它使中国遭受着来自美国和伊朗的双重压力。由于伊朗和美国的敌对，中伊走得太近会让美国不安，但是如果中国加入制裁伊朗的队伍，必定遭到伊朗的反对，进而使苦心经营的中伊合作关系毁于一旦，中国在中东的战略能源合作格局因此将遭到重大打击。这种两难的境地需要采用非零和博弈的智慧来解决，不必选择一个同时放弃另一个。中东问题专家、美国哥伦比亚大学中东学院代理院长加里·斯克（Gary Sick）2005年对《华盛顿观察》周刊说："在美国和伊朗之间要做出外交选择，对中国来说很困难，而我们也无法确定中国现在是否已经做了选择。但是最近中国高级官员访问伊朗，表示其对伊朗在政治上的支持。"伊朗和中国密切关系，可能促使美国开始改变其强硬的对伊政策，也能够使伊朗在同美国的对抗中更有底气。实际上，中伊关系受制于美国在中东、在世界的战略利益，因为，美国把伊朗现政权看做是美国的敌人，是美国在中东利益的最大威胁。伊朗核问题只是美伊对抗的一个触发点，或者是一根已经点燃的导火索。美国对伊朗的不信任，导致了40余年敌对的伊美关系，美国一直担心伊朗在拥有足够的核技术后会改变初衷，制造核弹，将更加难以驾驭。因此，美国坚决不许伊朗拥有这样的核能力。中国则希望伊朗不光是言论上，也要用行动来让世界相信，伊朗并无制造核弹的意图和行动。但是这样做的难度很大，因为伊朗有着自己的打算，美国也有自身的图谋。

伊朗《世界报》前主编阿米尔·塔赫里认为，伊朗—美国关系敌对的深层原因是伊朗蓄意挑起与美国的"文明冲突"，双方都决心按自己的设想重建中东。西方分析家认为，中国会尽其所能在政治上支持伊朗。起码，中国能利用否决权延缓伊朗因为核问题在安理会遭受制裁的命运。面临欧盟和国际原子能机构（IAEA）的压力，伊朗也会努力在国际上集聚力量，比如拉拢中国、法国、俄罗斯一起来软化安理会对伊朗的强硬态度，或利用这几国手中的否决票避免制裁。

但是，也有外国学者不认为中国会和伊朗发展战略性的外交关系，不会运用手中的安理会否决权在核问题上帮助伊朗。在他们的记忆中，中国从来没有行使过否决权，因为中伊之间的关系是“注重实效的（Pragmatic)”，而非战略性的，这样的中伊关系还将继续下去。

在伊朗核问题上，中国在观察俄罗斯的行动。如果俄罗斯能顺利向伊朗出售核技术并成功解决核废料回收的问题，中国可能会效仿。即便如此，西方也怀疑中国真会向伊朗出口核技术，因为美国对中伊关系最大的担心就是伊朗获得核技术，美国一直在阻止中国向伊朗出口核技术，而中国在美伊之间一向是走中间路线，寻找妥协方案。这些年来，中国的外交政策非常谨慎，体现了“韬光养晦”作风，尽量在世界事务中处于低调，不愿树敌，绝不轻易得罪美国，也不愿冷落伊朗。

五、中伊关系将在实效性和战略性之间选取平衡点

实效性以国家经济利益为主，战略性以国家安全利益、国际利益为主，但是有时二者联系紧密，难以断然分开。目前，中伊之间的关系以强调实效性为主，也就是主要集中在能源和商品的贸易、经济技术合作、直接投资等领域，强调对国家经济利益、经济安全的贡献为主。

随着中国综合国力的增强，中伊之间的关系将谋求提高在国际事务中的政治影响力和作用，并最终在实效性和战略性之间找到平衡点。中国可以在不直接挑战美国的主导权的现实前提下，以伊朗核问题的解决为突破口，适度有序的逐渐介入中东事务，加强中国

“和谐”外交的感召力，巩固中国对伊朗的政治外交影响力。

第三节　关于中国对伊朗战略的思考

江泽民在中国第八次驻外使节会议上指出：“归根到底就是一句话，外交工作要坚定不移地维护国家和民族的最高利益，[①] 发展中伊友好关系符合中国的国家利益。”但是，如果伊朗核问题得不到合理解决，伊朗就可能成为随时被引爆的炸弹；如果伊朗丰富的油气资源不能向中国公平、自由输送，伊朗的市场不能向中国公正地开放，这样的伊朗对于中国既无合作价值，又无友谊可言。因此，中国应当有自己的对伊朗战略，战略的目标就是要坚决避免这样的尴尬局面出现。

1989年，邓小平提出了处理中国外交政策的原则：“冷静观察、稳住阵脚、韬光养晦、决不当头”，[②] 迄今为止这个原则仍然在发挥着主导作用。20世纪90年代初期、中期，中国在台湾问题和中国南海问题上的强硬态度引起了邻国的警惕和不安，因此从1996年开始调整成为积极主动的外向型政策——重视“新安全概念”：提出“相互信任与共同利益关系”，呼吁取代“强权政治思维和第二次世界大战以来一直存在的双边军事联盟”。中国关于建立国际政治经济新秩序的主张——国际政治新秩序的核心应当是和平共处、互不干涉内政，国际经济新秩序的核心是平等互利、共同受益。[③] 江泽民在亚太经合组织领导人非正式会议、庆祝联合国50周年大会、联合国千年首脑会议、党的十六大等的讲话和报告中都有阐述。

中国积极与亚太经合组织发展关系，支持建立中国—东盟10＋1和10＋3（东盟与中、日、韩）模式的经济合作组织，积极参与解决

① 《江泽民文选》第1卷，人民出版社2006年版，第314页。
② 《邓小平文选》第3卷，人民出版社1993年版，第162页。
③ 《江泽民文选》第2卷，人民出版社2006年版，第195—206页。

朝鲜核危机，积极推动上海合作组织发展，积极参与全球各类论坛，体现了全球外交大战略的手笔。2001年“9·11”事件发生后，中国抓住机会与美国和解——坚持在“三独”问题和人权问题上绝不动摇，支持反恐斗争，严格控制大规模杀伤性武器零件的出口，对2003年的伊拉克战争采取温和批评的态度；[①] 2004年加入核供应集团并加入导弹技术控制条约；2005年以后采取全方位多层次互利性外交政策。西方媒体认为，自2008年世界金融危机、经济危机以来，中国的外交正在以更加自信和负责任的姿态改变着“韬光养晦”的政策，特别是2008年底2009年初以来，中国国家领导人胡锦涛、温家宝、习近平等访问中东、非洲、拉美、欧洲；2009年3月，温家宝总理公开表示对美国的中国资产的担忧，之后中国人民银行行长周小川建议取消美元作为国际储备货币的地位，同时创造独立于国家主权货币之外的新的国际“货币储备体系”，得到了包括世界银行、欧盟等国际组织的响应；2009年4月初的G20峰会前夕，中国大力呼吁改革国际经济、金融秩序；在峰会上，积极争取更多的代表权和发言权，胡锦涛主席与奥巴马的会晤使中美关系更加牢固，在外交和军事事务上都表现出前所未有的坚定和自信，发出了改变对美经济和战略态度的信号。美国财长盖特纳2009年4月2日在接受中国中央电视台专访时认为：“（美、中）两国经济和金融关系需要重建，过去50年，世界主要国家在与中国的关系建设方面都超越了我们（美国）”；[②] 与法国总统萨科奇的会晤促使中法关系转暖，4月1日发表的中法公报说，法国“承认西藏是中国的领土，拒绝支持任何形式的西藏独立”，表明中法关系开始了一个新起点。[③] 这些

---

① 英国《国际事务》月刊2006年1月号文章。

② 央视网，“经济频道芮成钢独家专访美国财长盖特纳”，2009年4月2日。http://finance.cctv.com/special/G20/20090402/105322.shtml.

③ 美国《纽约时报》2009年4月2日报道、德国《法兰克福汇报》2009年4月1日文章、法国《世界报》2009年4月2日文章、新加坡《海峡时报》2009年3月31日文章、法国《费加罗报》网站2009年4月2日报道。

重大成就不光表明中国的国际地位在迅速上升，而且表明随着中国综合国力的增强以及世界形势的变化，中国的外交战略开始从“低调、克制”向“自信、负责任”的世界大国转变。针对2011年日本、菲律宾、越南等国对中国的南海岛屿和海域提出无理的主权要求，中国就体现出了立场坚定、刚柔相济、有理有节的外交姿态，实行的是审时度势、抢抓机遇、有所为有所不为的外交战术。

一、中国对伊朗战略的内容

2001年，时任国家副主席的胡锦涛访问伊朗，他说“要从战略高度看待伊朗和处理中伊关系”，[①] 因为伊朗本身就是世界上具有战略意义的国家，审视中国的中东战略和伊朗战略，对于中国实现成为世界强国的目标，是非常必要的。

从战略的高度看，中国的对伊朗战略可以有以下内容：

第一，确定的方针和原则。这个方针是：中国对伊朗战略应当服务于、服从于国家利益，服从于中国总体对外战略的指导和安排。当前，中伊关系要在独立自主、“韬光养晦”、有所为有所不为的方针指导之下，坚持“互相尊重国家主权和领土完整、互不侵犯、互不干涉内政、平等互利、和平共处”的原则，坚持一个中国、反对霸权主义和不平等的国际经济政治秩序、反对地区干涉主义、反对新的不平等国家关系，维护和推动世界以及地区和平与发展的原则；将“友谊第一、利益第二”调整为“利益共享、友谊共存”；坚持中伊不结盟的原则；

第二，明确的战略目标。按照近、中、远期分期，提出中伊关系的总体目标——层级目标：巩固现状层级，提升至第三层级，向第二层级努力；

第三，指导性和可操作性兼具的政策大纲。从国家利益的高度，

① 刘强：《伊朗国际战略地位论》，世界知识出版社2007年版，第353页。

从世界整体和中东大区域的高度，从中国对外战略指导外交政策的高度，从国家长远外交目标与现实外交目标相结合的高度，从周密计划、积极行动、适时调整的高度，制定和实施中国自己的独立自主的对伊朗政策——抓住机遇、扬长避短、建立新型的中伊国家关系；

第四，明确重点发展领域与投资区域。着眼于发展两国之间的长远关系、全面关系、友好关系，处理好现实与潜在的中伊关系，重视发展两国经贸关系，引导和鼓励中国公司、企业开展与伊朗的能源开发和贸易合作，加强两国的文化艺术交流。21 世纪初期中国伊朗关系发展的重点领域是：能源领域（从伊朗获得石油天然气、向伊朗提供民用核能技术和设施）、全面的经济技术合作领域（油气勘探开采深加工与其他制造业技术、农业生产以及服务领域）、商品贸易领域、重大国际问题领域（外交行动和协调）；确定在伊朗的重点投资区域是伊朗的政治经济核心区、资源能源富集区和区位价值凸显区；

第五，政策调整机制。在总结中国伊朗关系发展的历史、现实经验和教训的基础之上，提出调整中伊关系的思路、体制、途径、阶段目标与机构人员结构等；

第六，交流和对话机制。借鉴俄罗斯的做法，开展有理有节的、有透明度的对伊朗防务外交，保持双边安全合作；

第七，中伊关系的基础信息收集和研究常态化机制，提出机构和人员构想，建立信息库；

第八，重视对伊朗的软实力外交。为了长远地巩固中伊关系，也为了抵御宗教极端主义、恐怖主义和分裂主义，中国应当充分调动并向伊朗传播越来越丰富的软实力资源——历史文化资源、经济技术资源、社会价值和发展模式资源、外交影响力资源等。

二、加强对伊朗的软实力外交

中国要重视培养伊朗的知华爱华人士，营造对华友好氛围。例如，伊朗一直以来重视出资资助部分中国留学生到伊朗留学，目的是要让更多的中国人了解伊朗，提高中国人对伊朗的认同感、亲近感。伊朗还对一些从事伊朗研究的中国学者、机构提供一定的经济、道义和研究支持，对发展伊中关系起到了推动作用。中国也可以支持伊朗人特别是伊朗年轻人到中国学习，让更多的伊朗人了解中国，让中伊友好情结代代相传。

加强对中国的传统文化和和谐外交理念的传播，弘扬中国的软实力。和谐外交源于中国的“和谐世界”理念——中国儒家有“己欲立而立人，己欲达而达人”的思想，博爱、中庸、诚实、勤劳是中国文化的精华，也是东方文化的集中体现，其宏大的内涵远远超越了单纯的汉语中文的传播。中国不光谋求自身的利益，也支持伊朗的发展，致力于世界和平，促进世界繁荣，缓和国际紧张局势，妥善解决国际重大问题，发展与不同文明不同制度国家之间的关系，通过对话协商，消除分歧，增进合作，遵循双赢或多赢的非零和博弈原则，寻求国际社会的共同利益，中国认同并维护现有国际体系和国际秩序中合理的部分。这些理念，可以通过各种交往方式向伊朗传播。

一般说来，软实力是指国家采用政府和民间的渠道，通过文化、发展模式、制度、价值观等施展其影响的能力。相应地，硬实力是指国家主要通过经济、军事手段扩大影响力的能力，软硬实力之间是可以相互影响、相互支持、相互转化的。21世纪初期以来，中国在改革联合国，改革国际货币体制，增加对外发展援助，加强与海外华人组织的联系，扩大汉语和中国文化推广项目，签署自由贸易协定，派遣技巧熟练的外交官等方面进步显著，体现了中国的软实力在世界上影响不断扩大。李长春2010年访问伊期间提出要不断挖掘和培养中伊新的合作增长点，丰富两国的人文交流。因此，中国可以采用书籍、文化、艺术、体育、教育、宗教交流等方式，大力向伊朗介绍改革开放的新中国和具有悠久历史民族文化的古老中国，把中国的历史文化艺术体育医疗科技等成果介绍到伊朗，鼓励、资助伊朗建立中国文化中心、中国研究中心等学术机构，以扩大中国与伊朗的全面文化交流。目前中国与伊朗交流的人文资源主要是语言文化资源（汉语言及文化，2002 年全球有 85 个国家 2100 多所大学开设了汉语课程，2004 年有 10 万外国考生参加汉语水平考试（HSK），① 参加 HSK 的人每年增长 40%－50%，到 2005 年底，中国在 23 个国家共成立了 32 所孔子学院，还在许多国家举办中国文化节）。中国价值观资源（即“北京共识”或“中国道路”，核心是在不触及政治体制的前提下，根据本国国情，积极创新和大胆发展民族经济，取得了经济的持续高速增长。“中国道路”在俄罗斯、印度、越南、老挝、伊朗都受到了极大的欢迎，对非洲国家也极具吸引力，即便对朝鲜也产生了很大的影响）。外交影响力资源（即中国一贯以和平共处五项原则作为外交政策的基石，提出“和平发展”的新理念，一方面重视增强中国在世界的影响，一方面使其他国家消除对中国强大的疑惧，特别推出了“以邻为善、以邻为伴”、“睦邻、安邻、富邻”的邻国政策。）英国广播公司（BBC）对 22 个国家的民意调查显示，14 个国家的大多数或较多数公民（48%）认为，增强中国在世界上的影响力有积极意义，比对美国持这种观点的人多 10%，世界 18－29 岁的年轻人中的 58%对中国有好感。中国成功实施软实力的例子是在朝鲜核问题六方会谈中发挥出积极作用。2005 年以来对台湾地区政界人士和普通民众展开魅力攻势，邀请反对党领导人访问大陆，向大陆高校就读的台湾学生补助学费，鼓励台独势力基地的南台地区农民向大陆出口水果。但是中国的软实力也受到制约——资源配置不均，例如不善于推销自己的文化产品（如中国的公司文化、文化偶像、电影、MTV、品牌等），“北京共识”存在缺陷（如 2/3 的大中型工业企业没有研发活动，

① 《参考消息》报驻纽约记者杨志望、驻巴黎记者高津英、驻莫斯科记者史秀丽、驻东京记者何德功：“‘汉语热’彰显中国软力量”，《参考消息》2005 年 3 月 24 日，第 13 版。

2004 年 2/3 的专利是由在华外企完成的，以及收入差距过大、国家权力萎缩、贪污腐败普遍）、外交合理性问题（如与苏丹等发展中国家的独裁者交好）、外交政策不连贯（皮尤中心在 16 个国家调查：如果“由一个军事对手来挑战美国的全球主宰地位”，反对由中国来担当这个重任的人在英国法国俄罗斯各占 71%、德国占 82%[①]）。

文化科技体育交流就是一条对伊软实力外交的有效途径。2004 年 11 月 8 日，由重庆市人民政府外事办公室和伊朗驻华大使馆在四川美术学院共同举办“伊朗综合艺术展”，展出了伊朗著名的细密画、玻璃器皿、金属雕刻器皿、波斯地毯、传统服饰以及伊朗书法、绘画、照片、图片、羊皮画、工艺棋盘等 400 余件展品，使中国人民对伊朗文化的博大精深有了一定的了解，从中还窥见了伊朗文化与汉文化的关联。[②] 2005 年 9 月，北京中医药大学为来自伊朗的 20 名具有若干年临床经验的医科大学生专门举办为期 4 年的中医专业博士研究生班，为伊朗培养中医事业的先驱和骨干，受到伊朗的重视和欢迎。[③] 这个项目由北京中医药大学和伊朗马什哈德医科大学合作合办，今后应当鼓励中国的相关大学积极开展与伊朗的人才培养和学术交流。但是要避免向伊朗提供与伊斯兰文化理念相悖的文化项目和产品——例如芭蕾舞、游泳等。

新加坡国立大学的郑永年先生认为，2004 年以来，中国的软实力外交——经济外交、多边主义、睦邻政策已经悄然崛起于国际政治舞台。[④] 在对伊朗外交中，上述方面都有大大提升的必要和空间。在向伊朗扩展软实力的时候，应当把中国的名牌商品、名牌产品、名牌企业、知名企业家、知名科学家、知名文化体育人物、知名艺术家等介绍到伊朗，使之逐渐深入伊朗人心。

① 英国《生存》季刊 2006 夏季号文章。

② 《重庆青年报》2004 年 11 月 12 日。

③ 《中国教育报》2005 年 9 月 21 日日第 9 版。

④ 新华网：新加坡学者文章：“中国软实力悄然崛起”，2005 年 1 月 13 日。http：//news. xinhuanet. com/world/2005－01/13/content _ 2454936. htm.

三、开拓促进中伊关系的间接途径

首先，根据“打围促中”的思路，侧向推动中伊关系发展。中国可以采取“夯实周边，稳定伊朗”的战略：一是加强与海湾各国以及伊朗的周边邻国的关系；二是加强与中东其他产油国和世界石油生产—输出国的关系；三是加强与世界其他大国的关系；四是强化中国在世界性国际组织中的影响和地位；五是加强与穆斯林国家的广泛联系；六是在对伊朗交往中充分发挥中国市场广大、资金充足、技术先进等优势。

其次，利用中伊友好关系获取更大的国际利益。伊朗在海湾地区，尤其是对伊拉克和巴勒斯坦具有很大的影响力。中国在处理这些地区事务的时候可以适当利用这种资源，扩大中国在中东的活动空间。

四、中国在对伊朗交往中应当注意的问题

从当前与长远、静态和动态的角度来考察中伊关系，值得重视的问题有：在中国—伊朗交往中，中国希望从中获得什么，能够得到什么，怎样才能得到、其中会有那些风险？伊朗希望获得什么，能够得到什么，怎样才能得到？动态地看，国际格局中美国霸权还将延续，这对中伊关系有什么影响，多极化格局（包括日本军国主义复活）对中伊关系有何影响？特别是奥巴马政府执政以来的美伊关系变化对中伊关系有何影响？中国和平发展对中伊关系有何影响？中国如何借鉴强国（例如英国、美国、俄罗斯等国）模式来增强中国在中伊关系中的地位等等；还应当研究特定时段内中伊之间的重点合作领域和重点投资区域，例如：能源领域（从伊朗获得石油天然气的必要性和可行性、向伊朗提供民用核能技术和设施、在油气勘探开采深加工领域的合作）、全面的经济技术合作、商品贸易关系、国际重大问题及国际事务上的外交协调和支持、文化的交流、

政治经济体制的理解，在中东问题、亚洲（太平洋）地区的和平与发展问题上的原则立场的协调等问题。

1. 伊朗的“牌”的问题

中伊关系中，伊朗对中国拥有明显优势的因素或者变数较大的因素还比较多，可能成为伊朗对付中国的“牌”，主要是：

第一，能源牌和能源风险问题。伊朗可能会利用自身的能源优势来改善伊朗在伊中关系和国际关系中的地位。

伊朗可能抓住中国对伊朗油气资源的需求程度越来越高这个弱点，不断提高油气出售、合作开发的要价和条件，形成对中国的制肘，即随时可以打出的“能源牌”。研究伊朗打“能源牌”的可能性与影响程度，提出应对之策。中国可以充分利用自己的安理会常任理事国身份和“世界大国”、“未来世界经济强国”的地位对伊朗施加经济政治影响。例如，如果伊朗把油气资源作为主导伊中关系的“牌”，中国可以反其道而治之——对国际油气价格和供给来源地施加有效影响；让伊朗坚信：中国是未来世界经济的领军国家，在世界经济政治外交中的影响力将会不断提升。

还要注意容易被人忽略的伊朗石油开发的持续年限问题——美国国家科学院 2006 年 12 月 25 日公布一份报告，认为伊朗核问题缘起于伊朗面临严重的石油危机，因为自 2006 年 12 月回溯，至少有 12 个月，伊朗没能完成欧佩克分配给伊朗的石油生产配额，日产石油只有 370 万桶，少于欧佩克配额 30 万桶，每年因此损失约 55 亿美元。报告预测到 2015 年，伊朗石油出口收入将减少到零，那时伊朗经济将面临全面崩溃。[①]《纽约时报》网站 2007 年 12 月 8 日文章也认为，包括伊朗在内的世界石油出口国在未来 10 年内，由于国内需求增长可能变成石油进口国，这将使中国购买伊朗石油的计划严重受挫，还不能因为伊朗而开罪了阿拉伯国家以及以色列，反之亦然。

---

① 美联社，华盛顿 2006 年 12 月 25 日电。

伊朗能源资源的有效可采储量的准确性与中国投资风险是密切相关的。按照上述资料，2015年之后伊朗自己将成为石油净进口国，即伊朗的资源枯竭、油气部门投资不足、炼油行业浪费严重，伊朗能源大国的地位将不复存在，导致伊朗能源产业缺乏投资价值，中国的投资风险大大上升，中国应对此进行认真的研究。[①]

第二，宗教牌。尽量发挥宗教对中伊关系的友好促进作用，预防宗教极端主义的危害。伊斯兰教和伊斯兰文化的排他性特征对中国文化主权及本土文化有一定的负面影响，伊朗的宗教极端主义、恐怖分子影响中东—海湾地区的稳定，也要警惕其可能威胁中国的国家统一和安全，对新疆、宁夏等穆斯林聚居地区的稳定等有潜在的威胁。例如，“东突厥斯坦伊斯兰运动”（简称“东伊运”）是联合国2002年9月11公布的恐怖组织之一，也是中国公安部2003年12月15日首批认定的4个东突恐怖组织之一（其他三个分别是“东突厥斯坦解放组织”、“东突厥新闻信息中心”、“世界维吾尔青年代表大会”），1998－1999期间在和田地区发展组织成员1000多人。据不完全统计，仅1990－2001年，境内外“东突”恐怖势力在中国新疆制造了至少200多起恐怖暴力事件，导致162人丧生、440多人受伤，其中1998年5月23日乌鲁木齐系列纵火案、1993年喀什农机公司办公大楼爆炸案和莎车录像厅爆炸案、1999年6月18日新疆新和县枪杀民警案，以及2002年6月29日中国驻吉尔吉斯斯坦外交官王建平被害案、2003年3月兰新线哈密段铁路爆炸案、2007年1月5新疆塔什库尔干塔吉克自治县“东伊运”恐怖活动训练营武力拒捕事件等都是他们所为，他们进行极端宗教活动和“圣战”宣传，妄图建立“伊斯兰哈里发国家”，“东伊运”就两次占领塔什库尔干塔吉克自治县库斯拉浦乡政府宣布“独立”。[②]

---

① 英国《每日电讯报》2005年4月23日报道。

② 《重庆晨报》2007年11月12日第20版。

2. 中国—伊朗关系风险研究问题

迄今为止，没有人对中国伊朗关系的风险进行过全面的研究和评估，而这是非常重要的、必不可少的研究。除了对伊朗石油、天然气（能源）资源的探明可采储量、有效开发的持续年限、伊朗政局变动和法律政策对中资企业参与开发的影响、贸易结算和汇兑等风险，应当有机构和人员进行专门的跟踪研究外，还要研究中伊关系友好、敌对、不敌不友等状态下带给中国的各种消极影响和防范措施。例如，研究中伊友好关系可能产生的国际风险——对导致中美关系、中国与世界其他强大势力关系受到损害的可能与程度进行研究和评估，西方可能因此对中国进行舆论攻击和战略遏制。悉尼洛伊国际政策研究所研究员安东尼·布巴洛等人说，中国和印度在中东实行机会主义的石油外交，中印与伊朗、苏丹、伊拉克等国接触过多就是证明，他们预言，中美两国的中东政策极可能产生冲突。[①] 美国的戴为·弗朗西斯批评“中国为争夺伊朗、沙特、苏丹等地的石油和天然气资源一向都是不惜巨资”，斯坦福大学地球物理学家阿莫斯·鲁尔警告说“对石油需求的增加正在导致一场日益严重的全球冲突”。[②] 就是说，中国—伊朗关系的发展正在引起美国、欧洲、日本、印度等国的“不安”，它们可能因此疏远与中国的关系，并采用“协调对华”战略，构筑围堵圈层来阻挡中国的“崛起”。2003年5月美国就以中国公司与伊朗进行导弹合作为由，说“中国人……对伊朗弹道导弹计划给予了物质上的帮助”，对中国北方工业公司实施制裁，该公司因此在此后的两年时间里失去向美国出口1亿多美元货物的机会（伊朗公司也同时被制裁）。[③] 这是发展中伊关系应当避免的代价。

---

① 新加坡《海峡时报》文章。

② 美国《基督教箴言报》2005年1月20日文章。

③ 路透社，华盛顿2003年5月22日电。

3. 加强中国对伊朗交往中的软实力影响问题

中国应当更加重视与伊朗的思想文化交流，重视用软实力影响伊朗。

中国的传统文化——中国历史、语言、文学诗歌、书法、绘画、儒家学说、医术、武术、建筑艺术、体育项目，能够成为中国—伊朗交往的文化精神内容，还应当加强向伊朗介绍和宣传中国国情及改革开放的经验和成就，伊朗民众希望知道古老的中国，更喜欢了解现代的中国。

4. 中伊关系的合适度问题

在对中伊关系合理定位基础上，确定对伊交往在中国对外战略中的“合理度”，把握发展中伊关系的“合适度”。既要有利于中国总体、长远的国家利益，服务于中国的外交大战略，也要有利于（至少不损害）伊朗的发展和利益，还要不引起世界大国的紧张、中东国家的反感，使中伊关系成为中国国际大战略的重要布局；让世界相信：发展中伊关系有利于世界和中东地区和平，中伊友好属于多赢的正常国家关系。

5. 警惕伊朗的扩张意图问题

注意伊朗用“地区大国”的理由实行扩张（向中亚、中东—波斯湾）的行为，以便做出适当反应；关注伊朗正在成为地区大国的事实——目前伊朗对中东（特别对邻国）的影响正在扩大到近代史上前所未有的程度，通过两伊口岸（例如南部的沙拉姆杰），伊朗的瓜果、饼干、软饮料、家庭用品源源不断地流入伊拉克，在伊拉克到处都可以买到伊朗产品；巴格达的重建工程、伊拉克的电力供应等，都是由伊朗资助的，2006年，两伊贸易额达到20亿美元，其中97%都是伊朗向伊拉克出口，伊朗希望今后5年内，两国贸易达到100亿美元，同时两国什叶派之间历史悠久的宗教和文化联系再次兴盛起来；伊朗对东面的邻国阿富汗也采取贸易和援助的手法来扩大影响。伊拉克政府发言人阿里·达巴格2007年11月18日在午餐会上说，伊朗政府帮助说服了伊拉克什叶派穆斯林领导人穆克塔达·

萨德尔，于是萨德尔下令迈赫迪军停止袭击，安全形势才有了好转，[①] 这是伊朗向重要邻国发动和平攻势、又向美国示好的表示，还是其影响力扩大加深的实证。2007年10月22—23日，内贾德总统访问了邻国亚美尼亚，同埃里温签署了货运备忘录——亚美尼亚长途运输商可以把货物运往伊朗里海港口恩泽利和波斯湾港口阿巴斯以及其他边境站，亚美尼亚还取得了经里海进入俄罗斯和中亚的最短通道，对于包围在土耳其和阿塞拜疆之中的亚美尼亚来说，伊朗的这些"慷慨"足以令它感恩，它还需要并且能够获得伊朗的石油和天然气，[②] 前提就是承认伊朗在中东的大国地位。

伊朗的强大，美国的心病。伊朗成为地区强国、世界强国或者核大国是否不可逆转？中东国家、阿拉伯国家、伊斯兰国家的实力对比也在随着世界格局的演变而变化，不是伊朗，就是埃及，或者是伊拉克、土耳其、以色列、沙特，或者是其中的某几个国家联盟（国家的人口、地域和经济实力优势是决定性因素），总会作为领头国家出现在中东舞台上。关键是，伊朗作为中东的大国和强国，是否对中国在中东的利益构成维护或者威胁。只要能够承认并维护中国的利益，中国就应该支持伊朗的力量发展壮大。

6. 伊朗国内政局变化与对外政策变化问题

由于要求政治变革的呼声很高，伊朗国内政局具有不确定性。2003年6月，伊朗德黑兰大学学生要求修改宪法、废除最高领袖制度，要求这个国家政教分离，这个呼声得到了2/3的伊斯兰议会议员的支持，更有250名知识分子签名的公开信，要求建立西方式的民主制度，[③] 反映了伊朗政坛的派系斗争，因为这直接影响到伊朗外交战略和政策的走向，也会对伊朗的中国政策产生重大影响。长期以来，伊朗政坛中的保守派、改革派、务实派斗争不断，目前形势

① 美国《纽约时报》2007年11月18日报道。
② 俄罗斯《独立报》2007年10月23日报道。
③ 英国《泰晤士报》2003年6月18日述评。

是保守派得势。内贾德2007年11月11日抨击批评他的核政策的人是“叛徒”，并指控哈塔米政府时期的伊朗首席核谈判代表穆萨维安“向英国大使馆提供了机密情报”，穆萨维安被认为属于务实派，是批评内贾德核政策的前总统拉夫桑贾尼的盟友。2007年10月20日，阿里·拉里贾尼宣布辞去伊朗核谈判首席代表，属于强硬派阵营的贾利利替代了他。实际上，对保守派、改革派、务实派的褒扬打压，权力都掌控在领袖哈梅内伊之手，哈梅内伊一贯通过操纵各派的言行，来平衡、制肘各派势力，从而控制伊朗的权力和政局。

伊朗政局的不稳定性可能导致伊朗政权的结构和性质的不确定性，从而引起伊朗—美国、伊朗—欧盟、伊朗—以色列关系的不确定性，这种可能是存在的，加上伊—美关系、伊朗—欧盟关系本身也将随时间的推移而变化，于是，伊朗对外战略的目标和对外政策的调整也将从可能变成现实，这将会对伊朗—中国关系产生直接和间接的影响。

7. 伊朗以色列关系及其变化问题

伊朗同以色列关系的演变与同美国关系的变化有相似之处：从盟友变成了全面对抗的敌人。伊朗与以色列没有直接的领土比邻，除了大多数伊朗民众属于穆斯林之外，波斯人和犹太人在中东都属于非阿拉伯民族，历史和现实中都与阿拉伯国家有着领土、水资源争端等重大纷争，都感受到来自阿拉伯世界的竞争和威胁。目前，在伊朗境内的犹太人数量仅比以色列少，在中东居第二。[①]

当前伊朗以色列关系的全面敌对性质是确定的，两国之间的政治、经济、外交、军事、意识形态领域的关系高度紧张。

伊以两国对抗的实力平衡特征也是明显的。表面上看，伊朗国土面积是以色列的79倍、人口数量是以色列的近10倍[②]处于不平衡

① 孙德刚：“以色列与伊朗关系评析”，《现代国际关系》2009年5期，第25页。

② “2009年伊朗国土面积为174.5万平方公里、人口7290万；同年以色列国土面积2.2万平方公里、人口744万”。见中华人民共和国国家统计局：《中国统计年鉴(2011)》，中国统计出版社2011年版，第1045页。

状态。实际上，伊、以两国的对峙是以平衡为基础的：一方面，以色列在军事、经济、科技领域处于领先状态，较大程度上弥补了领土、资源方面的劣势；伊朗除了占据领土、人口优势之外，还将什叶派穆斯林为主的伊拉克、巴林以及什叶派黎巴嫩真主党作为自己的战略后盾，弥补了自己在军事实力方面的劣势；另一方面，以色列作为美国在中东的盟友、中东唯一的“西方国家”，竭力遏制崛起中的伊朗，处于守势状态。但是伊朗面临西面驻扎美军的伊拉克，东面面临驻扎北约军队的阿富汗，西南面则是美军航母战斗群横行和美军基地星罗棋布的海湾，北面西北面有与美国交好的阿塞拜疆、亚美尼亚和土耳其，因而在军事战略环境中以色列处于攻势；而伊朗在大军事环境中处于四面楚歌、被战略包围的守势，但是伊朗以实际行动向西方体系发动进攻，加上又处于攻势状态，由此构成了双方的平衡实力对抗格局。

20世纪以来伊朗以色列关系经历了大起大落的五个阶段：1979年以前的战略联盟时期、1979－1981年之间的激烈对抗时期、1981－1988年之间的低调合作时期、1988－2005年期间的冷和平时期、2005年以来至今的战略对抗时期。[①] 从时间尺度来看，战后60多年时间，两国关系中的合作还是多于对抗。无论是采取合作还是对抗的形式，都是由伊、以各自国家的安全利益和地缘政治战略利益来决定的。

伊朗以色列合作关系的根基是国家的安全利益。两伊战争之前，尽管有过伊斯兰革命到两伊战争的短暂的激烈对抗，伊朗以色列关系还是被这种“公开的谴责、私下的低调合作”主导着。首先，伊朗和以色列都曾把对方作为自己的“外围联盟”，[②] 因为巴列维王朝时期的伊朗面临着苏联、激进的阿拉伯邻国特别是与之有领土边界

---

① 孙德刚：“以色列与伊朗关系评析”，《现代国际关系》2009年第5期，第25页。

② 何志龙：“20世纪伊朗与以色列关系评析”，《世界历史》2007年第4期，第92页。

争端和民族矛盾的伊拉克的威胁，伊朗需要积极向美国靠拢，于是成为了美国中东战略的重要支柱；同时，巴列维认为组成中东政治地图的内环是阿拉伯国家，外环才是伊朗、以色列、土耳其等非阿拉伯国家，伊朗需要构建“外围联盟”来牵制激进的阿拉伯国家，他为伊拉克犹太人移居以色列提供方便，还邀请以色列情报人员“摩萨德”帮助伊朗建立秘密警察“萨瓦克”，两国合作支持、武装伊拉克的库尔德人反政府武装，允许库尔德人把伊朗领土作为基地和庇护所；[①] 同样由于国家的非阿拉伯属性、反苏、担心激进阿拉伯国家的入侵，以色列通过伊朗对自己的承认，扩大了在中东穆斯林国家中的合法性，以色列国父本·古里安设想的以色列与伊朗、土耳其、埃塞俄比亚三角外围联盟与巴列维的外围联盟战略思想不谋而合，这个时期伊朗与以色列的政治军事合作是顺理成章、水到渠成的，经贸关系也得到了相应的提升；即便在第四次中东战争以后缔结“戴维营协议”问题上，除了美国的大力斡旋之外，巴列维还向以色列承诺，一旦以色列交还西奈油田，伊朗将采取适当措施满足以色列的石油需求。[②] 巴列维这样做，其目的就是通过劝说以色列退回到1967年之前的实际控制线，让伊朗在阿拉伯国家中留下好的印象，也可以加强伊以联盟，促进美国的犹太人院外游说集团推进伊美关系的发展，巩固伊朗的安全。

霍梅尼时期，以色列继续扮演了站在伊朗一方、作为两伊战争中向伊朗提供武器的有力支持者的角色。以色列认为不能失去战略伙伴伊朗，因为伊朗可以起到制衡阿拉伯国家的作用，这对以色列的安全至关重要。因为如果伊拉克在两伊战争中获胜，将更加激发阿拉伯民族主义，对以色列构成更大的压力。因此，以色列想方设法帮助两伊战争中的伊朗加强国防。在战争初期，向伊朗提供了进

---

① Nader Entessar, “Israel and Iran ‘s National Secrurity”, Journal of South Asian and Middle Eastern Studies, summer. 4, 2004, pp. 1—19.

② 吉米·卡特：《保持信心——吉米·卡特回忆录》，世界知识出版社1983年版，第406页。

口武器中的80%，以色列军事顾问还去伊朗甚至战争前线评估伊朗的军事能力和武器装备，以便提供伊朗所需要的武器，还通过荷兰、阿根廷向伊朗提供价值2亿美元的武器，并帮助培训伊朗的军事技术人员，[①] 以色列外长还建议美国向伊朗提供武器来解决美国人质危机问题，甚至在1981年6月7日，以色列出动战机，炸毁了伊拉克的核设施，被学者认为是对两伊战争中的伊朗的直接的军事支持。[②] 对伊朗而言，两伊战争加剧了国家面临的外来威胁，为了国家安全，必须再度重视发展与以色列的“外围联盟”战略。当时伊朗政权中的温和派尤其看到了这一点，即便是霍梅尼，对于以色列向伊朗提供武器，也只好睁一只眼闭一只眼，声称伊朗与穆斯林的敌人打交道是为了伊斯兰事业的长远利益，而为了维护和扩大伊斯兰世界，可以不择手段，[③] 因此霍梅尼裁决伊朗向以色列购买武器的事情合法，因为没有直接与以色列人交易。[④] 就在2008年8月，伊朗观光局副局长马夏伊还说：“各国人民都是伊朗的朋友，包括美国人与犹太人”，虽然后来遭到了哈梅内伊和多数议员的公开反对。[⑤]

当前伊朗以色列关系呈现出总体上的战略性对抗特征——军事上的遏制与反遏制、政治上的讹诈与反讹诈、经济上的制裁与反制裁、外交上的围堵与反围堵，[⑥] 舆论上的攻讦与反攻讦。20世纪90年代以来，伊朗以色列关系实质性地恶化了。因为，伊朗、以色列的共同敌人苏联消失了，随着海湾战争、伊拉克战争的洗礼，伊朗

① 何志龙：“20世纪伊朗与以色列关系评析”，《世界历史》2007年第4期，第96页。

② 同上书，第95页。

③ 彭树智主编，王新中、冀开运著：《中东国家通史·伊朗卷》，商务印书馆2002年版，第387页。

④ 何志龙：“20世纪伊朗与以色列关系评析”，《世界历史》2007年第4期，第95页。

⑤ 孙志刚：“以色列与伊朗关系评析”，《现代国际关系》2009年第5期，第26页。

⑥ 同上书，第25页。

以色列在阿拉伯世界的共同劲敌伊拉克正在变成伊朗的附属，另一对手穆巴拉克的埃及也在“阿拉伯之春”中轰然倒塌。阿拉伯世界的分崩离析和共同敌人的消失，使得“外围同盟”没有存在的理由了，伊朗觉得，当务之急是要告诉世界，新中东地缘政治格局应当是这样的格局：重新确立伊朗在海湾、在中东的无可争辩的当代大国、强国的地位。2011 年伊朗军舰已经两次高调通过苏伊士运河，现在，阿拉伯阵营已经不是伊朗的威胁，同是非阿拉伯国家的以色列和土耳其成了伊朗称雄中东的新的最大的障碍和挑战者。不同的是，土耳其是非阿拉伯穆斯林世俗制国家，还是伊朗的邻国，虽然属于北约阵营，但是随着世界局势的变化和几十年申请加入欧盟未果的艰辛历程，土耳其被西方边缘化的感觉越加强烈，近年与美国和欧盟的关系有些渐行渐远，回归伊斯兰世界的举措却比较频繁，2010 年与巴西、伊朗一道签署核燃料交换协议①，显示其希望改善与伊朗的邻国关系。于是，当今伊朗真正的对手和挑战者，非以色列莫属。

伊朗伊斯兰革命卫队司令叶海亚·拉基姆·萨法维的结论是明确的：伊以正处于一场全面的“非军事”战争之中②，以色列则认为伊朗是中东“和平进程的主要威胁”，是以色列“真正的敌人”③。以色列其实已经预见到巴列维之后同伊朗的关系应当是竞争—对抗性的国家关系，即便是两伊战争期间对伊朗的军火交易，也都是双方权宜之计的非战略性选择。因为，伊朗以“圣战”的名义反对以色列，不只是伊朗革命卫队成员进入黎巴嫩同以色列作战、大力武装培训黎巴嫩真主党打击以色列、尽力支持巴勒斯坦哈马斯在加沙和西岸反抗以色列等一系列具体行动，而是伊朗伊斯兰共和国的立国

---

① 中国新闻网，http://www.xinmin.cn/2010—05—17。

② 何志龙：“20 世纪伊朗与以色列关系评析”，《世界历史》2007 年第 4 期，第 97 页。

③ Yossi Olmert, The Real Enemy Is Iran, *Jerusalem Post*, 10 January 2002.

之本[①]。在20世纪90年代至21世纪初期新世界格局、新中东格局的主导下，伊朗对于以色列，已经从原来的“阿拉伯国家制衡器”、同盟者变成了对以色列谋取中东支配地位的反对者、挑战者，甚至成为了以色列国家生存的最大威胁。以色列前总理佩雷斯表达他的“新中东”构想是：以色列保持对阿拉伯国家的军事优势为前提，与阿拉伯国家和解，建立以色列主导的中东政治经济新秩序。当然，以色列赢得在中东的主导地位，必须有美国的大力帮助和支持。显而易见，不容许再出现一个分享主导权的强大的伊朗。但是，伊朗人对自己悠久的历史、光辉的文化和对中东的深远影响有着天生的优越感情结，伊朗认为自己才是中东地区最强大国家、伊朗应当在中东发挥领导作用的思想是根深蒂固的，这种思想从巴列维时期到今天的伊朗伊斯兰共和国都是一以贯之的。显而易见，当年的觊觎者苏联、伊拉克消失之时，就是以色列伊朗公开较量之日。

伊朗以色列之间的公开对抗主要集中在几个方面：

第一，关于中东和平进程。本来，伊朗在中东问题上持积极态度，表示只要不被排除在外，愿意保持中立。但是海湾战争后美国继续让萨达姆的伊拉克制衡伊朗，美国主导的马德里中东和会又将伊朗排除在外，伊朗从中解读的信息是美国和以色列要遏制和孤立伊朗，于是发起阿拉伯激进组织的德黑兰集会，加强反以宣传，公开反对美国倡导的中东和平进程，谴责巴以《奥斯陆协议》是对巴列斯坦人民犯下了卖国罪，造成了伊斯兰世界的分裂，呼吁“吉哈德”对以色列发动圣战[②]。伊朗反对阿以和谈有四个目的：一是报复美以将伊朗排除在中东和平进程之外，二是树立伊朗才是伊斯兰利益的真正捍卫者的形象，三是迫使美国从海湾地区撤军，四是防止以色列与阿拉伯国家全面和解。如果如愿，伊朗就可以收到与阿拉

① Yossi Olmert, The Real Enemy Is Iran, *Jerusalem Post*, 10 January 2002, 第96页。

② Clark Staten, Israeli-PLO Peace Agreement: Cause of Further Terrorism? *Emergency net news service*, 11 September 1993.

伯国家结成战略联盟，反对美国，孤立以色列的成效。以色列对此针锋相对，反而成功地使世人相信，伊朗是破坏中东和平进程的罪魁祸首，美国和欧盟都加深了对伊朗的怀疑，巴解组织也不支持伊朗的立场。伊朗被实际上排除在和平进程之外，也处于更加孤立的国际境地。

第二，关于恐怖主义。以色列抓住伊朗输出伊斯兰革命的宣传，把伊朗视为、宣传为中东、世界的威胁，将伊朗妖魔化为一个伊斯兰原教旨主义政权和输出恐怖主义的国家，向美国和西方灌输伊朗就是中东不稳定的策源地、恐怖主义的源头的观点，以色列极力把世界各地的恐怖行为都同伊朗挂钩，予以谴责。1987 年，以色列前总理拉宾说“伊朗是以色列最好的朋友”，1992 年他却宣扬伊朗是“黑色谋杀政权”，现总统佩雷斯声称“伊朗是恐怖主义、原教旨主义和颠覆主义的中心”[①]。以色列这样做的目的是：防止美国改善与伊朗的关系、防止阿拉伯国家改善与伊朗的关系、促使美国加大对以色列的全面援助。结果正如以色列所愿，美国政府终于把伊朗认定为“邪恶轴心国家”、“支持恐怖主义国家”。

第三，关于伊朗核问题。伊朗发展民用核技术，可以更加凸显其能源大国的优势，对国民经济有着强大推动力，当然也可以提升伊朗在中东和世界上的实力地位，但是世界担心伊朗借机发展核武器。以色列抓住伊朗某些领导人发表的关于发展核武器的言论，加以宣传，让人们相信伊朗已经站在核武器国家的门槛；还让人们从中东稳定的角度、伊朗政权性质的角度，设想拥有核武器的伊朗对中东和世界将带来灾难性后果。前前后后的以色列领导人都说，为了以色列的生存，“以色列不能允许伊朗拥有核武器”[②]，以色列前总

① 特里塔·帕尔西：《以色列与伊朗关系评估：从力量循环看其战略竞争》，第 263 页，转引自何志龙：“20 世纪伊朗与以色列关系评析”，《世界历史》，2007 年第 4 期，第 99 页。

② Uzi Mahnaimi and Peter Conradi, Israel Targets Iran Nuclear Plant, *London Sunday Times*, 18 *July* 2004.

理奥尔默特说："伊朗拥有核武器将对世界和平与安全构成巨大威胁，我们不允许它变成现实。"[①] 在这个领域的对抗中，以色列也明显占据了上风，虽然伊朗民众大多拥护伊朗核计划，但是伊朗却被核问题在国际上搞得四面楚歌、日益孤立。

虽然当前伊朗同以色列的关系是敌对的，但是也留有接触空间、存在着将来正常化的可能，不过时间要等待得长久一些。[②]

8. 伊朗美国关系及其变化问题

美国的伊朗战略从属于美国的全球战略和中东战略。

美国"价值观外交"指导下的中东战略已经有了明显调整——以促进"自由、民主、人权和法制"为口号的克林顿、布什两位总统都认为，传播美国的价值观本身就是一种至关重要的利益，但是付出巨大代价之后却收效甚微，这将引起国内的强烈不满，许多国家也都批评美国过分强化意识形态，造成了外交战略的虚伪。迄今为止，伊美关系的紧张，主要表现为伊朗要坚持实施核计划，美国则表示要坚决制止。分析以下资料，我们可以判断伊朗—美国关系具有几种变化趋势：

伊朗—美国关系敌对化是主流。

一是两国政府和舆论的继续敌对。2004年，美国总统布什提出了修改后的"中东民主化构想"（打算改名为"改革支援构想"）——在中东建立公正的选举制度、实行司法制度改革、实现非政府组织活动自由化，而且打算邀请埃及、约旦、沙特等国家元首访美进行推销，还在西方七国峰会上宣传[③]；同年美国前参议员哈特认为，美国的大战略是运用国家实力（经济、军事、政治、思想等四个实力）来实现安全、增加机会、促进全世界的自由民主，他批评说，美国的战略核心不应当局限于摧毁一个激进的原教旨主义组

① Andreas Maln and Shora Esmailian, Iran on the Brink Rising Workers and Threats of War, London Pluto Press, 2007. p. 178.

② 俄罗斯《独立报》2002年5月30日文章。

③ 《日本经济新闻》2004年4月13日文章。

织（指基地组织）采用的一种方法（武力消灭恐怖主义）。[①]

布什总统2007年8月28日在美国退伍军人团全国会议上说，伊朗是“世界上支持恐怖主义的最主要国家”，他再次指责伊朗干涉伊拉克内政，谴责“伊朗的做法威胁着各国安全”；2007年11月27日，美国国务卿赖斯主持美国发起的，在美国安纳波利斯召开的，有中国、巴勒斯坦、以色列、阿盟和阿拉伯国家等约50个国家和组织出席（但是没有邀请伊朗）的中东和平会议[②]，其主要目的之一就是美国认为中东地区的极端势力日益猖狂，美国应该借助推动巴以和谈、建立稳固的巴勒斯坦国的机会，促成温和的阿拉伯国家结成联盟来抵制伊朗在中东的影响，美国认为伊朗在中东的实力增长有损于美国的中东利益，因此必须纠正。美国希望西方，特别希望欧洲和美国站在一起，像法国一样，用更强硬的态度反对伊朗的核计划，希望英国的布朗首相公开宣布“决不允许伊朗伊斯兰政权拥有核武器”，德国的默克尔总理同意在联合国框架之外对伊朗实施新制裁[③]，为了更好地维护美国在中东地区的能源安全、反恐斗争，必须遏制反美的伊朗及其“什叶圈”的崛起，暂时放弃在中东推行民主、改革的目标，加强与逊尼派阿拉伯国家埃及、海湾国家、约旦之间的友好关系，向他们出售大量军火，并向伊拉克的逊尼派部落和安巴尔省的一些组织提供资金和武器，“自下而上”地与逊尼派联手共同反对什叶派。

布什总统2008年1月13日在访问中东的演讲中，称“伊朗正在威胁全世界安全，美国和阿拉伯盟友必须协力在情况变得太晚之前对抗危险”，布什指责伊朗向恐怖主义极端分子提供资金、破坏黎巴嫩和平、向塔利班提供武器、威胁邻国、拒绝公开其核计划使中东变得不稳定，藐视联合国，因此，伊朗是世界上支持恐怖主义的主

---

① 加里·哈特，“新的大战略”，美国《洛杉矶时报》2004年7月29日。

② 德国《商报》，2007年11月28日。

③ 英国《新期日电讯报》2007年11月11报道，法国《世界报》2007年11月11文章。

要国家、全世界国家恐怖主义的头号支持者[①]。针对布什的言论，伊朗总检查长杜里·纳贾法巴迪要求国际法庭对布什及其盟友进行审判，因为“他们对伊朗发出威胁并发动心理战”[②]。

2007年10月15日，美国民主党总统候选人希拉里·克林顿在《外交》杂志上公布了她的外交政策，称美国要重新领导世界，虽然她表示将首先寻求与伊朗直接对话，但是她也首次对伊朗表示了“强硬”态度，她批评伊朗制造核武器的企图，表示如果自己当选总统，将不会排除对伊朗实施军事打击的可能性。希拉里说，伊朗长期以来一直对美国及其盟友构成战略威胁，因此绝对不应允许伊朗制造或拥有核武器，如果伊朗不遵从国际社会的要求弃核，“所有的选择必须都摆在桌面上”。重要的是，2009年1月以后，希拉里确实成为了新一届美国政府（奥巴马政府）的国务卿。

二是军事对抗不断升级。2007年10月16日，普京会晤哈梅内伊时，“坦白、公开、明确地”警告伊朗，美国正在非常认真地考虑攻打伊朗。美国资深外交政策顾问波德霍雷茨2007年10月29日接受英国《每日电讯报》采访时说，解决美伊争端的唯一办法就是轰炸伊朗，从波斯湾3艘美国航母群上起飞实施空中轰炸只需要5分钟时间。美国国内民意支持对伊朗动武的呼声也大大高涨。2007年，美国加快了军备步伐，提出了400多亿美元的“反恐战”资金申请，空军向国会申请拨款8800万美元来完成巨型钻地弹的研制并改装B—2隐形轰炸机，还宣布在2012年开始向以色列提交25架最新式的隐形战斗机。就在2007年美国的《国家情报评估》出台之后，布什仍在新闻发布会上表示，决不会对有关政策进行任何修改，因为“伊朗过去是个危险国家，现在仍然是个危险国家，而且如果他们具备了制造核武器所必须的知识，伊朗将来也是个危险国家”。[③] 美国

① 美联社阿布扎比2008年1月13日电。

② 伊朗焦点网站2008年1月17日报道。

③ 法新社华盛顿2007年12月4日电。

国防部长盖茨也再次指责伊朗支持伊拉克武装人员，向伊拉克和阿富汗输入杀伤性武器，继续支持真主党和哈马斯那样的恐怖组织，认为即使伊朗不拥有核武器，对美国和中东地区仍然构成严重威胁，[①] 反映出伊美关系随时可能进一步恶化。

同时，美国在阿联酋建立了一个空战指挥中心，海湾国家在那里训练自己的战斗机飞行员，约旦和阿联酋参加了与美国喷气战机协同飞行作战的联合军演，训练海湾国家的空军协同打击伊朗、以及应对伊朗的报复性行为；2007 年 10 月，美国国防部长盖茨承认说，对伊朗的作战计划处于修改阶段，美国国防部官员表示，他们可以随时拿出打击伊朗的最新计划。当内贾德公开向世界宣称用于铀浓缩的 3000 台离心机已完全投入运转之时，美国军方高层担心以色列会因此轰炸伊朗核设施而遭到伊朗导弹报复，因而向以色列提供了 1.55 亿美元赠款，供以色列开发一个先进的导弹拦截系统，实际上，这是美国向伊朗动武的一种间接方式——通过以色列对伊朗实施有限打击。如果可以达到目的的话，美国就可以只在道义资金物质上支持以色列而不必直接出兵攻打伊朗，这样做对美国现实利益大，但是会给以色列造成巨大风险，也会损害美国的长远利益。在这一点上，美国、以色列各有自己的算盘：美国并不认为伊朗拥有核武器会造成对美国的现实威胁，害怕以色列轻率地把自己拖进对伊朗战争中；以色列则认为伊朗是最危险的现实和潜在威胁，必须不惜一切代价阻止伊朗的核计划，担心美国允许一个拥有核武器的伊朗存在。[②] 美国的《国家情报评估》公布后，以色列公共安全部长阿维·迪希特对之进行了严厉抨击，称其结论为“错误观点”，以色列还专门派出高级情报人员组成代表团赶赴美国，企图促使美国相信伊朗仍然在进行核武器研发，认为西方情报机构对 2003 年以后

---

① 美联社德黑兰 2007 年 12 月 9 日电，法新社德黑兰 2007 年 12 月 8 日电。

② 以色列《国土报》网站 2007 年 12 月 2 日报道。

伊朗的新铀浓缩生产线的情况并不了解。[①] 驻伊拉克美军通过加大对俘虏的伊拉克武装分子的审问来寻找伊朗的罪证，西班牙《先锋报》甚至报道说，美国可能牺牲驻在波斯湾地区的第五舰队，诱使伊朗开战，为对伊朗发动军事打击乃至日后扩展至整个波斯湾地区的武装行动创造氛围。[②] 伊朗伊斯兰革命卫队也开始指挥伊朗海军在波斯湾行动，2007 年占领了波斯湾北端伊拉克油港附近的一处沉没驳船和起重机设施，作为监视美国和西方联军海军的观察哨所，形成与美军对峙的局面。[③] 更为严重的是，2008 年 1 月 6 日晨，5 艘伊朗革命卫队的快艇在霍尔木兹海峡向 3 艘美国军舰挑衅，险些造成交火，布什总统 8 日对此进行了指责，而伊朗辩称这是正常现象。[④]

三是强化非军事领域的敌对。美国采取的非军事的敌对行动主要是实施金融封锁、经济制裁战略。美国财政部加紧游说欧洲和日本银行停止对伊朗客户开展任何业务，将伊朗孤立于全球银行系统之外，从而迫使伊朗放弃其核计划。2007 年 10 月 25 日，美国国务卿赖斯和财政部长保尔森在国务院联合召开新闻发布会，宣布美国对包括伊朗国防部在内的 20 多个伊朗政府机构、银行和个人实施制裁，伊朗革命卫队及隶属革命卫队的“圣城旅”也属制裁之列。布什政府对伊实行全面的新制裁，禁止美国公司与伊朗签订合约，禁止被点名的伊朗公司进入美国市场。伊朗向美国的公开叫阵，愈加坚定了美国政府认为伊朗的目的就是发展核武器的看法，联合国安理会也在认真地考虑对伊朗采取非常严厉的制裁。美国国务院副国务卿伯恩斯对中国、俄罗斯不参与制裁伊朗感到“失望”。与此同时，伊朗外长穆塔基说，伊朗已经向华盛顿发出正式照会，抗议美国侦听其核计划。伊朗石油部长诺扎里宣布，伊朗已经完全停止用美元进行石油交易。

---

① 美联社耶路撒冷 2007 年 12 月 16 日电。

② 《环球时报》2007 年 12 月 6 日第 3 版。

③ 美国有线电视新闻国际公司网站 2007 年 11 月 29 日日报道。

④ 法新社华盛顿 2008 年 1 月 8 日电。

四是伊美在石油领域中的较量。由美国一手操纵策划的“巴库—第比利斯—杰伊汉”里海输油管虽然可以从2005年下半年开始输油，里海产油量也将提高200万桶/日，但是对抑制世界油价的上涨起不到根本作用（里海可采油量200亿一350亿桶，主要属于哈萨克斯坦和阿塞拜疆）。因此，美国认为，里海石油和新油管无法替代波斯湾石油。①

五是反对中国发展同伊朗的经济合作。希拉里宣称她的外交战略是推进积极的对华外交，强调美国与中国的关系将是本世纪“全球最重要的关系”。但是当2007年12月9日，中国石油化工集团公司与伊朗国家石油公司在德黑兰签署价值20亿美元（约合当时人民币148亿元）的石油开发协议，开发伊朗胡泽斯坦省省会阿瓦士以西、紧邻两伊边界的亚达瓦兰油田（该油田面积675平方公里，目前已探明原油储量180亿桶。该油田将分两个阶段开发，第一阶段为4年，建成45口井，每天产油8.5万桶，第二阶段为3年，137口井日产油量增加到18.5万桶）的时候，2007年12月10日美国国务院女发言人西蒙就伊中石油协议表态说：“我们对此非常失望和不安，我们将向中国政府表明立场。”② 而在2006年12月中国海洋石油总公司与伊朗就开发伊朗北帕尔斯天然气田进行谈判的时候，美国驻华大使馆就同中海油和中国政府进行交涉，要求重新考虑这笔交易。③

实际上，西方公司一直非常害怕失去在伊朗的赚钱机会。在美国的压力下，日本国际石油开发株式会社2006年撤出了伊朗阿扎德甘油田的开发，但是法国的道达尔公司、英荷壳牌石油集团、西班牙普雷索尔公司一直在就开发伊朗的南帕尔斯天然气田的部分地区进行谈判。伊朗石油部长诺扎里说，2007年伊朗已同其他一些非西

① 俄塔社纽约2004年10月23日电。

② 英国《泰晤士报》2007年12月10日报道。

③ 美联社北京2007年1月9日电。

方公司签署了数十亿美元的合同，开发两个大油田。[①]

伊美开展着不公开的接触，两国关系具有缓和的可能。布什总统2005年2月改变在伊朗核问题上的态度，希望美国参与英法德三国与伊朗的谈判，通过向伊朗提供各种有利条件，促使伊朗放弃“核武器发展计划”（伊朗宣称是和平核计划），其中包括用伊朗放弃核计划来换取伊朗加入世界贸易组织。伊朗对美国的这一转变也表示欢迎[②]。《美国国家情报评估》可能就是布什政府避免重陷伊拉克战争式的泥潭、反复权衡利弊后使出的一条脱身之计。美国外交学会中东问题专家瓦利·纳斯尔和雷·塔基指出，遏制伊朗会使中东更动荡，美国—阿拉伯国家—以色列同盟遏制伊朗的想法行不通，与伊朗接触、对话、贸易，才是可行的战略。[③] 2005年1月11日，伊朗外交部表示：“美国可以参加伊朗核电站（指的是伊朗西南部一座360兆瓦的轻水核电站）建设的国际投标。”[④] 2007年8月，伊拉克总理马利基访问伊朗，内贾德向他保证——帮助切断流入伊拉克极端分子手中的武器、资金和其他支持，增加伊朗边防军，这是间接向美军提供安全保障的承诺，结果，伊拉克什叶派好战分子的袭击次数下降，美军的伤亡人数减少。美国政府内部，也出现了“采用朝鲜模式解决伊朗核问题”的设想，即除美国、伊朗之外，邀请欧盟、俄罗斯、日本、以色列（可能伊朗会反对）等国参加伊朗核问题会谈，加大对伊朗的压力[⑤]。中东美军最高指挥官2007年9月23日对半岛电视台表示，美国和伊朗不会开战，美军前任驻中东最高指挥官约翰·阿比扎伊德甚至认为，西方可以和拥有核武器的伊

---

① 路透社德黑兰2007年12月9日电、英国《金融时报》2007年12月9日报道。

② 合众国际社《全球主义者》在线杂志2005年2月10日1期文章：马丁·沃克，华盛顿—耶路撒冷—德黑兰三角。

③ 瓦利·纳斯尔、雷·塔基：“华盛顿走入歧途的新中东战略”，美国《外交》双月刊，2008年1—2月。

④ 美联社德黑兰2005年12月11日电。

⑤ 日本《产经新闻》2005年1月3日报道。

朗共存，就像当年和苏联那样。美国在伊朗核问题态度上的戏剧性转变——美国16个情报机构根据2007年10月31日之前获得的情报提交的那份“美国国家情报评估”报告，称美国情报机构有高度信心认为，主要因为国际社会的核查和施压，伊朗计划将核原料最终制造成核武器的研发工作已经在2003年停止，尽管伊朗仍然继续铀浓缩项目，但是2015年之前不太可能生产出足够制造核武器的原料[①]。这个报告还向世界传达了这样的信息——伊朗核问题的紧张程度和美伊关系都在实质性缓和。

对伊朗而言，哈塔米总统任内，对美国示好的态度是非常明显的。据英国广播公司（BBC）2007年1月17日报道，2003年美国进攻伊拉克不久，伊朗就向美国发出了一封密信，表示要切断对黎巴嫩什叶派民兵组织真主党及巴勒斯坦哈马斯组织的援助和支持，并承诺公开它的核计划，但是这封信被美国副总统切尼封杀了。实际上，在2001年美国发动阿富汗战争后，伊朗人就提议用“基地组织”高级成员换取美国帮助追击伊朗人民圣战者组织成员[②]。2003年5月12日美国《今日美国报》报道说，伊朗—美国政府在瑞士日内瓦举行了会谈，2003年1—5月期间就会谈了4次，美国官员和伊朗外交部都分别证实了这个消息。伊朗官员透露，伊朗“愿意在相互尊重的基础上讨论恢复双边（外交）关系的议题”，时任伊朗外交部长的卡迈勒·哈拉齐说：“伊朗希望和所有国家拓展关系，甚至包括美国。”美国的反应则比较谨慎，强烈反对伊朗对战后伊拉克过渡政府组成施加影响，反对建成一个“伊朗模式”的政体。美国国务卿鲍威尔承认美伊有过这样的联系，但是美国政府没有打算举行谋求与伊朗恢复外交关系的会谈[③]，当年的美国民主党总统候选人克里则说，如果他当选，他要通过外交手段阻止伊朗发展核武器。2004年

---

① 美国《纽约时报》2007年12月4日。

② 法新社伦敦2007年1月17日电。

③ 辽宁日报网，“伊朗美国有望破镜重圆?”2003年5月17日，http://newspaper.lndaily.com.cn/lnrb/200305/16/jdxw3.asp。

10月19日，伊朗国家最高安全委员会主席哈桑·鲁哈尼在接受伊朗国家电视台采访时表示，尽管布什政府指责伊朗是“邪恶轴心”、为基地恐怖分子提供避难所，因为核问题要对伊朗实施制裁，伊朗仍然希望布什总统能够连任，因为这更符合伊朗的利益。可以说，这是伊朗政界高层对美国释放出的和解信息。

沙特《杂志》周刊2007年1月26日载文指出，伊朗认为自己在中东的地位（利益）比信仰更重要。伊朗和美国27年来一直在进行秘密交易，双方的筹码是——美国支持伊朗在中东地区发挥更大作用，伊朗则为美国在中东的利益服务[①]。伊美交易将经历三个阶段：第一阶段——提升伊朗的作用和势力范围（通过英军从巴士拉撤退、清洗伊拉克军队中的逊尼派）、第二阶段——扩大两国的公开合作（通过美国情报机构发表报告，还伊朗清白之身，缩小美国在中东的存在）、第三阶段——建立“美—伊—以”新三角（伊朗—以色列达成协议，美国通过伊朗、以色列等代理人控制中东）。当前正处于第二阶段。在2007年12月美国情报机构公开报告出台之前，伊美两国就秘密交易达成了如下谅解：伊朗停止向伊拉克的亲伊朗的武装民兵提供武器装备，命令真主党打开黎巴嫩新总统选举僵局，美国则保证真主党在新政府中拥有重要地位、伊朗停止向阿富汗恐怖分子提供武器弹药、伊美就双方关心的所有问题进行谈判、美国放弃对伊朗拥有核武器的指责。表面上，伊朗与美国、以色列是冤家对头，实际上他们在暗中结成新的利益联盟。伊朗和美国之间的秘密谈判已经进行了27年，法国、瑞士就是伊美谈判的地点。2001年9月11事件后，伊朗代表团秘访白宫，达成了这样的协议：扩大伊朗在中东的势力范围、要求美国答应伊朗加入WTO、承认伊朗对里海的权利、要求美国对之前干涉伊朗事务道歉、归还美国银行冻结的约160亿美元的伊朗存款；伊朗则在美国攻打阿富汗的战争中对美国提供

① 沙特阿拉伯《杂志》周刊2008年1月26日，第1期文章：“德黑兰和华盛顿从威胁到利诱”。

帮助，还一致同意把叙利亚从黎巴嫩赶出去。

多数伊朗人赞同与美国和解。2002年进行的一项民意调查发现，被调查的伊朗人中，有3/4赞同与美国对话。伊朗人认为，即便是就伊拉克问题，伊朗与美国直接对话也是伊朗外交上的重大发展[①]。

美国《国家情报评估》报告提醒人们：伊朗一直保持着可以任意选择的能力，只要它愿意，在2010年到2015年的某个时候就能造出核武器[②]。报告发表的次日，伊朗外长穆塔基、伊朗议会安全与外交事务委员会马上对美国的这份报告表示欢迎，认为美国承认了伊朗核努力的性质是和平的，还了伊朗的“清白”[③]，伊朗总统内贾德则认为这是宣告“伊朗核计划的胜利”[④]。伊朗还想就伊拉克安全问题同美国举行大使级的高级别会谈，原本伊朗、美国的安全、军事、外交专家定于2007年12月18日会谈，但是会谈在开始前几天被取消，此后伊朗一直要求伊拉克敦促美国安排美国驻伊拉克大使瑞安·克罗克和伊朗驻伊拉克大使哈桑·卡齐米·库米举行第四轮会谈[⑤]，反映了伊朗希望与美国和解的愿望；另据披露，伊朗革命卫队总司令贾法里将军2007年12月秘密进入巴格达绿区（驻伊美军总部），就伊拉克安全局势与美国官员举行会谈（这已经是第3伦伊朗—美国会谈），而贾法里正是美国通缉令上的人物[⑥]。就在2007年12月21日，美国国务卿赖斯在新闻发布会上说，美国将改善同伊朗的关系并且加强谈判，但是不会放弃要伊朗停止核计划的要求，“我再次表明我的态度，伊朗只要做一件事就够了……那就是停止铀浓缩和加工活动……如果伊朗作了这件事，我愿意在任何时间任何地

① 美国《华盛顿邮报》网站，2006年3月20日报道。
② 法新社华盛顿2007年12月3日电。
③ 路透社德黑兰2007年12月4日电、法新社德黑兰2007年12月4日电。
④ 美联社德黑兰2007年12月5日电。
⑤ 美国《时代》网站2007年12月24日报道。
⑥ 英国《星期日泰晤士报》2008年1月13日电。

点和伊朗外交部长谈判。不论什么事情都可以谈”。[1] 但是，如果伊朗有朝一日成为核国家，美国只能违心地接受，而且必须逐渐缓和与伊朗的关系。

还需要研究的问题是——美国愿意完全退出中东而让代理人进行全方位的控制吗？笔者认为，美国—伊朗—以色列结盟控制中东、形成中东铁三角的前景是存在的，但是还应当将阿拉伯国家特别是埃及、海湾阿拉伯国家以及土耳其纳入，构成五个支柱，支配中东格局。而且，这个局面起码要等到2009年新一届美国政府上台之后、也许在更晚的时间才能形成。中国如何面对这样的中东格局、如何面对这样的伊朗？

9. 伊朗与欧盟关系问题

伊朗—欧盟关系的动向。欧盟—伊朗关系的核心是经济贸易关系。欧盟是伊朗最大的贸易伙伴，其中，2006年德国和意大利对伊朗的贸易总额就超过了70亿美元，而且欧洲已经对伊朗实施了武器禁运。欧洲试图用提供一揽子经济技术援助来换取伊朗停止铀浓缩活动。但是欧洲在伊朗核问题上与美国存在矛盾：美国新制裁措施使欧洲感到了新的压力：即便支持制裁而反对军事威胁的美国官员的主张也会使欧洲的经济利益受损——欧洲的石油和能源公司仍然在伊朗作大交易，对很多伊朗新石油和天然气扩展与工业行动提供担保，他们担心，欧洲如果追随美国，在联合国框架之外进行制裁，还会让俄罗斯、中国乘虚而入[2]。布什政府说，如果英、法、德、意、日和美国一起制裁伊朗，就会“孤立伊朗，国际金融界也不会同它交往”。但是，欧洲官员透露，他们不愿意参加制裁的原因是对伊朗石油的依赖、国内法律的限制以及害怕被拖入新的中东冲突。据美国财政部评估，2006年中期前，欧洲大国对伊朗石油依赖状况（占石油消耗量或者进口石油总量的百分比）资料看，德国占1%、

① 路透社华盛顿2007年2月1日电。

② 美国《洛杉矶时报》2007年10月27日文章。

法国占 6%，面临中等程度的经济风险，意大利占 9%，意大利在伊朗还有 32 亿美元的石油项目，向伊朗出口 27 亿美元的商品，因此面临的经济风险很高，英国的经济风险最小。[①]

伊朗—欧盟的能源贸易开发是伊—欧经贸关系的核心。欧盟在伊朗核问题上除了强烈要求伊朗终止核武器的研制这一点没有变化外，释放出的其他相关信息都是似是而非、甚至是矛盾和混乱的。他们说，如果伊朗能够放弃自己生产核燃料的行动，英法德将会在伊朗的民用核能计划方面与伊朗进行合作[②]。当法国总统萨科齐、外长库什内在 2007 年 8 月、9 月分别认为伊朗核问题可能导致战争、世人必须为可能对伊朗开战做好准备之后，法国总理弗朗索瓦·菲永以及外长库什内、德国外交部（德国说它决不考虑动用战争手段）、意大利外长马西莫·达莱马却纷纷表态说，战争不会解决伊朗核问题，国际社会应当留出更多时间使制裁和外交行动发挥作用；英国一个议会委员会的 30 多名议员向上诉法庭提出诉讼，将“伊朗人民圣战者组织”由“恐怖组织”判决为合法组织，他们希望赋予伊朗反对组织更大的权力，使之能和平地推翻伊朗现政权（“伊朗人民圣战者组织”1997 年就被美国政府列为恐怖组织）[③]。即便在美国的《国家情报评估》报告公布以后，法国、英国和美国又都说，不会改变在伊朗核问题上的强硬态度[④]，加拿大与伊朗的外交关系也有恶化迹象：由于两国就交换大使的人选问题达不成协议，加方不接受伊朗提出的人选，于是伊朗在 2007 年 12 月 3 日驱逐加拿大大使约翰·芒迪，而且决定将两国关系降级。[⑤]

---

① “美国敦促对伊朗进行经济制裁”，美国《华盛顿邮报》网站 2006 年 5 月 29 日文章。

② 英国《金融时报》2005 年 7 月 16 日报道。

③ 美国《洛杉矶时报》2007 年 12 月 1 日报道。

④ 美国《纽约时报》2007 年 12 月 3 日文章：罗杰·科恩：“21 世纪革命的局限”。

⑤ 美联社渥太华 2007 年 12 月 4 日电。

可见，伊朗和欧盟的关系处于不稳定之中。主要出于经济方面的考虑，欧盟才不愿割断与伊朗的联系和谈判，但是又不愿完全追随美国对伊朗进行全面制裁；因此，欧盟对伊朗的政策处于随时调整、甚至互相矛盾的状态。

日本在伊朗核武器问题上也陷入两难境地。伊朗是日本第三大能源供应国，提供了日本16%的石油，如果阿扎德甘油田联合项目启动，这个数字还会提高。高达100美元/桶（2008年6月已经接近140美元/桶）的油价对日本人绝对是个沉重的负担，但是广岛长崎遭受的核轰炸使日本人宁愿要求伊朗弃核，哪怕是无奈地承受高油价①。

10. 伊朗与俄罗斯关系问题

伊朗是俄罗斯的南面近邻（当前俄罗斯同伊朗没有直接的领土连接），在苏联解体、北约东扩直逼家门、又有伊拉克问题和阿富汗问题以及里海资源的纷争利益的背景之下，伊朗成为俄罗斯的外缘线、无形中的俄罗斯国家利益的南向延伸，俄罗斯对伊朗的重视就是顺理成章的。重新崛起的俄罗斯将要充分发挥自己的能源优势，而俄罗斯能源战略的重心在中亚。2002年，普京总统谈到，必须建立石油输出国组织那样的天然气输出国组织，俄罗斯、土库曼斯坦、哈萨克斯坦、阿塞拜疆、乌兹别克斯坦等天然气资源丰富的国家可以成为天然气输出国组织的核心，但是没有天然气资源储量居世界第二的伊朗以及中东（波斯湾）国家的加入，这个组织就不会有绝对的权威和影响力。实际上，2003年4月，俄罗斯天然气工业公司同土库曼斯坦签订了为期25年的天然气合作协定，5月又同天然气资源并不丰富的吉尔吉斯斯坦签订为期25年的天然气合作协定，因为吉尔吉斯、乌克兰等国可以作为天然气输送过境国加入这个组织（通过吉尔吉斯输气到中国。中国计划自己开发吉尔吉斯的天然气，

① 日本在伊朗核危机上进退两难，美国《洛杉矶时报》网站2006年2月2日报道。

特别对吉国的奥什州的阿赖区油气田感兴趣)。[1]

俄罗斯—伊朗关系的重心之一是军售。2000 年 12 月 26—28 日，俄罗斯国防部长谢尔盖耶夫应伊朗国防部长夏卡尼邀请率团访问，表示双方从地缘政治、地缘经济、地缘战略的观点看，都有发展全方位关系的必要，此次访伊明确表示俄罗斯将恢复向伊朗出售军火，并有进一步与伊朗建立战略伙伴关系的趋势[2]。逐渐恢复元气的俄罗斯重新在中东建立了势力范围，它同伊朗、叙利亚、黎巴嫩真主党有牢固的关系，还加强了同巴勒斯坦民族权力机构的关系。可以说，俄罗斯一直是伊朗核问题的国际呵护人，也是伊朗核风波的收益者。长期以来，俄罗斯都在向伊朗出售军火，2006 年 11 月向伊朗提供了道尔－M1 防空导弹。

俄罗斯—伊朗关系重心之二是核合作。2007 年 12 月 17 日、12 月 28 日、2008 年 1 月 18 日俄罗斯分三批向布什尔核电站提供的核燃料运抵伊朗，第三批核燃料共 11 吨，2008 年 1 月 28 日第 8 批核燃料运抵布什尔的伊朗首座核电站，至此，俄罗斯向伊朗提供的 82 吨核燃料以及辅助设备全部到位。伊朗外长穆塔基说，2008 年夏天布什尔反应堆设计容量的 50％能够运行，而俄罗斯公司坚持认为，要到 2008 年底，设计容量 1000 兆瓦的布什尔核电站才能投产[3]，伊朗把这看成是自己的胜利，因为它证实了伊朗的核计划是出于和平目的，美国对此行动也由反对变为支持，因为这意味着伊朗不必继续开展浓缩铀计划，还可以促使莫斯科支持联合国制裁伊朗，但是伊朗仍然坚持进行铀浓缩活动，理由是它西南部城市达尔霍温的一座 300 兆瓦轻水反应堆需要核燃料[4]。早在 2005 年 9 月，美国和欧盟要求将伊朗核计划提交联合国安理会审议，俄罗斯就和中国一道

---

① 俄罗斯《独立报》2003 年 5 月 12 日文章。

② 《时事资讯》，2000 年 12 月 29 第 3 版。

③ 法新社德黑兰 2008 年 1 月 28 日电。

④ 美联社德黑兰 2008 年 1 月 18 日电。

表示反对[①]。在核问题上，2006年1月，普京反对对伊朗采取“鲁莽的、错误的举措”，他认为伊朗并没有拒绝莫斯科提出的在俄罗斯建立一个俄伊合资机构来为伊朗提供核燃料的建议，将伊朗核问题提交安理会应该是最后的选择，反对对伊朗实施包括经济制裁在内的各种单方面制裁，更反对对伊使用武力。俄罗斯外长拉夫罗夫在法国外长发布“对伊开战论”的第3天即会见了他，并警告说，不能以对伊朗使用武力或采取单边制裁来作为对其开展核计划的惩罚[②]；2007年10月16日，普京总统在德黑兰参加里海沿岸国家领导人峰会上警告西方不要对伊朗采取军事行动，他支持伊朗和平利用核能的权利（里海国家领导人在会议宣言中也支持伊朗和平利用核能）；会后普京与伊朗总统内贾德、最高领袖哈梅内伊分别举行了会谈，在联合声明中承诺，俄罗斯将根据商定的时间表完成布什尔核电站的建设，邀请内贾德访问莫斯科，并向哈梅内伊提出了一项关于伊朗核问题的建议[③]，当美国2007年10月25日宣布对伊朗20多个政府机构、银行和个人实施新制裁的时候，普京总统说，这个举动“就像疯子拿着剃须刀跑来跑去、胡乱挥舞”，他问道：“为什么要通过威胁制裁与军事行动让局势恶化，进而把局势引入死胡同?”他举例说，不久前，朝核问题似乎不能解决，“但实际上最终依靠和平手段解决了那一问题”[④]；而朝鲜核问题的和平解决，可以为解决伊朗核问题提供思路；但是，美国企业研究所研究员迈克尔·莱丁指出，伊朗核问题久拖不决对俄罗斯有利，俄罗斯通过向伊朗提供过时的武器和道义支持，鼓动伊朗与美国抗衡，最终的目的是要达到借美国之手打击伊朗，因为，俄罗斯内外众多穆斯林都受伊朗控制。但是，对于伊朗在核问题上的某些过激立场和过激做法，莫斯科明确

① 德国《商报》2005年9月22日报道。

② 美联社莫斯科2007年9月18日电。

③ 英国《泰晤士报》网站2007年10月17报道。

④ 美国《纽约时报》2007年10月26日文章：海伦妮·库珀：“在制裁伊朗过程中，美国打出单边主义牌”。

表示不满——俄新社、俄塔社、国际文传电讯社2006年2月初同时播发了一名参与伊朗核问题谈判的俄罗斯专家的谈话："他们（指伊朗人）听不进我们的话，他们在耍滑头，试图利用我们与他们合作的关系，试图利用我们对他们的所谓依赖性搞投机，很难与他们展开理性的谈判"，这从一个侧面反映出俄罗斯政府对伊朗的态度。当伊朗的言行从根本上背离俄罗斯国家利益的时候，俄—伊关系就会恶化。当他们的共同利益能够交融的时候伊俄就会携起手来。例如，在2007年12月16日举行的德黑兰里海沿岸国家（五国）峰会上，伊朗和俄罗斯都强烈地反对美国插手里海事务[①]，在普京总统对德黑兰的这次访问中，还签订了俄罗斯向伊朗空军出售价值1.5亿美元的50台RD—33涡轮推力发动机（用于安装伊朗的"闪电"战机）的协议。[②]

实际上，俄罗斯在伊朗核问题上也面临两难选择。美国要求莫斯科放弃与德黑兰签订的核能和武器合同，支持对伊朗的经济制裁，俄罗斯的公开态度是拒绝，俄外长拉夫罗夫2006年6月7日表示，只有在伊朗不履行《不扩散核武器条约》规定的义务的情况下，俄罗斯才会同意联合国制裁伊朗[③]，但是，俄罗斯的代价是加入世贸组织继续受阻，在八国集团中的地位以及其他国际环境中的处境受到影响。

2008年2月初，伊朗开始在纳坦兹对铀浓缩速度快2—3倍的新离心机注入六氟化铀气体，西方认为，这是伊朗在研制核武器道路中迈出的新步伐。俄罗斯外长拉夫罗夫声明说，莫斯科不赞成伊朗的铀浓缩行动及其导弹计划。[④]

俄罗斯—伊朗关系重心之三是能源—里海资源的合作开发。联合伊朗等波斯湾国家和中亚国家建立"天然气输出国组织"是俄伊

---

① 美联社德黑兰2007年10月16日电。

② 路透社莫斯科2007年10月16日电。

③ 法新社莫斯科2006年6月7日电。

④ 美联社莫斯科2008年2月13日电。

两国共同的愿望。

11. 警惕误入伊朗的“反美阵营”

注意防止被伊朗利用核问题将中国拖进伊朗编织的“反美阵营”——包括伊朗、委内瑞拉、叙利亚等国家组成的临时性反美国家集团。

国际原子能机构（IAEA）2007年11月15日的报告说伊朗提供了一定程度的合作，陈述的本国的核历史基本属实，但是伊朗提供的信息不完整，而且伊朗已经突破运行3000台离心机的数量，从理论上说，如果这些位于纳坦兹的离心机满负荷运转的话（实际上没有满负荷运转），伊朗就能够在1－1.5年时间内生产出制造一件核武器所需要的铀。2007年11月16日，针对IAEA的这份报告，内贾德总统对迪拜的阿拉伯卫视台说：“美国没有能力对伊朗发动军事打击”，因为美国缺乏发动打击的经济、政治和军事基础，美国应当向伊朗道歉[①]，可以认为，这是挑战美国的最新举措。

2008年3月3日，联合国安理会以14票赞成、1票（印尼）弃权的表决结果通过了进一步制裁伊朗的1803号决议，2010年又通过了制裁伊朗的新决议1929号。

可以肯定，在当前局势下，美国、以色列绝不会容忍一个手拿核武器的敌对的伊朗出现。实际上，有核武器的伊朗也不符合俄罗斯和中国的利益，事件可能朝着失控的方向发展——时间越来越紧，虽然拖延对于伊朗有利，但是西方和美国已经不会允许伊朗继续长时间拖延，可能的结局就是以联合国的名义制裁，最极端的结果就是美国为首的西方的轰炸，然后是对伊朗进行严酷的控制，后果可能是亲美国的伊朗新政府上台。如果走到这一步，伊朗的发展起码会倒退10年，伊朗发展的控制权将会交给美国和西方。

冷战后的中伊关系的主要特色是在“中—美—伊飞地型三角战略”地缘政治关系框架之中形成的。中美伊文明“大三角”中，冲

---

① 美联社德黑兰2007年11月17电。

突多于融合、竞争胜过合作，依然呈现出不对称、不稳定、高关联状态。中伊关系的定位和互动，受到框架中的“美国支点”的影响和制约：“中国特色道路”对世界的影响力有待继续深化，中国传统文化的魅力刚刚走出国门，没有被世界真正认识；伊朗的什叶派伊斯兰的影响却难以阻挡、地位难以撼动；美国的“人权、民主”观念的侵略性、进攻性、诱惑性一如既往，更具挑战性和威胁性，美国的经济实力和政治体制的强势构成的软实力对中伊都构成巨大压力，也凸显出中国的“文化软肋”。伊朗具有软实力中的文化优势，美国具有软硬实力优势。从世界整体和全面的国家关系着眼、从现实的和未来的国家关系出发，定位伊朗在中国的对外战略格局中处于第三—第四层级、中国在伊朗对外战略格局中处于第三层级的结论是合适的；今后的目标是在经济、文化、政治、旅游、军事、社会等各领域，建立和发展全方位的中伊友好国家战略合作关系，努力将两国双边关系提升到各自国家的全球战略中的第二层级。

从地缘政治和战略上来看，中美伊的大三角结构中，美国是唯一的超级大国，中国正由地区性强国迈向世界性大国，伊朗是波斯湾的地区性大国。这种格局决定了中国和伊朗在地缘战略上的相互依存关系，共同面对来自美国的遏制和压力。中国对美国的战略具有二重性：合作性与配合性、抗争性和独立性。当中国与美国抗争时，需要伊朗的配合与支持；当中国与美国合作时，中国需要伊朗的克制与冷静。目前，伊美关系主要表现为对抗性，伊朗需要中国的支持与呼应，但中国的支持与呼应可能达不到伊朗的预期。主观上，中国一方面想维护与美国的建设性、利益攸关方的合作关系，另一方面又想维持与伊朗的相互依存的友好关系。但是客观上，中国没有积极配合美国制裁、遏制伊朗的行动，令美国失望和不满；中国对伊朗的支持和呼应是理性的，这也在一定程度上引起伊朗的失落，迫使伊朗转而寻求俄罗斯和伊斯兰世界更加广泛的支持。目前，中伊美之间的这种地缘政治三角关系暂时具有相对的稳定性。伊朗政权性质改变、伊朗核危机等因素是影响该三角关系的关键性因素，一旦任何因素出现剧烈变动，都会破坏三角关系的稳定性，最终获益最大的将是美国，而中伊都将遭受巨大影响。所以，尽力维护和保持这种三角关系的稳定性，是保证我国国家利益最大化的需要。

第四节　现代中国与伊朗关系展望

——兼论伊朗核危机对中伊关系的影响

中伊关系的历史证明，历届中国高层领导人都非常重视发展对伊朗关系，发展中伊关系成为中国政府的既定政策。21世纪初期以来，中国的第三代、第四代领导集体更加把发展中伊关系提升到了战略的高度，历届伊朗政府及其领导人也积极推动伊中发展全面的友好交流与合作。新时期中，中伊关系将采取保持高层接触，深化政治互信的方式，促进中伊宽领域、多层次、多渠道的友好交流，推进务实合作，实现互利共赢。从政治、政府的角度看，中伊关系具有光明的发展前景。

影响中伊关系的重大问题是伊朗核问题，这是目前国际上最棘手的问题之一。由于伊朗的国际环境变数很大，国内政局也错综复杂，使得伊朗核问题的不确定性影响大大增加。对此，中国应当集中力量，跟踪研究，及时取得第一手资料，提高决策者对局势判断的准确性，使“核危机”的解决朝向中国希望的方向前进；另一方面，利用外交资源、政治经济资源积极斡旋，极力促成外交谈判，即便谈判短期内不能产生实质性成果也要推动和谈，不能使伊朗核问题变得失控，敦促美伊双方都不要做出过激的行动，尽量让有关各方采用和平的方式解决这个问题，哪怕时间长一点，因为只有和平的伊朗、和平的世界才符合中国的利益。实际上，伊美敌对而不开战的状况持续下去，对中国未必不是一件好事。

一、对伊朗核危机的判断、立场、战略和策略

(一)伊朗核问题的发展

伊朗核问题的演变大致可以分为四个阶段。

1. 核计划发展初期(20 世纪 50 年代末至 70 年代末)

20 世纪 50 年代后期开始制定和实施核计划，到 70 年代，伊朗已经拥有 1 个零反应堆、6 个核研究中心、5 个铀处理设施，当时伊朗与美国和西方国家关系密切，核技术的引进大部分依赖于这些国家。1967 年，美国首先为德黑兰大学提供了一个 5MW 研究反应堆，德黑兰核研究中心(TNRC)负责运行。据西方情报机构报道，核技术的军事应用也在德黑兰核研究中心中的一个小组内开展。1971 年，伊朗签署《不扩散核武器条约》(NPT)，不久又加入“欧洲气体扩散组织”(EURODIF)，1974 年西德帮助伊朗建设布什尔核电站，西德帮助在布什尔建造的两个 1300MW 轻水反应堆(LWR)也于当年动工。同年，伊朗原子能组织(AEOI)成立。70 年代中期，伊朗在伊斯法罕成立核技术研究中心。

2. 核计划停顿时期(20 世纪 70 年代末至 80 年代末)

1979 年伊朗发生了伊斯兰革命。1980 年，伊朗又发生美国人质事件，美国与伊朗关系迅速恶化。西方国家随之逐步断绝了与伊朗的核合作。西德建造的两个轻水反应堆停止建设。1980 年，伊拉克入侵伊朗、发生两伊战争，战争持续了八年之久。西德帮助伊朗建造的两座反应堆在 1987 年至 1988 年遭到了伊拉克的轰炸而被破坏，核电建设陷于瘫痪，核计划发展处于暂时停顿状态。由于霍梅尼说核武器是非人道的，所以此时伊朗主动停止了布什尔核电站的建设和与西德的合作[①]。

---

① 华黎明：“伊朗核问题与中国外交的选择”，《国际问题研究》2007 年第 1 期，第 58—62 页。

3. 恢复—发展核计划时期（20 世纪 90 年代—2003 年）

此时伊朗在核电站建设、铀矿的开采和核燃料循环技术开发，以及核武器研究等方面工作都有全面考虑，并已取得一些成效。俄罗斯和中国是重点合作对象，但中国为了表明支持核不扩散的态度，于 1997 年终止了大部分为伊朗提供核帮助的协议。1991 年伊朗与俄罗斯签署了《和平利用核能协议》，俄帮助恢复修建布什尔核电站，1995 年初伊俄签定俄为伊建造 4 座商业用轻水核反应堆的合同。美国对伊俄核合作极为不满，但是公开指责伊朗秘密发展核武器是在 2003 年以后，因为 2002 年 8 月流亡国外的"伊朗全国抵抗委员会"揭露伊朗政府在中部的纳坦兹、阿拉克分别修建有铀浓缩设施和重水反应堆，同年年底，美国公布上述两处核设施的卫星照片。2003 年 6 月，国际原子能机构指责伊朗没有按照《不扩散核武器条约》的规定向国际原子能机构报告核计划，同年 9 月，美国以伊朗违反《不扩散核武器条约》为由，要求将伊朗核问题提交联合国安理会讨论并制裁伊朗。当年 9 月 12 日，国际原子能机构理事会决议，要求伊朗在 10 月底之前公开核计划，接受突击检查。2003 年 10 底，伊朗向国际原子能机构递交了有关本国发展核技术的文件，11 月又宣布暂停提炼浓缩铀活动。同年 12 月 18 日，伊朗被迫签署了《不扩散核武器条约》附加议定书，同意接受核查。

4. 国际社会怀疑—反对时期（2004 年至今）

迫于压力，伊朗于 2004 年 4 月宣布暂停浓缩铀离心机的组装。签订了一些协议，2004 年 6 月，国际原子能机构理事会认为伊朗的核活动中有些问题仍然亟待解释，伊朗随即宣布恢复浓缩铀离心机的组装生产。此后，欧盟 3 国（法、德、英，即 EU－3）承诺向伊朗提供一座轻水反应堆、核燃料以及核技术。伊朗于 2004 年 11 月 22 日与法、德、英达成协议，暂时妥协，宣布中止一切与铀浓缩有关的活动[1]。

2005 年 6 月，伊朗保守派候选人艾哈迈迪—内贾德在总统大选中获胜，并于 8 月初就任，在核问题上对西方的态度变得强硬。欧盟在内贾德宣誓就职前提议承认伊朗拥有和平开发核能的权利，但要求伊朗首先放弃自建核反应堆，放弃包括与铀浓缩有关的一切活动，改由他国提供核燃料。2005 年 8 月，因为伊朗的要求没有得到考虑，伊朗拒绝了法、德、英提出的“实施《巴黎协议》的一揽子方案”。伊朗不但拒绝了这份提议，指责欧盟没有履行去年 11 月达成的巴黎协议，而且在 8 月 10 日，重新启动了位于中部城市伊斯法罕的铀转化设备。

2006 年 1 月 10 日，伊朗宣布重新启动核燃料研发活动。欧盟三国认为伊朗此举已越过“红线”，于是中止了同伊朗的谈判。美国的态度更明确，要求将伊朗核问题立即提交安理会，并由安理会采取相应行动。1 月 16 日，美国倡议联合国安理会 5 个常任理事国和德国在伦敦讨论伊朗核问题，6 国机制从此启动。2 月 4 日，国际原子能机构理事会通过了欧盟提出的就伊朗核问题向联合国安理会作出报告的决议，中国投了赞成票。中方代表在解释性发言中说：中方过去现在和将来都主张以谈判方式通过外交途径早日妥善解决伊朗核问题。当前在国际原子能机构框架内解决伊核问题仍有空间[2]。

中国、美国、英国、法国、德国和俄罗斯 6 月达成解决伊朗核问题的一揽子方案，提出给予伊朗一系列商业和技术激励，以换取伊朗停止生产核燃料。然而，伊朗却称，回应六国方案的最后期限是 8 月 22 日。7 月，美国再次启动 6 国机制，决定把伊朗核问题提交安理会。联合国安理会 7 月 31 号以 14 票赞成、1 票反对的表决结果通过了关于伊朗核问题的第 1696 号决议，要求伊朗在 2006 年 8 月

---

① 人民网驻巴基斯坦记者陈一鸣：“伊朗核问题：底线之上走钢丝”，2005 年 10 月 28 日。

② 李巨川：“决不放弃和平努力——采访外交部军控司司长张炎”，《世界知识》，2006 年第 5 期，第 19 页。

31号前暂停所有与铀浓缩相关和后处理的活动，并呼吁伊朗与国际原子能机构开展合作。决议说，如果伊朗不在8月31号执行决议，安理会将考虑根据《联合国宪章》有关规定采取适当措施。决议通过后，伊朗常住联合国代表扎里夫立即表示拒绝接受①。2006年12月23日联合国安理会通过1737号决议。

联合国安理会2007年3月24日全票通过的制裁伊朗的新决议(1747号决议。要点是：立即执行1737号决议、全面禁止对伊朗出口武器、扩大对涉及伊朗核项目和导弹计划的个人及实体的金融制裁和资产冻结——制裁对象新增对15名官员的境外旅行，和包括伊朗国有的赛帕银行及伊朗革命卫队控制的3家实体在内的13家组织，呼吁所有国家和国际金融机构除人道主义和发展用途外不再承诺向伊朗政府提供赠款财政援助和优惠贷款、强调谈判解决伊朗核问题，指出美俄中英法德此前提出的“一揽子方案”依然有效）是根据联合国宪章第7章第41条提出的经济制裁措施，但是不包括军事行动。

2007年4月9日，伊朗首席核谈判代表拉里贾尼表示，如果在其核项目上面临来自西方的更大压力，伊朗将被迫重新审视其在核不扩散条约中的成员地位，言下之意要考虑是否退出核不扩散条约。当天，俄罗斯国家杜马（议会下院）国际事务委员会主席科萨切夫对伊朗的不妥协态度进行了直言不讳的批评，说伊朗总统艾哈迈迪一内贾德有关伊朗已有能力进行“工业规模”核燃料生产的讲话是对国际社会的挑衅②。2007年4月15日，伊朗原子能副主席、核电厂事务负责人艾哈迈迪·法亚兹巴克什在新闻发布会上宣布，伊朗将在布什尔附近再建两座核电站，采用轻水反应堆，每厂装机容量均为1600兆瓦、每个电厂耗资17亿美元，而且公开向国际招标。这个消息，使得本来就十分紧张的伊朗核危机，变得更加危机四伏、火药味特浓。以至于国际原子能机构总干事

① 央视国际：www.cctv.com，2006年8月1日。

② 新华网莫斯科2007年4月9日电。

巴拉迪也宣称，不能完全排除对伊朗动武的可能性，虽然他不希望因为核问题对伊朗使用武力，而且近期之内不会动用武力，因为伊朗和西方国家之间仍然有谈判的时间[①]。伊朗的第一座核电厂布什尔核电厂，原计划2007年9月落成，但是因为某种原因，俄罗斯推迟了完工日期[②]。

2007年6月，伊朗内政部长穆斯塔法·普尔—穆罕默德说："现在，3000台离心机投入运转，我们已经生产和储存了超过100公斤浓缩铀。"[③] 这个说法有四层含义：一是告诉世人，伊朗拥核已经成为既成事实，伊朗正从中东大国走向中东强国；二是告诉美国和西方，要让伊朗停下核步伐，需要付出比现在高得多的代价；三是告诉伊朗人民，按照哈梅内伊—内贾德路线走下去，伊朗前途无量；四是告诉伊斯兰世界和以色列，中东的主宰最终还是伊朗。

在接下来的2008年3月3日，联合国安理会通过了关于伊朗核问题的1803号决议，在不到2年的时间之内，安理会接连通过4个关于同一个国家同样问题的决议，而且都以高票通过，这在世界上是罕见的。

2010年6月9日，联合国安理会又通过了针对伊朗核计划而制裁伊朗的1929号决议，主要的制裁内容包括：禁止其他国家向伊朗提供任何作战坦克、作战飞机、军舰、导弹等武器设备，禁止其他国家接受伊朗涉及核材料与核技术的投资，禁止伊朗进行任何涉及能够运载核武器的弹道导弹的活动等[④]。伊朗总统内贾德则回应说该

---

① 德新社安曼2007年4月15日电。

② 美联社德黑兰2007年4月15日电。

③ 美联社德黑兰2007年6月22日电。

④ 国际在线，http：//gb.cri.cn/27824/2010/06/10/5187s2881339.htm，2010－06－10。

决议“没有任何意义”、“无法击倒伊朗”，并将决议比作“烦人的苍蝇”①。

表7－1　　2006年6月至今联合国安理会有关伊朗核问题的决议

	1696号决议	1737号决议	1747号决议	1803号决议	1929号决议
通过日期	2006年7月31日	2006年12月23日	2007年3月24日	2008年3月3日	2010年6月9日
表决情况	14票赞成1票反对（卡塔尔）	15票赞成0票反对	15票赞成0票反对	14票赞成1票弃权（印尼）	12票赞成2票反对（土耳其、巴西）1票弃权（黎巴嫩）
决议主要内容	通过谈判解决；要求伊朗暂停所有铀浓缩和后处理活动，并由IAEA核查在8月31日前是否遵守；防止向伊转让有助于铀浓缩及后处理活动、弹道导弹计划的任何技术、材料、货物；安理会将根据	决议要求伊朗立即停止所有与铀浓缩、重水反应堆有关的活动；要求世界各国应对进出伊朗的与铀浓缩、重水反应堆和弹道导弹相关的物资、技术和设备实行禁运；冻结与伊朗核计划和弹道导	决议敦促伊朗立即执行第1737号决议；禁止伊朗出口武器，并呼吁国际社会对伊朗进口重武器保持警惕和克制；继续对涉及伊朗核计划和弹道导弹项目的个人及实体实施资产冻结，并扩大了	继续要求伊朗暂停铀浓缩等活动，并在前两份决议基础上增加了对伊制裁措施，包括扩大旅行限制和冻结资产对象名单、禁运敏感双用途物项、呼吁各国对部分对伊金融活动保持警惕、依法有	禁止其他国家向伊朗提供任何作战坦克、作战飞机、军舰、导弹等武器设备，禁止其他国家接受伊朗涉及核材料与核技术的投资，禁止伊朗进行任何涉及能够运载核武器的弹道导弹的活动等。

① 新浪新闻，http：//news.sina.com.cn/o/2010－06－11/010817640513s.shtml，2010－06－11。

续表

	1696号决议	1737号决议	1747号决议	1803号决议	1929号决议
决议主要内容	《联合国宪章》第7章第41条视执行情况作出是否进一步制裁的决定。	弹项目有关的人员和公司的资产，防止向伊朗提供相关的技术和资金支持，在有关人员出入境时进行严密监督并向安理会下属的制裁委员会报告。	制裁对象的范围；呼吁各国与国际金融机构不再承诺向伊朗政府提供赠款、财政援助和优惠贷款。决议同时重申致力于通过政治和外交途径解决问题，并确认在伊朗履行相关决议的前提下可终止有关制裁。	条件地在机场和港口检查伊朗空运公司和伊斯兰航运公司的货物等。决议同时重申致力于通过政治和外交谈判和平解决问题，支持国际原子能机构发挥作用。决议还规定，如果伊朗采取积极步骤执行决议，安理会将暂停、甚至终止所有制裁。	
伊朗态度	无法接受。内贾德总统8月29日在记者招待会上说，和平利用核能是伊朗的权利，伊朗执行自己的核计划，任何人都不能阻止。	伊朗反对该决议。	伊朗官员多次声称新决议是“非法的”和“不可接受的”。伊朗政府3月25日召开会议，决定部分中止与国际原子能机构的合作关系	伊朗声称任何新制裁都是非法的。	伊朗总统内贾德回应说该决议“没有任何意义”、“无法击倒伊朗”，并将决议比作“烦人的苍蝇”。

续表

	1696号决议	1737号决议	1747号决议	1803号决议	1929号决议
实施情况与效果	伊朗继续实施核计划。	在规定的60天内伊朗继续执行核计划。	决议提请国际原子能机构在60天内就伊朗执行相关决议情况提交报告，并确认在伊朗履行相关决议的前提下可终止有关制裁。	90天内伊朗更大规模更快推进其核计划。	安理会决定建立一个8人专家小组，负责监督决议的执行进展情况并向安理会提出相关报告和建议。

资料来源：根据联合国网站 http：//www.un.org/zh/资料整理而成。

（二）对伊朗核危机结局的分析

关于伊朗核危机的解决途径，直到2009年以前，世界舆论大多认为只有军事的手段才能够奏效，伊朗必然成为伊拉克第二，西方媒体纷纷猜测美国对伊朗动武的具体时间。但是国际形势的变化及美国的举动表明，近期动武的可能性不大，特别是2008年世界石油市场剧烈波动，由美国次贷危机引发的世界金融危机、世界经济危机使得国际形势、国家实力对比以及美国—伊朗关系都发生着深刻的变化，伊朗核问题受世界的关注程度骤然降低，金融危机—经济危机成为世界更重大的焦点，武力解决伊朗核问题的可能性急剧下降，2009年1月奥巴马政府上台以后，这种可能性更加减小了。但从长远看，对伊朗动武依然是美国解决伊朗问题的主要选择之一，即便是奥巴马政府也始终不会放弃这种最有效的威胁手段，两国兵戎相见的结局还是难以避免——如果伊朗政府继续在全球范围挑战美国的利益的话。应当指出，新上台的奥巴马政府实行与伊朗无条件直接接触（会谈）的战略，显示了美国的中东战略正在发生重大调整，即美国主宰、单独裁决中东冲突的时代已经过去，美国承认伊朗是稳定中东舞台的支柱，同时还应当作为维护中东和平的重要力量和美国的伙伴。如果是这样，奥巴马的战略可能开启伊朗—美国关系的新阶段，两国可能缓和持续了30多年的敌对状态，这将成为调整世界格局的重大事件，更是影响中国—伊朗关系的直接因素，虽然事态转换符合辩证法，但是它对中伊关系的影响毕竟是一柄双刃剑。

伊朗核问题是中、美、伊三角关系中难以解开的结。伊朗核危机久拖不决将加剧中东的核竞赛。包括伊朗在内，已经有13个中东国家表示将发展核能。但是美国对它在中东的盟友发展核能的要求表现出的宽容与其对伊朗核问题的严厉形成了鲜明的对比，美国国务院发言人肖恩·麦科马克对埃及发展核能的计划表态是："希望发展和平核能的国家对我们来说不是问题"[①]，可以认为，如果这次伊朗闯过了核武器关，国际社会就没有理由对其他中东国家的核武要求关门，潘多拉核盒子就会豁然打开，中东乃至世界的核竞赛将迅速展开。因此，伊朗核危机如何解决，对中东乃至世界其他地区来说，带有全局意义。但是，从长远看，伊朗在中东乃至世界核武泛滥局势中难保可以得到绝对的好处。

伊朗核危机在当时能够以谈判的方式获得政治解决。因为，主要的当事方美国因为伊拉克战争的前车之鉴，已经陷于占领不成、抽身不能的骑虎境地，招致国内民众反对和国际不满、盟国纷纷背弃，美国的经济和军力被拖累严重，反恐效果差强人意，改造中东、推行"民主"的战略也基本失败，加之布什政府只有2008年最后一年任期，除非伊朗直接挑衅美国，美国是不会轻易对伊朗开战的，因此借用2007年《美国国家情报评估》报告作为不对伊朗开战的下马石；另一方面，伊朗现在如果与美国为代表的西方开战，既没有胜算的可能，又要重蹈战争的灾难，忍受战败的屈辱，国际舆论也不会同情伊朗，伊朗民众更将反对现政权，这将使伊朗经济社会大

① 美国《基督教科学箴言报》2007年11月1日文章。

步倒退，因此，伊朗实际上不会主动以武力来挑衅美国；只有以色列才是最希望用战争解决伊朗核危机的国家。因此，只要伊朗核问题能够以和平方式解决，伊朗核技术、核设施能够保留，伊朗获得核武器就是迟早的事情，而且伊朗核问题最快也要到新一届美国政府上台以后才能解决。解决伊朗核危机的时间越往后拖延，政治解决的可能性越大，对中国的实质性损害越小。

（三）和平解决伊朗核危机的几个方案

没有人怀疑，伊朗核危机一定会解决。通过谈判最终和平解决、最终武力解决、或者谈判与武力并用来解决，是所有可供选择的解决方式。已经提出的被伊朗否决的和平解决方案有：

海合会方案——沙特代表海湾合作委员会（GCC）提出：由海合会成立一个为中东所有浓缩铀用户提供浓缩铀的多国联合机构（这个浓缩铀工厂建在一个像瑞士这样的中立国家），集中处理核原料，对希望和平利用核能的阿尔及利亚、埃及、约旦、利比亚、也门、海合会6个成员国以及伊朗的每家工厂实行按需分配，并且确保这些浓缩铀不会用于制造核武器。伊朗也曾考虑过这个建议。[①]

俄罗斯方案——俄罗斯提出：由俄罗斯向伊朗提供核燃料。俄罗斯2007年12月已经向布什尔核电站运送了第一批核燃料。美国总统布什对此表示支持，认为伊朗没有理由再进行铀浓缩，但是伊朗认为即使他国提供核燃料，伊朗也不能纯粹依赖他国供给，仍将自行生产一部分支持工业发展的核燃料。[②]

上述两个方案，表面上伊朗都没有完全拒绝，存在着修改—实施的可能。

朝鲜核危机解决思路——作为解决的范例，美国推崇这个样板，但是可能伊朗的兴趣不大。

---

① 法新社伦敦2007年11月3日电。

② 新华社2007年12月18日电。

（四）中国对伊朗核问题的立场

中国对伊朗核问题的立场是明确的、一贯的：强调伊朗有和平利用核能的权利，不赞成剥夺伊朗和平利用核能的权利；也不希望伊朗研发核武器，改变中东地区均势和全球战略格局。目前的伊朗核问题对中国来说，既是机遇更是挑战，中国既要坚持原则，又不能过分刺激伊朗或者美国。中国政府已经明确否认了关于美国希望以减少对台湾的武器销售来换取中国支持美国提倡的对伊朗制裁的可能，强调台湾问题属于中国的主权范畴，伊朗核问题属于国际社会共同关注的重大焦点，中国政府不会用原则做交换。中国领导人利用一切合适的机会和场所劝说伊朗，通过与国际社会合作、通过谈判协商解决核问题，一再表明反对实施对伊朗的制裁，更反对使用武力来解决核问题，体现了中国在解决重大国际问题中的原则性、务实性和重要性。①

2007 年 8 月 15 日，胡锦涛主席在比什凯克上合组织峰会期间会见伊朗总统艾哈迈迪—内贾德时指出：对于伊朗核问题，中方理解伊方对和平利用核能权利的关切，主张维护国际核不扩散体系，通过谈判尽快和平解决伊朗核问题，符合包括伊朗在内的各方利益。伊朗总统除了赞赏采用和平谈判解决伊朗核问题的中方主张、愿意就核问题同中方和其他各方保持沟通外，还向胡主席表示，在利用核能方面，伊朗不谋求拥有超出国际法和国际原子能机构规定之外的权利，伊朗同国际原子能机构保持着紧密联系，将继续同其合作。② 应当把这看做是两国元首对重大国际问题的严肃立场和态度，但是对于伊朗，关键的问题是要言行一致，伊朗在实施核计划方面的实际行动完全背离了内贾德的表态，其大胆、坚决、勇猛之程度，

---

① 美国《新闻周刊》2005 年 9 月 5 日一期文章。

② 资料来源：中华人民共和国外交部网站，http：//www.fmprc.gov.cn/chn/wjb/zzjg/xybfs/gjlb/1444/1446/t352077.htm，2007.08.16。

超过了世人的预料，给中国增添了巨大的压力。

事实上，中国在伊朗核问题上的原则立场是公正合理的，也有自己的独立性，并且充分考虑了伊朗的利益和国际的诉求。但是，伊朗核问题成为了伊朗挟持中国的一个理由。穆塔基外长通过伊朗驻中国大使馆官员将抗议信递交给了中国外交部长杨洁篪，抗议中国外长对 2009 年 11 月 27 日国际原子能机构谴责伊朗在库姆秘密建设铀浓缩工厂、要求伊朗立即停止建设第二处铀浓缩设施的决议投赞成票[①]。2010 年 6 月 9 日，中、俄都投票赞成制裁伊朗的 1929 号联合国决议后，伊朗表示了很大的不满，一位资深议员警告说，伊朗必然对那些投票支持安理会对伊朗施加新一轮制裁的国家采取一些相应的措施，仔细斟酌是否降低与中俄的关系；伊朗议会能源委员会副主席阿卜杜拉·卡比更是指名道姓地批评中国和俄罗斯，说该委员会“正在研究可行的方法以做出制裁这些国家的决定。中国和俄罗斯这样的国家与伊朗的经贸往来最多。一旦伊朗减少与这些国家的贸易量，它们都必然遭受严重损失[②]”。因为中俄对 1929 号决议投赞成票，内贾德总统没有出席当年在乌兹别克斯坦举行的上合组织峰会，以表达对中俄的不满。当然，伊朗还是了解，中国才是始终反对对伊朗实施新制裁措施的国家，在中国的强硬立场下，伊朗才避免了该决议对自身造成的重大压力，而且伊朗还希望在决议生效后获得中国最大程度的帮助，因此内贾德还是于当年的 6 月 11 日抵达上海参观了世博会，但是他只参加和上海世博会有关的伊朗国家馆日活动而没有对中国进行访问。显然，重大问题对国家关系的影响是直接的，有时是至关重要的。在伊朗核问题以及类似问题

---

① 伊通社 2009 年 12 月 11 日北京电，穆塔基在信中表示，一些国际原子能机构理事会成员国外长投了赞成票的做法，会使伊朗在和平发展核技术的道路上更加坚定。伊朗政府最近就继续建设核设施和继续与国际原子能机构进行合作的决定就是一个证明。伊朗希望这些国家吸取教训，改变态度。伊朗认为，世界正受到核武器发展和扩散的威胁，一些拥有核武器的国家在消除核武器和裁军方面没有采取有效措施。

② 伊朗法尔斯新闻社德黑兰 2010 年 6 月 19 日电。

上，中伊的看法和立场还是有着明显差异的，伊朗的这些不满，看起来很自然和正常，但它不光是一种形式，也包含着丰富的实际内容，反映了中伊的国家利益在重大问题上能够容忍的底线。

二、后核危机时代中国的对伊朗战略及中伊关系趋势

（一）几种战略选择

核危机只是伊朗崛起过程中的一个插曲，更应当关注的是核危机之后的中国—伊朗关系的走向。概言之，核危机之后中国处理中伊关系不外乎有以下几种选择：

1. 发展全面友好的战略盟友关系——建立盟国关系。但是，实施这个战略不符合中国的根本利益，不符合中国的不结盟外交方针，中伊也没有结盟的现实基础。

2. 站到伊朗的对立面——放弃一贯的公正中立立场，完全站到美国一边，跟随美国的立场和步调制裁伊朗，甚至参与美国对伊朗的军事打击。这也许能够为未来的中国带来更多利益，但是这种可能性伴随着极大的风险，可能把中国拖进更深的陷阱，还将完全破坏与伊朗现政权的友好关系，牺牲中国的重大现实利益，这种赌徒式的谋略是不可取的、是不能采用的。不能忘记路人皆知的美国对华政策的损人性和利己性，有苏联的前车之鉴为证：国家被分裂、被弱化、社会主义制度被摒弃，但是美国和西方并没有认同、接纳俄罗斯，反而变本加厉地挤压俄罗斯的生存空间。

3. 保持适度距离——采取公正、中立、折中的立场，使美国（西方）—伊朗之间相互保持适度压力和适度紧张，在坚持原则的前提之下采用灵活的战术。这种战略是务实的战略，是目前中国采用的战略。

4. 加减法外交——“加法”是强化双方国家利益原则：支持伊朗发展民族经济，稳定国内政局，维护国家主权和安全，继承弘扬民族文化；支持伊朗反对帝国主义、殖民主义、霸权主义，反对外

来干涉，支持伊朗在国际舞台上享有主权独立国家的一切合法权利；赞成伊朗拥有和平利用核能的权利，支持伊朗的对外开放——包括对中国开放能源（勘探、生产、加工、销售）、市场、投资、旅游、文化艺术、医疗保健等领域；要求伊朗坚持一个中国立场，反对“台独”、“疆独”、“藏独”等；帮助中国防止伊斯兰原教旨主义（宗教极端主义）、恐怖主义和民族分裂主义。

“减法”是反对伊朗的伊斯兰（原教旨）扩张主义（宗教极端主义——宗教国界扩大化：“宗教无国界”）、不支持伊朗获取和拥有核武器的主张。

权衡之下，笔者认为，中国最好的选择是坚持在联合国宪章原则的基础上来解决核争端。联合国宪章第三十三条第一款指出，任何争端之当事国，于争端之继续存在足以危及国际和平与安全之维持时，应尽先以谈判、调查、调停、和解、公断、司法解决、区域机关或区域办法之利用、或各该国自行选择之其他和平方法，求得解决[①]。以联合国宪章为法律基础，在第三种选择基础上，优化第四种战略选择。按照“坏事变好事”的思路，中国可以把伊朗核问题作为增强中国对伊朗的影响力同时牵制美国的良好契机，以此向世界发出中国实施独立外交政策、坚持公正、公平外交立场的强烈信号，例如，针对2007年10月25日美国国务卿赖斯和财政部长保尔森在国务院联合召开新闻发布会，宣布美国对20多个伊朗政府机构、银行和个人实施制裁的决定（根据这个决定，这些机构、银行和个人在美国的资产将被冻结，美国团体机构和个人不得与这些被制裁的伊朗机构和个人进行金融往来，赖斯说，美国的这一制裁举措将会对美国和其他国家的公司发出“强大的威慑”，迫使他们断绝与伊朗的生意往来）以后，中国外交部发言人刘建超2007年10月26日阐述中国政府的原则立场是，中国一贯主张在国际关系中不应动辄使用制裁。中国坚持认为对话和谈判是解决核问题的最好途径，

① 来源：联合国网站，http://blog.sina.com.cn/s/blog_48fc392c0100g3dk.html。

当前对伊朗实施新的制裁，只能使问题复杂化[①]。又如，中国外交部长杨洁篪2007年11月中旬访问德黑兰之后，中国退出了2007年11月19日举行的“5+1”（联合国安理会5常任理事国和德国）关于进一步制裁伊朗的伦敦会谈，中国的理由是“履行困难；对进一步制裁伊朗持保留态度”，中国和俄罗斯都反对以联合国名义对伊朗实施更加严厉的第三轮制裁。

联合国的宗旨是维护国际和平与安全，伊朗核问题是当今世界的重大问题，涉及世界的和平与安全，涉及到包括中国在内的世界各国的国家利益，更应关注和维护伊朗人民的基本权益，中国秉承采用和平方法解决国际争端、在国际关系中不得使用威胁或使用武力的原则，在伊朗核问题上的一贯立场是采取政治和外交手段解决争端，充分体现了中国作为一个负责任大国的形象和原则立场；同时也向伊朗表明，中国重友情、重承诺，更重原则，愿意、也能够为朋友（伊朗）在世界舞台实施道义和实质性援助，但是，这种支持是有原则、有前提的，在核问题和其他重大问题上伊朗应当遵循联合国原则和决议，其言行应当有节制、有分寸，过份举措对中国、对世界、特别对伊朗自己都不会有好处。

成（会）员国主权平等是联合国宪章的基本原则。中国和伊朗是两个享有完整独立主权的国家，中伊关系是正常的国家关系，中伊之间包括军品买卖在内的经济交流属于两国的内政，符合联合国宪章和国际法，中国开展与伊朗的军事合作是两国的正当权益，任何第三方不应当对此说三道四。但是，国外媒体在这些方面不时爆出冷料，一些道听途说、似是而非的消息扰乱了舆论方向，企图抹黑中国的形象。例如，俄罗斯《生意人报》报道（据说经伊朗一家航空公司代理人证实），中国将在2008—2010年期间以10亿美元的价格向伊朗出口24架歼—10战机。这被认为是对美国售台F—16战机的回应，但是据说俄罗斯不同意这样做，理由是歼—10的发动机

① 新华社北京2007年10月6日电。

AL31FN是俄罗斯制造的，中国制造的发动机WS10A目前达不到歼—10的要求；此外，歼—10主要供中国和巴基斯坦空军使用，生产能力不能使之出口，因此可能推迟交货[①]；美国还担心中国向伊朗革命卫队的海军出售快艇[②]。又如，《香港亚洲时报在线》2008年1月29日报道，中国可能会在伊朗的某个波斯湾港口或某个小岛上建立军事基地，因为中国严重依赖从伊朗和其他波斯湾国家进口能源，而目前中国的中东—非洲海上石油和液化天然气运输路线中途保障基地只有巴基斯坦俾路支省西南海岸的瓜德尔港，但是在美国威胁下，巴基斯坦难以完全让中国使用该港。可见，这些似是而非的“信息”可能起到的作用就是“混淆视听、限制中伊接近”。

（二）加强对伊朗石油—天然气投资的战略

能源合作居于中国—伊朗经济合作的重中之重，是中国实施外向型能源战略的重要组成部分。分析中国开发伊朗油气资源，具有的有利条件主要是：首先，伊朗是世界石油—天然气资源大国，也是世界石油—天然气的生产、出口大国，需要稳定的国际石油—天然气市场，而中国正是当前和今后伊朗理想的国际能源市场；其次，伊朗—中国关系自20世纪80年代以来处于比较稳定的友好交往阶段，两国具有比较扎实的经济贸易基础和政治交往条件；加之伊斯兰革命以来，伊朗—美国关系处于敌对之中，与其他西方大国的经贸关系也受到伊美关系的影响而削弱，美国—西方大国对伊朗石油—天然气资源的垄断控制处于低水平状态，为中国的进入提供了良机；再次，伊朗政局相对稳定，较之中国以投资、合资开发或者工程换石油的方式在非洲（苏丹、安哥拉、利比亚、突尼斯等国）以及南美的委内瑞拉等地寻找石油—天然气，中国在伊朗寻求石油—天然气供给比较安全；但是风险在于——首先是大国在世界范围内

---

① 合众国际社香港2007年12月14日。

② 美国《基督教科学缄言报》2008年1月14日报道。

对能源资源的争夺加剧，随着美国、日本对俄罗斯（特别是俄罗斯远东地区）的油气资源领域的渗透挤压，美国通过两次海湾战争基本控制了除伊朗以外的中东石油—天然气资源，中国在伊朗的能源努力和其他经济贸易合作行为都面临来自西方的压力和美国“制裁”的风险；其次，伊朗关于外资的法律政策不完善，随着世界油气资源的快速枯竭和对能源的需求激增，伊朗随时可能提高油气价格，从而大幅提高中国获得能源产品的成本；伊朗政治、经济局势的变化、民族主义思潮的冲击，将使中资企业在伊朗的投资、控股受到较大限制，目前虽然没有受到武装袭击、暴乱的影响（例如 2007 年 4 月 24 日发生在埃塞俄比亚欧加登地区的中原油田项目遇袭导致 74 人死亡、近亿元设备被毁那样的事件），但是将来依然面临被国有化、被没收、被驱逐的风险，这是发达国家的跨国公司过去在伊朗的经历，中国应当对此未雨酬缪；再次，伊朗石油—天然气资源的确切资料难以掌握，如果西方专家预料成真：今后 10 年之内伊朗因为资源枯竭自身也需要进口石油的话，则中国对伊朗的大量石油投资的高等级风险将变成现实；目前，伊朗对外资投资石油—天然气产业是欢迎的，但是 2005 年之前投资者获得的回报很低，开发油田的外国公司只能得到固定的报酬，他们的利润与油价上涨不挂钩，油田一旦开发完毕，就必须将经营权和管理权移交给伊朗国有石油公司。2005 年 3 月，伊朗开始改进“让外国公司参与石油部门运作的计划”，例如，可能一开始就签订 25 年的合同，商议好回报率。①

关于中国公司在伊朗（海外）风险的防范，（集团）公司对每一个投资项目都有风险评估（中石油集团国际事务部将风险分为 7 级，最高风险为 7 级——苏丹、安哥拉、委内瑞拉属于最高的第 7 级风险），商务部 2004 年 11 月编写了《外派经贸人员对外安全工作须

① 英国《金融时报》2005 年 3 月 9 日报道。

知》，外交部成立了领事司，协调国内外相关单位开展救援和善后工作[①]。又例如中国冶金科工集团有限公司投资29亿美元（首期）开采世界第二大储量的阿富汗卢格尔省的艾纳克铜矿（距喀布尔约40公里）就面临阿富汗法律模糊（当地社区的权利、环境、土地占有权等）以及缺水、恐怖袭击等风险[②]。可以把海外投资分为两类来进行风险的评估分级、防范与应对——第一类是对投资东道国的风险评估、对投资项目类别及地区的风险评估，第二类是对职工的风险防范应对培训。中国目前对援外职工的风险防范工作是停留在对职工发放安全小册子的层面，对项目的风险评估也由企业自己完成，没有统一的系统机构来操作、协调、监督和管理。

（三）扩大中国对中东地区的影响，增强对伊朗的牵制力

中国同中东国家一直保持着良好的关系。中东地区作为我国大周边战略的重要组成部分，以及主要的能源供应地，对我国全球战略和能源安全的重要意义日渐凸显，我国与中东国家相互依存度也在不断增加。

近年来中国外交呈现出由地区性向全球性转变的趋势。党的十六大报告中明确指出："我们将继续积极参与多边外交活动，在联合国和其他国际及区域性组织中发挥作用，支持发展中国家维护自身的正当权益。"[③] 可以预见，未来中国将在国际事务中发挥越来越重要的作用，而中东国家、伊朗将成为中国在世界舞台上的重要的政治、经济伙伴。一方面，中国的和平发展需要包括中东国家在内的广大发展中国家的支持；另一方面，中东、伊朗本身就是中国在国际事务中发挥作用的很好的舞台。虽然大部分中东国家目前仍处于美国等西方国家的控制之下，但是它们希望同中国开展更紧密的合

① 程必忠："中国人海外寻油之痛"，《南风窗》2007年，第21期。

② 法新社喀布尔2007年12月12日电。

③ 江泽民："全面建设小康社会，开创中国特色社会主义事业新局面——在中国共产党第十六次全国代表大会上的报告"，第49页。

作，希望中国利用与中东各国都保持良好关系的优势，在中东事务中发挥越来越大的作用。

在中东大外交中，中国可以采取多种手段，发挥建设性的作用。首先，派遣中东特使定期辗转于中东各国听取意见，“劝和促谈”，提出建设性意见，加大对中东问题的参与力度，这应当是中国在中东最重要的参与手段，在一定程度上也是对中东国家呼吁的回应。其次，增强与中东国家的经贸往来和能源合作，建桥修路，促进中东国家发展经济。再次，与中东国家开展防务合作，如在联合国框架下向黎巴嫩派出1000名维和部队，以及刚刚派往亚丁湾执行护航任务的中国军舰。最后，与中东国家开展文明对话，继续在中东开设孔子学院、中国文化中心或者中国研究中心等学术教育机构，促进中国与中东国家的全面交流。[①] 例如，2006年12月，中国首次举办“巴以和平人士研讨会”，2007年1月伊朗首席核谈判代表拉里贾尼、以色列总理奥尔默特先后访问北京，这些说明中国有实力进入现行的中东问题四方机制（联合国、欧盟、美国、俄罗斯），也会得到伊朗、叙利亚、以色列等国家的欢迎。[②]

（四）后核危机时代中伊关系的发展趋势

伊朗核危机应当能够在21世纪第二个十年中获得解决。笔者分析得出的简短结论是，这个时期中伊不会出现根本性利益冲突，两国关系将在现有基础上全面发展，特别是在经济贸易合作领域、国际重大问题上进一步合作的趋势是明显的，中伊可能建立战略合作伙伴关系或者自由贸易区（甚至共同市场），但是不会成为盟国；在两国现有制度和领导人的政治主张和外交政策主导下，两国关系恶化的可能性不大，也不会走向敌对。但是中伊关系发展过程中出现

---

① 邱丹：“巴以冲突折射中国中东外交转型”，《瞭望东方》周刊，2009年1月14。http：//www.lwdf.cn/oriental/world/20090114143559483.htm.

② 英国《经济学家》周刊2007年1月11日一期文章。

曲折、发展减速或者短暂停滞的可能性也是存在的，其中核危机就是一个现实的诱因。

21世纪初期中国—伊朗关系在很大程度上将随伊美关系、中美关系的变化而演变；国际能源（石油、天然气）市场情势以及世界政治格局的变化也是引发变动的重要因素。

第一，两国将在总体上推进、发展、巩固中—伊关系。一方面从各自的国家利益出发，建立全面、友好的国家关系；另一方面，已有领域的合作关系会进一步加深；互利—合作—友好的基调不会改变。

第二，21世纪初，中国将继续推行全方位外交战略，对“韬光养晦”的外交理念可能有新的理解，伊朗与美国、西方关系也可能改善，中美关系也必然变化。中国将一如既往地坚持外交政策独立自主，在国际交往中坚持五项原则，用中国的和平外交和和平发展，来反对霸权主义和单极世界、地区干涉主义的行径，反对新的不平等国家关系；继续支持伊朗的经济社会发展及其中东大国的国家定位；理解伊朗发展民用核能的努力，扩展在这个领域内与伊朗的合作（前提是不违反联合国的基本准则和联合国的决议，例如，2008年中国对联合国1803号决议、2010年对1929号决议投了赞成票）。

第三，两国之间的全面经济、技术和文化合作将会继续推进，正常国家之间的政治、军事交流将得到扩大和加强。中国曾经提出修建一条长约4000公里的铁路，从中国—哈萨克斯坦边境出发，经过伊朗和土耳其、中欧，最后到达荷兰鹿特丹港的新的“陆上丝绸之路”的设想，把伊朗和中国直接联接起来，这对确保中国西部边疆地区的稳定、获取能源、全面抗衡美国渗透中亚形成的对华包围圈，都具有战略意义①。同时对伊朗通过陆路加强同东亚、欧洲各国的联系也有深远意义。这样的合作意向，建立在双边和多边利益的

① 俄罗斯《新消息报》2006年1月27日文章。

基础之上，在新时期有着实现的空间和时间。

总之，21世纪初期的中伊关系的基本方向是可以确定的，那就是——和平、友好、合作和共同发展，但是其中的变数也是存在的，中伊双边关系必然会参杂进来复杂的国际、国内因素，对此，中国应当早有预见，早拟应对之策。

结　论

当代中伊关系体现了古老历史文明国家之间的新关系。中国和伊朗分别位于亚欧大陆东西两侧，相隔着青藏高原、帕米尔高原、印度河平原，地理环境中的高山大川、万水千山、路途遥远，使漫长历史时期中的两国各自发展，形成了照耀周边的文明之源。然而历史上的两个文明古国并没有过大规模的直接交往，也没有经常性的联系沟通，偶然性的人员接触和间接的途径，促成了文化的交流，但是这种交流带给对方的信息是点滴的、朦胧的，相互之间的了解长期停留在一知半解的状态。

当代中伊关系是一种非对称性友好依存关系。中伊之间的“文明对话”和“文明包容”是两国发展关系的基础，也是中伊关系持续发展的方向。20 世纪以来，特别是第二次世界大战以后，中伊开始建立了现代国家关系。尽管经历过曲折，但是两个不同制度、各具文化特色的历史古国创造了友好交往的国家关系典范：不同社会制度、不同发展道路、不同文化渊源、不同生活方式、不同目标诉求的民族，完全可以相互交流、求同存异、和平共存、共同发展。从地域、人口、经济看，无容置疑，中国是一个大国；从文化的影响看，中华文明对东亚产生了广泛的认同感；伊朗是一个地区大国和强国，其伊斯兰什叶派信仰具有强大的号召力和凝聚力。近代以来沦为半殖民地半封建社会的共同遭遇，奠定了两国的共同目标是反对帝国主义、霸权主义和殖民主义，还面临着建立公平、公正的国际新秩序的共同任务。中伊都要求获得平等、独立的民族权利，自己有权选择适合国情的发展道路。这些构成了当代中伊关系继续发展的动力。事实上，国家综合实力决定了中伊两国的双边关系属于不对称脆弱性平衡关系：两国必须发展友好合作的国家关系，同时又没有建立更加亲密的战略联盟的必要。中伊关系的历史和现实证实，两国可以减少对对方的依存度——假设，有一天离开了对方，各自完全可以继续生存和发展，可能受到直接冲击的，不过是国家发展的速度和繁荣度而已。

当代中伊关系的主要特征是在“中—美—伊飞地型三角战略”地缘政治关系框架之中形成的。中美伊文明“大三角”中，冲突多于融合、竞争胜过合作，依然呈现出不对称、不稳定、高关联的状态。中伊关系的定位和互动，受到框架中的“美国支点”的影响和制约：“中国特色道路”对世界的影响力有待继续深化和扩大，中国传统文化的魅力刚刚走出国门，没有被世界完全认识；伊朗的什叶派伊斯兰思想对部分发展中国家的影响难以阻挡、地位难以撼动；美国的“人权、民主”观念的侵略性、进攻性、诱惑性一如既往，更具挑战性和威胁性，美国的经济实力和政治体制的强势地位构成的软实力对中伊都形成了巨大的压力，也凸显出中国的“文化软肋”：伊朗具有软实力中的文化优势，美国具有软硬实力优势。从世界整体和全面的国家关系着眼、从现实和未来的国家核心利益出发，定位伊朗在中国的对外战略格局中处于第三—第四层级、中国在伊朗对外战略格局中处于第三层级的结论是合适的；今后的目标可以定位为在经济、文化、政治、旅游、军事、社会等各领域，建立和发展全方位的中伊友好国家战略合作关系，努力将两国双边关系提升到各自国家的全球战略中的第二层级。

当代中伊关系积极稳健发展的势头不会改变。从地缘政治和战略上来看，“中美伊大三角”结构中，美国是唯一的超级大国，中国正由地区性强国迈向世界性强国，伊朗是波斯湾的地区性大国和强国。目前，伊美关系主要表现为对抗性，中美关系则以合作为主、对抗为辅，中伊关系体现为友好合作。因此，中国和伊朗共同面对来自美国的遏制和压力，深化了中伊在地缘战略上的相互依存关系。中国对美国的战略具有二重性：合作性与配合性、抗争性和独立性。当中国与美国抗争时，需要伊朗的配合与支持；当中国与美国合作时，中国需要伊朗的克制与冷静。伊朗需要中国的支持与呼应，但中国的支持与呼应可能不能完全达到伊朗的预期。主观上，中国一方面要维护与美国的建设性、利益攸关方的合作关系，另一方面又要维持与伊朗的相互依存的友好关系。但是客观上，中国没有积极配合美国制裁、遏制伊朗的行动，令美国失望和不满；中国对伊朗的支持和呼应是理性的，这也在一定程度上引起伊朗的失落，迫使伊朗转而寻求俄罗斯和伊斯兰世界更加广泛的支持。目前，中、伊、美之间的这种地缘政治三角关系暂时具有相对的稳定性。伊朗政权性质的可变性、伊朗核危机等因素是影响该三角关系的关键性因素，一旦因素出现剧烈变动，都会破坏三角关系的稳定性，最终获益最大的将是美国，中伊都将遭受巨大影响。尽力维护和保持中美伊战略大三角的稳定性格局，是目前中国对伊朗战略的合理选择。

主要参考文献

[1]《世界地图集》，中国地图出版社 2005 年 1 月版。

[2] 颜声毅著：《当代中国外交》，复旦大学出版社 2004 年 9 月版。

[3] 赵国忠主编：《简明西亚北非（中东）百科全书》，中国社会科学出版社 2000 年 12 月版。

[4] 刘强：《伊朗国际战略地位论——一种全球多视觉的解析》，世界知识出版社 2007 年 2 月版。

[5] 杨兴礼等著：《伊朗与美国关系研究》，中国社会科学出版社 2006 年 5 月版。

[6] 冀开运等著：《二十世纪伊朗史》，甘肃人民出版社 2000 年 12 月版。

[7] 张幼文等著：《2005 中国国际地位报告》，人民出版社 2005 年 4 月版。

[8]（英）W.B. 费舍尔主编，北京大学地质地理系经济地理专业译，《伊朗》，北京人民出版社 1977 年 7 月版。

[9] 范鸿达著：《美国与伊朗：曾经的亲密》，社会科学文献出版社 2006 年 6 月版。

[10] 叶自成：《中国大战略》，中国社会科学出版社 2003 年 11 月版。

[11] 伊朗伊斯兰共和国驻华大使馆：《走进伊朗》，使馆商社贸

易快讯杂志 2007 年 2 月版。

[12] 孙博：《地球漫步——伊朗》，中国旅游出版社 2006 年 10 月版。

[13] 王绳祖主编：《国际关系史》（上、下册），武汉大学出版社 1983 年版。

[14] 中国现代国际关系研究院：《国际战略与安全形势评估（2001—2002）》，时事出版社 2002 年 3 月版。

[15] 安维华、钱雪梅主编：《亚洲问题研究丛书：海湾石油新论》，社会科学文献出版社 2000 年 10 月第一版。

[16] 张士智、赵慧杰著：《美国中东关系史》，中国社会科学出版社 1993 年 7 月第一版。

[17] 于卫青：《波斯帝国》，三秦出版社 2001 年 1 月第一版。

[18] 中国现代国际关系研究院：《国际战略与安全形势评估（2002/2003）》，时事出版社 2003 年 1 月版。

[19] 高发元主编，首届赛典赤研究国际会议论文集，云南大学出版社，昆明，2004 年 8 月版。

[20]（苏）米·谢·伊凡诺夫：《伊朗史纲》，生活·读书·新知三联书店 1973 年版。

[21] 彭树智主编：《中东国家和中东问题》，河南大学出版社 1991 年 8 月版。

[22] 安维华主编：《中东市场》，北京大学出版社 1994 年 10 月版。

[23] 刘竞等：《现代海湾国家政治体制研究》，中国社会科学出版社 1994 年版。

[24] 邢秉顺：《伊朗文化》，文化艺术出版社 2003 年版。

[25]（英）Philip Dew 主编：《与伊朗做生意》，中国海关出版社 2004 年 5 年版。

[26] 赵伟明：《近代伊朗》，上海外语教育出版社 2000 年版。

[27] 钱学文：《海湾国家经济贸易发展研究》，上海外语教育出

版社2000年版。

[28]（美）詹姆斯·多尔帝，（美）小罗伯特·普尔法茨格拉夫著，阎学通等译：《争论中的国际关系理论》（第五版），世界知识出版社2003年版。

[29]（美）塞缪尔·亨廷顿：《文明的冲突与世界秩序的重建》，新华出版社2002年版。

[30] 张丽东、张前明：《当代国际关系概论》，上海人民出版社2000年版。

[31]（美）康威·汉得森：《国际关系——世纪之交的冲突与合作》，海南出版社/三环出版社2003年12月版。

[32] 彭树智主编：《伊斯兰教与中东现代化进程》，西北大学出版社1997年版。

[33] 张俊彦主编：《变化中的中东经济》，北京大学出版社1992年版。

[34]（美）劳费尔著，林筠因译，《中国伊朗编》，商务印书馆1964年版。

[35] 世界宗教研究所：《各国宗教概况》，中国社会科学出版社1984年版。

[36] 陈麟书等著：《世界七大宗教》，重庆出版社1986年版。

[37] 李毅夫等著：《世界各国民族概览》，世界知识出版社1986年版。

[38] 孙峰华等著：《21世纪的人文地理学》，香港新闻出版社2003年版。

[39] 王恩涌等著：《政治地理学——时空中的政治格局》，高等教育出版社1998年版。

[40] 陈才等著：《世界经济地理》，北京师范大学出版社1999年版。

[41] 杜德斌等编：《世界经济地理》，高等教育出版社2009年版。

［42］（阿联酋）穆哈买德·本·胡葳丁著，姚继德等译，《中国与阿拉伯半岛和海湾国家关系（1949—1999）》线装书局 2008 年版。

［43］ Sick，Gary，All fall down：America's fateful encounter with Iran，1985 published by I. B. Tauris & Co. Ltd. London.

［44］ Adam Tarock，Melbourne，Iran's Foreign policy since 1990：Pragmatism Supersedes Islamic Ideology，1999 by Nova Science Publishers，Inc. New York.

［45］ Stephanie Cronin，The Making of Modern Iran，2003 by Routledge Curzon，London.

［46］ John W. Garver，China and Iran—Ancient Partners in a Post-Imperial World，2006 by the University of washington Press (Seattle and london).

［47］ Dominick Salvatore，Internatiional Economics，Fifth edition，1995 by Prentice-Hall International，Inc.

［48］ Daniel Byman…，Irans security policy in the Post-revolutionary era，published 2001 by Rand；201 North Craig Street，Suite102，Pittsburgh，PA15213—1516.

［49］ Translated by：DrSadroddin Moosavi，Contemporary Iran Political System，2004.

［50］ Mohamed Bin Huwaidin，China's Relations with Arabia and the Gulf 1949—1999，Routledge Curzon，29 West 35th Street，New York NY1001，2002.

［51］ Parvin Alizadeh，The Economy of Iran，Dilemmas of an Islamic State，I. B. Tauris Publishers，London，New York，2000.

［52］ Anoushiravan Ehteshami and Raymond A. hinnebusch，Syria and Iran，Middle powers in a penetrated regional system，1997，Routledge，London and New York.

［53］ Translated by：Dr Sadroddin Moosavi，The Islamic Revolution of Iran，A sociological Study，Volume I，Alhoda，Tehran, 2001.

[54] Hamid Algar, The Roots of the Islamic Revolution, The Open Press, London, 1983.

[55] Thames andHudson, Early Mesopotamia and Iran, London 1963.

[56] Ali Mohammadi, Routledge Curzon, Iran Encountering Globalization, Problems and prospects, Edited by 2003.

[57] Amin Banani, The Modernization of Iran, Stanford University Press, 1961.

[58] Christin Marschall, Routledge Curzon, Iran's Persian Gulf Policy, From khomeini Khatami, London and New Yonrk, 2003.

[59] Gary Sick, All Fall Down, America's Fateful Encounter with Iran, by I. B. Tauris & Co. LTD, London, 1985.

[60] Russian and the West in Iran, 1918—1948, Cornell University Press, 1949.

[61] Ali Mohammadi, Routledge Curzon, Islam Encountering Globalization, Edited by NewYork, 2002.

[62] Bruce Bueno de Mesquita, Hoover Institution of Stanford University, Principles of International Politics, Congressional Quarterly Inc. 2000, Washingdon, D. C.

附　录

附录一　中伊关系评估的调查方法说明

本书在问卷调查的基础上，尝试定量分析，对中国伊朗关系的现状和未来进行评估，其结果作为辅助结论，与定性分析结论相结合，相互修正和补充之后，作为本书最终的分析结论。

（一）评估方法和指标体系

主要采取问卷调查法，针对国内外的伊朗学者、中东学专家发放问卷，请他们选定评价指标并对指标赋值，笔者再据此进行初步的量化研究。所选定的指标的现状值和未来时段值，主要根据专家与笔者的主观赋值进行综合。将专家对于各评价指标的现状得分和未来得分分别乘以权重，得到现状和未来中伊关系的权重得分，将权重得分作为专家对中伊关系状况的分项评价和总体判断的依据。

笔者在本书中提出国家关系“友好度”概念，来刻划中伊关系的亲疏程度。“友好度”的含义是：国家交往实际总得分值与国家关系满分值的比值（%），即：

友好度＝国家关系的实际总得分值/国家关系满分值，用模型表示为：

$$A=\sum_{i=o}^{n}(XI*QI)/\sum_{i=o}^{n}(Yi*Qi)*100\%\ (i=1, 2, \cdots n)$$

式中，A 表示友好度，Xi 表示国家关系第 i 项指标的实际得分，Yi 表示国家关系第 i 项指标的满分值，Qi 表示国家关系第 i 项指标的权重值。

本书采用的问卷调查法是在传统专家调查法基础上做了一定调整之后形成的。调查以国内相关领域的部分资深专家作为主体，同时选取部分青年学者作为对象，与资深专家组形成映证和互补，使两者的调查结论可以对比和验证。

（二）调查分析工作的基本步骤

首先，根据中伊交往的实际领域，确定出本次评价中伊关系的八项主要因素：商品贸易、能源贸易、投资—技术合作、外交—国际合作、军事交流、文化交往、宗教交流、历史恩怨，并设计完成相应的调查表格《中国—伊朗关系专家调查表》（见附录二）。

然后，向国内的研究人员发放或邮寄调查表，这些专家来自西南大学和国内相关研究机构、高等学校，对回收的调查表进行评估。调查表设计为三个部分，第一部分反映专家的个人信息；第二部分是对影响因素赋分：调查表提供调查内容的背景说明和填表说明，要求被调查者根据自己对中国伊朗关系的关注和判断以及擅长的专业领域和经验来对各因素进行权重赋分（范围 0—1.0），再根据自己的判断对中伊关系现状赋分（赋分区间为 1—5 分）并且按照权重赋分计算单项得分及总得分；然后对中伊关系的未来（2020 年）状况赋分（赋分区间同样为 1—5 分），最后按照单项要素的权重值计算单项得分和总得分。从回收的调查表可以看出，在因素权重的赋值上，大多数专家和青年学者对商品贸易、能源贸易领域的现状和未来的赋分都较高，达到 3.3 分以上，代表了国内学界对中伊关系现状和未来特征具有趋同性认识，也符合中伊关系的现状。同时，对于“历史恩怨”等因素对中伊关系的影响权重值普遍较低，说明历史因素对当代中伊关系的影响度不高。根据专家意见和笔者分析，认为选择商品贸易、投资服务、政治关系、外交与国际支持、军事交往、文化交流、宗教影响等七项指标作为影响当前和未来一个时期中伊关系的主要因素是合适的，并确定7个指标的重要性程度（权重）分别是0.3、0.2、0.1、0.2、0.05、0.05、0.1。

调查表还设计了两个开放式问题：1. 中国媒体对伊朗的认知度，2. 您对中伊关系的看法。

最后，采用统计数据分析软件对调查获得的两国现状和未来关系的综合分值进行数据整理和统计分析，采用相关的指标计算方法，分析专家权威程度、专家意见集中程度、赋分汇总等调查结果，并进一步修改调查结论。

（三）对调查资料及结论的分析

1. 专家情况分析

第一，专家的代表性和可靠性：专家的选取是决定本次问卷调查成败的关键①。此次调查主体是43位资深专家，选取的资深专家来自伊朗驻华大使馆、中国现代国际关系研究院、上海社会科学院欧亚研究所、上海外国语大学中东研究所、北京大学国际关系学院、对外经济贸易大学、北京新华社世界问题研究中心、北京外交学院、北京市第二外国语学院、江苏南京解放军国际关系学院、南京大学哲学系、云南大学、广东湛江师院、武汉大学、西北大学中东研究所、河南大学历史文化学院、西南大学地理科学学院、历史文化学院、科技处、出版社等20余个单位，研究领域和分布区域均有比较普遍的代表性；另外，选取的资深专家均长期从事国际关系研究并对中东问题有着自己的认识，知识层次较高，其中教授（编审）21人，副教授17

① BROWN B. Delphi process: a methodology using for the elicitation of opinions of experts [J]. The Rand Corporation, 1987, 9: 3925.

人，讲师5人。此外，本次调查还选取了62位相关专业的青年学者作为对比调查组，其中硕士研究生57人，本科学生5人。

第二，专家的积极性：专家参加调查的积极性程度即专家的积极系数，通常用问卷回收率（回收份数与发放份数之比）表示。本研究第1轮发出调查表110份，回收108份，专家积极系数为98.2%。除3份咨询表因未按要求回答而作废外，其余均按要求完整填写，调查表的有效率为97.2%。第2轮调查表，发出108份，回收105份，专家积极系数为97%，有效率100%。在满足统计学要求的同时体现了专家们相当高的积极性。

第三，专家的权威程度：根据专家对咨询指标的熟悉程度和判断依据，计算出专家对各项指标的权威程度。结果显示，资深专家调查组对本次咨询内容的熟悉程度为0.88，判断依据为0.94，权威系数为0.91；青年学者调查组对本次咨询内容的熟悉程度为0.82，判断依据为0.83，权威系数为0.86。说明专家具有较高的权威性，他们的预测是建立在经验和理论基础之上的。

2. 专家意见的集中程度

以各项指标的算术平均数和变异系数来表示专家意见的集中程度。

资深专家调查组8个指标的平均得分在0.0611～0.2390之间，不同专家赋分变异系数均小于0.05，青年学者调查组8个指标的平均得分在0.0698～0.2442之间，不同学者赋分变异系数也小于0.05；将两个调查组之间的赋分结果进行对比，差异程度也都在0.18以内，有些指标的结果竟然完全一致，说明专家意见比较集中。

3. 专家意见的协调程度

专家意见的协调系数用来判断全部专家对所有指标及评价标准给出的评价意见是否存在较大分歧，用协调系数W表示。W的取值范围在0～1之间，W越大，表示协调程度越好。本次调查协调系数为0.613，经卡方检验 $P<0.05$，可以认为全部专家对所有指标的整体评价意见比较一致，评价结果可信。

（四）调查结论

1. 数据汇总

主要是对专家的权重赋分进行汇总分析，分为两个组进行，结果见附表1、附表2。

附表1　　资深专家调查组赋分汇总表

	因素权重	现状得分	现状权重得分	未来得分	未来权重得分
商品贸易	0.1861	2.8226	0.5587	3.8548	0.7529
能源贸易	0.2390	3.3548	0.8235	3.7742	0.9400
投资—技术合作	0.1379	2.4194	0.3318	3.4194	0.4829
外交—国际合作	0.1416	2.8710	0.4065	3.3065	0.4658
军事交流	0.0884	1.7742	0.1639	2.2903	0.2106
文化交往	0.0829	1.7581	0.1508	2.5484	0.2126
宗教交流	0.0629	1.4355	0.0960	1.7742	0.1268
历史恩怨	0.0611	1.8871	0.1202	2.3387	0.1547
综合结论	1.0000	18.3226	2.6513	22.9516	3.3463

附表2　　青年学者调查组赋分汇总表

	因素权重	现状得分	现状权重得分	未来得分	未来权重得分
商品贸易	0.1967	2.8667	0.5567	3.9667	0.7792
能源贸易	0.2442	3.3167	0.8325	4.1000	1.0242
投资—技术合作	0.1203	2.5333	0.3157	3.7667	0.4643
外交—国际合作	0.1416	3.0500	0.4515	3.7667	0.5555
军事交流	0.0808	1.6333	0.1322	2.4333	0.1936
文化交往	0.0740	1.7583	0.1368	3.1167	0.2362
宗教交流	0.0698	1.6667	0.1218	2.2000	0.1513
历史恩怨	0.0727	1.8083	0.1353	2.6167	0.1945
综合结论	1.0000	18.6333	2.6824	25.9667	3.5988

2. 数据分析与结论

对各评价指标的权重值进行分析，可以看出调查对象——资深专家组与青年学者组对于中伊关系的影响因素赋分排序基本相似，且能源贸易的权重值均接近四分之一。据此可以得出以下结论：

附图 1　中伊关系影响因素专家意见分析图

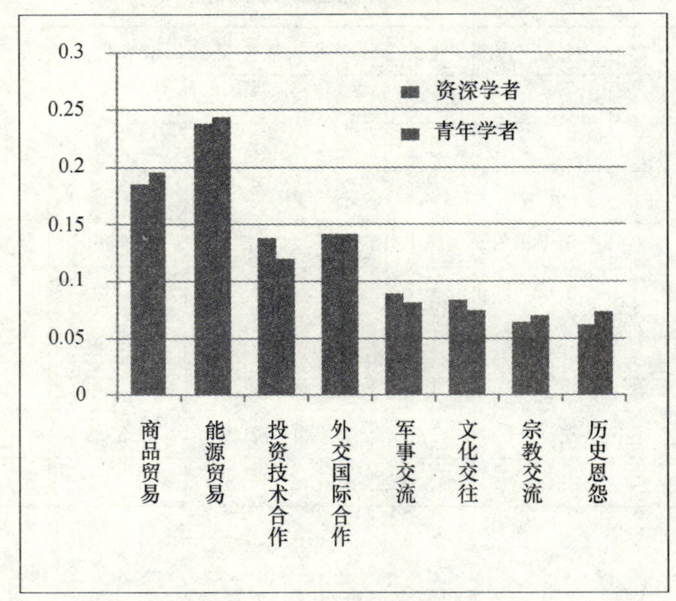

结论一：能源贸易、商品贸易、外交—国际合作、投资技术合作、军事交流是中伊关系中排名前五位的影响因素。其中，能源贸易为中伊关系的最重要的影响因素。

结论二：截至 2008 年，中国伊朗关系实际总得分为 2.8，友好度为 56%；到 2009 年 1 月，两国关系的现状得分为 2.6513，友好度为 53%，说明中伊关系处于中等水平，有下降的表现。

结论三：在可预见的未来时期，中伊关系将比现状水平有较大幅度的提升，两国关系的未来得分为 3.3463，友好度为 67%，初步达到良好水平。

结论四：中国媒体对伊朗的认知度总体偏低；以正面报道为主，但缺乏深层次的了解；对于伊朗的报道集中在政治领域、国际热点问题这样的“点”上，而对于伊朗民生、文化、宗教等“面”上的问题关注度不够。

结论五：中伊在现实中互有所求、两国关系发展意义重大且前景较为乐观。

结论六：美国因素将对中伊关系有重要的影响。

结论七：中伊在宗教方面的交流既存在合作前景又存在风险。

附表 3　　中国—伊朗关系的分析与结论

	商品贸易（权重 0.30）	投资服务（权重 0.20）	政治关系（权重 0.10）	外交与国际支持（权重 0.20）	军事交往（权重 0.05）	文化交流（权重 0.05）	宗教影响（权重 0.1）	总体关系（权重 1。00）
现状特征（2000—2007）	205 亿美元；传统商品：石油、机械产品	中国投出：交通、城建、油气勘采；伊方投资中方少	正常。领导层相互交往，承认尊重各自政治制度	1971 年建交；尊重五项原则；正常交往支持有权发展民核；谈判解决，反对武力、进一步制裁；伊方支持一个中国	符合国际法准则，不向伊扩散核和大规模杀伤性武器	主要在绘画、历史文学、体育方面；语言、民俗等方面欠缺	什叶派穆斯林影响新疆，伊斯兰教影响中国；单向影响	正常向良好转化
判断依据（在两国的地位、满意度）	双边贸易额、商品结构	双边投资额，重大项目	两国国体政体、高层交往	双方政府、外交法律政策、近期双方重大国际事务举措	军售额、品种、军界交往程度	政府民间协定、交流	双边宗教交流，教徒流动	综合前述 7 项
实际得分（满分均为 5 分）	3（中） 4（伊）	3（中） 1（伊）	4（中） 3（伊）	4（中） 3（伊）	1（中） 1（伊）	2（中） 2（伊）	0（中） 3（伊）	2.8（中 2.85，伊 2.75）

续表

	商品贸易（权重0.30）	投资服务（权重0.20）	政治关系（权重0.10）	外交与国际支持（权重0.20）	军事交往（权重0.05）	文化交流（权重0.05）	宗教影响（权重0.1）	总体关系（权重1。00）
未来趋势（2008年以后）	贸易额增加、种类增多；加工程度技术含量增加，纯原料减少	能源、交通、加工业、农业、旅游、服务业、金融业都成为投资领域	国体不变，政体可能变化，政府倾向改变：缓和、亲西方	平等互利、相互支持，外交法律化、规范化、理智化——国家核心利益不变，随内外形势调整策略	国际法范畴内，强化联系	加强政府、民间层面交流：相互了解、语言文化教育先行	法制化管理化交流	
判断依据（同上）	双方发展要求、趋势及政府企业态度	投资成效、风险及法律政策环境改善	国体中近期内难以改变；政体随国内外形势变化	双方将制定正常国际国内环境下的对外战略和政策，双方互有需求，国家利益优先—对等交换原则；公正公平次之	在不损害自身安全、平衡世界、地区力量基础上增强交往	文化是软实力的重要体现，双方都希望加强对对方的影响	中国传统上不具有宗教优势；未来依然居于守势	
实际得分（满分均为5分）	4（中） 4.5（伊）	3.5（中） 2（伊）	4（中） 3.5（伊）	4.5（中） 4（伊）	1.5（中） 2（伊）	3（中） 3（伊）	0.5（中） 3.5（伊）	3.4875（中 3.475，伊3.5）

续表

	商品贸易（权重 0.30）	投资服务（权重 0.20）	政治关系（权重 0.10）	外交与国际支持（权重 0.20）	军事交往（权重 0.05）	文化交流（权重 0.05）	宗教影响（权重 0.1）	总体关系（权重 1。00）
综合结论	现在和将来，中国将在制成品贸易居优、能源贸易居劣；	中方投资强度、广度大于伊方	双方不会相互影响国体政体，求同存异	未来会更重视务实有效互利的原则，中国的安常国地位和世界大国强国地位优于伊朗，但在某些重大问题、地区问题仍需伊朗支持	中—伊不存在成为军事盟国的必要与可能条件；可以发展正常军事贸易关系	突出两个文明古国的优势，扩大交流和影响	宗教交流影响顺其自然，但是中国原生宗教弱小，无力抗衡	中近期内向好因素居多，但是核问题是一大障碍
意见建议	对伊商品贸易应突出综合竞争力，统一规划管理；努力争取进口能源及其他资源型产品	强化在伊投资；中方投资应规范化、法制化、扬长避短，避免恶性竞争，共同对外	警惕伊方极端民族宗教势力或者被纳入敌对势力后的对华颠覆	在中国全球战略指导下制定实施专门的中东——伊朗战略和外交政策对等交换原则维护国家根本利益	国家安全、整体利益优先，灵活战略，以军售为主。	以“孔子学院”方式在伊宣传中国文化；扩大在华伊朗留学生培养规模，增加交流渠道	宗教交流纳入法律轨道，提高警惕，加强引导	需要从战略层面重视、战术层面回顾总结、统筹规划、实施评估

附录二　中国—伊朗交往大事记(1950—2011年7月)

1.1951年伊朗支持美国进入朝鲜，并谴责中华人民共和国是战争中的侵略者。

2.1950年代中国与伊朗开始发展非正式贸易关系。1950年至1959年，中国对伊朗的进出口贸易总额近250万美元。

3.1952年4月29日，伊朗工会代表应邀来我国参加“五一”节观礼。

4.1956年10月10日，伊朗“人民回声报”发表“必须承认人民中国”为题的社论，社论说，伊朗政府应该执行独立的外交政策，应当始终注意国家的最高利益，而国家的最高利益要求我们同中华人民共和国建立外交和贸易的关系。

5.1957年9月5月，为了帮助伊朗北部遭受地震灾害的人民，中国红十字会打电报给伊朗红狮和太阳会进行慰问，还在7月23日汇去了人民币15000千元（合2176英镑），请他们代购救济物资发放给需要救济的人们。伊朗红狮和太阳会先后两次打电报感谢中国红十字会的慰问和“珍贵的捐助”。

6.1959年10月11日，以伊朗人民党中央执行委员会委员塔巴里同志为首的伊朗人民党代表团，上午乘飞机离开北京，去上海等地访问。

7.1960年6月20日，6月22日是伊朗共产党（伊朗人民党的前身）成立四十周年，中国共产党中央委员会在20日打电报给伊朗人民党中央委员会，表示祝贺。

8.1960年10月5日，中国共产党中央委员会收到了伊朗人民党中央委员会第一书记拉德马内什和书记卡姆巴赫什发来的祝贺我国成立十一周年国庆的电报。

9.1960年10月11日，应中国亚非团结委员会邀请前来我国访问的伊朗亚非团结委员会访华代表团一行四人，今天乘火车到达北京。

10. 1960 年 10 月 11 日，中国政法学会抗议伊朗当局迫害爱国者。抗议书说，最近伊朗军事法庭悍然不顾伊朗人民的强烈反对，又判处四位爱国者巴鲁扬、卡赛罗、优素福和查里雅特的死刑。

11. 1960 年 10 月 20 日，国务院副总理陈毅接见了伊朗亚非团结委员会访华代表团全体成员。他们是：格西·伊兰·埃特巴尔夫人，德黑兰大学教授阿卜杜勒·侯赛因·哈利利，德黑兰商会会员阿里·阿斯加勒·皮尔扎德，伊朗高级经济委员会顾问阿里纳吉·阿里汉尼博士。

12. 1961 年 5 月 9 日，中华全国学生联合会打电报给德黑兰大学学生会，支持伊朗学生争取民主自由、生存权利、反帝爱国的英勇斗争，强烈抗议伊朗当局屠杀德黑兰师生。

13. 1961 年 9 月 28 日，伊朗人民党中央委员会第一书记列札·拉德马内什发来贺信，庆祝中华人民共和国成立十二周年。

14. 1962 年 9 月 18 日，中国红十字会总会今天打电报给伊朗红狮与太阳协会，慰问遭受地震灾害的伊朗居民，同时汇去人民币一万元帮助救济灾民。据报道，伊朗西部哈马丹地区 9 月 1 日晚发生伊朗历史上最大的一次地震，死伤两万多人。

15. 1962 年 9 月 28 日，伊朗人民党中央委员会第一书记　拉德马内什贺电庆祝中华人民共和国成立 13 周年。

16. 1965 年 3 月 23 日，中华人民共和国国务院总理周恩来在赴罗马尼亚途中飞越伊朗上空时，打电报给伊朗王国政府首相阿米尔·阿巴斯·胡韦达。电报说，“当我赴罗马尼亚途中飞经贵国上空的时候，谨向阁下致以真诚的问候。”

17. 1965 年 6 月 11 日，周恩来总理收到了伊朗首相阿米尔·阿巴斯·胡韦达在 10 日发给他的答谢电。

18. 1966 年 6 月 16 日，中华人民共和国国务院总理周恩来，十六日在乘专机前往罗马尼亚进行友好访问的途中飞越伊朗和土耳其上空时，分别打电报给伊朗王国政府首相阿米尔·阿巴斯·胡韦达和土耳其共和国总理苏莱曼·德米雷尔致意。周总理并收到了他们的复电。

19. 1965 年 6 月 19 日，周恩来总理今天打电报给伊朗首相胡韦达，对他和陈毅副总理在前往阿联访问途在德黑兰机场作短暂停留时，派官员接待，表示感谢。电报请胡韦达首相向沙阿国王和王后、阿什拉夫·巴列维公主，以及伊朗人民转达最好的祝愿。

20. 从 1965 年起，伊朗开始在中国进入联合国问题的投票中弃权，伊朗过去投票反对中国进入联合国。伊朗仍然是《巴格达条约》的成员国（1959 年 8 月改名为《中央条约组织》）。伊朗怀疑中国继续支持伊朗共产党、认为中国继续攻击《中央条约组织》。[①]

21. 1966 年 6 月 28 日，中华人民共和国国务院总理周恩来在访问罗马尼亚和阿尔巴尼亚以后回国途中，飞经希腊、土耳其、伊朗和阿富汗领空时，打电报向这些国家的政府首脑表示良好的祝愿。这些电报分别打给：希腊王国政府首相斯特凡诺普洛斯，土耳其共和国总理苏莱曼·德米雷尔，伊朗王国政府首相阿米尔·阿巴斯·胡韦达和阿富汗王国政府首相穆罕默德·哈希姆·迈万德瓦尔。

22. 1967 年 6 月阿拉伯国家在阿—以战争中失败之后，力量均衡从阿拉伯国家转向了伊朗，伊朗政府开始注意改善与中华人民共和国的关系。

23. 1967 年伊朗国王本人就伊—中关系首次直接发表了伊朗政府的声明，国王在声明中承认中华人民共和国的地位，并为中国进入联合国辩护。[②] 1969 年 1 月，国王首次宣布伊朗将支持中国申请联合国的席位。[③]

24. 1968 年 10 月 24 日，伊朗革命者发表文章《〈毛泽东军事文

① Behbehani 1981：217.

② Abidi 1982：47.

③ Abidi 1982：51.

选〉——各国人民解放的最锐利的思想武器》，热烈欢呼我国出版波斯文《毛泽东军事文选》，号召结合实际活学活用毛主席的军事理论。

25. 中国在1960年代对伊朗的进出口总额是1950年代的20多倍。

26. 1970年10月3日，中国共产党中央委员会主席毛泽东同志收到了伊朗革命者打来的电报。电报说，值此中华人民共和国成立21周年之际，我们“代表伊朗无产阶级和人民向您、向伟大的中国共产党和英勇的中国人民致以最热烈、最亲切的祝贺”。

27. 1970年代初期，英国势力撤出海湾，中国担心苏联填补海湾地区的“权力真空”，尤其在《苏联—印度友好条约》签定之后，中国政府希望加强与伊朗的关系。伊朗同样担心苏联，但是期待中国减少并终止对那些反对海湾现政权的民族解放运动和其它势力的政治和军事支持。中国在1971年开始停止支持被占领的阿拉伯人民解放阵线。

28. 1971年4月13日，伊朗公主阿什拉芙·巴列维（Ashraf Pahlavi）应中国政府邀请访问中国抵达上海，14日到达北京，李先念副总理、郭沫若副委员长到机场迎接，周恩来总理设宴欢迎。14日下午，周恩来总理、李先念副总理、郭沫若副委员长会见了公主及其一行；15日，公主一行访问了北京大学；16日，公主一行访问杭州；18日访问上海；19日访问广州；20日离开广州回国。

29. 1971年4月30日，应中国政府邀请，伊朗国王巴列维的三妹、公主法蒂玛。巴列维（Fatameh Pahlavi）访问中国，周恩来总理设宴欢迎。法蒂玛的随行人员有——伊朗首相夫人莱拉。胡韦达、首相办公室成员阿米尔。马苏德。米贝法赫莱等。5月4日，李先念副总理夫人林佳楣陪同法蒂玛一行参观访问我国南方，12日法蒂玛结束对华访问乘火车离开广州回国；同年4月30日伊朗公主法蒂麦·巴列维（Fatameh Pahlavi）访问中国。[①]

30. 1971年8月16日：中国—伊朗建交。两国正式建立外交关系的《联合公报》于1971年8月17日分别在北京和德黑兰同时发表。然而，相互承认的文件却早一天在伊斯兰堡签订，巴基斯坦的调解在两国建交中发挥了重大作用。

31. 1971年9月22日，由贝鲁兹·基亚率领的伊朗国家电视代表团应中央广播事业局的邀请，来我国进行友好访问。中央广播事业局负责人戴征远9月22日晚设宴欢迎贝鲁兹。基亚率领的伊朗国家电视代表团

32. 1971年9月27日，周恩来总理会见了以贝鲁兹·基亚先生为首的伊朗国家电视代表团和伊朗《消息报》总编辑曼苏尔·塔拉吉先生，同他们进行了友好的谈话，回答了他们提出的问题。

33. 1971年9月30日，中华人民共和国驻伊朗大使馆临时代办王景融乘飞机离京赴任。伊朗代理外交大臣米尔·坦德雷斯基10月4日接见王景融临时代办。

34. 伊朗国王巴列维打电话给董必武副主席、伊朗首相胡韦达打电报给周恩来总理祝贺中华人民共和国成立22周年。

35. 伊朗驻中华人民共和国大使馆临时代办阿·纳耶尔努里1971年10月14日到京。

36. 应伊朗政府邀请，中华人民共和国特使、人大常委会副委员长、中国科学院院长、历史学家郭沫若及其随行人员外交部西亚非洲司副司长何功楷等一行9人，1971年10月11日抵达伊朗，参加波斯帝国成立2500周年庆祝活动；中华人民共和国特使、中国驻巴基斯坦大使张彤应伊朗政府的邀请，10月14日到达设拉子，参加波斯帝国建国2500周年庆祝活动。为庆祝波斯帝国成立2500周年，10月15日下午在设拉子以北的栢塞波利斯举行阅兵仪式，张彤、王景

---

① 肖宪：《1971年中国—伊朗建交的动因和影响》，高发元主编：《首届塞典赤研究国际会议论文集》，云南大学出版社2004年版。

融和60多个国家的元首、政府首脑出席了阅兵式，董必武副主席、周恩来总理10月10日写信给巴列维国王，祝贺波斯帝国成立2500周年。10月15日张彤特使向巴列维国王递交了董必武副主席、周恩来总理的贺信。

37.1971年10月17日，伊朗首相阿米尔·阿巴斯·胡韦达接见了前来参加波斯帝国成立2500周年庆祝活动的中华人民共和国特使张彤。胡韦达首相说："伊中两国关系日益迅速发展。我希望两国的经济贸易关系将得到进一步发展。"他说："伊朗不能同意'两个中国'的论调。把拥有八亿人口的中国排除在联合国之外是不可想象的。"

38.1971年10月18日下午，巴列维国王在德黑兰沙达巴德宫接见前来参加波斯帝国成立2500周年庆祝活动的各国记者时，对新华社记者说，伊朗同中国的关系可能是最悠久的。伊朗和中国的文明是世界最古老的文明。国王说，"我们两国有着悠久的经济和文化关系，因此这一关系当然是不仅要发展到过去已经达到的水平，而且还要进一步地发展。"

39.1971年10月25日，董必武副主席、周恩来总理致电巴列维国王、周恩来总理致电胡韦达首相祝贺伊朗国庆。

40.1971年10月26日，周恩来总理、郭沫若副委员长、姬鹏飞代外交部长出席伊朗临时代办举行的庆祝巴列维国王诞辰招待会。

41.1971年11月6日，伊朗首相胡韦达打电报给周恩来，祝贺恢复中华人民共和国在联合国的合法权利。

42.1971年11月7日，由伊朗工商和矿业联合会副主席阿卜杜勒·阿里·法尔曼法尔迈安率领的伊朗访华贸易代表团一行12人，应邀来我国访问。李先念副总理会见伊朗访华贸易代表团。

43.伊朗出席联合国大会第26届会议的代表团团长阿什拉芙·巴列维公主1971年12月1日在伊朗代表团驻地举行宴会，宴请中国代表团团长乔冠华、副团长黄华。

44.1972年3月19日，由中国民航总局副局长马仁辉率领的中国民航技术小组，对伊朗进行五天访问后回。

45.1972年3月15日，中华人民共和国首任驻伊朗特命全权大使陈辛仁，今天乘飞机离京赴任。4月4日在德黑兰尼亚瓦兰宫向伊朗国王穆罕默德·礼萨·巴列维递交国书。

46.1972年3月29日，以对外贸易部副部长陈洁为团长的中国政府贸易代表团，应阿富汗政府和伊朗政府的邀请，今天乘飞机离开北京前往阿富汗和伊朗进行友好访问。伊朗首相阿米尔·阿巴斯·胡韦达4月11日上午接见了正在伊朗访问的中国政府贸易代表团团长、对外贸易部副部长陈洁，同陈洁副部长进行了友好的谈话。这是两国建交以来，中国政府代表团首次访问伊朗，双方签订了《中伊贸易协定》和《支付协定》。

47.1972年4月5日，以北京市体育运动委员会负责人、北京市乒乓球协会负责人王福勇为领队，北京市乒乓球协会秘书戴永钦、中华全国体育总会秘书赵启鑫为副领队的中国乒乓球队，应邀前往巴基斯坦、科威特、伊拉克、叙利亚、伊朗等国进行友好访问。

48.1972年4月15日，中华人民共和国国务院总理周恩来，4月15日打电报给伊朗王国首相阿米尔·阿巴斯·胡韦达，就最近伊朗南部地区发生强烈地震表示深切的同情和慰问。中国红十字会4月15日打电报给伊朗王国特别救济委员会和伊朗红狮与太阳会，对最近伊朗南部地区发生强烈地震向灾区人民表示深切同情和慰问。

49.1972年4月19日，伊朗首任驻中华人民共和国特命全权大使阿巴斯·阿拉姆，今日乘飞机到达北京；4月26日下午向中华人民共和国代主席董必武递交国书。

50.1972年4月21日，伊朗王国政府交通部副大臣兼民航总局局长哈桑·阿拉巴比率领的伊朗政府民航代表团应邀访华，4月26日，外交部长姬鹏飞、中国民用航空总局局长邝任农会见伊朗政府民航代表团。

51.1972年5月4日，中华人民共和国乒乓球协会代表团团长、中华人民共和国乒乓球协会代主席宋中，在北京会见了参加亚洲乒乓球联盟筹备会议的伊朗体育和文娱组织的代表纳耶尔努里。

52.1972年5月18日，以王福勇为领队、戴永钦和赵启鑫为副领队的中国乒乓球队，应伊朗乒乓球联合会的邀请，对伊朗进行友好访问。伊朗首相阿米尔·阿巴斯·胡韦达5月26日接见了中国乒乓球队全体成员。胡韦达首相要求中国乒乓球队转达他对中国人民的良好祝愿。

53.1972年6月15日，中国红十字会向最近伊朗南部地区地震受灾人民捐赠的价值人民币20万元的毯子、食品罐头和药品，6月14日在伊朗的霍拉姆沙赫尔港举行移交仪式。

54.1972年8月25日，中国驻伊朗大使陈辛仁8月15日在德黑兰举行招待会，代表中华全国体育总会向伊朗乒乓球联合会赠送中国影片《亚洲乒乓球联盟成立会议》。招待会上放映了这部影片。

55.1972年8月26日，伊朗乒乓球联合会主席、伊朗乒乓球代表团团长阿米尔·阿明，前来参加第一届亚洲乒乓球锦标赛和亚洲乒乓球联盟第一次代表大会，乘飞机到达北京。

56.1972年9月18日，伊朗法拉赫·巴列维王后陛下，应中国政府邀请前来进行国事访问，在王后母亲法里德·迪巴夫人、首相阿米尔·阿巴斯·胡韦达陪同下，今天下午乘专机到达北京，受到首都群众数万人热烈的夹道欢迎。董必武代主席、周恩来总理、李先念副总理会见了法拉赫·巴列维王后陛下，和陪同来访的王后母亲法里德·迪巴夫人、首相阿米尔·阿巴斯·胡韦达等伊朗贵宾。法拉赫·巴列维王后陛下在结束了对中华人民共和国的国事访问后，于10月1日下午乘专机回到德黑兰。

57.1972年10月11日，出席联合国大会第27届会议的中国代表团团长、外交部副部长乔冠华，10月11日在纽约设晚宴招待出席联合国大会的伊朗代表团团长阿什拉芙·巴列维公主殿下。

58.1972年10月25日，董必武代主席、周恩来总理10月25日打电报给伊朗国王穆罕默德·礼萨·巴列维，热烈祝贺伊朗国王巴列维寿辰和伊朗国庆。

59.1972年11月18日，中华人民共和国政府和伊朗政府民用航空运输协定在北京签字。国务院副总理李先念出席了签字仪式。中国民用航空总局局长邝任农和伊朗驻中国大使阿拉姆分别代表本国政府在协定上签了字。

60.1972年11月20日，正在伊朗访问的中国北京杂技团11月20日晚上在这里的穆罕默德·礼萨国王体育馆举行首次演出。中国北京杂技团11月23日晚在伊朗首都德黑兰举行第四场演出。伊朗王储礼萨殿下观看了演出。伊朗首相助理兼伊朗体育组织主任霍贾特·卡沙尼中将，11月25日晚在德黑兰举行招待会，招待正在这里访问的中国北京杂技团。

61.1972年12月1日，中国人民对外友好协会秘书长丁雪松晚上举行宴会，欢迎伊朗友好人士、德黑兰大学法律系教授马努切尔·甘吉和夫人。伊朗驻中国大使馆临时代办萨菲尼亚应邀出席了宴会。

62.1973年2月10日，以马吉德·拉赫奈玛博士为团长的伊朗王国社会服务组织代表团一行五人来我国进行友好访问。中国人大常委会副委员长郭沫若、卫生部负责人谢华，17日上午会见了马吉德·拉赫奈玛博士和由他率领的伊朗王国社会服务组织代表团全体成员，同他们进行了亲切友好的谈话。.

63.1973年2月11日，中国民用航空总局局长邝任农、副局长马仁辉于2月10日会见了由伊朗民航局副局长杰法尔·阿布勒穆阿利率领的伊朗民航代表团全体成员。

64.1973年2月20日，伊朗国王穆罕默德·礼萨·巴列维、伊朗首相阿米尔·阿巴斯·胡韦达2月19日打电报给周恩来总理，就中国四川省甘孜藏族自治州境内发生地震，表示最深切的慰问。

65.1973年4月3日，伊朗经济大臣胡桑·安萨里和夫人以及由胡桑·安萨里大臣率领的伊朗经济代表团，应邀前来我国进行友好访问。4月9日，国务院总理周恩来，外贸部部长白相国、副部长陈洁，外交部副部长何英，会见了伊朗经济大臣胡桑·安萨里和夫人，以及由安萨里大臣率领的伊朗经济代表团全体成员。访问期间，两国政府首次签订了长期贸易和支付协定。①

66.1973年4月7日，中国驻伊朗大使馆临时代办王景融四月七日拜会伊朗国王陛下助理典礼长罗斯塔姆·阿米尔·巴赫蒂亚里，把《热烈欢迎伊朗法拉赫·巴列维王后》的彩色纪录片交给他，并且请他把这部影片转赠给王后陛下。

67.1973年5月6日，伊朗王国首相助理兼伊朗体育组织主席阿里·霍贾特·卡沙尼将军和夫人，应邀前来我国进行友好访问。国务院副总理李先念，国家体委主任王猛，外交部副部长何英，会见了阿里·霍贾特·卡沙尼将军和夫人。

68. 中国外交部长姬鹏飞1973年6月访问伊朗。6月16日，伊朗国王穆罕默德·礼萨·巴列维陛下在德黑兰的尼亚瓦兰宫接见中国外交部长姬鹏飞，并且同他进行了亲切友好的谈话。

69.1973年6月30日，由伊朗参议院议长加法尔·谢里夫—埃马米率领的伊朗议会代表团，应中国全国人民代表大会常务委员会的邀请前来进行友好访问。人大常委会委员长朱德，副委员长郭沫若、阿沛·阿旺晋美，会见了伊朗参议院议长加法尔·谢里夫—埃马米和由他率领的伊朗议会代表团全体成员。

70.1973年7月3日，国务院总理周恩来，人大常委会副委员长阿沛·阿旺晋美，会见了伊朗参议院议长加法尔·谢里夫—埃马米和由他率领的伊朗议会代表团全体成员，同他们进行了友好的谈话。7月10日电，伊朗议会代表团在参观了西安、上海、广州、杭州后回国。

71.1973年8月9日，中国货轮“昌都”号8月9日首次抵达伊朗最大的港口——霍拉姆沙赫尔港，并受到这个港口和伊朗阿里亚国家轮船公司的负责人以及伊朗码头工人和海员的热烈欢迎。

72.1973年8月17日，中华全国体育总会代表何振梁、王亦洲

① 《北京周报》1973年6月第16期，第5页。

和楼大鹏于八月八日到十四日对伊朗进行了友好访问。

73. 1973年5月14—17日，伊朗的设拉子举行了伊朗第一届化学工程大会。包括中国在内的18个国家250多名化工方面的专家和学者参加了大会。中国的学术报告由代表团成员郭慕孙教授宣读。题目是“化工冶金中的散式流态化”。中国化工代表团还应邀参观了伊朗南部地区和首都德黑兰的石油提炼厂、石油化工厂、伊朗国家石油公司的研究中心、阿巴丹的电子计算中心和六所学校。

74. 1973年9月5—15日，伊朗古拉姆·礼萨·巴列维亲王和夫人及其随行人员应邀前来我国进行友好访问。

75. 1973年9月16日，首都新闻界举行宴会欢迎伊朗《消息报》社长阿巴斯·马斯乌迪。首都新闻界、外交部新闻司和有关方面负责人王揖、张政德、李哲夫、晏鸿亮、师海云、刘庆芳、戴枫等出席了宴会。9月18日，外交部副部长何英会见了伊朗《消息报》社长阿巴斯·马斯乌迪。

76. 1973年9月19日，亚洲运动会联合会执委会在9月18日举行的会议上，投票通过确认中华全国体育总会为该联合会会员。蒋介石集团的所谓体育组织被驱逐出该联合会。会议是由该联合会主席伊朗的古拉姆·礼萨亲王主持的。伊朗代表在会上提出了关于亚洲运动会联合会中应由中华全国体育总会代表中国的提案。提案指出，“没有中华人民共和国的参加，亚洲运动会联合会不能充分代表亚洲”，提案“建议中华全国体育总会应在亚洲运动会联合会中代表中国”。

77. 1973年9月28日，伊朗国家石油公司董事长兼总经理埃格巴尔博士和夫人一行4人，应邀前来我国进行友好访问。

78. 1973年11月10日，以何振梁为团长，王志强、张千、孙志安、阙永伍、袁伟民为副团长的中国排球代表团，应邀前往伊朗进行友好访问。亚洲运动会联合会主席、伊朗的古拉姆·礼萨·巴列维亲王和夫人玛尼杰·巴列维，11月19日在德黑兰会见了中国驻伊朗大使陈辛仁和夫人晓植以及正在伊朗访问的中国排球代表团团长何振梁和代表团全体成员。

79.1973年11月12日，正在德黑兰出席第二十二届国际红十字大会的中国红十字会代表团团长欧阳竞，11月12日拜会了伊朗红狮与太阳协会主席莎姆斯·巴列维公主，祝贺伊朗红狮与太阳协会成立50周年。中国排球队11月14日在德黑兰的穆罕默德·礼萨国王体育馆同伊朗国家排球队举行首次比赛。

80.1973年12月1日，以国家体委主任王猛为团长，张之槐、宋中为副团长的中国体育代表团，应邀前往伊朗进行友好访问。伊朗首相阿米尔·阿巴斯·胡韦达12月5日接见了正这里访问的中国体育代表团团长王猛和副团长张之槐、宋中，并且同他们进行了友好的谈话。亚洲运动会联合会主席伊朗古拉姆·礼萨·巴列维亲王12月6日在德黑兰会见了正在伊朗访问的中国体育代表团团长王猛和其他成员。

81.1973年12月5日，卫生部副部长黄树则12月4日晚上会见并宴请由德黑兰大学副校长达乌德·卡兹米率领的伊朗医学代表团。

82.1974年4月26日，国家体委举行招待会，热烈欢迎以伊勃拉辛·奈玛蒂为领队的伊朗国家男女排球队前来我国进行友好访问。

83.1974年5月24日，以杨公素为团长的中国旅行游览事业管理局代表团，结束了对伊朗的友好访问，5月23日乘飞机离开德黑兰回国。

84.1974年5月21—31日，以李苏先为领队，周敬一、邵冠群为副领队的中国篮球队对伊朗进行友好访问，中国篮球队先后访问了伊朗首都德黑兰、南部古城设拉子和伊斯法罕以及里海海滨城市巴布勒。中国篮球队男女队员分别同伊朗男女篮球队各举行了四场友谊比赛。

85.1974年9月19日，由对外贸易部局长奚业胜率领的中国出席中、伊（朗）贸易混合委员会会议的代表团19日乘飞机离开北京前往伊朗。

86.1974年11月10日，卫生部长刘湘屏今天下午会见了伊朗妇女组织秘书长阿芙哈米和由她率领的伊朗妇女组织代表团全体成员。

87.1974年11月19日，伊朗国家航空公司德黑兰—北京—东京航线，11月19日晚正式开航。

88.1974年11月20日，外交部副部长何英会见并宴请由伊朗新闻、旅游部两位副大臣拉苏勒·达德加里和伊拉吉·阿林普率领的伊朗旅游部代表团。11月23日，国务院副总理李先念会见了伊朗旅游部代表团全体成员。

89.1974年11月20日，中国体育运动委员会和中华全国体育总会举行宴会欢迎由伊朗首相助理兼全国体育组织主席阿里·霍贾特·卡沙尼将军率领的伊朗体育代表团访华。

90.1974年11月29日，应伊朗政府的邀请，对外贸易部部长李强率领中国政府贸易代表团乘飞机到达德黑兰进行正式访问。

91.1974年12月1日，为欢迎以莫尼瑞·萨拉赫中校为领队的伊朗武装部队男子排球队访华，国防部举行招待会。李达副总参谋长和莫尼瑞·萨拉赫领队先后在宴会上讲话。

92.1974年12月13日，中华人民共和国新任驻伊朗特命全权大使郝德青，今天乘飞机离开北京，前往德黑兰赴任。

93. 中国副总理李先念1975年4月访问伊朗。

94.1976年1月10日、11日，巴列维国王、胡韦达首相分别致电哀悼周恩来总理逝世。

95. 应伊朗放射性同位素研究和应用中心邀请，1976年1月9—1月20日，由孙数正率领的中国科学院考察小组在伊朗进行考察。

96.1976年3月22日，伊朗驻中国大使巴赫拉米举行招待会，庆祝巴列维王朝建立50周年，乌兰夫副委员长等应邀出席。

97.1976年4月13日，伊朗胡韦达首相向华国锋总理致贺电。

98. 伊朗阿里亚梅赫尔工业大学代表团访问上海、南京、杭州、北京等地，1976年4月10日结束访问回国。

99. 以广播事业局副局长金照为团长的中国广播电视代表团1976年4月8日抵伊朗访问，胡韦达首相4月12日接见，4月23日结束访伊回国。

100. 以李成江为领队的中国辽宁排球队一行17人1976年4月29日前往伊朗访问并参加巴列维国际排球比赛。

101. 1976年6月8日，中国、伊朗贸易混合委员会签署1976年度贸易安排备忘录。外贸部长李强和伊朗驻中国大使巴赫拉米等出席签字仪式。

102. 1976年7月11日，巴列维国王电唁朱德委员长逝世。

103. 应中国政府邀请，伊朗阿什拉芙公主1976年7月21日到京访问，李素文副委员长设宴欢迎，李先念副总理出席宴会；22日李先念副总理宴请公主，下午乔冠华外长与公主会谈；23日华国锋总理与公主会谈；23日，伊朗临时代办奉公主之命举行宴会，李先念副总理、李素文副委员长等出席；阿什拉芙公主8月1日结束访华回国。

104. 1976年9月10日，伊朗国王巴列维电唁毛泽东主席逝世。

105. 1976年10月25日，李先念副总理会见即将离任回国的伊朗大使巴赫拉米。

106. 1976年11月14日，首都新闻界宴请卡齐姆·扎奈加尔为团长的伊朗新闻代表团（访华），伊朗临时代办拉加布萨德出席宴会。

107. 1976年11月16日上午巴列维国王在德黑兰接见以乌兰夫为团长、姬鹏飞为副团长的中国全国人大代表团；18日伊朗两院议长会见中国人大代表团；19日代表团访问伊斯法罕；20日访问设拉子；21日会见胡韦达首相；29日结束访问回国。

108. 1976年12月26日，巴列维国王接见即将离任回国的中国大使郝德清，郝德清1977年1月15日晚回国。

109. 1977年2月24日，李先念副总理会见伊朗新任驻华大使马哈茂德·埃斯凡迪亚里。

110. 1977年5月29日，应中国科学院郭沫若院长邀请，伊朗首相助理兼原子能委员会主席阿克巴尔·埃特马德率领伊朗原子能科学代表团访问中国，郭沫若委托方毅副院长宴请伊朗代表团。

111. 1977年5月30日，教育部长刘西尧会见伊朗设拉子巴列维大学校长法尔孜·梅赫尔为团长的伊朗高教代表团。

112. 中国新任驻伊朗大使焦若愚1977年6月9日在德黑兰向伊朗国王巴列维递交国书；胡韦达首相6月26日接见了焦若愚。

113. 德黑兰市市长古拉姆·礼萨·尼克配和夫人结束对中国的友好访问，1977年6月26日回国。

114. 1977年8月31日，德黑兰大学名誉教授穆加达姆访问新疆。他受阿什拉芙·巴列维基金会委托，前来研究中伊两国人民之间的文化和历史联系，特别是有关“丝绸之路”的遗址。自治区革委会副主任司马义·艾买提会见并宴请了他。

115. 对外友协王炳南会长率领中国人民对外友协代表团，1977年9月2日起赴伊朗、索马里、伊拉克进行访问。

116. 1977年9月3日，中国人民解放军体育组织副秘书长周敬一应邀访问伊朗。

117. 伊朗首相贾姆希德·阿穆泽加尔1977年9月3日在德黑兰接见中国对外友协代表团；巴列维国王接见该代表团；法拉赫·巴列维王后接见中国驻伊朗大使。

118. 中国—伊朗贸易混合委员会1977年10月29日—11月1日在德黑兰举行第三次会议，就两国1977年11月1日—1978年10月30日将要交换的货物清单达成协议，并于11月1日签订了一项贸易备忘录。

119. 以中国社会科学院考古研究所所长夏鼐为团长的中国考古代表团结束对伊朗访问，1977年11月4日回国。

120. 出席第32届联大的中国代表团副团长陈楚1977年11月18日宴请伊朗代表团团长阿什拉芙公主。

121. 1977年11月28日，中国副外长何英在德黑兰会见伊朗外交大臣阿巴斯·阿里·哈拉巴里。

122. 伊朗宫廷大臣阿巴斯·胡韦达1977年11月27日在德黑兰

官邸举行茶会，欢迎中国人大副委员长邓颖超；法蒂玛公主宴请邓颖超副委员长；伊朗两院议长会见邓颖超副委员长；邓颖超 11 月 30 日访问伊斯法罕；伊朗国王和王后宴请邓颖超副委员长；邓颖超 12 月 2 日晚结束访问回国。

123. 1977 年 12 月 25 日，国家体委主任王猛会见并宴请伊朗奥委会副秘书长纳西里和夫人。伊朗客人先后访问了杭州、上海、苏州、北京，25 晚回国。

124. 应伊朗登山协会邀请，中国登山协会代表团于 1977 年 12 月 28 日至 22 日在德黑兰就中伊联合攀登珠峰事宜举行会谈并达成协议，双方商定，该项登山任务于 1978 年和 1979 年两年进行。

125. 据报道，中国于 1974 年开始购买伊朗原油。这是 1974 年后期中国外贸部部长李强访问德黑兰期间所作的安排。1976 年中国从伊朗购买了原油 20 万吨，1977 年购买原油 30 万吨。中国购买伊朗原油以硬通货和欧佩克的价格支付。[①]

126. 建交以来，中伊之间的贸易额迅速增加。以 1971 年贸易额为基数，1972 年比 1971 年增加了近 6 倍；1973 年增加了 10 倍多；1975 年增加 14 倍多；1978 年是 1971 年的 20 倍。从 1970 年年初到 1973 年年末，贸易平衡有利于伊朗。从 1974 年到 1978 年，中国在对伊朗的贸易中略有盈余。

127. 1978 年 2 月 5 日，春节前夕，《伊朗绘画展览》在北京开幕，给首都丰富的文化生活增添了新的光彩，受到我国美术工作者和广大观众的欢迎。

128. 1978 年 3 月 9 日，伊朗国王巴列维电贺中国五届人大首次会议成功召开。

129. 1978 年 4 月 29 日，为中国—伊朗运动员联合攀登世界最高峰（珠峰），伊朗登山队启程前来中国共同训练。

130. 伊朗国防部副大臣萨迪吉昂中将访问拉萨。为中伊两国联

---

① 《北京周报》1974 年 8 月第 35 期，第 35—36 页。

合攀登珠穆朗玛峰前来我国访问的伊朗国防部副大臣萨迪吉昂中将、中伊联合登山队伊方领队哈克比兹准将、伊朗登山和滑雪协会副主席诺卢齐等由中国登山协会负责人韩复东陪同，于1978年5月8日抵达拉萨访问。西藏自治区革委会副主任、西藏军区第二政委天宝会见了萨迪吉昂中将一行；16日下午，陈锡联副总理会见了萨迪吉昂中将一行；19日中午，伊朗驻华大使埃斯凡迪亚里举行宴会，中国国家体委负责人黄中、中国登山协会等有关方面负责人韩复东、沈少星、韩明阳、史占春等应邀出席。

131. 中国对外友协会长王炳南1978年5月17日晚上举行宴会，欢迎伊朗国王社会服务组织特别顾问兼公共关系部主任阿里·阿斯加尔·阿迪卜—马赫马迪率领的伊朗王国社会服务组织代表团（伊朗国王巴列维任该组织名誉主席），中国文化部副部长王阑西、对外友协副会长杨冀等出席宴会作陪；李先念副主席21日会见阿里·阿斯加尔·阿迪卜—马赫马迪率领的伊朗王国社会服务组织代表团。

132. 1978年5月25日，陈锡联副总理会见阿尔马希准将和夫人等伊朗朋友。

133. 中伊联合登山队完成攀登珠峰7500米的合练任务，1978年5月22日返回大本营。

134. 1978年6月6日，伊朗驻华大使埃斯凡迪亚里为伊朗登山队和伊朗王国武装部队射击队访华举行招待会，国家体委负责人黄中、中国人民解放军体育组织负责人韩复东、中伊联合登山队队长王富洲等出席。

135. 中国外交部长黄华应伊朗王国外交大臣哈拉巴里的邀请，于1978年6月15日晚到达德黑兰，对伊朗进行正式友好访问。哈拉巴里16日宴请黄华；17日，巴列维国王在尼亚瓦兰宫接见和宴请黄华外长；同日上午，伊朗首相贾姆希德。阿穆泽加尔会见了黄华；19日，黄华回国。

136. 1978年6月22日，国务院副总理方毅会见伊朗教育部副大臣礼萨·马兹鲁蒙等率领的伊朗教育代表团。黄华外长访伊期间，伊朗外交大臣阿巴斯·阿里·哈拉巴里向他转达了巴列维国王和伊朗政府对郭沫若副委员长逝世的沉痛哀悼，赞扬郭沫若很早就为中伊友谊和两国文化交流做出了贡献。

137.1978年8月14日，伊朗《世界报》发表社论指出，中日和平友好条约严重打击了苏联敌视中国的图谋。

138.应伊朗国王陛下邀请，1978年8月29日，华国锋主席开始访问德黑兰。这是两国建交以来中国最高级别官员——中国国家主席首次访问伊朗；30日，华国锋主席与巴列维国王举行首次会谈，会谈中，华主席邀请巴列维国王访问中国。同日，华主席会见伊朗首相贾法尔。谢里夫·埃马米；同日，华主席会见各国驻伊朗使节；31日，华主席同伊朗国王进行单独会谈，晚上接见中国驻伊朗使馆全体成员、新华社德黑兰分社工作人员、中国民航驻德黑兰办事处工作人员、中国在伊朗的体育教练、教师和留学生，并一起照了相；8月31日上午，签订中国政府和伊朗王国政府文化合作协定，黄华外长和加塞姆卢外交大臣在协定上签字；8月31日下午，经华主席和巴列维国王商定，国务院副总理纪登奎同伊朗政府经济和财政事务大臣穆罕默德·耶加内、工矿业大臣穆罕默德·礼萨·阿明、商业大臣穆罕默德·礼萨·维什卡伊举行了会谈，双方同意，在平等互利、互相尊重的基础上，扩大两国贸易，在经济、科学、技术等方面开展多种形式的合作，并就此商定必要措施；9月1日，纪登奎副总理参观巴列维博物馆和珍宝博物馆；9月2日，华主席离伊回国。

139.1978年9月4日，伊朗《复兴报》发表评论，称华国锋访伊成为两国关系的新开端。1978年9月，应中国政府邀请，伊朗国王的弟弟阿卜杜勒·礼萨·巴列维亲王访华，李先念副总理设宴欢迎；9月7日，亲王到乌鲁木齐访问；10月1日，华国锋主席—总理、邓颖超副委员长会见了亲王。

140.1978年11月22日，伊朗钢琴家娜汶·阿芙露兹在北京举行音乐会，邓颖超副委员长出席观看。

141. 1979 年发生伊朗伊斯兰革命，华国锋主席发出贺电，承认伊朗新政府并希望继续保持两国之间的传统友谊。

142. 1979 年 1 月 21 日，中国驻伊朗大使焦若愚（中国驻伊朗第三任大使，1977 年 5 月—1979 年 8 月在任）拜见伊朗总理迈赫迪·巴扎尔甘（Mahmdi Bazargan），表达了进一步发展两国关系的愿望。[①] 据报道，1979 年 7 月，华国锋主席通过巴基斯坦就他一年前出访伊朗之事向霍梅尼解释（Abidi 1982：174—175）。中国开始庆祝伊朗革命和伊朗国庆节。

143. 1979 年伊朗贸易部长访华，中伊签订备忘录，中国对伊朗的进口总额降到 1975 年以来的最低点。[②] 贸易总额从 1978 年的 1.18 亿美元降到 1979 年的 6790 万美元。

144. 1979 年 10 月，伊朗总理巴扎尔甘电贺中华人民共和国成立 30 周年。

145. 1979 年 11 月 26 日，中国外交部新闻司负责人发表谈话，对伊朗和美国之间最近发生的人质事件表示关切。

146. 1979 年 12 月初，15 国代表在安理会会议上发言，一致要求伊朗立即无条件释放美国人质。当月安理会主席中国代表陈楚发言指出，“中国政府一贯主张不干涉别国内政，各国内部事务由各国人民自己管理。但我们一向认为，国际关系准则和公认的外交豁免权应受到普遍的尊重。我们支持上月份安理会主席代表安理会关于立即释放被扣留的美国在伊朗的人质所做的呼吁。我们衷心希望，这一事件能够按照国际法准则和外交惯例，通过和平协商，谋求早日得到合理和妥善解决。”

147. 1980 年 1 月 30 日，叶剑英委员长打电报给伊朗伊斯兰共和国总统阿布·哈桑·巴尼萨德尔，热烈祝贺他当选伊朗总统。

148. 华国锋总理 1980 年 5 月 8 日在贝尔格莱德洲际酒店会见了

① 新华社《新闻简报》，1979 年 4 月 23 日，第 11056 期，第 1—2 页。

② BBC，*SWB*，*FE*/6275，19 November 1979，p. A4/3.

伊朗外交部长戈特布扎德。

149.1980年6月30日，伊朗外长戈特布扎德对伊朗《消息报》说，伊朗同中国应该有更好的、更广泛的联系，“因为我们在很多方面同中国有联系”。

150.1980年8月26日，华国锋总理电贺穆罕默德·阿里·拉贾伊，祝贺他就任伊朗伊斯兰共和国总理。

151.1980年9月爆发两伊战争。中国对战争中的当事双方采取同样的政策。中国政府对伊朗的外交政策是阻止伊朗政府倒向苏联。在认识到美国影响伊朗的能力有局限性之后，中国政府拒绝支持在安理会598号决议下联合国强加的对伊朗的武器禁运。中国对形势的解释是，在武器禁运之前，应该达成一个政治解决方案。[①] 中国政府不想让苏联成为安理会中伊朗的唯一支持者。此外，中国政府在1980年1月13日没有参加由美国提交给联合国安理会的经济制裁伊朗的决议草案的投票表决。中国决定不对美国的决议草案投反对票，这是中国的一个外交策略。

152. 伊朗新任驻华大使塔吉·法拉希1980年12月22日向中国人大副委员长乌兰夫递交国书。

153.1981年在伊朗国内政局动荡期间，在巴尼萨德尔（Beni sadir，伊朗第一任总统）总统被免职之后，穆罕默德·阿里·拉贾伊（Muhammad Ali Rajai，伊朗第二任总统）当选为新总统。在伊朗政治稳定恢复之后，中伊关系开始迅速发展。

154.1981年2月14日，伊朗总理特别代表、议员阿亚图拉·赛义德·穆罕穆德·哈马内伊访华，中国人大常委会副委员长乌兰夫会见了他。

155.1982年8月，伊朗外交部部长阿里·阿克巴尔·韦拉亚提（Ali Akbar Velayati）博士访问中国。

156.1983年9月12日，伊朗外交部部长阿里·阿克巴尔·韦拉

① Hunter 1990：161。

亚提（Ali Akbar Velayati）博士访问中国，中国国家主席李先念等领导同志分别会见了他。

157.1983年11月，中国外交部长吴学谦访问伊朗。[①]

158.1984年2月28日，伊朗政府经济贸易代表团访问北京。

159.1984年3月15日，李鹏副总理会见伊朗矿业金属部代表团。

160.1984年11月23日—26日，中国外交部长吴学谦访问伊朗，25日，伊朗议长拉夫桑贾尼和伊朗总理穆萨维接见了吴学谦。发表《中伊联合公报》。

161.1985年2月至3月（从1985年2月26日起，为期8天），中国国务委员张劲夫率领中国代表团访问伊朗。双方建立了部长级经济、贸易、科学和技术联合委员会。伊朗总统赛义德·阿里·哈梅内伊（Seyyed Ali Khamenei）会见来访的代表团。

162.1985年6月，伊朗伊斯兰议会议长阿里·阿克巴尔·哈希米·拉夫桑贾尼（Ali Akbar Hashemi Rafsanjani）访问中国。中国政府指出，中伊的友谊和合作"是建立在独立和反对霸权主义的基础之上的"。

163. 中国外交部发言人1987年1月21日在新闻发布会上就两伊战争继续扩大和升级问题回答记者说，中国政府对当前两伊战争的升级深表关切，衷心希望尽快结束这场战争。

164.1987年5月23日，国务院副总理万里在中南海紫光阁会见伊朗总理穆萨维的特使、副外长谢赫伊斯兰。

165. 伊朗议长拉夫桑贾尼1987年6月10日发表谈话，否认美国散布的伊朗导弹来自中国的说法。

166.1987年6月17日，中国外交部发言人重申中国对两伊战争坚守中立，不向交战的任何一方出售武器。

167.1987年6月，阿里·阿克巴尔·韦拉亚提外长访问中国。

---

① 《北京周报》1984年12月第50期，第6—7页。

他的访问正好在时间上与中国考虑科威特请求相吻合，次月，中国外交部副部长齐怀远访问科威特，向科威特说明中国政府拒绝在波斯湾保护科威特轮船。

168. 中国常驻联合国副代表黄嘉华 1987 年 7 月 22 日在安理会投票赞成安理会要求两伊立即停火并通过谈判解决争端的决议。

169. 中国和伊朗 1987 年 8 月 5 日在德黑兰签署一项外贸协议，将双方的贸易额从 1986 年的 2 亿美元增加到 1987 年的 5 亿美元。中国经济贸易代表团团长、商业部长刘毅和中国驻伊朗大使王本祚出席了签字仪式。

170. 伊朗议长阿里·阿克巴尔·哈什米·拉夫桑贾尼 1987 年 8 年 26 日在德黑兰接见中国政府特使、外交部副部长齐怀远，同他就促进双边关系和共同关心的问题交换了意见。伊朗总理侯赛因。穆萨维和外交部长阿里·阿克巴尔·维拉亚提分别会见了他。

171. 1987 年 9 月 10 日，中国外交部发言人说，中国对海湾局势甚为关切，反对将两伊战争扩大到第三国。

172. 1987 年 9 月 11 日，彭真委员长在会见伊朗议长时说，中国尽力促进两伊战争和平解决；9 月 11 日晚 7 点，赵紫阳总理会见伊朗政府特使、副外长贝拉提一行，对海湾地区的局势表示关切，希望各方以克制态度维护海湾安全；在 9 月 13 日国家主席李先念会见伊拉克代表团时，分别表示希望两伊战争早点结束。

173. 中国人大常委会委员长彭真 1988 年 2 月 4 日下午在人民大会堂会见由副议长霍贾特·伊斯兰·穆罕默德·雅兹迪率领的伊朗伊斯兰议会代表团；国务委员兼外交部长吴学谦 2 月 5 日下午会见了伊朗伊斯兰议会代表团。

174. 1988 年 7 月 3 日，美国击落了在波斯湾南部上空飞行的一架伊朗航空公司客机。中国谴责了美国的这一行径。

175. 1988 年 7 月 18 日，伊朗承认联合国安理会 598 号决议。中国外交部 7 月 19 日发表谈话，对伊朗正式接受联合国安理会 598 号决议表示欢迎。

176.1988年8月19日，中国外交部副部长齐怀远结束对德黑兰的访问，访问期间，他同伊朗议长拉夫桑贾尼、外长韦拉亚提、副外长曼苏里就地区形势和两国关系举行了会谈，赞扬伊朗接受联合国安理会598号决议和同意与伊拉克进行直接谈判。他说明了中国支持伊朗的决定，强调中国愿意参加战后伊朗经济的重建。伊朗议长说，加强同中国的友好合作是伊朗的一贯政策。

177.1988年9月19日，国务院副总理田纪云在人民大会堂会见由副总理哈米德·米尔扎德率领前来参加中国、伊朗经济贸易合作联合委员会第四次会议的伊朗政府经济贸易代表团。田纪云说，中国愿意为伊朗的重建工作作出努力，并重申了中国对伊朗问题的一贯立场；米尔扎德说，伊朗重视这次会议，希望双方的友好合作关系发展得更快、更好。

178. 中国、伊朗经济贸易合作联合委员会第四次会议1988年9月19—21日在北京举行。9月21日，中国和伊朗政府经济、贸易和科学技术合作联合委员会第四次会议协议纪要在北京签署，中国副总理田纪云、伊朗副总理米尔扎德分别代表本国在协议上签字。

179.1988年9月22日，中国总理李鹏在北京会见米尔扎德一行，李鹏说，中国愿意在力所能及的范围内参加伊朗的重建工作，在平等互利的基础上发展同伊朗的友好合作；1988年10月24日下午，李鹏总理在中南海紫光阁会见伊朗政府特使、副外长穆罕默德·侯赛因·拉瓦采尼时说，中国政府对两伊问题的立场是一贯的、明确的，在战争期间，中国一贯采取严守中立、积极劝和的政策。我们希望598号决议能够得到实施，希望海湾地区实现持久和平。

180.1988年12月15日，中国、伊朗两国外长在北京会谈，讨论国际形势、双边关系、两伊和平谈判情况。

181. 中国国务院副总理田纪云应伊朗、土耳其、伊拉克、科威特和阿联酋政府的邀请，1989年3月3日上午离京开始对上述5国进行正式友好访问，3月4日在德黑兰会见伊朗总理穆萨维，3月7日会见伊朗议长拉夫桑贾尼。

182.1989年5月9—14日，应杨尚昆主席的邀请，伊朗总统霍贾特伊斯兰·赛义德·阿里·哈梅内伊对中国进行为期6天的访问。这是自伊斯兰革命以来伊朗国家元首首次访华。9日他会见了中国国家主席杨尚昆，同日和11日会见了国务院总理李鹏，10日会见中共中央相关领导人，11日拜会了中国最高领导人邓小平。中伊双方强调进一步发展经济、贸易、技术和文化关系。这次同中国领导人的会晤，还涉及一个主题：两伊实现和平、中东实现和平。

183.1989年7月12日，中国与伊朗签订互免签证协议（外交、公务护照免签）——中国共与58国签订了免签协议。

184.1980年以后中国从伊朗的进口额持续增加。贸易额从1979年的6790万美元上升到1980年的1.79亿美元，增加了1.11亿美元。在1980年代，中伊之间的贸易额达到了16.27亿美元，而在1970年代仅为6.27亿美元。中国从伊朗进口石油增加迅猛，1977年为30万吨，[①] 1982年近100万吨，[②] 1989至1990年升至200万吨。[③] 在整个1980年代，中国帮助伊朗建设发电站，提高机场能力，进行海洋石油钻探，在伊朗东南的卡伦河（Karun）上建筑大坝，建立织丝厂、轻工业工厂、渔产品加工厂。[④] 从1984年到1989年，中国与伊朗签订了19个总价值达6674万美元的合作项目，涉及渔业和旅游业联合培训、考古和体育合作，还包括互免签证。[⑤]

185.1989年3月7日，中国副总理田纪云对德黑兰进行了5天访问。期间拜会了拉夫桑贾尼。

186.1989年4月，伊斯兰革命以来的第一个伊朗妇女代表团访

---

① “中国在1976年向伊朗购买的石油为20万吨。”《中东经济概览》卷20，1977年9月第46期，第3页。

② 《中东经济概览》卷25，1982年5月第30期，第3页。

③ 《中东经济概览》卷32，1989年5月第32期，第A7页。“中国与伊朗于1987年8月4日签署了一项中国向伊朗购买100万吨石油的协议”。*FBIS-CHI*-87-152，7 August 1987，p. F1.

④ 伊朗《石油通讯》，第12—13页。

⑤ 《北京周报》1989年5月第2期，第7页。

华。两国还有几次宗教代表团的互访。

187.1989年10月8日，中国外交部部长钱其琛访问伊朗。伊朗总统拉夫桑贾尼10月8日接见中国外交部长钱其琛，谴责西方国家对中国施压是旨在改变中国的方向。

188.1990年2月初，伊朗奥委会秘书长埃夫沙尔扎德透露，伊朗准备派15个队参加北京亚运会；另据报道，伊朗奥委会将派170名运动员和教练员参加在北京举行的第11届亚运会。

189. 为了发展与中国全国人民代表大会的友好关系，伊朗议会1990年4月25日在德黑兰成立了伊朗—中国议会友好团体。

190.1990年5月6—9日，中国人大常委会万里委员长访问伊朗，会见了伊朗议长迈赫迪·卡鲁比、总统拉夫桑贾尼（万里此次还访问了巴基斯坦、伊拉克）。

191.1990年6月21日，伊朗西北部发生7.3级强烈地震，造成约5万人死亡、20万人受伤、50万人无家可归；中国政府从7月5日起开始向伊朗无偿提供总值300万元人民币的抗震救灾物资。

192.1990年9月21日，国家主席杨尚昆在北京会见来京参加亚运会的伊朗副总统兼体育组织主席加夫里·法尔德及其率领的伊朗体育代表团。

193.1990年10月16日，杨尚昆主席会见伊朗国防和武装力量后勤部部长阿克巴尔·托尔康。

194.1990年10月16日，李鹏总理在北京会见伊朗前总理、现总统政治顾问米尔·侯赛因·穆萨维。

195.1990年12月13日，全国人大委员长万里在北京会见由小组主席、议会主席团成员穆罕默德·易卜拉希姆·阿斯加尔扎德率领的伊朗伊斯兰议会伊中友好小组代表团；同日，国务院副总理吴学谦在北京会见伊朗战略研究中心主席霍因尼哈一行，中国国际问题研究中心总干事李鹿野参加了会见。

196.1991年2月23日，伊朗总统拉夫桑贾尼在德黑兰会见中国政府特使、外交部副部长杨福昌，他对中国为寻求解决海湾危机进行的积极外交努力感到高兴。

197.1991年5月5日，伊朗外长韦拉亚提会见了即将离任的中国驻伊朗大使王本祚。

198.1991年6月18日，中国新任驻伊朗特命全权大使华黎明向伊朗总统拉夫桑贾尼递交国书。

199.1991年7月7—9日，应伊朗总统拉夫桑贾尼的邀请，中国李鹏总理访问伊朗，会晤了伊朗总统拉夫桑贾尼，达成了中国帮助伊朗修建核反应堆的协定。拉夫桑贾尼总统在欢迎李鹏总理的宴会上说，希望伊中两国关系得到更大发展，加强两国合作有助于世界和平、地区稳定；李鹏总理在宴会上说，祝愿伊朗在建设国家中取得新成就，中国愿意为建立国际新秩序努力。7月8日，韦拉亚提外长、钱其琛外长举行了会谈，两国经贸部部长进行了会谈，两国政府在伊朗外交部签署了1991年至1992年文化、艺术、科学、教育交流计划；同日，伊朗领袖哈梅内伊会见了李鹏总理及其一行；9日李鹏参观了伊斯法罕；7月9日，中、伊两国发表了联合公报，公报的第7条“双方要求全面禁止使用和彻底销毁核、化学及生物武器，主张世界军备控制应遵循公平、合理、均衡的原则”；第9条“两国领导人对伊斯兰革命以来中伊友好合作关系持续、稳定发展感到满意，双方在各领域的合作不仅符合两国人民的根本利益，而且必将对维护地区和世界的和平与发展发挥有效作用”；第10条“双方认为，两国领导人互访对促进两国在各个领域友好合作关系和进一步发展起着重要作用”。李鹏在7月8日接受记者采访时说，中国政府执行核不扩散政策，中国政府不反对世界各国之间在和平利用核能方面进行合作。

200.1991年8月2日，伊朗第一副总统哈桑·哈比比在总统府会见中国驻伊朗大使华黎明，希望进一步发展两国的政治、经济关系，他还对中国南方发生水灾表示同情和慰问。

201. 李鹏总理在中南海会见出席北京第6次中伊经贸和科技联合委员会会议的伊朗财政和经济部长努尔巴赫。1991年8月19日，中伊签署政府间新的贸易协定。根据协定，两国贸易将由1973年签署的贸易协定的记账方式改为现汇支付方式，以适应双边关系发展的需要。据统计，1990年两国贸易额为3.14亿美元，比上年增长58%。

202.1991年8月29日，以司法部副部长金鉴为团长的中国司法代表团在伊朗与伊朗司法界同行探讨两国司法制度和实践，并交流经验，这是中国司法代表团第一次访问伊朗；双方还就反毒、禁毒、戒毒的措施和方法进行了交流，中国代表团还参观了伊朗的监狱、劳教中心，旁听了伊朗的法庭审判。

203.1991年8月30日，应伊朗声像组织主席穆罕默德·哈希米的邀请，中国广播影视部代表团在艾知生部长的率领下抵达德黑兰进行为期5天的访问。伊朗第一副总统哈比比会见了代表团。

204.1991年9月4日，全国人大中伊友好小组主席何英应伊朗议会伊中友好小组主席阿斯加尔扎德的邀请抵达德黑兰进行为期1周的访问。9月4日，何英会见伊朗议会外事委员会主席霍拉桑尼。9月7日，伊朗议长卡鲁比会见何英团长一行。9月10日，伊朗外长韦拉亚提会见何英率领的中国人大代表团。

205.1991年9月29日，伊朗总统拉夫桑贾尼致电杨尚昆主席，祝贺中华人民共和国成立42周年。

206.1991年10月31日—11月2日，中国国家主席杨尚昆访问伊朗，他是伊斯兰革命以来访问伊朗的首位中国国家元首。访问期间，他会见了伊朗总统拉夫桑贾尼，伊朗总统希望中国参加伊朗的战后重建工作；两国领导人对进一步发展双边经济贸易合作充分交换了意见，认为双方在经济和科技领域的合作还有很大潜力。杨尚昆还访问了伊斯法罕。

207.1991年12月16日，中共中央总书记江泽民在中南海会见伊朗议长卡鲁比；同日，人大委员长万里与来访的卡鲁比议长举行会谈；18日，杨尚昆主席会见卡鲁比议长。

208.1992年2月13日，伊朗驻联合国代表哈拉齐表示，伊朗反对中东地区军备竞赛，关于伊朗正在购买、研制或研制核武器的传言是毫无根据的，他否认有关伊朗正在试图从中国得到中程导弹零件的报道。

209. 1992年4月13日，国务院总理李鹏在中南海会见来访的伊朗外长韦拉亚提。

210. 1992年9月，伊朗总统拉夫桑贾尼访问中国，9月10日中共中央总书记江泽民在中南海会见拉夫桑贾尼及其随行人员；同日，李鹏总理会见拉夫桑贾尼时表示，中国同意与伊朗进行和平利用核能的合作，双方即将签署和平利用核能协定；拉夫桑贾尼说，伊朗是核不扩散条约的签字国，接受国际原子能机构对其核设施进行检查、监督，希望中国能够帮助伊朗建立核电站，进行和平利用核能的合作。访问期间，中伊达成中国为伊朗建立两座300兆瓦核能发电站的协定。协议还要求双方在广泛的领域内进行合作。

211. 1992年10月29日，伊朗总统拉夫桑贾尼在德黑兰会见来访的中国国务委员兼国防部长秦基伟上将和他率领的中国高级军事代表团，双方对两国的传统友谊和良好关系表示满意，并希望加强在各个领域的合作。

212. 1992年12月，伊朗议长卡鲁比访华。

213. 1992年12月，两国铁路官员达成铁路合作谅解备忘录。中国向伊朗提供两笔贷款，一笔为1.2亿美元，用于兴建一个水泥厂；一笔为1.5亿美元，用于采购德黑兰地铁的设备。两国还达成了一项伊朗向中国购买四艘多用途货船的协定，每一艘的装载量为2.2万吨。

214. 1993年1月1日，伊斯兰革命卫队司令迈赫森·拉扎伊（Mehsen Razai）将军访问北京。他与中国国防部部长和总参谋长进行了会谈，意欲购买中国的新武器，特别是为伊朗海军购买新的战舰。

215. 1993年1月5日，中央军委副主席刘华清上将在人民大会堂会见伊朗伊斯兰革命卫队总司令雷扎耶少将一行，此行将促进中伊两国及军事友好关系的发展。

216.1993年2月17日，伊朗总统拉夫桑贾尼在德黑兰接见中国核工业总公司总经理蒋心雄，他说，伊中在核技术方面的合作不用于军事，而是和平利用核能；蒋心雄就两国在伊朗合建30万千瓦核电站一事进行了会谈。拉夫桑贾尼对两国关系的发展表示满意。

217.1993年3月6日，伊朗总统拉夫桑贾尼、议长努里、副总统哈比比分别会见中国到访的外长钱其琛，双方就双边关系与地区形势交换了意见；伊朗议会期待中国人大乔石委员长访伊；希望在两国发展国家经济和国际事务中进一步合作，在政治、经贸等领域的合作得到加强。

218.1993年3月12日，中国红十字会决定向伊朗提供100万美元的物资援助分三批运往伊朗。

219.1993年7月，李岚清副总理访问伊朗，与伊朗副总统米尔·扎德共同签署中伊经贸技术合作联委会备忘录。根据备忘录，中国将向伊朗提供1亿美元贷款，用于中国公司为伊朗建造10个水泥厂；中国还将为伊朗首都地铁的150个车厢与电站提供信贷，这两项工程也将由中国公司承包；双方协议在中国合建或合资建设炼油厂，以提高中国的炼油能力，进口更多伊朗石油；双方重申：建设核电站仅限于和平利用核能。

220.1993年11月25日，李鹏总理会见即将离任的伊朗驻华大使塔鲁米拉德。

221.1994年3月初，钱其琛副总理兼外长访问伊朗，他在记者招待会上说，他对伊朗的3天访问是成功的。

222.1994年8月末，伊朗第一副总统哈比比访华，李鹏总理会见了他，陪同访华的还有伊朗石油部长阿加扎德、商业部长埃斯哈格、伊朗驻华大使米尔法哈尔等；次日，江泽民主席在中南海会见了哈比比一行；乔石委员长在人民大会堂会见了哈比比。

223.1995年5月末，在北京举行第八次中伊经济委员会会议，会上达成伊朗增加向中国出口原油的协议。据报道，伊朗同意在中国的石油冶炼业投资近2500万美元，以便增加伊朗对中国的原油出口。哈米德·米尔扎德（Hamid Mirzadeh）率领的伊朗代表团，与中国签订了一个价值为20亿美元的经济协议，其中包括：中国修建德黑兰地铁的5.86亿美元的合同；[①] 在原油销售和石油提炼业投资1.2亿美元，在伊朗兴建水泥、玻璃、锌和铜的生产和加工项目投资1.2亿美元，在伊朗兴建一个价值2.64亿美元的水力发电的大坝；在伊朗造船业投资1亿美元；建设一座价值2.69亿美元的钢铁厂。[②] 上海电力总公司与伊朗签订了一个向其出口发电机组的合同，每组发电能力为32.5兆瓦。该合同标志着中国首次向海湾和阿拉伯半岛地区出口这类发电设备。

双方鼓励在对方国家设立贸易代表处，双方同意扩大原油贸易规模，同意扩大在农业、渔业、林业、医学、地震学、能源、文化教育的科学研究与合作。

224.1995年9月25日，中国国务院副总理兼外交部长钱其琛在纽约分别会见伊、埃、德、韩、哥、比六国外长，钱其琛在会见伊朗外长韦拉亚提时说，中伊关系的发展令人满意，特别是两国贸易有了较大的增长，韦拉亚提说，他期待两国友好合作关系进一步得到发展。

225.1996年1月4日，中国驻伊朗大使王世杰向伊朗总统拉夫桑贾尼递交国书。

226.1996年1月9日，伊朗外长韦拉亚提会见访伊的中国副外长田增佩时说，伊朗坚定地奉行“一个中国”的政策，反对西方国家借人权问题干涉中国内政。

227.1995年5月，伊朗副总统米尔扎德访华。

228.1996年7月末，伊朗议长努里和外长韦拉亚提在分别会见

---

① “或说价值为5.73亿美元。”见《华尔街时报》1995年5月22日，第A6页；FBIS-NES-95-100，24 May 1995，p.44。

② 《中东经济概览》卷38，1995年6月第36期，第A9页。

应邀访伊的中国人大外委会代表团时说，伊朗坚持“一个中国”的政策，努里希望伊朗议会和中国人大的友好合作关系进一步发展；韦拉亚提重申，中国完全可以信赖伊朗在联合国和一切国际组织中坚持“一个中国”的立场。

229.1996年11月13日起，中国人大乔石委员长访问伊朗，伊朗总统拉夫桑贾尼、第一副总统哈桑·哈比比等会见了他并与之会谈。

230. 李鹏总理1996年11月16日在罗马香格里拉饭店会见前来罗马参加世界粮食首脑会议的伊朗第一副总统哈比比。

231. 应伊朗伊斯兰共和国政府的邀请，李岚清副总理将于1997年2月17—24日率领政府代表团对伊朗进行正式友好访问。

232. 伊朗驻华大使米尔法尔于1997年2月14日中午在大使馆举行招待会，庆祝伊朗伊斯兰革命18周年。地质矿产部部长宋瑞祥、外交部部长助理吉佩定等应邀出席。

233. 应伊朗政府的邀请，李岚清副总理将于1997年5月3—18日对伊朗以及巴西、古巴等六国的正式访问。李岚清副总理1997年5月3日抵达伊朗访问，拉夫桑贾尼总统会见。

234. 中国国家主席江泽民1997年3月3日致电伊朗总统拉夫桑贾尼，对伊朗西部遭受地震灾害的人民表示同情和慰问。

235.1997年5月10日伊朗发生7.1级强烈地震，江泽民主席致电伊朗总统慰问。

236.1997年5月26日，李鹏总理在中南海会见伊朗石油部长阿加扎德，李鹏认为中伊在石油领域的合作有着良好前景，阿加扎德说，伊中在石油领域的交往和合作已有良好开端，两国完全有条件长期合作。

237.1997年7月6日，伊朗总统拉夫桑贾尼来函来电，祝贺中国恢复对香港行使主权。

238.1997年5月，中国副总理李岚清访问伊朗，参加第九次中伊经济、贸易、科学和技术联合委员会会议，并签订了一项议定书。

拉夫桑贾尼总统在会见李岚清副总理时，把伊朗、中国和俄罗斯说成世界上三个重要的战略性国家，强调在这三国之间存在着在政治、经济、工业和贸易领域的很多合作机遇。

239. 1997年5月，伊朗石油部长阿卡扎德（Gholamreza Agazadeh）在北京签订了一项包括石油、天然气和石化产品的协定。该协定包括伊朗投资重建中国的炼油厂，以便在这些炼油厂里加工伊朗的原油。中伊两国也对修建一条中亚能源出口输油管线很感兴趣，而目前中亚能源主要由美国的石油公司控制着。中国有兴趣修建一条从哈萨克斯坦西南的乌赞（Uzen）油田穿过土库曼斯坦到达伊朗的长达1000公里的输油管道。[①]

240. 1997年8月13日，亚通组织第11届大会在德黑兰开幕，新华社社长郭超人主持大会，伊朗总统哈塔米会见各国代表。

241. 国务院副总理李岚清1998年2月27日在中南海会见来访的伊朗外交部副部长穆和辛·阿明扎德，双方就加强经贸关系交换了意见。

242. 1999年3月7日，由中国公司承建的伊朗德黑兰至卡腊季段31.5公里电气化铁路开通典礼在德黑兰举行，伊朗总统哈塔米出席典礼并对中伊两国友好关系给与高度赞赏；由中国外经贸部副部长陈新华和中国北方工业集团总裁李德率领的中国政府代表团出席了开通典礼。

243. 1999年8月20日下午，中国船舶重工集团公司大连造船新厂为伊朗国家石油公司建造5条30万吨超大油轮合同签字仪式在人民大会堂隆重举行。

244. 1999年9月3日，中国最高人民检察院检察长韩杼滨会见访华的伊朗总检察长莫尔塔扎·莫吉塔多。

245. 1999年11月4日，中国全国人大李鹏委员长在北京会见来访的伊朗前总理侯赛因·穆萨维一行。

---

① Rashid and Holland 2000：26.

246.1999 年 11 月末，伊朗副总统哈什米访华。

247.1999 年 12 月 1 日，中国—伊朗经贸洽谈会在北京举行，国务委员吴仪、伊朗副总统穆罕默德·哈什米以及中伊两国政府官员、企业家约 200 人出席。吴仪在会上说，中国欢迎伊朗企业家参加中国的经济建设，也将积极推动中国企业参加伊朗的建设。中伊两国都致力于发展本国经济，两国经济互补性很强。她相信，通过双方的共同努力，一定能够建立起面向 21 世纪的新型中伊经贸科技合作关系。

248.1999 年 12 月 9 日，全国政协副主席、中国国际交流协会会长李贵鲜在北京会见了来访的以合作社事务部副部长伊萨·夏赫尔德·霍贾斯特为团长的伊朗工商企业家代表团。

249.2000 年 2 月 15 日外交部长唐家璇开始对毛里求斯、突尼斯、科威特和伊朗 4 国进行正式访问。21 日，伊朗总统哈塔米会见了在伊朗访问的唐家璇。唐家璇转达了江泽民主席的口信：中国政府重视发展同伊朗的关系，愿意与伊朗共同努力，进一步加强两国在政治、经济、文化等各个领域的合作。

250.2000 年 6 月 22—26 日，应江泽民主席邀请，赛义德·穆罕默德·哈塔米总统对中国进行国事访问。江泽民主席与哈塔米总统举行了会谈，全国政协主席李瑞环和国务院总理朱镕基分别会见。6 月 22 日，江泽民主席在北京人民大会堂东门外广场举行仪式，欢迎伊朗伊斯兰共和国总统赛义德·穆罕默德·哈塔米访华。同日，两人在人民大会堂举行会谈，双方相信中伊友好合作关系将进一步发展，两人并签署了《中伊联合公报》；23 日，朱镕基、李瑞环分别在人民大会堂会见了哈塔米总统。

251.2000 年 7 月 11 日，在联合国开发计划署支持下，伊朗总统顾问贾利尔·白沙拉迪率领由扶贫和社会安全保障高官组成的代表团访华，学习中国的扶贫经验和方法。

252.2000 年 11 月 22 日，尉健行在人民大会堂会见艾立哲勒·马赫久布总书记率领的伊朗工人之家访华代表团。

253.2001年1月，胡锦涛副主席访问伊朗。2001年1月5日，应伊朗第一副总统哈桑·哈比比的邀请，胡锦涛副主席抵达德黑兰对伊朗进行友好访问。胡锦涛在机场发表书面讲话说，中伊两国人民友谊源远流长，早在2000多年前，我们的祖先就开通了丝绸之路进行交往。伊斯兰革命后，双方在政治、经济等领域的友好合作有了长足发展，我们对两国关系的发展感到满意，愿与伊方共同努力，进一步推动两国友好合作关系的发展。胡副主席的陪访人员有：外交部副部长吉佩定、中共中央办公厅副主任姜异康、国家发展计划委员会副主任汪洋、对外经济贸易合作部副部长孙广相、中共中央政策研究室副主任何毅亭、中国进出口银行行长羊子林等。胡锦涛会见了伊朗总统哈塔米，1月7日与哈比比副总统举行了会谈，双方对两国的合作表示满意，认为两国应该共同努力探讨经贸领域开展合作的新途径和新方式，双方认为当前国际形势正在发生极为深刻的变化，国际形势总体趋于缓和，谋求和平发展成为世界各国人民的共同愿望。在当前国际形势下不同文明之间的对话，具有重要的现实意义，有利于促进各国和睦相处，也有利于维护世界和平与稳定。

254.2001年2月23日，中国人大委员长李鹏在北京会见由主席米尔达马迪率领的伊朗议会国家安全和外交政策委员会代表团，李鹏表示，中国愿在和平共处五项原则基础上不断发展两国长期、稳定互利友好合作关系；米尔达马迪认为中伊两国在很多领域都有友好合作，在国际和地区事务及维护世界和平方面有许多共同看法，双方应进一步加强两国在政治、经济、文化领域合作的有效途径。

255.2002年2月4日，外交部发言人孔泉答记者问，就美国领导人指出的朝鲜、伊朗、伊拉克是“邪恶轴心”表示，中国不主张在国际关系中使用“邪恶轴心”这种语言，反对恐怖主义应当证据确凿，不能随意扩大恐怖范围。处理国与国之间关系应遵循《联合国宪章》的宗旨和原则。

256.2002年3月，吴仪国务委员访问伊朗。

257.2002 年 4 月 18—22 日，应哈塔米总统邀请，中国国家主席江泽民对伊朗进行国事访问。江泽民主席与哈塔米总统举行了会谈，并会见了伊朗领袖哈梅内伊、确定国家利益委员会主席拉夫桑贾尼和议长卡鲁比。2002 年 4 月 19 日，江泽民主席抵达德黑兰对伊朗进行国事访问。他在机场的书面讲话表示此次访问的目的是：增进了解、加深友谊、增加互信、扩大合作。20 日他与哈塔米总统会谈，并且会见了伊朗确定国家利益委员会主席拉夫桑贾尼、议长卡鲁比。21 日他会见了伊朗宗教领袖哈梅内伊，双方表示，中伊在许多国际和地区问题上有着一致或相似的看法，双方加强合作，有利于扩大发展中国家利益，有利于维护地区和平与稳定。在反恐问题上，两国都支持打击一切形式的恐怖主义，支持联合国安理会的有关决议，反恐应该证据确凿、目标明确，反对任意扩大打击范围和在反恐问题上搞双重标准，处理国家之间关系应遵循《联合国宪章》的原则和宗旨。

258.2002 年 4 月，伊朗副议长穆·阿明访华。

259. 卡鲁比议长访华（2002 年 12 月 9—14 日）。12 月 10 日，李鹏委员长在人民大会堂会见来访的伊朗议长迈赫迪·卡鲁比及其率领的伊朗伊斯兰议会代表团；12 日，江泽民主席会见了卡鲁比及其一行。

260.2003 年 1 月 17 日，中伊签约支持电解铝厂项目。中国进出口银行近日在德黑兰与伊朗 SADERAT 银行签署“阿拉克铝厂项目买方信贷贷款协议”，由中国进出口银行向该行提供 1.4391 亿美元的出口买方信贷，用于支持中国有色金属建设股份有限公司承建伊朗阿拉克年产 11 万吨的电解铝厂项目。据悉，该项目是中国有色金属工业领域在国际工程承包市场上获得的最大工业项目，中国在境外承包的第一个电解铝厂项目。

261.2003 年 6 月 3 日，外交部发言人章启月在记者招待会上说，围绕伊朗是否发展大规模杀伤性武器的任何争论都应当通过相关机构、通过国家之间的协商、磋商或对话加以解决。防扩散不应妨碍相关技术的和平利用。伊朗是《不扩散核武器条约》的缔约国，根据这些条约和公约，伊朗承担了不发展大规模杀伤性武器的义务。中国认为防止大规模杀伤性武器扩散是国际社会的共识，中方已经注意到伊朗已明确否认它在发展或拥有大规模杀伤性武器。

262. 外交部发言人刘建超在记者招待会上说，中国希望正在举行的国际原子能机构理事会能够有助于澄清伊朗核计划与核活动的传闻。中国驻国际原子能机构大使张炎 2003 年 6 月 18 日在维也纳说，中国主张以务实和稳妥的方式处理伊朗核问题，以便为有关问题的妥善解决提供建设性的合作气氛和正确导向。

263. 国际原子能机构总干事巴拉迪 2003 年 6 月 19 日代表国际原子能机构理事会发表声明，要求伊朗无条件接受新的核查议定书。

264. 外交部发言人孔泉 2003 年 6 月 26 日说，伊朗愿意在《不扩散核武器条约》附加议定书上签字，是值得欢迎与鼓励的。

265. 2003 年 8 月中旬，中国工行与伊朗国家银行在上海签署协议，授权上海市分行向伊朗 RAJA 客运公司提供 8446 万美元的出口买方信贷，用于进口中国机车设备。据悉，伊朗计划在 5 年内建成中东地区的铁路运输枢纽之一，此次工行为伊机车进口项目提供出口买方信贷，可以促进中国机车产品出口，也有利于中伊经贸合作向纵深推进。

266. 外交部部长助理吕国增 2003 年 10 月 22 日在北京会见伊朗外交部副部长霍什鲁时说，中国欢迎伊朗准备加强与国际原子能机构合作的决定。霍什鲁通报了伊朗最近准备加强与国际原子能机构合作、签署并批准保障监督协定附加议定书和中止铀浓缩活动，并希望保持和平利用核能的权利。

267. 胡锦涛 2003 年 8 月 25 日在人民大会堂会见伊朗外长卡迈勒·哈拉齐。胡锦涛说，两国高层交往日益增多，经贸、通讯、交通等领域的合作逐步开展，成效显著，伊朗已经成为中国在中东地区的重要贸易伙伴。中方赞赏并感谢伊朗在台湾等问题上给予中国的坚定支持。哈拉齐说，伊朗希望扩大和加强同中国在各个领域的合作，伊朗没有发展核武器的计划，和平利用核能的计划是透明的，伊朗愿意与国际原子能机构合作。外交部长李肇星、商务部副部长安民等会见时在座。

268. 黄菊副总理 2003 年 11 月 10 日会见来访的伊朗道路和运输部长艾哈迈迪·霍拉姆一行。黄菊说，中国政府将继续鼓励中国有竞争力的企业到伊朗参与工程项目建设；霍拉姆说，将进一步加强同中国在交通领域的合作，欢迎中国企业到伊朗参加工程建设。

269. 2003 年 12 月 26 日，胡锦涛主席向哈塔米总统发慰问电，慰问伊朗克尔曼省巴姆地区里氏 6.3 级地震造成 2 万多人死亡、3 万多人受伤、巴姆古城 70％被毁（巴姆古城位于丝绸之路上）。

270. 外交部发言人刘建超 2003 年 12 月 27 日说，中国政府决定派遣一支 43 人组成的中国国际救援队赴伊朗并提供 500 万元人民币的紧急人道主义援助（提供包括毛毯、帐篷、药品、发电机等物品）。巴姆地震震级 6.3 级，死亡人数 2.5 万以上，联合国机构初步评估为死亡 5 万人；中国政府 30 日决定再追加 1000 万元人民币救援物资。

271. 胡锦涛 2004 年 4 月 8 日在北京会见来京出席中伊经贸科技联委会第 12 次会议的伊朗副总统塞塔里法尔，伊朗副总统说，伊朗愿意与中方进一步加强两国在油气、矿产、交通领域的合作。曾培炎副总理、商务部副部长安民、外交部部长助理吕国增参加了会见。

272. 沈福祥率国奥队 2004 年 4 月 13 日赴德黑兰，16 日与伊朗国奥队对决，并针对高原开展一系列适应性作战训练。结果 1∶2 负于伊朗队，失去参加雅典奥运会的希望。

273. 中国足球队 2004 年 8 月 4 日以 5∶4 击败伊朗队，历史性地进军亚洲杯决赛。

274. 2004 年 8 月，伊朗副外长霍什鲁访华。

275. 中共中央政治局候补委员、书记处书记王刚 2004 年 9 月 1 日在人民大会堂会见前来参加第 3 届亚洲政党国际会议的伊朗联合会主席哈桑·加富里·法尔德一行。王刚高度评价了中伊两国友好合作关系，表示中共愿与伊朗各政党加强往来，交流经验，促进国家关系的更大发展。加富里·法尔德表示愿学习和借鉴中共的治国经验，推动伊朗各政党与中共的友好合作关系不断向深入发展。

276. 胡锦涛主席 2005 年 2 月 22 日就伊朗发生强烈地震、造成重大人员伤亡和财产损失，向伊朗总统哈塔米发去慰问电（伊朗克尔曼省 6.5 级地震，造成至少 370 人死亡、1000 多人受伤）。

277. 中国商务部新闻办公室 2005 年 2 月 24 日宣布，中国政府决定向伊朗政府紧急提供 20 万美元现汇援助，支持伊朗人民的抗震救灾工作。

278. 2005 年 7 月，伊朗副总统奥列米访华。

279. 2005 年 9 月 26 日：中国国家原子能机构主任张华祝在 IAEA 第 49 届大会一般性辩论中发言，阐述中国在朝核、伊核问题上的原则立场。

280. 2005 年 10 月，伊朗外长穆塔基访华。

281. 2006 年 2 月 4 日：IAEA 维也纳紧急会议（27 票赞成、5 票弃权、3 票反对）通过欧盟提案，决定将伊朗核问题向联合国安理会报告。中国代表吴海龙在会上对中国的决定做了解释性发言。

282. 2006 年 2 月 16 日，外交部发言人秦刚在记者招待会上说，伊朗核问题应维持在谈判解决的轨道上，他说，中方对目前伊朗核问题的形势非常关心，反对核武器扩散，支持维护国际核不扩散体系，主张通过外交和谈判的方式和平解决伊朗核问题。

283. 为纪念中阿友好 50 周年，作为中国人民对外友协（会长陈昊苏）举办的“中阿和平友好万里行”活动（历时 50 天）的组成部分之一，2006 年 3 月 1 日，由全国政协委员陈铎（“中阿友好使者”）率领的代表中国友好形象的大型车队从北京出发，经过新疆阿拉山口，过巴基斯坦、伊朗、科威特、沙特等 20 个国家，重走历史上的“丝绸之路”。

284. 2006 年 3 月 21 日，伊朗核问题六国会谈未达成共识。

285. 2006 年 4 月 25 日，外交部发言人秦刚重申中国对伊朗核问题的立场——通过谈判解决。

286.2006年4月，中共中央政治局委员、新疆维吾尔族自治区党委书记王乐泉访问伊朗。

287.2006年5月8日，六国外长就伊朗核问题进行磋商但仍未达成一致。伊朗议会和总统7日相继发出警告，宣称将撤回在《不扩散核武器条约》附加议定书上的签字，以此牵制英法两国提出并获得美德支持的决议草案；5月9日外交部发言人刘建超在记者招待会上说，中方认为解决伊朗核问题最好的办法是外交和谈判；7月4日外交部发言人姜瑜在记者会上说，当前伊朗核问题正处于关键时期，当务之急是争取早日恢复谈判，中方希望伊方和其他各方都能为尽早恢复会谈创造有利条件。

288.2006年6月，伊朗总统内贾德应胡锦涛主席邀请参加上合组织峰会并访华。2006年6月14—16日：内贾德总统作为观察员国高级代表出席6月15日在上海举行的上合组织成员国元首理事会第6次会议，胡锦涛主席与之会见。

289.2006年6月上旬，中央企业中国通用技术集团所属中机公司近日与伊朗签署一系列铁路客车出口合同，合同总金额1.75亿美元，共计出口278辆铁路客车。

290.2006年8月，外交部部长助理崔天凯对伊朗进行工作访问。

291.2006年8月27日，中国水利水电建设集团公司承建的伊朗塔里干水利枢纽工程在塔里干举行落成典礼。伊朗总统艾哈迈迪—内贾德、能源部长法塔赫和中国驻伊朗大使刘振堂等100多位嘉宾出席了典礼。塔里干水利枢纽工程位于伊朗北部德黑兰省的塔里干河上，距离首都德黑兰约150公里。该项目合同是中国水利水电建设集团公司与伊朗在2001年签署的，合同金额约为1.43亿美元。

292.2006年9月15日，伊朗副总统赛义德卢出席在塔吉克首都杜尚别举行的上合成员国第5次会议（温家宝总理出席）。

293.2007年1月，伊朗领袖和总统特使、伊朗最高国家安全委员会秘书拉里贾尼访华，与中国主席胡锦涛、国务委员唐家璇就两国关系和伊朗核问题交换了意见。

2007 年 1 月 5 日，胡锦涛主席会见伊朗总统特使、伊朗最高安全委员会秘书拉里贾尼，胡主席说，中方在伊朗核问题上的立场是一贯的，我们主张维护国际核不扩散体系，维护中东地区的和平与稳定，主张通过外交谈判妥善解决伊核问题。安理会一致通过第 1737 号决议，反映了国际社会对伊朗核问题的普遍关注，希望伊方认真做出回应。国际社会应继续进行外交努力，推动尽快恢复谈判，寻求伊朗核问题的长期、全面和妥善解决。

294. 中国外长李肇星 2007 年 2 月 23 日与伊朗外长穆塔基通电话，重申通过外交努力和平解决伊朗核问题的原则。

295. 2007 年 3 月，伊朗副外长阿拉格齐访华，外交部长李肇星会见了他。双方就伊朗核问题、中伊关系及其他共同关心的国际和地区问题交换了意见。

296. 2007 年 3 月 6 日，李肇星在十届全国人大五次会议举行的记者招待会上说，中国支持通过外交努力和平解决伊朗核问题，认为联合国通过的决议应该得到执行，中国欢迎、支持并呼吁伊朗同国际原子能机构加强合作，珍惜同欧盟国家和俄罗斯等国的谈判渠道，我们希望国际社会的所有努力都能有利于谈判的恢复，安理会的任何行动都能有利于推动这一地区走向和平稳定。

297. 2007 年 7 月 31 日，伊朗副外长萨法里访华，外交部副部长戴秉国、部长助理翟隽与他举行了两国外交部政治磋商。双方就中伊关系、伊朗核问题及其他共同关心的国际和地区问题交换了意见。

298. 中国驻伊朗大使刘振堂 2007 年 9 月 30 晚在官邸举行国庆招待会，伊朗官员、伊中商会代表以及伊朗友好人士、各国驻伊使节、中资机构代表、留学生和华侨华人等 500 多人应邀出席。

299. 外交部发言人刘建超 2007 年 11 月 1 日在记者会上说，中国外交部军控司司长张炎将代表中国出席 11 月 2 日在伦敦举行的与伊朗核问题有关的六国外交部政治总司长会议，他表示，目前伊朗问题进一步升温，处于非常困难的局面，在当前情况下，各方应继续朝着通过和平对话、谈判的方式来努力；刘建超11月8日在回答关于伊朗核问题的提问时说，“我们对有关事态发展表示关注，也要求伊朗方面能够积极回应和重视国际社会的关切。中方还是希望有关问题能够通过对话以和平的方式加以解决，中方还将在伊朗核问题上继续发挥建设性作用”。

300.2007年11月3日，温家宝总理在塔什干会见作为观察员国代表参加上海合作组织成员国总理第6次会议的伊朗副总统达乌迪。

301.2007年11月9日，戴秉国副部长、何亚非部长助理在北京分别会见来华出席“2007欧亚经济论坛”的伊朗常务副外长谢赫阿塔尔。

302.2007年11月13日，伊朗总统艾哈迈迪—内贾德在德黑兰总统府会见中国外交部长杨洁篪。

303.2007年12月4日，全国政协主席贾庆林在北京会见伊朗民族信任党总书记迈赫迪·卡鲁比时说，中方愿与伊方共同努力，加紧落实胡锦涛主席与内贾德总统就发展双边关系达成的共识，贾庆林表示，中国共产党愿在党际交往四项原则基础上，与伊朗民族信任党建立党际关系，开展多渠道、多形式的交流合作，推动中伊人民友谊和两国关系深入持久发展；卡鲁比表示，伊朗民族信任党支持政府发展对华友好，支持两国政府、议会加强对口交流，愿意持续加强与中国共产党的党际关系。

304. 外交部发言人秦刚2007年12月18日答记者问说，中方没有与伊朗就出售歼—10战斗机的问题进行商谈，也没有这方面的考虑。有关报道是没有依据和不负责任的。

305.2008年1月11日，中国外交部翟隽部长助理会见来华访问的伊朗主管经济的副外长米尔·阿布塔莱比。双方就中伊关系和伊朗核问题交换了看法。

306.2008年1月17日，中国外交部长杨洁篪在北京与伊朗总统特使、最高国家安全委员会秘书贾利利举行会谈，就双边关系和伊核问题交换意见。18日，国务委员唐家璇会见了贾利利。唐家璇表示，近年来两国关系取得良好发展，关于伊核问题，中方始终主张通过对话和谈判解决，并愿为此发挥建设性作用。贾利利表示，伊朗领导人高度重视对华关系，伊朗作为《不扩散核武器条约》缔约国，愿履行相关义务，同时也享有和平利用核能的权利。伊方坚持谈判解决伊核问题，将继续同国际原子能机构合作，尽早澄清未决问题。

307.2008年2月27日，外交部长杨洁篪与伊朗最高国家安全委员会秘书贾利利通电话。双方就伊朗核问题交换了意见。贾利利表示，伊方愿继续加强与国际原子能机构的合作。杨洁篪阐述了中方有关原则立场，强调中方将继续为通过外交努力妥善解决伊核问题发挥建设性作用。

308.2008年3月11日，中国驻伊朗大使解晓岩出席在伊朗胡泽斯坦省阿尔万德自由区举行的伊朗、中国商贸城开业仪式。

309.2008年4月8—9日，中国外交部部长助理翟隽访问伊朗进行政治磋商，分别会见了伊外长穆塔基、副外长萨法里和代理主管亚太事务的副外长侯赛尼，双方就广泛议题深入交换了看法。

310.2008年5月19日，中国宗教局局长叶小文会见来访的伊朗伊斯兰文化组织主席马赫迪·穆斯塔法维。

311.2008年5月23日，外交部长杨洁篪与伊朗最高国家安全委员会秘书贾利利通电话。贾利利就中国四川地震表达诚挚慰问。杨洁篪感谢伊方慰问并向灾区提供物资援助。双方还就中伊关系、伊朗核等问题交换了意见。

312.2008年7月14日，中联部部长王家瑞在北京会见伊朗总统代表、副外长侯赛尼。双方高度评价中伊两国在各领域合作所取得的积极成果，一致表示将继续致力于加强包括党际交往在内的中伊友好交流与合作。

313.国家副主席习近平2008年8月7日在人民大会堂分别会见

前来出席北京奥运会开幕式的一些外国领导人，在会见伊朗副总统兼体育组织主席阿里·阿巴迪时，习近平说，中伊友谊源远流长，近年来双方各领域友好交往与互利合作稳步推进。发展两国友好合作符合双方共同利益。阿巴迪表示，伊方重视发展与中国在各领域的友好合作。

314. 2008年8月中旬，中国工商银行与伊朗国家银行达成向伊朗提供巨额信贷的协议。

315. 上海合作组织成员国元首理事会第八次会议2008年8月28日在塔吉克斯塔首都杜尚别举行，胡锦涛主席和伊朗（作为观察员国）领导人出席会议并在会议上讲话。

316. 2008年9月，伊朗运动员将参加在哈尔滨举行的第四届世界杯武术散打比赛（伊朗运动员参加了2009年3月在重庆举行的国际武术散打比赛）。

317. 2008年9月6日晚，伊朗总统艾哈迈迪—内贾德出席北京2008年残奥会开幕式。

318. 胡锦涛主席2008年9月6日在人民大会堂会见前来出席北京残奥会的伊朗总统内贾德。胡锦涛欢迎内贾德来华出席北京残奥会，感谢伊朗政府和人民对北京奥运会、残奥会的支持，感谢伊朗政府和人民对中国人民抗击四川汶川特大地震灾害提供的宝贵援助。关于伊朗核问题，胡锦涛指出，中方尊重伊方和平利用核能的权利，主张维护国际核不扩散体系，坚持通过对话和谈判和平解决伊朗核问题。当前，伊朗核问题面临难得的复谈机遇，希望有关各方把握机遇，体现灵活，努力使形势朝着和平解决的方向发展。中方将一如既往地致力于推动通过和平谈判解决伊朗核问题，并继续为此发挥建设性作用。内贾德表示，有关方面已就解决伊朗核问题提出了两个方案，希望能找到各方都能接受的解决办法。伊方愿意同中方保持沟通和磋商。

319. 2008年9月6日，外交部长杨洁篪在京会见陪同内贾德总统访华的伊朗外长穆塔基。

320. 2008年9月30日，中国驻伊朗等国使馆举行招待会庆祝中华人民共和国成立59周年。

321. 中国足球队将在2009年1月9日与伊朗队交手。

322. 2008年10月23日，伊朗企业代表和专家报名参加厦门动画论坛。

323. 2008年11月8日，商务部长陈德铭与伊朗外长穆塔基在德黑兰共同主持中伊经贸科技联委会第13次会议。

324. 中共中央政治局委员、书记处书记、中宣部部长刘云山2008年11月19应邀出访伊朗、巴林、以色列、巴勒斯坦等国；11月22日刘云山在德黑兰会见伊朗第一副总统帕尔维兹·达乌迪。刘云山表示，中伊两国都具有悠久的历史和灿烂的文化，加强文化领域的交流，有利于加深两国人民之间的了解，推动其他各领域的合作。达乌迪表示，伊朗政府对发展伊中关系持十分积极的态度。

325. 2009年1月12日，中国驻伊朗大使解晓岩出席德黑兰大学孔子学院揭牌仪式。

326. 2009年2月24日，全国人大常委会副委员长、全国妇联主席陈至立在人民大会堂会见伊朗妇女代表团。

327. 2009年3月，伊朗合作社部部长 Mohammad Abbasi 访华期间与中华全国供销合作总社主席李成玉签署了一项谅解备忘录。在该备忘录中，双方声明将积极交换改进合作社组织结构方面的经验，建立一个联合培训教育机构并推广旅游合作社项目。双方表示今后将举办定期的交流会以拓展双边合作关系。

328. 2009年4月17日，国务院总理温家宝会见伊朗第一副总统达乌迪。温家宝在海南三亚会见前来出席博鳌亚洲论坛2009年年会的伊朗第一副总统帕尔维兹·达乌迪。达乌迪在会议期间表示，希望中国积极参与伊朗的工业私有化进程，同时，伊朗愿与中国开展金融领域的合作。

329. 2009年5月10日，商务部副部长陈健率团参加中国、伊朗经贸洽谈会。伊朗外长马努切赫尔·穆塔基和中国商务部副部长陈健在德黑兰举行的中国、伊朗经贸洽谈会上分别回顾了两国经贸关系近年来的发展情况，表示将继续扩大两国经贸合作。

330. 2009 年 6 月 2 日，广电总局副局长田进会见了由伊朗外交部新闻发言人哈桑·加什加维率领的伊朗新闻媒体代表团一行。田进希望双方新闻媒体加强交流合作，增进相互了解和友谊，共同推动两国政治、经济和文化关系的发展，增强亚洲媒体在国际舆论环境中的声音。加什加维表达了伊朗媒体界希望与中国同行加强交流合作的愿望。

331. 2009 年 8 月 2 日，中国中东问题特使吴思科访问伊朗并会见伊代外长。中国外长杨洁篪特别代表、中国中东问题特使吴思科分别与伊朗代外长阿斯拉姆及伊朗外交部有关负责人会见、会谈，双方就两国关系、中国与伊斯兰世界关系及共同关心的国际和地区问题深入交换了意见。

332. 2009 年 10 月 15 日，国务院总理温家宝会见伊朗第一副总统拉希米。国务院总理温家宝在北京人民大会堂会见上海合作组织观察员国代表伊朗第一副总统拉希米。

333. 2009 年 11 月 17 日，刘奇葆与伊朗伊斯兰联合党总书记哈比比举行会谈。

中共中央委员、四川省委书记刘奇葆应邀率中共代表团抵达伊朗进行访问，与伊朗伊斯兰联合党总书记哈比比举行工作会谈。刘奇葆说，他此次率团访伊，在增进两党相互了解的同时，也促进了双边尤其是四川省与伊朗的务实合作。哈比比说，联合党高度重视发展同中国共产党的友好关系，相信中共代表团此次访问将把两党、两国关系推向一个新的发展阶段。

334. 2010 年 8 月 6 日，国务院副总理李克强会见伊朗石油部长马苏德·米尔卡齐米。李克强在中南海紫光阁会见米尔卡齐米时说，近年来，中伊关系保持着积极稳健的发展势头，伊朗是中国在西亚北非地区重要的贸易伙伴和主要的原油供应国之一，双边经贸合作成果丰硕，人文交流日益密切。米尔卡齐米表示，伊中在许多方面有着广泛的共同利益，希望同中方一起创造条件，实施好现有项目，深入挖掘潜力，为促进两国关系作出贡献。

335.2010年8月21日，新闻出版总署署长柳斌杰会见伊朗驻华大使萨法里。双方就加强中伊两国新闻出版交流等方面进行了深入探讨，一致同意推动两国图书互译并在互联网管理等方面加强交流。近年来，两国新闻出版界交流日益频繁。2009年起，中国连续两年参加伊朗德黑兰国际书展，商务印书馆等出版社翻译出版了一些伊朗的文学图书和波斯语工具书。伊朗驻华使馆多年来一直代表该国出版商参加北京国际图书博览会。

336.2010年9月28日，中共中央政治局常委李长春对伊朗进行正式友好访问。访问期间，李长春会见了伊朗总统内贾德、伊朗副总统米勒塔基阿尔蒂尼、伊朗议会议长拉里贾尼、伊朗法尔斯省省长克尔曼尼等政府首脑和要员，为中央电视台驻德黑兰记者站揭牌，并参观了伊朗德黑兰大学孔子学院。

337.2010年10月6日，铁道部部长刘志军率团访问伊朗并就合作举行会谈。刘志军与伊朗道路及运输部部长贝赫巴哈尼在伊朗首都德黑兰举行了会谈，并共同签署了《中华人民共和国铁道部与伊朗伊斯兰共和国道路及运输部铁路合作谅解备忘录》。

338.2010年10月18日，中国与伊朗在德黑兰签署青年事务合作谅解备忘录。中华全国青年联合会副主席贺军科与伊朗全国青年组织主席迈赫达德在伊朗首都德黑兰签署两国青年事务合作谅解备忘录。根据签署的谅解备忘录，双方将促进两国青年组织和专家互访；促进青年代表团互访以增进相互了解，加强两国青年人的友谊；由双方轮流在各自国内组织“青年友谊周”活动，以及促进两国青年协会和青年中心的合作等。

339.2010年12月8日，外交部长杨洁篪在北京会见伊朗副外长法图拉希。杨洁篪部长在外交部会见来华举行两国外交部政治磋商的伊朗副外长法图拉希。双方就中伊关系以及共同关心的国际和地区问题交换了意见。

340. 2010 年 12 月 12 日，国务院副总理李克强会见伊朗副总统兼体育代表团团长赛义德鲁。李克强在广州会见来华出席广州亚残运会开幕式的伊朗副总统兼伊朗体育代表团团长赛义德鲁。

341. 2011 年 7 月 14—15 日，中共中央政治局常委、中央纪委书记贺国强对伊朗进行正式友好访问，16 日回国。期间他访问了伊朗伊斯法罕市、在德黑兰与伊朗副总统穆罕默迪扎德举行会谈并出席了中伊建交 40 周年招待会。16 日，伊朗总统内贾德在德黑兰会见了贺国强。

（以上中伊交往大事记，主要根据 1950 年以来的各年份《人民日报》以及《人民日报》（海外版）、中华人民共和国中央人民政府网站 http：//www. gov. cn/等相关网站等资料整理所得。可能资料有遗漏，导致中伊交往的事件记载不甚完整。）

附录三　中国—伊朗签订的部分重要协定、协议（1971—2006年）

1.《中华人民共和国政府和伊朗伊斯兰共和国政府建立外交关系公报》（1971 年 8 月）

2.《中华人民共和国政府和伊朗伊斯兰共和国政府民用航空运输协定》（1972 年 11 月）

3.《中华人民共和国政府和伊朗伊斯兰共和国政府贸易协定》（1973 年 4 月）

4.《中华人民共和国政府和伊朗伊斯兰共和国政府关于文化和科学技术合作协定》（1983 年 9 月）

5.《中华人民共和国政府和伊朗伊斯兰共和国政府关于成立经济、贸易和科技合作联委会的协定》（1985 年 3 月）

6.《中华人民共和国外交部和伊朗伊斯兰共和国外交部建立磋

商机制谅解备忘录》(2000 年 2 月)

7.《中华人民共和国与伊朗伊斯兰共和国联合公报》(2000 年 6 月)

8.《中华人民共和国政府和伊朗伊斯兰共和国政府关于相互促进和保护投资协定》(2000 年 6 月)

9.《中华人民共和国政府和伊朗伊斯兰共和国政府关于在石油领域开展合作的框架协议》(2002 年 3 月)

10.《中华人民共和国政府和伊朗伊斯兰共和国政府原油贸易长期协定》(2002 年 3 月)

11.《中华人民共和国政府和伊朗伊斯兰共和国政府关于植物保护和检疫合作协定》(2002 年 3 月)

12.《中华人民共和国政府和伊朗伊斯兰政府关于对所有避免双重征税和防止偷漏税的协定》(2002 年 4 月)

13.《中华人民共和国政府和伊朗伊斯兰共和国政府商船海运协议》(2002 年 4 月)

14.《中华人民共和国信息产业部与伊朗伊斯兰共和国邮电部关于电信及信息技术领域开展合作的谅解备忘录》(2002 年 4 月)

15.《中国国际贸易促进委员会与伊朗工商矿业商会关于成立伊中联合贸易理事会的协定》(2002 年 4 月)

16.《中伊航天合作谅解备忘录》(2004 年,由中国国家航天局与伊朗国家空间局签订)

17.《中伊两国签署关于中国旅游团队赴伊朗旅游实施方案的谅解备忘录》(2006 年 12 月 28 日)①

---

① 资料来源:中华人民共和国外交部网站,2007—4—20,http://www.tpbjc.gov.cn/Article_Show.asp? ArticleID=28229,伊朗伊斯兰共和国驻华大使馆,走进伊朗,2007.2。

附录四　中国对伊朗的投资

1　中国对伊朗投资重要项目

投资项目	地点	时间	投资内容	合同金额	成效	问题	投资主体	资料出处
伊朗哈通阿巴德铜冶炼厂	伊朗克尔曼省	1993	有色金属（80000 吨/年）粗铜项目建设承包合同。公司承担了哈通—阿巴德铜冶炼厂的工艺设计、主工艺设备的选型和供货、设备商检和运输、安装的指导和监理、业主人员培训、单体试车、无负荷联动试车、负荷联动试车以及试生产过程的指导、保质期服务。	合同总金额 2.2 亿美元，是当时中伊两国在有色金属领域最大的合作项目。	该项目的投产使伊朗年产铜能力上升到 28 万吨。		中国有色金属建设股份有限公司与伊朗国家铜业公司	http：//www.nfcg.com.cn/cn/gsyw/gccb.asp http：//www.nfc.com.cn/col24/article.html? id=136

续表

投资项目	地点	时间	投资内容	合同金额	成效	问题	投资主体	资料出处
阿拉克电站项目（4＊32.5万千瓦）	伊朗中央省阿拉克市	1995	电站	四川东方集团承建，提供了6.9亿元贷款	这是中方首次出口32.5万千瓦机组。合同执行至今，四台机组已全部建设完成，并已相继投入使用。电站至今已发电316亿度，总功率1400万千瓦，是伊第三大电站，在伊能源供应中发挥着重要作用，已连续两年被评为伊模范电站		中国东方电力公司与伊朗MAPNA公司	http：//www.chinaembassy.ir/chn/smwl1/t229987.htm http：//www.tradetree.cn/jidan/200408/62.htm
伊朗德黑兰地铁项目		1995	交通，中信公司作为总承包商承担德黑兰地铁工程机电系统的建设	包括中信实业银行在内的国内14家商业银行组成银团，为其提供2.93亿美元的买方信贷	这是中国建国以来最大的综合性民用机电产品出口项目之一，也是完全按照国际惯例运作的国际竞标承包工程。		中国北方工业公司承建，德黑兰城市铁路公司，中信国际合作公司	http：//www.ccmetro.com/newsite/readnews.aspx? id=3986

续表

投资项目	地点	时间	投资内容	合同金额	成效	问题	投资主体	资料出处
伊朗胡泽斯坦省卡伦三号水电站		1997	水利水电	3000万美元（设备部分）			中国哈尔滨电站工程有限责任公司	http://nkbaoquanling.mofcom.gov.cn/aarticle/yuwaisq/200511/20051100745363.html
海尔家电装配厂	伊斯法罕省	2000	家电		洗衣机生产线于2003年建成并投产。由于海尔洗衣机质量优秀，且价格极富竞争力，相当受伊民众欢迎。2005年内，海尔洗衣机产品中最受欢迎的两种型号在伊销售总量达到30万台，截至年底，海尔洗衣机已占领60%伊国内市场		中国海尔公司与伊朗SNOWA公司联合设立	http://www.chinaembassy.ir/chn/smwl1/t229987.htm

续表

投资项目	地点	时间	投资内容	合同金额	成效	问题	投资主体	资料出处
伊朗炼厂改造项目（CROS项目）	德黑兰、内卡、大不里士	2001.1	能源，建设位于其北部里海岸边的NEKA油库的原油接运、调合和贮存设施，并改造其北部的德黑兰、大不里士三个炼油厂，SEI负责该项目的设计、采购、施工和试车等全部建设工作。	工程总投资1.5亿美元，其中EPC工程合同额1.43亿美元，其余部分为计划安排的两年备品备件采购额。	中国石化的工程公司在伊朗CROS项目的炼厂改造中取得了成功，为伊朗的炼厂改造树立了好的榜样		中国石化工程建设公司（以下简称SEI）与英国Vitol和香港亚联公司组成联合体参与	http://ir.mofcom.gov.cn/aarticle/jmxw/200312/20031200156246.html http://www.mypm.net/articles/show_article_content.asp?articleID=12128&pageNO=12 http://www.mypm.net/articles/show_article_content.asp?articleID=12128
卡山项目	伊朗卡山地区	2001.1	能源，油气风险勘探项目	1.6亿美元	第一个海外油气风险勘探项目		中石化，伊朗国家石油公司	http://ir.mofcom.gov.cn/aarticle/jmxw/200405/20040500216256.html

续表

投资项目	地点	时间	投资内容	合同金额	成效	问题	投资主体	资料出处
伊朗阿拉克电解铝厂(11万吨)	伊朗中央省阿拉克市	2001	有色金属		伊朗阿拉克铝厂项目共210台电解槽，计划年产量11万吨		中国有色金属建设股份有限公司承建	http://news.chemnet.com 2007－05－25 09：06：01 商务部网站 http：//www.chinaembassy.ir/chn/smwl1/t229987.htm
塔里干水利枢纽工程	德黑兰西北约135公里处的塔里干山谷	2001.1	水利水电	合同金额为1.43亿美元	中国公司迄今在伊朗从事的最大的水利工程项目，主要功能包括调节塔里干河流地表水，满足灌溉、城市生产、生活用水的需要，并利用水力发电；同时，利用水库小环境发展旅游业		中国水利水电建设集团公司	http：//www.chinaembassy.ir/chn/smwl1/t260188.htm http：//www.xwsgj.com/Article/calling/200608/Article_252.htm

续表

投资项目	地点	时间	投资内容	合同金额	成效	问题	投资主体	资料出处
伊朗佳嘉姆氧化铝厂改造项目	伊朗佳嘉姆市	2001.9	有色金属，根据合同规定，该项目分两个阶段完成，即，第一阶段，利用进口的三水铝矿石生产氧化铝，最终实现利用当地的佳嘉姆一水硬铝矿石生产氧化铝的目标。	380万美元	它解决了困扰伊朗政府多年的问题，使得投资达5亿美元的该项目起死回生，开始了正常的生产；该厂投入正常生产，可提供1500个直接就业机会和3000个间接就业机会，在提高就业率、消除地区贫困和发展地区经济等方面都有着重要的意义；同时，该项目改造成功使得伊朗可利用本国的矿石生产氧化铝，每年可为伊朗节省约8000万美元的外汇，更为重要的是，提高了伊朗铝工业的国产化水平，有利于提高伊朗综合国力和增强其民族自豪感。		中国有色金属建设股份有限公司	http://ir.mofcom.gov.cn/aarticle/jmxw/200306/20030600098172.html

续表

投资项目	地点	时间	投资内容	合同金额	成效	问题	投资主体	资料出处
伊朗莫拉萨德拉大坝和水电站工程	位于伊朗法尔斯省省会设拉子市西北184公里，兴建在Eghlid市Sedeh镇附近的Kore河上	2002.9	水利水电，工程主要项目包括72米高、630米长、库容量4.4亿立方米的大坝和总装机10万千瓦的水电站以及相关辅助工程，中方承担的项目为引水发电系统和电站厂房以及导水箱涵闸门的金属结构制造安装。	合同金额7550万美元，融资方为中国进出口银行和伊朗Saderat银行			中国葛洲坝集团公司与伊朗Mellisa-khteman公司合作承建	http：//www.hwcc.com.cn/newsdisplay/newsdisplay.asp? Id=171398 http://www.gov.cn/jrzg/2006—09/30/content_403689.htm
德黑兰铁路车辆制造厂	德黑兰	2003	主要负责德黑兰市所有地铁车辆、电力机车、双层客车的日常维修保养，以及伊方订购地铁车辆和双层客车的组装。	1000万美元	中伊合资成立的德黑兰铁路车辆制造公司为解决伊朗运输问题发挥了重要作用，标志两国在交通领域开展互利合作和双向投资已经有了良好的开始。		中国北方工业公司（29%），长春铁路客车厂（20%），伊朗德黑兰市城郊铁路公司（31%），克尔曼省GPIG公司（20%）共同投资	http：//ir.mofcom.gov.cn/aarticle/jmxw/200703/20070304476347.html http：//news.sohu.com/20070314/n248704714.shtml

续表

投资项目	地点	时间	投资内容	合同金额	成效	问题	投资主体	资料出处
冠宇鸵鸟开发有限公司	伊朗加兹温省	2003	农业，鸵鸟养殖	双方共投资 180 万美元，其中伊中双方各占 60% 和 40% 的股份。按合同规定，伊方提供 5 公顷土地并负责养殖场的基建；中方提供 40 头种鸵鸟、2000 枚种蛋、16 台孵化机和养殖技术。	这是中伊两国第一个农业领域的合资项目		中国秦皇岛市冠宇鸵鸟发展有限公司，伊朗私商卡里姆内嘎达共同投资建立合资养殖开发鸵鸟公司	http：//ir. mofcom. gov. cn/aarticle/jmxw/200303/20030300072297. html

续表

投资项目	地点	时间	投资内容	合同金额	成效	问题	投资主体	资料出处
西玛瑞 3 X 160MW 水力发电站项目	胡泽斯坦省卡尔赫河	2003. 3. 5	水利水电	合同总金额 1.2 亿美元（中方负责 7800 万美元）	西玛瑞水电站项目合同是一个互利双赢的合同，是中国公司到目前为止在海外承揽的装机容量最大的水电机械设备交钥匙工程总承包项目，对带动中国机电产品出口、取得在国外承揽大型水电站工程项目资质、促进中国在国外承揽新的大型机械设备水电总承包项目具有非常重要的意义。		哈尔滨电站工程有限责任公司，伊朗国家水利电力公司	http：//ir. mofcom. gov. cn/aarticle/jmxw/200303/20030300073317. html

续表

投资项目	地点	时间	投资内容	合同金额	成效	问题	投资主体	资料出处
德黑兰—北方高速		2003.8.17	中国公司承担该高速公路项目第一期工程建设	2.57 亿美元（中：1.8 亿美元）	对货物过境和伊朗、印度、俄罗斯三国签订的南北运输走廊协议具有极其重要的意义		由中国上海外经（集团）有限公司与中铁隧道集团有限公司、上海亚联进出口贸易有限公司组成的联合体与伊朗德黑兰北方高速公路公司	http：//ir. mofcom. gov. cn/aarticle/jmxw/200307/20030700113651. html http：//business. sohu. com/82/15/article202701582. shtml
Aras Khodro Diese 汽车组装厂	大不里士	2004.6	汽车，中国重型汽车集团公司将于 2006 年内向伊朗 Khodro 公司出口 Sinotruck-H7 系列重型汽车 10000 辆，其中 2000 辆为整车出口，其余 8000 辆以 SKD 方式完成，	合同总额 3.5 亿美元	为中国重汽“走出去”奠定了坚实的基础，也是中国汽车工业在海外市场获得的重大突破。		中国重型汽车公司山东泰安远东经贸公司，伊朗 Amico 公司合作承建	http：//news. wtojob. com/news231_10390. shtml

续表

投资项目	地点	时间	投资内容	合同金额	成效	问题	投资主体	资料出处
伊朗中国商贸城	伊朗胡齐斯坦省霍拉姆沙赫尔市阿娃达自由区内	2006.12.2	商业	6亿元			浙江商人、伊朗中国商贸城集团有限公司董事长边柏功投资	http：//news. cnfol. com/060615/101，1599，1884432，00. shtml
北帕尔斯气田开发及液化天然气炼厂	波斯湾	2006.12.12	能源（油气）	160亿美元（50亿美元用于勘探和生产，110亿美元用于下游）			伊朗国家石油公司，中国海洋石油公司	http://news. chemnet. com/content/2007 － 01 － 15/243086. html http：//www. chinca. org/newsShow. aspx? menuID＝13&newsID＝2132

续表

投资项目	地点	时间	投资内容	合同金额	成效	问题	投资主体	资料出处
伊朗NGCC 3300t/d水泥熟料生产线建设项目	法尔斯省NEYRIZ市	2007.1	建材，成都院负责该生产线的工程设计、部份设备供货、调试、考核和技术服务。	合同金额4730万美元，采用EP总承包模式建设。	伊朗NGCC 3300t/d水泥熟料生产线是继伊朗FARS NOV3300t/d熟料生产线后，在该国承建的第二条新型干法水泥生产线。		成都院和中国技术进出口总公司联合签定	http://www.snsqw.com/news/hydt/qiye/200711/25086.html http://www.cem-worthy.com/RenWu_Show.asp? LID=63
“力帆520”汽车	伊朗汽车工业重镇克尔曼KERMAN省巴姆BAM市	2007.7	汽车，该合资工厂将以CKD件的方式组装1.3L、1.6L双燃料力帆520轿车，并在伊朗及周边国家销售。据悉，合资项目将于2008年4月正式启动投产	项目预计总投资约1亿元人民币	力帆汽车所开发的系列轿车适合伊朗市场，借助力帆品牌在中东市场的影响力，将直接提升KMC公司在伊朗以及周边市场竞争力，并意味着力帆汽车将正式驶入中东市场		重庆力帆，伊朗汽车集团KMC	http://bbs.xgo.com.cn/thread−170079−1−1.html http://cqcb.cqnews.net/shownew/? id = 5155 http://bbs.chetx.com/250/534_6848769_6848769.htm

续表

投资项目	地点	时间	投资内容	合同金额	成效	问题	投资主体	资料出处
伊朗里海高速路二期项目		2007.8	交通，该项目路长45公里，其中将建造一个6.5公里的隧道	3.27 亿美元（85%中方融资，其余15%为项目预付款）			中国上海经济技术国际合作公司	http：//jiangsu. ccpit. org/Html/gjjm/2007_11_12_16_01_42_0611616221776687_62. htm
s—21经济型汽车	伊朗马赞兰省	2007. 8.10	汽车，年内该厂将生产20万辆奇瑞S21型（QQ6）汽车	3.7亿美元（伊：30%，加：49%，中：21%）			中国奇瑞公司，伊朗KHODRO汽车公司	http：//ir. mofcom. gov. cn/aarticle/jmxw/200708/20070804992028. html http://www. 315che. com/news/38767. htmhttp://auto. 21cn. com/newcar/guonei/2007/04/16/3179581. shtml

续表

投资项目	地点	时间	投资内容	合同金额	成效	问题	投资主体	资料出处
伊朗大不里士氧化铝项目	大不里士	2007.10.9	有色金属	项目总金额约3.8亿欧元			中国有色金属建设股份有限公司与伊朗当地公司合作承建	http://www.mlmjzx.com/arti/wenzhang.asp? id=38793
伊朗鲁德巴—罗瑞斯坦大坝发电站工程	伊朗罗瑞斯坦省	2007.10.15	水利水电，工程内容主要包括碾压混凝土大坝、引水隧洞及两台水轮发电机组，总装机容量为45万千瓦，合同工期52个月。中国葛洲坝集团公司将负责本工程的金属结构及机电设备部分的设计、供货及试运行	3.1亿欧元（其中中国1.5亿欧元）	满足该地区灌溉和供电需要		中国葛洲坝集团公司与伊朗SEPASED工程公司组成的联合体（简称“CGGC—SEPASED联合体”）	http://stock.jrj.com.cn/news/2007—10—17/000002796402.html http://www.in-en.com/power/html/power—0922092299129744.html http://china.epenet.cn/Info/117596/Index.shtml
伊南部亚达瓦兰油田合同	伊朗胡泽斯坦省	2007.12.9	能源（石油）	合同价值20亿美元，是伊朗与外国签订的大金额能源合同之一。	中石化收益率14.98%		中石化	http://www.china.com.cn/news/txt/2007—12/13/content_9379789.htm

续表

投资项目	地点	时间	投资内容	合同金额	成效	问题	投资主体	资料出处
天然气钻井项目	伊朗法尔斯省塔布纳克(TABNAK)		能源，参与伊朗法尔斯省塔布纳克（TAB-NAK）地区19口新天然气井的钻井及该地区原有气井的维修工程	该项目标的为7200万美元，外加1000亿里亚尔（1美元约合8000里亚尔），参与该工程的伊方公司为伊朗穷人基金会发展和住房组织；工程总量的三分之二由中国公司承担，伊方承担三分之一			2个中国公司，穷人基金会	http：//ir. mofcom. gov. cn/aarticle/jmxw/200301/20030100061943. html
萨汉德电站	伊朗阿塞拜疆萨汉德			1. 677 亿美元			CMEC 公司承建	

续表

投资项目	地点	时间	投资内容	合同金额	成效	问题	投资主体	资料出处
莫拉萨德拉 2 X 55MW 水力发电站	伊朗法尔斯省的科尔河上		主要工程建筑物包括：72 米高的堆石坝、开敞式溢洪道、直径 4.5 米长 3.3 公里的引水隧洞和地面厂房。安装两台 5 万千瓦的机组，总库容 4.4 亿立方米。伊朗国家建筑公司承担大坝、溢洪道的施工任务，中国葛洲坝集团公司承担引水隧洞、压力钢管、厂房、开关站等土建项目的设计、施工和电站设备、金属结构的设计、供货、安装、试运行的任务。	合同总价 7570 万美元（中方承包 4100 万美元）	莫拉萨德拉水电站是中国葛洲坝集团公司在伊朗参与建设的第一个工程项目，该电站是法尔斯省重要的电力供应基地，对伊朗中部地区的经济和社会发展有着重要的影响		中国葛洲坝集团公司和伊朗国家建筑公司共同承建	http: //www. tdb. org. cn/interMarket/15458. html http: //cggc. cn/XXLR1. ASP? ID = 9523 http: //gzbgj. com/Arti-cle. asp? id=836
莫汉水电站				合同金额 790 万美元（提供设计和设备）			江苏国际公司	http://www. tdb. org. cn/interMarket/15458. html

续表

投资项目	地点	时间	投资内容	合同金额	成效	问题	投资主体	资料出处
伊朗国家天然气干线第七期工程				总价值 8.5 亿美元，付款方式为买方信贷。			中国辽阳钢管有限公司	http://www.rectalcancer.cn/2006/11－1/14154823962.html
新一代萨满德汽车			汽车，根据双方签署的合同，第一年 30%的零件在中国生产，70%伊朗生产；然后中国生产的零件达到 50%，两年后提升到 65%	6000 万美元(中：70%，伊：30%)			山东省京华青年汽车公司与伊朗霍德罗汽车合资	http：//ir.mofcom.gov.cn/aarticle/jmxw/200708/20070804992028.html http：//auto.21cn.com/newcar/guonei/2007/04/16/3179581.shtml

2　中国对伊朗直接投资情况一览表

投资项目	地点	时间	合同金额	成效	投资主体
水泥厂项目	萨马干	2008.7.26	项目合同金额2，720万欧元，其中设备款2，585万欧元，设计和技术服务费为135万欧元。该项目中国成分为80%，建设期2年，资金全部由业主自筹。	截至2008年7月，中技公司近两年已在伊朗成功签约四个日产3，300吨水泥厂项目，金额合计约1.4亿欧元。	中国技术进出口总公司
水泥厂项目	伊朗拉夫桑贾	2008.7.11	项目合同金额4，154.4万欧元，其中设备款3，917.4万欧元，设计和技术服务费237万欧元。该项目中国成分为80%，建设期2年，由中国贷款解决部分项目融资问题		中国技术进出口总公司
CNG气瓶生产线			该厂30%的设备由中国和意大利生产和测试的，其余部分实现了国产化。该厂总投资1500亿里亚尔（约合1600多万美元）。	年产气瓶12万个，规格分别为28、57、75、101、113、130立升。	中、意、伊合作

续表

投资项目	地点	时间	合同金额	成效	投资主体
钢厂项目	伊朗中部雅兹德省 Ardakan 地区	2008.6.9	1.31 亿欧元，由中冶集团负责项目的设计、采购和建设，工期为 32 个月。	伊朗目前钢铁年产量为 1，100 万吨，今年计划通过新建几个钢厂项目提高一倍，并争取在 2010 年达到年产量 3，000 万吨的发展目标。	中国冶金建设集团
伊南部亚达瓦兰油田合同	伊朗胡泽斯坦省会阿瓦士以西	2007.12.9	20 亿美元，价值高达 20 亿美元，是伊朗迄今为止与外国签订的最大金额能源合同之一。该油田开发的全部投资由中方承担，中石化计划用 4 年时间分三期进行开发。其中第一期投资 20 亿美元，建成 45 口油井，稳产后日产原油 85000 桶。	中石化收益率 14.98%	中石化集团公司在德黑兰与伊朗国家石油公司签约以回购服务方式
伊朗 NEYRIZ 日产 3300 吨水泥熟料厂项目	法尔斯省 NEYRIZ 市	2007.10.29	合同总金额 4730 万美元		中国技术进出口公司和成都建材设计院共同承建

续表

投资项目	地点	时间	合同金额	成效	投资主体
伊朗鲁德巴—罗瑞斯坦大坝发电站工程	伊朗罗瑞斯坦省	2007.10.15	3.1亿欧元（其中中国1.5亿欧元）	满足该地区灌溉和供电需要	中国葛洲坝集团公司与伊朗当地公司SEPASED工程公司组成的联合体（简称“CGGC－SEPASED联合体”）
伊朗大不里士氧化铝项目	伊朗大不里士	2007.10.9	项目总金额约3.8亿欧元		中国有色金属建设股份有限公司与伊朗当地公司合作承建
伊朗里海高速路二期项目		2007.8	3.27亿美元（85%中方融资，其余15%为项目预付款）		中国上海经济技术国际合作公司
s—21经济型汽车	伊朗马赞达兰省	2007.8.10	3.7亿美元（伊：30%，加：49%，中：21%）		中国奇瑞公司，伊朗KHODRO汽车公司
新一代萨满德汽车			6000万美元（中：70%，伊：30%）		山东省京华青年汽车公司与伊朗霍德罗汽车合资

续表

投资项目	地点	时间	合同金额	成效	投资主体
“力帆 520”汽车	伊朗汽车工业重镇 KERMAN 省 BAM 市	2007.7	项目预计总投资约 1 亿元人民币	力帆汽车所开发的系列轿车适合伊朗市场，借助力帆品牌在中东市场的影响力，将直接提升 KMC 公司在伊朗以及周边市场竞争力，并意味着力帆汽车将正式驶入中东市场	重庆力帆，伊朗汽车集团 KMC
伊朗 NGCC 3300t/d 水泥熟料生产线建设项目	法尔斯省 NEYRIZ 市	2007.1	合同金额 4730 万美元，采用 EP 总承包模式建设。	伊朗 NGCC 3300t/d 水泥熟料生产线是继伊朗 FARS NOV3300t/d 熟料生产线后，在该国承建的第二条新型干法水泥生产线。	成都院和中国技术进出口总公司联合签定
北帕尔斯气田开发及液化天然气炼厂	波斯湾	2006.12.12	160 亿美元（50 亿美元用于勘探和生产，110 亿美元用于下游）		伊朗国家石油公司，中国海洋石油公司

续表

投资项目	地点	时间	合同金额	成效	投资主体
伊朗中国商贸城	伊朗胡齐斯坦省霍拉姆沙赫尔市阿娃达自由区内	2006.12.2	6亿元		浙江商人、伊朗中国商贸城集团有限公司董事长边柏功投资
Aras Khodro Diese汽车组装厂	东阿塞拜疆的大不里士	2004.6	合同总额3.5亿美元	为中国重汽“走出去”奠定了坚实的基础，也是中国汽车工业在海外市场获得的重大突破。	中国重型汽车公司山东泰安远东经贸公司，伊朗Amico公司合作承建
德黑兰—北方高速		2003.8.17	2.57亿美元（中：1.8亿美元）	对货物过境和伊朗、印度、俄罗斯三国签订的南北运输走廊协议具有极其重要的意义	由中国上海外经（集团）有限公司与中铁隧道集团有限公司、上海亚联进出口贸易有限公司组成的联合体与伊朗德黑兰北方高速公路公司

续表

投资项目	地点	时间	合同金额	成效	投资主体
西玛瑞 3 X 160MW 水力发电站项目	湖泽斯坦省卡尔赫河	2003.3.5	合同总金额 1.2 亿美元（中方负责 7800 万美元）	西玛瑞水电站项目合同是一个互利双赢的合同，是中国公司到目前为止在海外承揽的装机容量最大的水电机械设备交钥匙工程总承包项目，对带动我国机电产品出口、取得在国外承揽大型水电站工程项目业绩、促进我国在国外承揽新的大型机械设备水电总承包项目具有非常重要的意义。	哈尔滨电站工程有限责任公司，伊朗国家水利电力公司
冠宇鸵鸟开发有限公司	伊朗加兹温省	2003	双方共投资 180 万美元，其中伊中双方各占 60%和 40%的股份。按合同规定，伊方提供 5 公顷土地并负责养殖场的基建；中方提供 40 头种鸵鸟、2000 枚种蛋、16 台孵化机和养殖技术。	这是中伊两国第一个农业领域的合资项目	中国秦皇岛市冠宇鸵鸟发展有限公司，伊朗私商卡里姆内嘎达共同投资建立合资养殖开发鸵鸟公司

续表

投资项目	地点	时间	合同金额	成效	投资主体
德黑兰铁路车辆制造厂	德黑兰	2003	1000万美元	中伊合资成立的德黑兰铁路车辆制造公司为解决伊朗运输问题发挥了重要作用，同时标志两国在交通领域开展互利合作和双向投资已经有了一个好的开始。	中国北方工业公司（29%），长春铁路客车厂（20%），伊朗德黑兰市城郊铁路公司（31%），克尔曼省GPIG公司（20%）共同投资
伊朗莫拉萨德拉大坝和水电站工程	位于伊朗法尔斯省省会设拉子市西北184公里，兴建在Eghlid市Sedeh镇附近的Kore河上	2002.9	合同总价7570万美元（中方承包4100万美元）	莫拉萨德拉水电站是中国葛洲坝集团公司在伊朗参与建设的第一个工程项目，该电站是法尔斯省重要的电力供应基地，对伊朗中部地区的经济和社会发展有着重要的影响	中国葛洲坝集团公司与伊朗Mellisakhteman公司合作承建

续表

投资项目	地点	时间	合同金额	成效	投资主体
扎兰德焦化厂	克尔曼省扎兰德市	2001.12.25	投资3100万美元和7710亿里亚尔，其中85%由中方提供出口信贷。年产炼焦40万吨，副产品1.9万吨，直接就业人员500人，间接就业人员1000人。	随着该厂投产，伊朗将大幅度减少炼焦的进口	中信国际合作公司
伊朗佳嘉姆氧化铝厂改造项目	伊朗霍拉桑（KHORASAN）省佳嘉姆市嘉姆市	2001.9	380万美元	它解决了困扰伊朗政府多年的问题，使得该投资达5亿美元的项目起死回生，开始了正常的生产；该厂投入正常生产，可提供1500个直接就业机会和3000个间接就业机会，在提高就业率、消除地区贫困和发展地区经济等方面都有着重要的意义；同时，该项目改造成功使得伊朗可利用本国的矿石生产氧化铝，每年可为伊朗节省约8000万美元的外汇，更为重要的是，提高了伊朗铝工业的国产化水平，有利于提高伊朗综合国力和增强其民族自豪感。	中国有色金属建设股份有限公司

续表

投资项目	地点	时间	合同金额	成效	投资主体
伊朗11万吨阿拉克电解铝厂	伊朗中央省阿拉克市	2001		伊朗阿拉克铝厂项目共210台电解槽，计划年产量11万吨	中国有色金属建设股份有限公司承建
塔里干水利枢纽工程	首都德黑兰西北约135公里处的塔里干山谷	2001.1	合同金额为1.43亿美元	中国公司迄今在伊朗从事的最大的水利工程项目，主要功能包括调节塔里干河流地表水，满足灌溉、城市生产、生活用水的需要，并利用水力发电；同时，利用水库小环境发展旅游业	中国水利水电建设集团公司
伊朗炼厂改造项目(CROS项目)	德黑兰、内卡、大不里士	2001.1	工程总投资1.5亿美元1.5亿美元，其中EPC工程合同额1.43亿美元，其余部分为计划安排的两年备品备件采购额。	中国石化的工程公司在伊朗CROS项目的炼厂改造中取得了成功，为伊朗的炼厂改造树立了好的榜样	中国石化工程建设公司（以下简称SEI）与英国Vitol和香港亚联公司组成联合体参与
卡山项目	伊朗卡山地区	2001.1	1.6亿美元	第一个海外油气风险勘探项目	中石化，伊朗国家石油公司

续表

投资项目	地点	时间	合同金额	成效	投资主体
海尔家电装配厂	伊斯法罕省	2000		洗衣机生产线于2003年建设完成并投入生产。由于海尔洗衣机质量优秀，且价格极富竞争力，相当受伊民众欢迎。2005年内，海尔洗衣机产品线中最受欢迎的两种型号在伊销售总量达到30万台，截至年底，海尔洗衣机已占领60%伊国内市场	中国海尔公司与伊朗SNOWA公司联合设立
伊朗湖泽斯坦省卡伦三号水电站		1997	3000万美元（设备部分）		中国哈尔滨电站工程有限责任公司
伊朗德黑兰地铁项目		1995	包括中信实业银行在内的国内14家商业银行组成银团，为其提供2.93亿美元的买方信贷	这是中国建国以来最大的综合性民用机电产品出口项目之一，也是完全按照国际惯例运作的国际竞标承包工程	中国北方工业公司承建，德黑兰城市铁路公司，中信国际合作公司

续表

投资项目	地点	时间	合同金额	成效	投资主体
阿拉克 4 * 32.5 万千瓦电站项目	伊朗中央省阿拉克市	1995	四川东方集团承建伊朗阿拉克 4×32.5 万千瓦电站建设提供了 6.9 亿元贷款	这是我 32.5 万千瓦机组首次出口。合同执行至今，四台机组已全部建设完成，并已相继投入使用。电站至今已发电 316 亿度，总功率 1400 万千瓦，是伊第三大电站，在伊能源供应中发挥着重要作用，已连续两年被评为伊模范电站	中国东方电力公司与伊朗 MAPNA 公司
伊朗哈通阿巴德铜冶炼厂	伊朗中部的克尔曼省	1993	合同总金额 2.2 亿美元，是当时中伊两国在有色金属领域最大的合作项目。	该项目的投产使伊朗年生产铜能力上升到 28 万吨。	中国有色金属建设股份有限公司与伊朗国家铜业公司
伊朗国家天然气干线第七期工程			总价值 8.5 亿美元，付款方式为买方信贷。		中国辽阳钢管有限公司

续表

投资项目	地点	时间	合同金额	成效	投资主体
天然气钻井项目	伊朗法尔斯省塔布纳克（TABNAK）		该项目标的为7200万美元，外加1000亿里亚尔（1美元约合8000里亚尔），参与该工程的伊方公司为伊朗穷人基金会发展和住房组织；工程总量的三分之二由中国公司承担，伊方承担三分之一		2个中国公司，穷人基金会
萨汉德电站	伊朗阿塞拜疆萨汉德		1.677亿美元		CMEC公司承建
莫汉水电站			合同金额790万美元(提供设计和设备)		江苏国际公司
附：最近将投资项目					
克尔曼省KOHNOJ县钛矿矿山			克尔曼省	拟投资	中国辽宁机械设备成套有限公司
矿产开发、矿石筛选和矿产加工			拟进行科研合作		伊朗地质测量组织与中国江西地质协会
伊朗北帕尔斯油气项目		伊朗北帕尔斯	将签订	投资160亿美元	中国海洋石油公司（CNOOC）

资料来源：根据中国驻伊朗大使馆经济商务参赞处资料整理而得。

3 中国在伊朗里海地区的能源合作项目一览表

日期	参与国家	项目名称	合作状况
2000—2002	中—伊	（NIOC）勘探部测井服务合同和（NISOC）测井服务专案	中石油（CNPC）下属公司——中油测井技术服务公司（CNLC），于2000年8月正式进入伊朗，中石油相继与伊朗签订NIOC勘探部测井服务合同和19口气井服务合同。这是1979年伊斯兰革命以来伊朗国家石油公司在钻井领域进行国际公开招标的第一个项目，也是中石油（CNPC）在境外获得的金额最大的石油工程技术服务项目。这一项目将对伊朗的天然气业发展具有重大意义，并将促进中伊两国进一步拓宽在石油和天然气领域的合作。2002年，NIOC勘探部测井服务合同转为伊朗南方油田（NISOC）测井服务专案。
2001.1	中—伊	伊朗卡山（Zavareh-Kashan）油田区块风险勘探服务合同	2001年1月8日，中石化（CPCC）与伊朗国家石油公司（National Iranian Oil Co.，NIOC）签署《伊朗卡山区块风险勘探服务合同》，为伊朗提供石油勘探服务，该项目亦是中石化首个海外油气风险勘探项目。
日期	参与国家	项目名称	合作状况
2003.5	中—伊	伊朗卡山（Zavareh-Kashan）油田项目	2003年5月，中石化（CPCC）正式在伊朗卡山（Zavareh-Kashan）油田区块开发，并于2004年元旦成功开发出日产1000立方米的高产工业油流井，为双方在油气开发领域进行实质性合作奠定初步基础。

续表

日期	参与国家	项目名称	合作状况
2004.5	中—伊	MIS油田开发项目	2004年5月25日，中石油（CNPC）与加拿大Sheer Energy公司签署伊朗Masjed-I-Suleyman（MIS）油田专案股权转让协定，获得该专案49%的股份及作业权。
2004.10	中—伊	亚达瓦兰（Yadavaran）油田开发项目	2004年10月底，中伊两国签署亚达瓦兰（Yadavaran）油田开发谅解备忘录，中石化（CPCC）获授权勘探开发伊朗的Yadavaran油田（估测蕴藏1180亿桶原油和855亿立方公尺天然气），而中国则同意在未來25年内每年从伊朗购买1000万吨（总计2.5亿吨）的液化天然气作为交换条件，一旦首批液化天然气开始交货，中方即可每日从该油田获取15万桶原油。在Yadavaran油田項目上，中石化取得51%的股份权益，其余股份暂订分别由印度国家石油公司ONGC（20%，2005年1月取得）与NIOC（29%）持有。
2005.5	中—伊	伊朗Pars LNG公司购买协议	2005年5月，中石油（CNPC）与伊朗Pars LNG公司签订谅解备忘录，中石油同意在25年内向伊朗购买1.88亿吨液化天然气，在这一协议下，伊朗向中国出口的液化天然气数量将在每天13亿立方米。

续表

日期	参与国家	项目名称	合作状况
2005.6	中—伊	Kouh-Dasht 近海区块的勘探开发合约	6月初，中石油获得伊朗西部 Kouh-Dasht 近海区块的勘探开发合约，初步投资 1800 万美元。
2006.1	中—伊	里海第六区块石油勘探	2006 年 1 月，中海油所属子公司—中海油田服务公司（COSL）与伊朗北方钻井公司（NDC）签署合作协议，参与半潜式钻井船 Alborz 号于里海第六区块的策略性石油勘探管理、维修及保养工作，合同期限 3 年，总金额约 3300 万美元。
2006.6	中—伊	塞姆南（Semnan）省伽姆萨（Garmsar）油气田项目开发	2006 年 6 月中旬，中石化与伊朗油田工程服务公司（OESC）签署正式协议，双方将共同开发伊朗塞姆南（Semnan）省伽姆萨（Garmsar）油气田，合同期限为 4 年，预计开采 Garmsar 地区油气田的成本约在 2000 万美元至 5900 万美元之间。
2006.8	中—伊	Arak 的 Shazand 炼油产能提升协议	8 月 1 日，中石化与伊朗国家炼油及石化分销公司（NITORDC），签署关于提高位于 Arak 的 Shazand 炼油产能协议，根据提高精炼油产制效能协议，中石化将协助当地的油田原油产量，从每天 15 万桶，提高到每天 25 万桶，并使 Shazand 炼油厂的汽油日产量在 3 年内，将由目前约 550 万到 600 万升，增加至约 1600 万升。

续表

日期	参与国家	项目名称	合作状况
2006.12	中—伊	北帕尔斯（Northern Pars）天然气田项目	12月中旬，中海油已与伊朗国家石油公司（NIOC）签署一份价值160亿美元协议，内容包括开发伊朗北帕尔斯（Northern Pars）天然气田、建造液化天然气厂与建设液化天然气输送设施，用以将液化天然气出口至渴求能源的中国。
2007.12	中—伊	亚达瓦兰油田项目	中石化与伊朗当局签署协议，共同开发伊朗的亚达瓦兰油田，中石化投资20亿美元，取得14.98%的股份。
2008.8	中—伊	南里海地区石油储量开发项目	伊朗电视新闻卫星频道8月23日报道，伊朗时下正在与中国第3大石油公司中国海洋石油总公司（CNOOC）和印度国营石油公司印度石油天然气公司（ONGC）就开发南里海地区石油储量一事举行会谈。伊朗NIOC公司眼下正在研究有关通过首次向这两家石油公司提供产量分成合同方式来把目前合同的条款变得更加吸引国际石油公司的建议。

附录五　附图

图 1　中国和伊朗的区位图

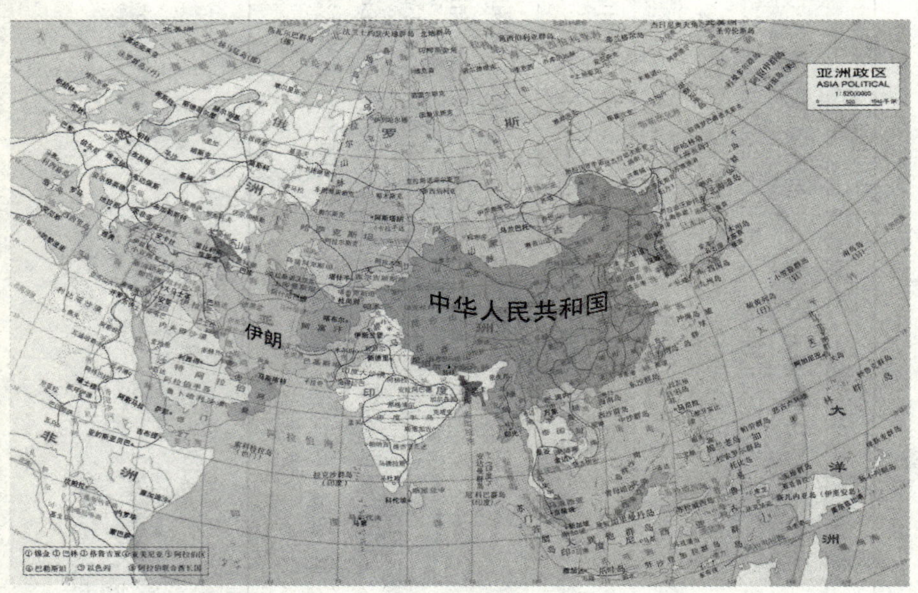

资料来源：扫描地图，采用 photoshop 加工。

图 2　伊朗伊斯兰共和国地形结构示意图

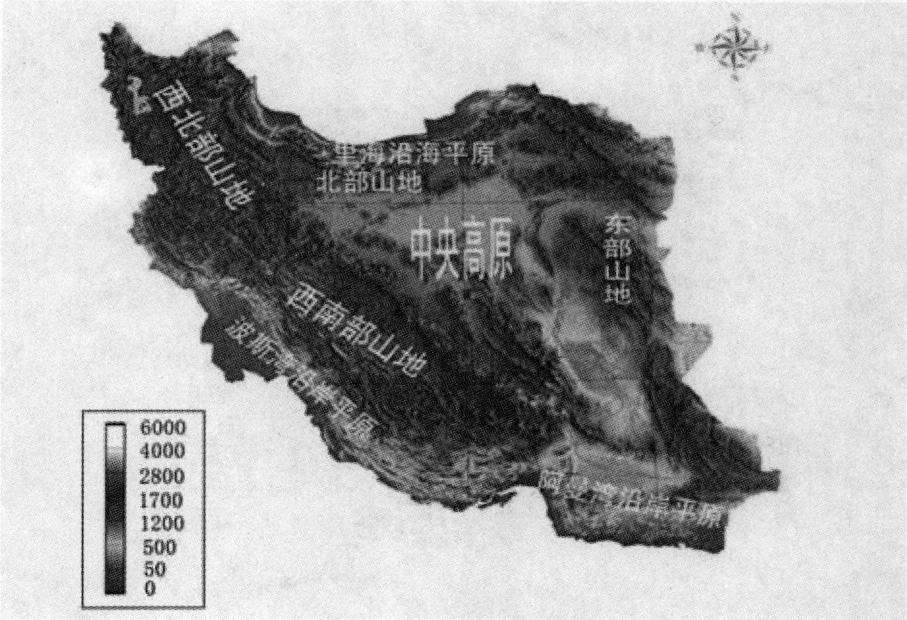

资料来源：扫描地图，采用 photoshop 加工。

图 3 伊朗伊斯兰共和国城镇分布示意图

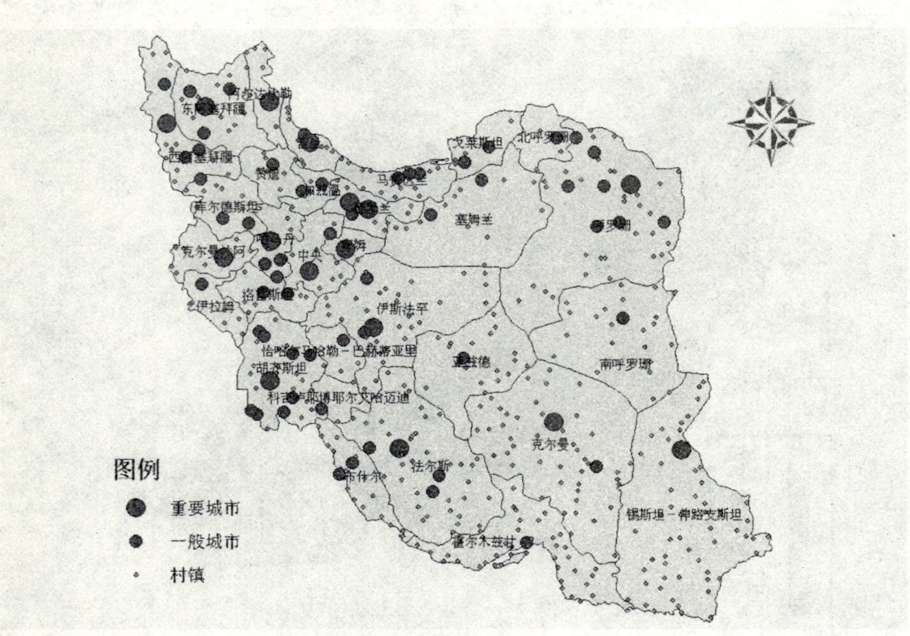

资料来源：以分国地图为底图扫描，采用 GIS 绘制。

图 4　伊朗伊斯兰共和国铁路分布示意图

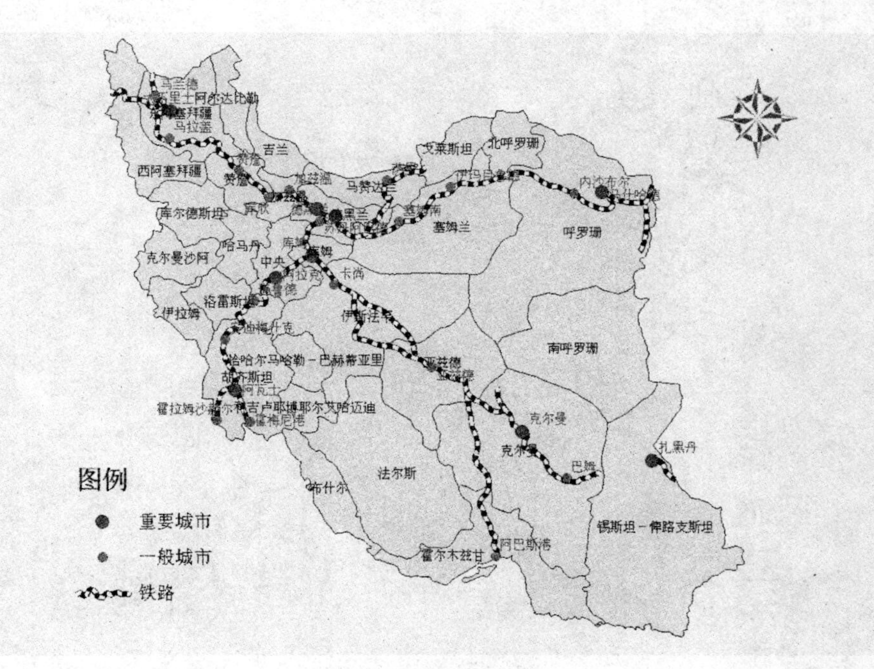

资料来源：分国地图为底图，采用 GIS 绘制。

图 5　伊朗伊斯兰共和国公路干线分布网络示意图

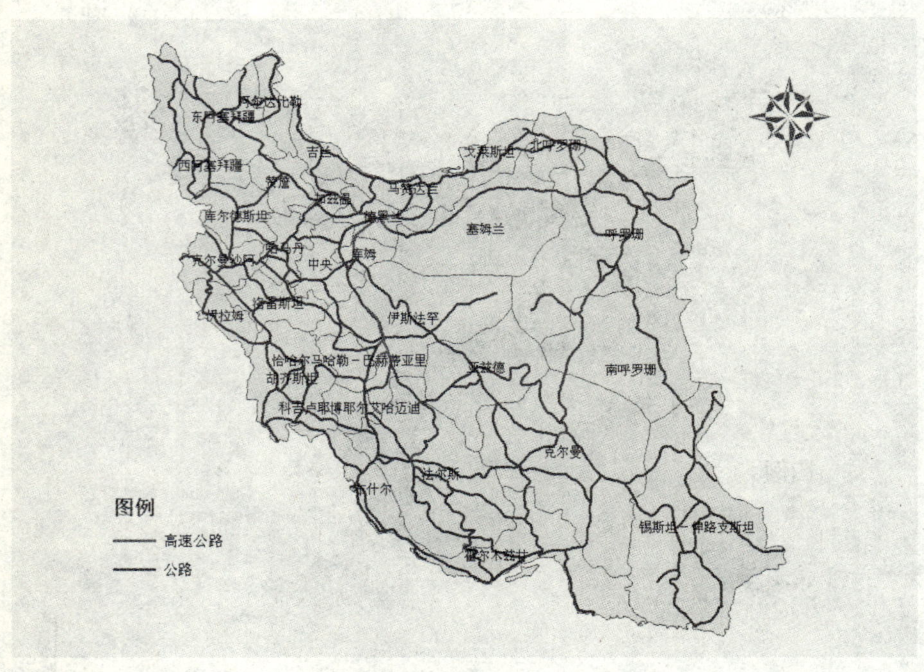

资料来源：分国地图为底图，采用 GIS 绘制。

后 记

笔者对中东问题的关注是长期的、一贯的，但是对中国和伊朗的新型国家关系重点关注并进行跟踪研究则是从 2004 年开始的，历时 8 年，到今日终于将研究成果编写成本书。8 年耗时不可谓不长，也不可谓太长，因为中国和伊朗是世界上具有数千年文明史的两个文明古国，中伊关系本身源远流长、内容丰富；更重要的是，进入新世纪才一个轮回（12 年），而且当前中国—伊朗关系正呈现出新特征、新变化，世人对此也倾注了更多的重视与关心。

当前国际地缘政治格局演变的新形势及其对中伊关系的影响主要是：美国为首的西方将伊朗核问题作为紧箍咒套在伊朗头上，伊朗因此而脱不开美国、西方的打压和钳制；两届连任的奥巴马政权根本性地调整美国的全球战略，将重兵调至西太平洋，导致中国与日本、菲律宾、韩国、越南、印度等邻国之间的领土领海争端显性化、白热化，与美国、欧盟、日本等的经济摩擦也加剧，标志着全方位包围、遏制中国的美国全球战略进入了实际运作时期，中国因此面临着更加紧逼的国际挑战。新的国际形势下，中国—伊朗关系发展空间明显受到了更多的约束和限制。虽然，国家利益永远是决定国家对外战略的根本依据，中国和伊朗没有根本的利益冲突，完全具备发展友好关系的基础，但是新形势下的中国和伊朗的独立外交战略和政策，在不对称三角结构中的“独立性”需要被赋予新的意义、新的解释和新的行动——中伊都需要对方给予更多的理解和支持，两国关系的新发展需要新的理念、新的形式和新的渠道，中伊关系的新模式要求实现对传统的突破。因此，研究中伊关系需要更新观念，需要在慎密分析基础上发现新问题、预测新走势、提出应对预案。从这个意义上说，本书的出版意味着研究新时期中国伊朗关系的工作刚刚开始了一个新的起点。

本书尽量收集、参考了国内外学者对于中国—伊朗关系的已有研究成果，客观阐述笔者对中国—伊朗关系的历史总结，从学术的层面来剖析中国—伊朗关系发展的新走向。除了在中国国家图书馆、中国社会科学院西亚非洲研究所图书馆、北京大学图书馆、西北大学中东研究所资料室、西南大学图书馆等处收集资料外，冀开运教授利用到伊朗德黑兰大学、美国伊利诺伊大学访学机会，与伊朗、美国学者进行交流，到在伊朗的中资企业调查，收集资料。尽管如此，本书的观点仍然只是一家之言，引用资料的疏漏、谬误之处在所难免，恳请同仁学者和读者批评指正。借此机会，笔者要专门向对本书的写作提供了资料、意见、建议等帮助的中国中东学会、中国社科院西亚非洲研究所、云南大学西南亚研究所、西北大学中东研究所、上海外国语大学中东研究中心等兄弟单位及中国中东学界的同仁、学者以及本书引用参考过的文献的作者表示衷心的感谢，本书还得到过前中国驻伊朗大使刘振堂先生的宝贵意见，在此向他致以崇高的谢意。还要特别感谢时事出版社的编辑高冉女士，是她关心本书的研究进展，并提供了出版的帮助。

本书的出版，得益于笔者的老师盛叙功、刘慧君、孙培良、杨群章等老一辈学者多年的学术积淀，得益于西南大学（原西南师范大学）及其西亚研究所的研究平台，得益于西南大学地理科学学院的帮助，得益于杨兴礼夫人胡芳平女士提供的资料帮助。没有先辈学人的奠基，没有学界同仁的支持，是不可能完成本书的。

本书的撰写分工如下：第一章、第二章由冀开运执笔，第三章、第四章、第七章由杨兴礼执笔，第五章由陈俊华执笔，第六章杨珊珊执笔，王传惠、文彧参与了第三章、第四章的初稿撰写，廖和平教授、刘敏副教授对本书的谋篇布局和修改提出了忠恳的意见，杨兴礼、冀开运、陈俊华、杨珊珊参与了本书的修改，杨兴礼对全书进行了最后的统稿和定稿。杨兴礼的硕士研究生杨思源、熊小庆、安小六、王勇、王珏玮、赵静、艾少伟、刘今朝、张超阳、李伟、郭细根、宁娟红、牛学峰、吕薇、陈凌、张群生、冯源嵩、赵伟红、韩少卿、胡娟、王珂、刘苏、鲁莎莎、何胡、曾丽、赵宏伟、郭蕊、万雪、李卫杰、徐晓荣、郭巧梅、谷秋峰、薛静静、陈连庆、闫乔华、田鸿坡、韩飞、马超、经海涛、武星等做了资料的收集和整理工作。

杨兴礼

2012.11 于重庆市北碚区北泉花园